新时代青少年
成长文库

史记精讲

韩兆琦 ———— 著

中国青年出版社

图书在版编目（CIP）数据

史记精讲 / 韩兆琦著. -- 北京：中国青年出版社，2023.5
（新时代青少年成长文库）
ISBN 978-7-5153-6885-6

Ⅰ.①史… Ⅱ.①韩… Ⅲ.①《史记》－研究 Ⅳ.①K204.2

中国版本图书馆CIP数据核字（2022）第257270号

策　　划：皮　钧　李师东
责任编辑：叶施水　夏　青
统　　筹：马惠敏　彭宇珂
书籍设计：瞿中华

出版发行：中国青年出版社
社　　址：北京市东城区东四十二条21号
网　　址：www.cyp.com.cn
电子邮箱：jdzz@cypg.cn
编辑中心：010-57350406
营销中心：010-57350370
经　　销：新华书店
印　　刷：北京中科印刷有限公司
规　　格：880mm×1230mm　1/32
印　　张：15.625
插　　页：2
字　　数：400千字
版　　次：2023年5月北京第1版
印　　次：2023年5月北京第1次印刷
定　　价：55.00元

如有印装质量问题，请凭购书发票与质检部联系调换
联系电话：010-57350337

新编《史记精讲》说明

《史记精讲》最初名为《史记百则》，是 2004 年由温航同志所编的《唐诗百首》《宋词百阕》《史记百则》《古文百篇》整套书中的一种。该书分上下两册，由中国青年出版社出版。2008 年，叶施水同志将原有的《史记百则》重新进行编辑、整理，最终将上下两册合为一本并改名为《史记精讲》，仍由中国青年出版社出版。《史记精讲》以其内容丰富、文字生动、价格低廉等特点，十五年来深受广大读者与有关部门的喜爱，至今发行量已逾二十五万册，成为了《史记》研究类的畅销之作。

在发行的过程中，也时而听到有读者反映，说此书的排版过于拥挤，开本大且书籍较厚，不易携带。为解决这一问题，我们决定将此书以两种版式继续出版：已经发行的旧版本，仍保留其内容丰富、价格低廉之特点；另一种在旧版的基础上，遴选四十篇中的 67 个故事，重新整理、修订，这样一来，在整个内容的编排上自然也就显得从容、疏朗得多了。

欢迎大家继续发表意见。

北京师范大学　韩兆琦
2022 年 8 月 2 日

目 录

- **概说** —— 001
- **五帝本纪** —— 009
  - 尧舜禅让 —— 009
- **夏本纪** —— 015
  - 大禹治水 —— 015
- **周本纪** —— 020
  - 武王伐纣 —— 020
- **秦始皇本纪** —— 027
  - 始皇统一称帝 —— 027
  - 始皇之死 —— 038
- **项羽本纪** —— 043
  - 会稽起兵 —— 043
  - 鸿门宴 —— 048
  - 乌江自刎 —— 057
- **高祖本纪** —— 066
  - 斩蛇起义 —— 066
  - 入关破秦 —— 075

灭楚称帝 —————————————————— 081
- **齐太公世家** ———————————————— 090
  太公封齐 —————————————————— 090
  桓公霸业 —————————————————— 098
- **楚世家** ——————————————————— 109
  庄王问鼎 —————————————————— 109
- **越王勾践世家** ——————————————— 116
  勾践灭吴 —————————————————— 116
- **赵世家** ——————————————————— 128
  襄子兴赵 —————————————————— 128
  武灵王胡服骑射 ——————————————— 133
- **陈涉世家** —————————————————— 142
  大泽乡起义 ————————————————— 142
  陈涉败亡 —————————————————— 147
- **留侯世家** —————————————————— 150
  佐刘灭秦 —————————————————— 150
  佐汉灭楚 —————————————————— 157
  明哲保身 —————————————————— 163
- **绛侯周勃世家** ——————————————— 172
  周亚夫军细柳 ———————————————— 172
  周亚夫平吴楚之乱 —————————————— 177
  周亚夫之死 ————————————————— 180

- **孙子吴起列传** —— 186
  - 孙武练女兵 —— 186
  - 孙膑破杀庞涓 —— 189
  - 吴起变法 —— 194
- **商君列传** —— 202
  - 商君变法强秦 —— 202
- **樗里子甘茂列传** —— 212
  - 甘茂取宜阳 —— 212
  - 甘罗为上卿 —— 217
- **白起王翦列传** —— 222
  - 白起坑赵卒 —— 222
  - 王翦灭楚 —— 229
- **孟尝君列传** —— 235
  - 鸡鸣狗盗 —— 235
  - 冯骧客孟尝君 —— 240
- **平原君虞卿列传** —— 250
  - 毛遂自荐 —— 250
  - 李同战死 —— 255
- **魏公子列传** —— 258
  - 谦请侯嬴 —— 258
  - 窃符救赵 —— 263

- 乐毅列传 —————————————————— 270
  - 乐毅破齐 —————————————————— 270
- 廉颇蔺相如列传 ——————————————— 278
  - 廉蔺将相和 ————————————————— 278
  - 赵奢破秦阏与 ———————————————— 287
  - 李牧破匈奴 ————————————————— 291
- 田单列传 —————————————————— 296
  - 火牛阵破燕 ————————————————— 296
- 鲁仲连邹阳列传 ——————————————— 303
  - 鲁仲连义不帝秦 ——————————————— 303
- 屈原贾生列传 ———————————————— 313
  - 屈子沉江 —————————————————— 313
- 刺客列传 —————————————————— 323
  - 荆轲刺秦王 ————————————————— 323
- 李斯列传 —————————————————— 341
  - 佐秦一统 —————————————————— 341
  - 卖身投靠 —————————————————— 346
  - 临死悲鸣 —————————————————— 352
- 淮阴侯列传 ————————————————— 358
  - 韩信拜将 —————————————————— 358
  - 破魏破代灭赵平齐 —————————————— 365
  - 吕后杀韩信 ————————————————— 374

- **郦生陆贾列传** —————————————— 382
  - 陆贾说赵他归汉 —————————————— 382
  - 陆贾说刘邦重《诗》《书》 ————————— 387
- **刘敬叔孙通列传** —————————————— 390
  - 叔孙通定朝仪 —————————————— 390
- **扁鹊仓公列传** —————————————— 398
  - 神医扁鹊 —————————————— 398
- **李将军列传** —————————————— 407
  - 飞将军李广 —————————————— 407
- **匈奴列传** —————————————— 419
  - 冒顿壮大匈奴 —————————————— 419
- **卫将军骠骑列传** —————————————— 424
  - 卫青大破匈奴 —————————————— 424
  - 霍去病筑冢象祁连 —————————————— 432
- **酷吏列传** —————————————— 440
  - 郅都不避权贵 —————————————— 440
  - 杜周枉法徇上 —————————————— 444
- **大宛列传** —————————————— 449
  - 张骞通西域 —————————————— 449
- **游侠列传** —————————————— 458
  - 郭解无辜被族 —————————————— 458

- **滑稽列传** —— 465
  - 淳于髡巧谏齐威王 —— 465
  - 西门豹治邺 —— 469
- **货殖列传** —— 475
  - 司马迁言利 —— 475
  - 白圭经商 —— 478
- **太史公自序** —— 481
  - 司马迁小传 —— 481

概　说

从公元前206年刘邦建国到公元220年汉献帝被曹操的儿子曹丕所取代，前后共427年，这就是历史上所说的"汉代"。汉帝国政权的统一与强大是夏、商、周以来前所未有的，它与当时欧洲的古罗马东西并立，创建了令后世叹为观止的物质文明与精神文明，并对整个世界历史的发展起了巨大的推动作用。汉帝国之所以能形成这种局面，关键在于西汉武帝时代的大力经营。武帝是在他父亲平定吴楚七国之乱的基础上，进一步打击、削弱国内的割据势力，同时反击北方匈奴族的入侵，并着手经营东南、南方、西南、西北、东北各方的边境，大大扩展了旧日华夏的版图，真正建立了以汉族为中心的多民族友好相处的统一国家。这是一个宏阔豪迈、人才辈出、大有作为的时代，生活在这个时代的人们似乎谁都想为国家一试身手，而且充满自豪地相信一定能获得成功。我们先看汉武帝的一篇《求贤诏》吧，他说："盖有非常之功，必待非常之人，故马或奔踶而致千里，士或有负俗之累而立功名。夫泛驾之马，跅弛之士，亦在御之而已，其令州郡察吏民有茂才异等可为将相及使绝国者。"这是何等的气度！班固在《汉书·公孙弘传》里表述这个时代的人才之盛时说："儒雅则公孙弘、董仲舒、兒宽，笃行则石建、石庆，质直则汲黯、卜式，推贤则韩安国、郑当时，定令则赵禹、张汤，文章则司马迁、相如，滑稽则东方朔、枚皋，应对则严助、朱买臣，历数则唐都、落下闳，协律则李延年，运筹则桑弘羊，奉使则张骞、苏武，将率则卫青、霍去病，受遗则霍光、金日䃅，其余不可胜记。是以兴造功业，制度遗文，后世莫及。"为了与更远的其他国家进行交流，他多次派人通使西域，从而使中国文化变得更为绚丽多姿。鲁迅在《看镜有感》中说："遥想汉人多少闳放，新来的动植物，即毫不拘忌，来充装饰的花纹。""汉人的墓前石兽，多是羊，虎，天禄，辟邪。""凡取用外来事物的时候，就如将彼俘来一样，自由驱遣，毫不介怀。"汉武帝总结秦朝失败的教训，重视思想教化，他大力兴办以儒术为中心，实则兼容并包各家各派思想理论的学术事业；他喜爱辞赋，搜采歌诗，加强中原理性文化与荆楚浪漫文化的融合，从而为汉代文学的蓬勃发展提供了主客观的良好条件，汉代两位最杰出的文学家司马相如与司马迁同时出现在武帝时代，绝不是偶然的。

司马迁，字子长，左冯翊夏阳（今陕西省韩城市）人，生于景帝中元五年（前145年）。青少年时代曾在家乡耕过田、放过牛，因为他从十岁就开始读古文，所以到二十岁时就是一个很有才情的青年学者了。从二十岁开始他到各地游学考察，前后十几年间，向南到过湖南、浙江，向东到过今山东曲阜和安徽、河南的许多地方。这是一次饱览祖国河山，寻访文化遗迹，收集历史资料，向社会向劳动人民进行调查和深入学习的过程。回到长安后不久，便入仕做了郎中。郎中是皇帝的侍从人员。由于当时正是西汉王朝的鼎盛时期，又正值武帝盛年，所以巡狩、祭祀一类的活动很多，因此司马迁又扈从汉武帝去过许多地方。元鼎六年（前111年），汉武帝平定了西南夷，在今云南、贵州一带设立了五个郡，司马迁又受命到这一带考察。这次他到过邛、笮、昆明等地，这是他的第二次大游历。

司马迁从西南地区回来的时候，其父司马谈病在垂危。司马谈临死前再三嘱咐司马迁一定要继承自己的遗愿写好《史记》，司马迁含着眼泪接受了父亲的嘱托。司马谈去世三年后，司马迁接替其父做了太史令。太初元年（前104年），撰写《史记》的浩繁工作正式开始。至天汉二年（前99年），已经埋头写《史记》六年的司马迁，忽然大祸临头了。原因是这年五月贰师将军李广利北伐匈奴，与匈奴右贤王战于天山。武帝让李广的孙子李陵为李广利管理军需物资，李陵不肯，自请率兵独当一面。经再三请求，武帝让李陵率步兵五千从居延出发北行，以分匈奴兵势。结果这支小部队遇上了匈奴大军。李陵与部下虽经英勇战斗，但终因没有后援，寡不敌众而失败。李陵也放下武器被匈奴人俘去。消息传来，满朝文武一变平时称道李陵的故态，纷纷落井下石，说李陵的坏话。司马迁深感不平。当武帝问司马迁对此有何看法时，司马迁便陈述了李陵的平常为人。又说一支小部队与如此强大的敌人相遇，打得如此卓绝，尽管失败了也不宜深责。这使武帝大为震怒，他认为司马迁这是转弯抹角地攻击李广利，而且有对皇帝的不满，于是一怒之下将司马迁判了死刑。司马迁因为《史记》还没有写完，于是根据当时的规定，忍辱请求改为了宫刑。

受宫刑对司马迁是一种极大耻辱，是肉体上、精神上的一种极大摧残。司马迁是靠着一种使命感，靠着一种非凡的人生观、生死观硬挺着生存下来的，这些在他的《报任安书》中有非常明确的表白，在《史记》中也不断地流露出来。他说："人固有一死，或重于泰山，或轻于鸿毛，用之所趋异也";他又说:"勇者不必死节,怯夫慕义何所不免焉";他说:"诚已著此书,藏之名山,传之其人,通邑大都,则仆已偿前辱之责,虽万被戮,岂有悔哉!"这就是人们通常所说的"忍辱发愤著书",但这些在当时是很少有人能够理解的。

司马迁受刑后,由于条件适合,被汉武帝任命为中书令。中书令是个为皇帝掌管文书的小官,司马迁之所以接受这个职务,是因为这个职务可以更有机会接近皇家的图书馆和档案,而这些是他写作《史记》所不能缺少的。就这样,他又忍辱奋斗了八年,到征和二年(前91年),他的朋友任安因戾太子事件下了狱,任安从狱中给司马迁写信时,司马迁便写了有名的《报任安书》。从这篇作品可以看出,这时候《史记》已经写完了。关于司马迁的卒因与卒年,历史上没有记载,人们的看法也不一致。我认为大约就是卒于征和三年(前90年),也就是他写完《报任安书》后不久。司马迁的著作,除了《史记》与《报任安书》外,还有一篇不长的《悲士不遇赋》。

《史记》共一百三十篇,五十二万多字,包括"本纪""世家""列传""书""表"五个部分,记事上起轩辕黄帝,中经唐、虞、夏、商、周、秦,下迄武帝太初年间(前104—前101年),共写了两千多年的历史。《史记》首先令我们感到惊奇而为之赞叹的是它的包罗之广泛,体大而思精:它不仅写了远古、近古,也写了现代、当代;不仅写了中原、华夏,也写了边疆、外国;不仅写了政治、军事,也写了经济、文化;不仅写了帝王将相、英雄豪杰,也写了广大下层的各色人等。这种囊括古今各类知识、各家各派文化于一炉而加以融会贯通的气魄,是前无古人的;司马迁自述其写作此书的目的是"究天人之际,通古今之变,成一家之言",这种打通一切领域,自立学术章程,总结一切规律以求为现实政治服务的宏伟目标，也是前无古人的。

《史记》中最激动人心的思想在今天看来有四点：其一是它所表现的进步的民族观。司马迁吸收了战国以来有关中国境内各民族以及周边国家发展来源的说法，在《史记》中把春秋、战国时代的中原、荆楚、吴越、秦陇、两广、云贵、塞北、东北各地区的国家与民族都写成是黄帝的子孙，这对于两千年来我国这个多民族的友好大家庭的形成与稳定，起了难以估量的作用。不仅如此，司马迁在写到汉王朝对周边国家、周边民族用兵的时候，又总是站在反对穷兵黩武，反对扩张、掠夺的立场，他所追求的是各民族间平等友好地和睦相处。正是从这个意义上，我们说司马迁是当时汉族被压迫人民与周边各少数民族的共同的朋友。

其二是它所表现的进步的经济思想。这包括强调发展经济，认为经济是国家强大的基础；反对单打一的"重本抑末"，而提倡"工""农""商""虞"四者并重；反对从政治上对工商业者的歧视，而歌颂他们的本领、才干，并专门为他们树碑立传；等等。

其三是它所表现的强烈的民主性与批判性。《史记》是先秦文化的集大成，司马迁是先秦士大夫优秀思想人格的继承者与发扬者。他之所以写《史记》不是单纯地为了记载历史陈迹，而是明确地为了成一家之言，因而《史记》中突出地显示了一种作者所追求的理想政治、理想社会的光芒，和对现实政治、现实社会的种种批判。其中有些是相当深刻，相当准确，甚至是两千年来常读常新的。

其四是贯彻全书的那种豪迈的人生观、生死观、价值观。司马迁在《史记》中所歌颂的几乎都是一些勇于进取、勇于建功立业的英雄。他们有理想、有抱负、有追求；他们为了某种信念、某种原则可以不惜牺牲自己的生命；他们都有一种百折不挠、不达目的誓不罢休的精神。他视为榜样的是"盖文王拘而演《周易》,仲尼厄而作《春秋》,屈原放逐,乃赋《离骚》;左丘失明,厥有《国语》;孙子膑脚,《兵法》修列;不韦迁蜀,世传《吕览》;韩非囚秦,《说难》《孤愤》;《诗》三百篇,大抵圣贤发愤之所为作也。此人皆意有所郁结,不得通其道,故述往事,思来者"。毛泽东主席曾经说过:"中国有两部大书,一曰《史记》,一曰《资治通鉴》,都是有才气的人在政治上不得意的境遇中编写的。看来人受点打击,遇点困难,未尝不是好事。当然这是指那些有才气,又有志向的人说的。没有这两条,打击一来,不是消沉,便是胡来,甚至去自杀,那便是另当别论。"(《毛泽东的晚年生活》)司马迁的奋斗经历与《史记》中所歌颂的这些艰苦奋斗的思想,是他留给后人的一份宝贵财富,它永远给我们以激励,给我们以启迪,当我们灰心丧气、濒临绝望的时候,给我们以无比的力量、信心与勇气。

《史记》是我国第一部以人物为中心的伟大的历史著作,也是我国古代第一部以人物为中心的伟大的文学著作。从历史的角度讲,它开创我国古代两千多年历朝"正史"的先河;从文学的角度讲,它第一次运用丰富多彩的艺术手法,给人们展现了一道栩栩如生的人物画廊。《史记》人物与先秦文学人物的显著差异在于他们鲜明的个性化。由于作者十分注意设身处地揣摩每个情节、每个场面的具体情景,并力求逼真地表达出每个人物的心理特征,因此《史记》的描写语言和他为作品人物所设计的对话都是异常精彩的。试回想其中的刘邦、项羽、张良、韩信,以及毛遂、蔺相如等,哪一个不生动得令人为之赞叹呢?《史记》这种超前成熟的写人艺术,对我国后代传记文学以及小说、戏剧的创作产生了巨大影响,《史记》中的诸多主题,《史记》人物的诸多范型,以及《史记》故事的许多情节场面,都为后世的小说、戏剧开出了无数法门。当代的美国汉学家浦安迪（Andrew H. Plaks）把《史记》称作中国古代的"史诗"，说它对中国后代文学的影响就如古代希腊的《伊利亚特》《奥德塞》之影响后代的欧洲文化一样。

《史记》作为第一部传记文学的确立，是具有世界意义的。过去欧洲人以欧洲为中心，他们称古希腊的普鲁塔克为"世界传记之王"。普鲁塔克大约生于公元46年，死于公元120年，著有《列传》（今本译作《希腊罗马名人传》）50篇，是欧洲传记文学的开端。如果比较一下，可以发现，普鲁塔克比班固（32—92年）还要晚生十四年，若和司马迁相比，则晚生一百九十一年。司马迁的《史记》要比普鲁塔克的《列传》早产生将近两个世纪。司马迁才真正是中国与世界的传记文学之祖呢！

在传承中华优秀传统文化，满足人民日益增长的文化需求，不断提升国家文化软实力和中华文化影响力的大背景下，我们倾力打造了新编《史记精讲》这本书。

内容上，新编《史记精讲》在旧版《史记精讲》的基础上，将原有的六十篇100个故事缩减至四十篇67个故事，很好地解决了旧版《史记精讲》在内容编排上繁复冗赘的问题。

形式上，沿用旧版《史记精讲》的一贯风格，通过原文与"注、译、评"相结合的形式，不再单一呈现晦涩的古语，通过简单质朴的语言，将《史记》中一个个生动的故事、生动的形象呈现在读者面前，兼顾其历史性与文学性。特别是"评"的部分，首先，要讲《史记》中的重要人物或经典故事，要注意历史的真实性；其次，在讲这些历史人物、历史故事的时候，要注意司马迁的立场、观点、感情，也就是说，我们是在讲《史记》，不是一般的复述历史故事；最后，在介绍、分析、评述《史记》人物、《史记》故事的过程中，除了注意历史经验、人生思考等思想方面的内容外，还要注意司马迁在表现这个人物、这个故事，以及要表现他的立场、感情时都使用了什么艺术方法，其效果、影响如何，也就是说，在讲历史问题的同时，要随带讲出《史记》其书的文学性。例如，《五帝本纪》中的《尧舜禅让》的"评"中这样说道："司马迁歌颂这种局面，一方面是要表达自己的愿望，同时也是用以对比、批判现实政治的黑暗。他把尧、舜的'禅让'放在'本纪'的第一篇，把吴太伯的'让'放在'世家'的第一篇，把伯夷的'让'放在'列传'的第一篇，这种安排不是偶然的。"

所以，新编《史记精讲》将为广大读者特别是青少年读者提供优质的普及读物，对当下传播优秀的中华民族传统文化具有较强的现实意义。

欢迎大家提出意见。

北京师范大学　韩兆琦

五帝本纪
尧舜禅（shàn）让

　　帝尧者，放勋①。其仁如天，其知如神。就之如日，望之如云。富而不骄，贵而不舒。黄收纯（zī）衣②，彤车乘白马。能明驯德，以亲九族③。九族既睦，便章百姓④。百姓昭明⑤，合和万国。

　　尧立七十年得舜，二十年而老，令舜摄行天子之政，荐之於天⑥。尧辟位凡二十八年而崩。百姓悲哀，如丧父母。三年，四方莫举乐以思尧。尧知子丹朱之不肖，不足授天下，於是乃权授舜⑦。授舜，则天下得其利而丹朱病；授丹朱，则天下病而丹朱得其利。尧曰："终不以天下之病而利一人。"而卒授舜以天下。

　　尧崩，三年之丧毕，舜让辟丹朱於南河之南⑧。诸侯朝觐（jìn）者不之丹朱而之舜，狱讼者不之丹朱而之舜⑨，讴歌者不讴歌丹朱而讴歌舜。舜曰："天也。"夫而後之中国践天子位焉，是为帝舜。

　　舜，冀州之人也⑩。舜耕历山，渔雷泽，陶河滨，作什器於寿丘，就时於负夏⑪。舜父瞽叟顽，母嚚（yín）⑫，弟象傲，皆欲杀舜。舜顺适不失子道，兄弟孝慈。欲杀，不可得；即求，尝在侧。

　　舜年二十以孝闻。三十而帝尧问可用者，四岳咸荐虞舜⑬，曰"可"。於是尧乃以二女妻舜以观其内，使九男与处以观其外。舜居妫汭（guī ruì）⑭，内行弥谨。尧二女不敢以贵骄事舜亲戚，甚有妇道。尧九男皆益笃（dǔ）。舜耕历山，历山之人皆让畔；渔雷泽，雷泽上人皆让居；陶河滨，河滨器皆不苦窳（yǔ）⑮。一年而所居成聚，二年成邑，三年成都。於是尧乃试舜五典百官⑯，皆治。

舜年二十以孝闻，年三十尧举之，年五十摄行天子事，年五十八尧崩⑰，年六十一代尧践帝位。践帝位三十九年，南巡狩，崩於苍梧之野。葬於江南九疑，是为零陵⑱。

注

① **帝尧者，放勋**：帝号曰"尧"，名"放勋"，国号曰"陶唐"。

② **黄收纯衣**：收，冕名，其色黄，故曰"黄收"。纯，读曰"缁"。**缁衣**：即黑衣。

③ **驯德**：顺天应人的美德。驯，同"顺"。**九族**：有说指父之三族，己之三族，子之三族；也有人以为指上至高祖下至玄孙的九代人，其他不录。

④ **便章百姓**：便章，也作"辨章"、平章，即治理的意思。百姓，这里指百官。

⑤ **昭明**：指各自的权利、职责、义务分明。

⑥ **老**：退休，这里指退居二线。**摄行**：代理。

⑦ **不肖**：不类其父，即今之所谓"不成材""没出息"。**权授舜**：权，变通。

⑧ **南河**：尧都以南之河。有人以为尧都平阳（今山西临汾西南），则其"南河"即今河南省三门峡、洛阳一线之黄河；也有人以为尧都"鄄城"（今山东鄄城县北），则所谓"南河"应指济水。

⑨ **朝觐**：指诸侯进京朝见天子。春见曰"朝"，秋见曰"觐"。**狱讼**：打

官司，告状。

⑩ **冀州**：古九州之一，约当今之河北、山西和与之邻近的河南北部地区。

⑪ **历山**：有说即今山西省之中条山，亦名首阳山。也有说在今河南濮阳县者，其他不录。**雷泽**：有说在今山东鄄城县东南。**河滨**：有说即今山东定陶县一带的古黄河之滨。**寿丘**：有说离今山西省蒲州不远。**就时於负夏**：就时，掌握时机、行情，即做买卖。负夏，有说在今河南淇县附近。

⑫ **嚚**：暴虐，愚顽。

⑬ **四岳**：四方部落首领。

⑭ **妫汭**：妫水与其他河流的汇合之处。传说中的妫水有说在今山西永济县，有说在今河南虞城县。

⑮ **苦窳**：粗劣，易坏。

⑯ **五典**：五种礼节规范。

⑰ **年五十八尧崩**：按：前文说尧"辟位凡二十八年而崩"，现又说舜"年五十摄行天子事，年五十八尧崩"，则尧的"辟位"只有八年，前后矛盾。

⑱ **苍梧**：汉郡名，约当今之广东、广西、湖南三省交界地区。**九疑**：山名，在今湖南省宁远县南，因山有九峰皆相似，故称"九疑"。**零陵**：汉郡名，郡治在今广西兴安县北，九疑山正处于汉代苍梧郡与零陵郡之交界。

译

帝尧就是放勋，他的仁德像天一样广大，他的智慧像神一样渊深。人们趋附他就像趋附太阳，期盼他就如期盼祥云。他富而不骄，贵而不傲。他头戴黄色的帽子，身穿黑色衣服。乘坐着红色的车子，驾着白色的马。他首先提高个人的德操，把自己的宗族团结起来，宗族团结之后，遂进一步明确百官的职责。待至百官的政绩卓著后，天下万邦就无不融洽和睦了。

帝尧在位七十年而得到了舜。再过二十年，帝尧退居二线，让舜代行天子的职务，把舜举荐给上天。尧帝退居二线二十八年后去世，百姓非常悲哀，就像死了父母亲。尧死后的三年里，人们停止奏乐娱乐，以表示对尧的哀思。尧知道自己的儿子丹朱不成器，不能把天下交给他，于是把帝位传给了舜。把帝位传给舜，天下人都将得到好处，只有丹朱一个人不乐意；如果把帝位传给丹朱，则天下人都将吃苦，只有丹朱一个人将得利。尧说："无论如何，不能让天下人受苦，而让丹朱一个人得利！"于是毅然把帝位传给了舜。

尧去世，舜为尧服丧三年期满后，把帝位让给丹朱，自己躲到南河以南。可是朝见天子的诸侯不找丹朱而找舜，争讼告状的人不找丹朱而找到舜，唱歌的不赞美丹朱而赞美舜。舜说："看来这是天意。"这以后，舜才回到都城登上天子之位。这就是虞舜。

虞舜是冀州人，曾在历山种过田，在雷泽打过鱼，在黄河边上烧制过陶器，在寿丘制造过各种工具，在负夏做过生意。舜的父亲瞽叟愚顽，母亲泼悍，弟弟象骄纵，他们都想杀害舜。舜很恭顺，不失为子之道，对弟弟很慈爱。即使他们想杀他，也无从下手；如果有事找他，他又常常在身边。

舜二十岁就以孝顺闻名于世。到三十岁时，尧询问可以重用的人，四方诸侯都推荐舜，说他可以重用。于是尧把两个女儿嫁给他，以考查他如何治家。又让九个儿子与他相处，以考查他的待人接物。舜住在妫水与黄河的汇合处，在家里的表现愈益谨慎。尧的两个女儿也不敢因出身的高贵而傲视舜的亲戚，都很懂得做媳妇的规矩，尧的九个儿子也越来越诚实厚道。舜在历山种地，历山的种田人因受感化都能互相谦让，在田界处让对方多占有土地；舜到雷泽打鱼，雷泽的渔人受感化都能互相推让居住的地方；舜在黄河之滨烧制陶器，黄河边出产的陶器从此不再粗制滥造。他住的地方，一年就成了村落，两年就成了市镇，三年就成了都城。于是帝尧便试着让舜主管礼教，担任各种职务，舜都做得很好。

舜二十岁以孝顺闻名，三十岁尧委以重任，五十岁代尧行天子职权。五十八岁时尧去世，六十一岁登上帝位。舜在位的第三十九年到南方视察，死在了苍梧的郊野。葬在长江以南的九嶷山，地处于零陵郡。

评

《五帝本纪》记述了我国古代神话传说中的五个圣明的帝王，即黄帝、颛顼、帝喾、尧、舜。有关黄帝的传说，在春秋、战国以至西汉大概是不少的，但因为"荒诞离奇"，与真正的人类历史距离太大，所以孔子、孟子都不怎么讲。司马迁力排众议，从光怪陆离的许多神话人物中把黄帝选出来，又择取了一些比较"可信"的材料，将之作为《史记》的开端。随后他将颛顼、帝喾、尧、舜、禹、汤、文武、春秋战国时期的中原诸国、秦、楚、吴、越以及周边的匈奴、东越、南越等都说成是黄帝的子孙。这就一方面为中国人确定了"始祖"，同时又确定了华夏与周边诸族都是黄帝的子孙，都是同胞兄弟。这是司马迁经过认真考据，又集中了长期流传的、大家公认的说法而写下来的。这对于我国这个多民族友好大家庭的形成与巩固，对于我国各族人民这种心理定势的形成起到了无法比拟的作用。

尧、舜是儒家学派所倾心歌颂的最伟大、最高尚的远古帝王，他们大公无私，只讲为民除害，为社会造福，而从不考虑个人与自己小家庭的利害得失。在他们无法称说的浩大无边的功德中，最让人敬佩的就是"禅让"。如果一个人能将管理天下的无限权力"禅让"给真正能为人民谋福利的贤才，这得具有多么锐敏的眼光，而自己又得有多么无私的胸襟与度量呢！司马迁歌颂这种局面，一方面是表达自己的愿望，同时也是用以对比、批判现实政治的黑暗。他把尧、舜的"禅让"放在"本纪"的第一篇，把吴太伯的"让"放在"世家"的第一篇，把伯夷的"让"放在"列传"的第一篇，这种安排不是偶然的。我们这里就选取了《五帝本纪》中的《尧舜禅让》一节。

夏本纪
大禹治水

夏禹，名曰文命。禹之父曰鲧（gǔn），鲧之父曰帝颛顼（zhuān xū），颛顼之父曰昌意，昌意之父曰黄帝。禹者，黄帝之玄孙而帝颛顼之孙也。禹之曾大父昌意及父鲧皆不得在帝位①，为人臣。

当帝尧之时，鸿水滔天，浩浩怀山襄陵，下民其忧。尧求能治水者，群臣四岳皆曰鲧可②。尧曰："鲧为人负命毁族，不可。"四岳曰："等之未有贤于鲧者，愿帝试之。"于是尧听四岳，用鲧治水。九年而水不息，功用不成。于是帝尧乃求人，更得舜。舜登用，摄行天子之政，巡狩。行视鲧之治水无状，乃殛（jí）鲧于羽山以死③。天下皆以舜之诛为是。于是舜举鲧子禹，而使续鲧之业。

尧崩，帝舜问四岳曰："有能成美尧之事者使居官？"皆曰："伯禹为司空④，可成美尧之功。"舜曰："嗟，然！"命禹："女平水土，维是勉之。"禹拜稽首，让于契（xiè）、后稷、皋陶（gāo yáo）⑤。舜曰："女其往视尔事矣。"

禹为人敏给克勤；其德不违，其仁可亲，其言可信；声为律，身为度，称以出；亹亹（wěi）穆穆，为纲为纪。

禹乃遂与益、后稷奉帝命⑥，命诸侯百姓兴人徒以傅土，行山表木，定高山大川。禹伤先人父鲧功之不成受诛，乃劳身焦思，居外十三年，过家门不敢入。薄衣食，致孝于鬼神。卑宫室，致费于沟淢（xù）。陆行乘车，水行乘船，泥行乘橇（qiāo），山行乘檋（jú）⑦。左准绳，右规矩，载四时，以开九州⑧，通九道，陂九泽，度九山⑨。令益予众庶稻，可种卑湿。命后稷予众庶难得之食。食少，调有馀相给，以均诸侯。禹乃行相地宜所有以贡，及山川之便利。

帝舜荐禹于天，为嗣。十七年而帝舜崩。三年丧毕，禹辞辟舜之子商均于阳城⑩。天下诸侯皆去商均而朝禹⑪。禹于是遂即天子位，南面朝天下。国号曰夏后，姓姒氏。

注

① **曾大父**：曾祖父。大父，祖父。
② **四岳**：四方部落首领。
③ **殛**：杀。**羽山**：传说中的山名，约在今江苏省赣榆县东南。
④ **司空**：古官名，主管土木建筑。
⑤ **契**：舜时主管教化的官，为殷人之始祖。**后稷**：舜时主管农业的官，为周人之始祖。**皋陶**：舜时主管司法的官。
⑥ **益**：舜时主管山林池苑的官。
⑦ **橇**：犹今之所谓爬犁。**檋**：登山鞋，底有齿，上山前齿短，下山后齿短。
⑧ **四时**：春、夏、秋、冬。**九州**：传说中的上古中国行政区划。此指《禹贡》之所谓"九州"，即冀州、青州、兖州、徐州、扬州、豫州、雍州、荆州、梁州。
⑨ **九道、九泽、九山**：九州之路、九州之泽、九州之山。
⑩ **阳城**：古邑名，约在今河南省登封市境内。

⑪ **商均：**舜的儿子，为人不肖，故舜未传位于他。

译

夏禹名叫文命。禹的父亲名鲧，鲧的父亲叫颛顼，颛顼的父亲叫昌意，昌意的父亲就是黄帝。禹是黄帝的玄孙、颛顼的孙子。禹的曾祖父昌意和父亲鲧都不在帝位，而为人臣子。

帝尧时，洪水滔天，浩浩荡荡地包围着大山，吞裹着丘陵，百姓们陷入困境。帝尧下令寻找能治水的人，群臣与四方部落的首领都说鲧可以。帝尧说："鲧是个违背上命、毁坏家族的人，不能任用。"部落首领们说："在同列的人员中没有比鲧更能干的了，还望您让他试一试。"于是尧听从了他们的意见，任用鲧来治水。但治了九年，洪水也未能平息，治水没有功效。于是尧又寻找人才，得到虞舜。舜被提拔重用，后又代行天子的职权，巡视天下。他在视察中看到鲧治理洪水不像样子，就将其正法于羽山。天下人都认为舜杀鲧应该。于是舜又提拔了鲧的儿子禹，叫他继续完成鲧所没能完成的事业。

帝尧去世后，舜询问四方部落首领说："谁能很好地完成尧的事业、可以担任各种官职呢？"部落首领们都说："让大禹当司空，一定能很好地完成尧的事业。"舜说："嗯，可以这样。"命令禹："你去平定水土，要努力干好！"禹下拜叩头，想推让给契、后稷、皋陶等人。舜说："你就赶紧上任干这件事吧。"

禹为人敏捷，做事勤奋，他的品德不违正道，仁慈可亲，说话可信；发出的声音可以校定音律，躯干四肢的长短可以作为丈量的长度，各种度量衡的标准都从他身上得出；他恭敬勤勉，一举一动都可以作为人们仿效的准则。

禹与伯益、后稷奉舜之命，命令诸侯百官征集人夫，平治水土，顺着山势竖立标志，根据高山大川的原有走向疏导洪水。禹痛心父亲鲧的无功被杀，因而苦心劳思，在外一直干了十三年，几次经过自己的家门口都没有工夫进去。他自己吃穿简朴，但祭祀祖先神明却丰厚虔诚。他自己居住的条件很简陋，但在修渠挖沟方面却舍得花钱。他旱路坐车，水路乘船，在沼泽地上坐橇，走山路则穿一种底下有齿的鞋子。他左边挂着水准仪和墨斗，右边背着圆规和方矩，随着一年四季的变化而到处奔走，划定九州的疆域，开辟九州的道路，修筑各地的湖堤，测量各地的大山。他命令伯益向民众发放稻种，让他们栽种在低洼有水的地方。又命令后稷在民众食物缺乏时发放食物。哪里缺粮食，便从粮食有余的地方向哪里调集，务使各诸侯地区的生活平均。禹根据他所巡视的各地的生产，确定各地向天子的贡赋，并确定了对各地山川开发利用的问题。

舜向上天举荐禹，让禹继承天子之位。过了十七年，舜去世。禹为舜服丧三年期满后，让天子之位给舜的儿子商均，自己躲到了阳城。但四方的诸侯们都不愿跟着商均而去投奔禹，于是禹只好登上了天子之位，面向南方以接受各地诸侯之朝拜，禹所建立的国叫"夏后"，姓姒。

评

《夏本纪》应该是以夏朝帝王为纲领的整个夏王朝的编年史，但因为年代久远，资料缺乏，所以本篇除了其开国帝王大禹有较多的传说外，其他都语焉不详，以至于四百多年的历史竟只有寥寥的几行字。我们这里只选了作品开头的《大禹治水》一节。

大禹是中国古代传说中最伟大而又最亲切感人的帝王形象，他所生活的时代洪水泛滥，为了给黎民百姓排除水患，大禹历尽千辛万苦，乃至"三过家门而不入"。因此,与其说大禹是一位"帝王",还不如说大禹是一个"劳动英雄"、一位"水利工程师"更为恰当。类似这样的帝王,古往今来能有几个人愿意去当呢?大禹为此受了舜的禅让,是理所当然的。关于古代洪水的传说,许多国家都有,大概是在很久很久以前确实有过这样一种全球性的洪水灾害,所以在不同的国家民族才都有这种大同小异的传说。

周本纪
武王伐纣

武王即位，太公望为师，周公旦为辅，召（shào）公、毕公之徒左右王，师修文王绪业①。

九年，武王上祭于毕②。东观兵，至于盟津③。为文王木主，载以车，中军。武王自称太子发，言奉文王以伐，不敢自专。乃告司马、司徒、司空、诸节④："齐栗，信哉！予无知，以先祖有德臣，小子受先功，毕立赏罚，以定其功。"遂兴师。师尚父号曰⑤："总尔众庶，与尔舟楫，后至者斩。"武王渡河，中流，白鱼跃入王舟中，武王俯取以祭。既渡，有火自上复于下，至于王屋，流为乌，其色赤，其声魄（bó）云⑥。是时，诸侯不期而会盟津者八百诸侯。诸侯皆曰："纣可伐矣⑦。"武王曰："女未知天命⑧，未可也。"乃还师归。

居二年，闻纣昏乱暴虐滋甚，杀王子比干，囚箕（jī）子⑨。太师疵、少师彊抱其乐器而奔周⑩。于是武王遍告诸侯曰："殷有重罪，不可以不毕伐。"乃遵文王，遂率戎车三百乘（shèng），虎贲（bēn）三千人⑪，甲士四万五千人，以东伐纣。十一年十二月戊午⑫，师毕渡盟津，诸侯咸会。曰："孳孳（zī zī）无怠⑬！"武王乃作《太誓》⑭，告于众庶："今殷王纣乃用其妇人之言⑮，自绝于天，毁坏其三正，离逖（tì）其王父母弟⑯，乃断弃其先祖之乐，乃为淫声，用变乱正声，怡说妇人。故今予发维共（gōng）行天罚。勉哉夫子，不可再，不可三！"

二月甲子昧爽，武王朝至于商郊牧野，乃誓[17]。武王左杖黄钺（yuè），右秉白旄[18]，以麾。曰："远矣西土之人！"武王曰："嗟！我有国冢君，司徒、司马、司空、亚旅、师氏，千夫长、百夫长[19]，及庸、蜀、羌、髳（máo）、微、纑、彭、濮人[20]，称尔戈，比尔干，立尔矛，予其誓。"王曰："古人有言'牝（pìn）鸡无晨。牝鸡之晨，惟家之索'。今殷王纣维妇人言是用，自弃其先祖肆祀不答，昏弃其家国，遗其王父母弟不用，乃维四方之多罪逋（bū）逃是崇是长，是信是使，俾暴虐于百姓，以奸轨于商国[21]。今予发维共行天之罚。今日之事，不过六步七步，乃止齐焉，夫子勉哉！不过于四伐五伐六伐七伐[22]，乃止齐焉，勉哉夫子！尚桓桓，如虎如罴（pí），如豺如离（chī）[23]，于商郊。不御克奔，以役西土，勉哉夫子！尔所不勉，其于尔身有戮。"誓已，诸侯兵会者车四千乘，陈师牧野。

帝纣闻武王来，亦发兵七十万人距武王。武王使师尚父与百夫致师，以大卒驰帝纣师[24]。纣师虽众，皆无战之心，心欲武王亟（jí）入。纣师皆倒兵以战，以开武王。武王驰之，纣兵皆崩，畔纣。纣走，反入登于鹿台之上，蒙衣其珠玉，自燔（fán）于火而死。武王持大白旗以麾诸侯，诸侯毕拜武王，武王乃揖诸侯，诸侯毕从。

注

① **武王**：文王之子，姓姬名发。**太公望**：姓姜名尚，也称"吕望"，"太公"是人们对他的敬称。参见《齐世家》。**周公**：名旦，武王之弟，事迹参见《鲁世家》。**召公**：名奭，武王之弟。**毕公**：名高，武王之弟。**文王**：名昌，商朝末年为西方诸侯之霸主，为周国的灭商奠定

了基础。

②上祭于毕：意即祭祀文王墓。毕，地名，在今陕西咸阳市东，文王之墓在此。

③观兵：出兵向人示威。盟津：也作"孟津"，黄河渡口名，在今河南孟津县东北。

④司马：主管军事的官员。司徒：主管土地与徒役的官员。司空：主管建筑的官员。诸节：各个接受任命的人士。节，帝王使者所持的信物。

⑤师尚父：即太公望。

⑥其声魄云：魄，象声词。

⑦纣：商朝的末代帝王，名"受"，也称"帝辛"。

⑧女未知天命：女，通"汝"。

⑨王子比干：纣王的庶兄。箕子：纣王之庶兄。

⑩太师疵、少师彊："太师""少师"都是乐官名；"疵""彊"是人名。

⑪三百乘：古称一车四马曰"一乘"。虎贲：勇士的称号，这里指武王的禁卫军。

⑫戊午：与下文的"甲子"都是确指某一天，古以天干地支相配纪年，因年代过于久远，今已难以推算出为公元前的某年某月某日。

⑬孳孳：同"孜孜"，勤奋努力的样子。

⑭《太誓》：也作《泰誓》，今古文《尚书》中有《泰誓》上、中、下三篇，本文下面所引与古文《尚书》不同。

⑮用其妇人之言：指宠爱其妃子妲己事。

⑯三正：有说指三种历法；有说指天、地、人三种正道；有说是三位贤臣。王父母弟：同一祖父母的兄弟。王父母，祖父祖母。

⑰ **牧野**：地名，在商都朝歌（今河南淇县）南七十里。**乃誓**：以下的誓词即今《尚书》中的《牧誓》。

⑱ **黄钺**：黄色大斧。**白旄**：以牦牛尾为装饰的白旗。黄钺、白旄都是一种权力的象征。

⑲ **有国冢君**：有国，通"友国"。冢君，大君。**亚旅、师氏**：皆高级军官名。**千夫长、百夫长**：中下级军官名。

⑳ **庸、蜀、羌、髳、微、纑、彭、濮**：皆当时西方和西南方的少数民族名。

㉑ **奸轨**：也作"奸宄"，外来之贼曰"奸"，内部之贼曰"宄"，这里用如动词。

㉒ **止齐**：左右相顾，使队列整齐。**四伐五伐六伐七伐**：指与敌人击刺。

㉓ **离**：通"螭"，传说中的一种无角龙。

㉔ **致师**：挑战。**大卒**：武王的主力部队。

译

武王即位后，太公望为军师，周公旦为辅佐，召公、毕公等人协助武王，继续奉行文王的遗业。

九年，武王到毕原祭祀文王之墓，然后往东方炫耀武力，一直到达盟津。他做了个文王的灵牌拉在车上，随时置于中军。武王自称"太子发"，意思是奉文王的命令进行征战，不敢自己专行。于是向司马、司徒、司空以及各个接受委任的官员宣告说："要严肃谨慎、言行一致！我无知，全靠先辈留下的贤德之臣，我只是承继了先祖的遗业，我们要明确赏罚，以完成先辈的使命。"于是遂起兵。师尚父发布号令说："集合你们的队伍，准备好你们的船只，迟到的要斩首！"武王北渡黄河，船到中流，有条白鱼跳到了武王的船上。武王弯腰捡起，用以祭祀。渡河后，见一团火光从天盖下来，等落到武王的屋顶时，忽然又变成了乌鸦，颜色是红的，发出了"叭"的一声响。这时候，各国诸侯不约而来到盟津的有八百多个。诸侯们都说："纣可以讨伐了。"武王说："你们不知道天命，现在还不行。"于是又把军队撤了回来。

过了二年，听说纣王更加昏庸暴虐，杀了王子比干，囚禁了箕子。乐官太师疵、少师彊抱着他们的乐器逃奔到了周。于是武王遍告诸侯说："殷有重大罪恶，这回不能不合力讨伐了。"于是遵奉文王遗命，率兵车三百辆，号称"虎贲"的近卫军三千人，披甲的战士四万五千人，东出讨伐殷纣。十一年十二月戊午这一天，军队全部渡过盟津，诸侯都会合在一起。武王说："大家都要勤勤恳恳，不可有丝毫的懈怠。"于是武王作《太誓》，向众人宣告说："如今的殷纣专门听信女人的话，自绝于天，毁弃天地人的正道，疏远同祖兄弟，舍弃先祖的古乐，用淫乱的音乐去替代典雅的音乐，以讨好女人。因此现在我要恭谨地对他进行上天的讨伐。努力啊，将士们。不要让我们再来第二回、第三回。"

二月甲子日的清早，武王来到商都朝歌郊外的牧野，在那里誓师。武王左手持黄色大斧，右手秉持白色牦牛尾装饰的旗。他挥动了一下旗子，说："辛苦了，远远来自西方的人们。"武王又说："喂！我们友好邻邦的君主，司徒、司马、司空、亚旅、师氏、千夫长、百夫长，以及庸、蜀、羌、髳、微、纑、彭、濮各国的人士，举起你们的戈，排好你们的盾，竖起你们的矛，听我宣誓。"武王说："古人说过：母鸡不能打鸣儿，谁家的母鸡打鸣儿，这个家就要败落。现在殷纣专门听女人的话，抛弃先祖不去祭祀，抛弃家国，抛弃他的同祖兄弟不睬，而专门对其他国家逃来的罪人加以优待、加以厚爱、加以信任、加以使用。让他们来暴虐百姓，在殷国为非作歹。现在我姬发要恭敬地对他进行上天的讨伐。今天的战斗，我们要每前进六步七步就停下来整齐一下，大家要努力！对敌人攻击要在四下、五下、六下、七下之后就停下来整齐一下，一定要努力，将士们！大家要勇猛，我们在这商都之郊要表现得像虎、像罴、像豺、像螭。不要迎击那些前来投降的人，让他们到西方为我们服役。努力呀，各位，谁不努力，谁就将被杀头。"誓师完毕，这时各路诸侯来会的战车共有四千辆，都在牧野摆开阵势。

殷纣听说武王来攻，派出了七十万人前来迎敌。武王派师尚父率领一百人出去挑战，而后以主力部队冲杀纣王军。纣王的军队虽多，但却不愿作战，都盼望着武王迅速攻入京城。纣王的军队都掉转矛头，为武王开路。武王军队飞驰而来，纣王军队全部崩溃，背叛纣王。纣王回身逃走，逃到鹿台之上，用宝玉蔽身，自焚而死。武王执大白旗向各路诸侯挥动，诸侯们都来拜见武王，武王也拱手回礼，诸侯全部服从。

评

《周本纪》是以周朝帝王为纲领的整个周民族与周王朝的编年史。周民族的发展史经历夏朝、殷朝共千余年，至商末强大起来，雄踞西方。至周文王吞并四周小国，为日后武王的灭商奠定了基础。武王即位后，在姜太公、周公、召公等一大批同姓异姓贤才的帮助下，东出伐纣。纣是殷朝的末代帝王，据《尚书》中的有关材料讲，纣王是个荒淫酒色之徒，为人残暴，不听劝谏，杀了好多贤良之臣。周武王正是在这种情势下，于公元前1046年率领着许多同盟的力量共同伐纣；而殷朝的许多士兵则纷纷倒戈，欢迎武王。殷纣王见大势已去，逃上鹿台，自焚而死。于是殷朝灭亡，武王称帝，开始了周朝的天下。我们这里选取的就是"武王伐纣"这段故事。在儒家学派的心目中，文王、武王都是"应天顺世"的大圣人。

由于周朝的时代近，在《诗经》《尚书》《国语》《左传》《国策》等书中保存的周朝的史料丰富，所以《周本纪》的具体详尽也就远非《夏本纪》《殷本纪》可比拟。但与周朝王室存在的同时还并存着许多诸侯国，如齐国、鲁国、晋国、楚国等。在这段历史里有许多发生在诸侯国的事件往往更引人注目，而这些则要到后面相应的"世家"去看，故而我们对尽管详细的《周本纪》也仍是只选了一段。

秦始皇本纪
始皇统一称帝

秦始皇帝者，秦庄襄王子也①。庄襄王为秦质子于赵，见吕不韦姬②，悦而取之，生始皇。以秦昭王四十八年正月生于邯郸③。及生，名为政，姓赵氏。年十三岁，庄襄王死，政代立为秦王。当是之时，秦地已并巴、蜀、汉中，越宛有郢，置南郡矣④；北收上郡以东，有河东、太原、上党郡⑤；东至荥阳，灭二周，置三川郡⑥。吕不韦为相，封十万户，号曰文信侯。招致宾客游士，欲以并天下。李斯为舍人⑦。蒙骜（ào）、王齮（hé）、麃（biāo）公等为将军。

十七年，内史腾攻韩，得韩王安，尽纳其地，以其地为郡，命曰颍川⑧。十八年，大兴兵攻赵，王翦将上地，下井陉，端和将河内，羌瘣（huì）伐赵，端和围邯郸城⑨。十九年，王翦、羌瘣尽定取赵地东阳，得赵王⑩。二十一年，王贲攻荆⑪。乃益发卒诣（yì）王翦军，遂破燕太子军，取燕蓟城，得太子丹之首⑫。二十二年，王贲攻魏，引河沟灌大梁，大梁城坏，其王请降⑬，尽取其地。二十三年，秦王复召王翦，强起之，使将击荆⑭。取陈以南至平舆，虏荆王⑮。二十五年，大兴兵，使王贲将，攻燕辽东，得燕王喜⑯。还攻代，虏代王嘉⑰。王翦遂定荆江南地；降越君，置会稽郡⑱。二十六年，秦使将军王贲从燕南攻齐，得齐王建⑲。

秦初并天下，丞相绾、御史大夫劫、廷尉斯等皆曰[20]："昔者五帝地方千里，其外侯服夷服[21]，诸侯或朝或否，天子不能制。今陛下兴义兵，诛残贼，平定天下，海内为郡县，法令由一统，自上古以来未尝有，五帝所不及，臣等谨与博士议曰：'古有天皇，有地皇，有泰皇，泰皇最贵。'臣等昧死上尊号，王为'泰皇'，命为'制'，令为'诏'，天子自称曰'朕'。"王曰："去'泰'，著'皇'，采上古'帝'位号，号曰'皇帝'。他如议。"制曰："可。"

三十四年，始皇置酒咸阳宫，博士七十人前为寿[22]。仆射（yè）周青臣进颂曰[23]："他时秦地不过千里，赖陛下神灵明圣，平定海内，放逐蛮夷，日月所照，莫不宾服。以诸侯为郡县，人人自安乐，无战争之患，传之万世，自上古不及陛下威德。"始皇悦。博士齐人淳于越进曰："臣闻殷、周之王千馀岁，封子弟功臣，自为枝辅。今陛下有海内，而子弟为匹夫，卒有田常、六卿之臣，无辅拂（bì）[24]，何以相救哉？事不师古而能长久者，非所闻也。今青臣又面谀以重陛下之过，非忠臣。"始皇下其议。丞相李斯曰："五帝不相复，三代不相袭，各以治，非其相反，时变异也。今陛下创大业，建万世之功，固非愚儒所知。且越言乃三代之事，何足法也？异时诸侯并争，厚招游学。今天下已定，法令出一，百姓当家则力农工，士则学习法令辟禁。今诸生不师今而学古，以非当世，惑乱黔首。臣请史官非秦记皆烧之，非博士官所职，天下敢有藏《诗》、《书》、百家语者，悉诣守、尉杂烧之。有敢偶语《诗》、《书》者弃市，以古非今者族，吏见知不举者与同罪。令下三十日不烧，黥（qíng）为城旦[25]。所不去者，医药、卜筮、种树之书。若欲有学法令，以吏为师。"制曰："可。"

三十五年,除道,道九原抵云阳㉖,堑山堙谷,直通之。于是始皇以为咸阳人多,先王之宫廷小,吾闻周文王都丰,武王都镐㉗,丰、镐之间,帝王之都也。乃营作朝宫渭南上林苑中㉘。先作前殿阿房㉙,东西五百步,南北五十丈,上可以坐万人,下可以建五丈旗,周驰为阁道,自殿下直抵南山。表南山之颠以为阙。为复道,自阿房渡渭,属之咸阳,以象天极阁道绝汉抵营室也㉚。阿房宫未成;成,欲更择令名名之。作宫阿房,故天下谓之阿房宫。隐宫徒刑者七十馀万人,乃分作阿房宫,或作丽山㉛。发北山石椁(guǒ),乃写蜀、荆地材皆至㉜。关中计宫三百,关外四百馀。于是立石东海上朐(qú)界中㉝,以为秦东门。因徙三万家丽邑,五万家云阳,皆复不事十岁㉞。

侯生、卢生相与谋曰:"始皇为人,天性刚戾自用,起诸侯,并天下,意得欲从,以为自古莫及已。专任狱吏,狱吏得亲幸。博士虽七十人,特备员弗用。丞相诸大臣皆受成事,倚办于上。上乐以刑杀为威,天下畏罪持禄,莫敢尽忠。上不闻过而日骄,下慑伏谩欺以取容。秦法,不得兼方,不验,辄死。然候星气者至三百人,皆良士,畏忌讳谀,不敢端言其过。天下之事无小大皆决于上,上至以衡石量书㉟,日夜有呈,不中呈不得休息。贪于权势至如此,未可为求仙药。"于是乃亡去。始皇闻亡,乃大怒曰:"吾前收天下书不中用者尽去之,悉召文学方术士甚众,欲以兴太平,方士欲练以求奇药。今闻韩众去不报,徐市(fú)等费以巨万计㊱,终不得药,徒奸利相告日闻。卢生等吾尊赐之甚厚,今乃诽谤我,以重吾不德也。诸生在咸阳者,吾使人廉问,或为妖言以乱黔首。"于是使御史悉案问诸生,诸生传相告引,乃自除犯禁者四百六十馀人㊲,皆坑之咸阳,使天下知之,以惩后。

注

① **庄襄王**：名子楚，孝文王之子，前249—前247年在位。

② **吕不韦**：战国末期的阳翟巨商，由于靠着他的活动使在赵为质的秦国公子子楚得以成为秦王之嗣；又由于他将自己之妾给子楚为妻，故子楚为秦王后，被任为相国。

③ **秦昭王四十八年**：前259年。秦昭王，秦始皇的曾祖父，前306—前251年在位。**邯郸**：战国时期的赵国都城，即今河北邯郸市。

④ **巴、蜀**：秦国的二郡名，巴郡郡治在今重庆市北；蜀郡郡治即今成都市。**汉中**：秦郡名，郡治即今陕西汉中市。**宛**：秦县名，县治即今河南省南阳市。**郢**：战国中期以前的楚国都城，即今湖北荆州江陵西北的纪南城。**南郡**：秦郡名，郡治即当初楚国之郢都。

⑤ **上郡**：郡治肤施（在今陕西榆林东南），原属魏，后为秦有。**河东**：郡名，郡治安邑（今山西夏县西北），原属魏，后为秦有。**太原**：郡名，郡治晋阳（今太原市西南），原属赵，后为秦有。**上党**：郡名，郡治壶关（今山西长治市北），原属韩，后为秦有。

⑥ **荥阳**：县名，县治在今河南荥阳市东北，原属秦，后为秦有。**二周**：东周、西周，战国中期以后由周国分裂成的两个小国，东周居巩县，西周居王城，至战国末期相继为秦所灭。**三川郡**：秦郡名，郡治洛阳（今洛阳市东北）。

⑦ **李斯**：协助秦始皇统一六国的重要人物，后为丞相，参见《李斯列传》。**舍人**：战国时期，国君或高级官吏的亲近左右称舍人。

⑧ **十七年**：前230年。**内史腾**：名腾，史失其姓。内史，首都的行政长官，即日后之京兆尹。**韩王安**：韩国的末代国君，前238—前230年

在位，国都即今河南新郑市。**颍川**：秦郡名，郡治即今河南禹州市。

⑨ **十八年**：前229年。**王翦**：秦国名将，事迹参见《白起王翦列传》。**上地**：上郡之地。**井陉**：山口名，在今河北石家庄市西的太行山上，是河北与山西之间的咽喉要道。**羌瘣**：秦将名。**端和**：姓杨，秦将名。

⑩ **十九年**：前228年。**东阳**：具体方位不详，大约在太行山以东。**赵王**：名迁，前235—前228年在位。

⑪ **二十一年**：前226年。**王贲**：王翦之子，亦为秦将。**荆**：楚国的别称，此时的楚国都城已经东迁到寿春（今安徽寿县）。

⑫ **燕太子**：燕王喜之子，曾派荆轲入秦行刺，未成，荆轲被杀，参见《刺客列传》。

⑬ **二十二年**：前225年。**大梁**：魏国的都城，即今河南开封市。**其王**：魏王假，前227—前225年在位。

⑭ **二十三年**：前224年。**荆**：即楚，此时的楚国都城已东迁到寿春（今安徽寿县）。在此之前秦曾派李信率兵击楚，被楚将项燕击败。

⑮ **陈**：楚县名，即今河南淮阳县，楚国之郢都被秦攻占后，楚国先迁陈，后又东迁寿春。**平舆**：楚县名，在今河南平舆县北。**荆王**：名负刍，前227—前223年在位。

⑯ **二十五年**：前222年。**辽东**：燕郡名，郡治即今辽阳市。**燕王喜**：燕国的末代国君，前254—前222年在位。

⑰ **代**：赵郡名，郡治即今河北蔚县。**代王嘉**：赵王迁被秦国俘去后，赵王迁之兄公子嘉逃到代地，称为代王，前227—前222年在位。

⑱ **越君**：越王勾践的后代。勾践的事情见《越世家》。**会稽郡**：秦郡名，郡治即今浙江绍兴市。

⑲ **二十六年**：前221年。**齐王建**：齐国的末代国君，前264—前221年

在位。国都即今山东淄博市之临淄区。

⑳ **丞相绾**：王绾。**御史大夫劫**：冯劫。御史大夫，当时的"三公"之一，执掌监察纠弹。**廷尉斯**：李斯。廷尉，国家的最高司法官。

㉑ **五帝**：指传说中的黄帝、颛顼、帝喾、尧、舜。**侯服、夷服**：相传古代帝王国都周围的方圆千里之内为京畿（郊区）。千里之外再由近及远一直划出去，五百里为一服，共九服。最近的一圈为"侯服"，第七圈为"夷服"。

㉒ **三十四年**：前213年。**博士**：官名，在帝王身边以备顾问。

㉓ **仆射**：此指博士仆射，博士官的头领。

㉔ **田常、六卿**：皆指臣僚之势大作乱者。田常是春秋末期齐国的权臣，弑齐简公，为其后代篡夺姜氏政权做好了准备；六卿是春秋末期晋国的六个大权臣，六家又相互火并，最后剩下韩、赵、魏三家，遂瓜分晋国而自立。**辅拂**：拂，通"弼"。

㉕ **黥为城旦**：黥，给犯人在脸上刺字。城旦，发配修筑长城的苦役犯，白天修城，夜间巡逻。

㉖ **三十五年**：前212年。**九原**：秦郡名，郡治在今内蒙古包头市西。**云阳**：秦县名，在今陕西淳化县西北。

㉗ **丰**：古都名，在今西安市西南。**镐**：古都名，在今西安市西，当时丰都的东北。

㉘ **上林苑**：秦代的皇家猎场，约当今之西安市及户县、周至等数县的辽阔地区。

㉙ **阿房**：地名，秦建宫于此，暂以地名称之，故曰"阿房宫"。

㉚ **阁道**：星名，属奎宿，有星六颗。**营室**：星名，包括室宿、壁宿，古人以之对应人间的帝王之宫。

㉛ **隐宫**：应作"隐官"，收容刑赦犯人的场所。**丽山**：也作"骊山"，在今陕西临潼县东南，此指尚在修筑中的地处丽山的秦始皇的陵墓工程。

㉜ **北山石椁**：据上下文意，此"椁"字似衍，应削。**写**：移，输送。

㉝ **朐**：秦县名，在今江苏连云港市西南。

㉞ **丽邑**：秦县名，在今临潼县东北，汉代改称新丰。**复**：免除租税。

㉟ **衡石**：这里即指秤。衡，秤杆；石，秤锤。

㊱ **韩众**：也作"韩终"，当时的方士。**徐市**：也作"徐福"，当时的方士，曾运载着五百对童男女下海求仙，一去不返。**巨万**：也称"大万"，即今所谓"亿"。

㊲ **自除**：自己圈定。除，挑出。

译

秦始皇是秦庄襄王的儿子。庄襄王当初在赵国当人质时，见到吕不韦的小妾，很喜欢，就娶了她，生了始皇。始皇于秦昭王四十八年正月生在邯郸。出生后取名曰"政"，姓赵氏。十三岁时，庄襄王去世，政继位为王。这时候秦国已经向南吞并了巴、蜀、汉中，向东南越过宛城占有了郢都，并在那里设置了南郡。往北夺取了上郡以东，并占据河东、太原、上党三郡。往东抵达荥阳，灭掉了西周、东周，并在那里设置了三川郡。这时吕不韦为相国，享有封邑十万户，号称文信侯，他大力招揽宾客游士，为吞并天下做准备。李斯为吕不韦舍人，蒙骜、王龁、麃公等为将军。

秦王政十七年，内史腾进攻韩国，俘虏了韩王安，夺得韩国全部的土地，并在那里设郡，名曰颍川郡。十八年，大规模出兵攻赵，王翦统帅上郡地区的士卒攻下井陉，杨端和率领河内地区的士兵，与羌瘣北上伐赵，杨端和围困了邯郸城。十九年，王翦、羌瘣等全部平定了赵地，并在东阳抓到了赵王。二十一年，王贲率兵攻楚，又给进攻燕国的王翦增派了大量的士兵，于是王翦遂击破了燕国太子丹的军队，夺取了燕都蓟城，不久又得到了太子丹的人头。二十二年，王贲率军攻魏，引黄河水经鸿沟以灌大梁，大梁城坏，魏王请降。秦国遂又获取了魏国的全部领土。二十三年，秦王重又恳请王翦，命他率兵攻楚。王翦攻取了陈县以南直至平舆的土地，俘虏了楚王。二十五年，又举大兵，派王贲率士卒攻打燕国的辽东郡，俘获了燕王喜。又回军攻代，俘获了代王嘉。这时南线的王翦也平定了楚国的江南地区，降服了越君，遂在那里设置了会稽郡。二十六年，命将军王贲从燕地向南攻齐，俘虏了齐王建。

秦国刚刚统一天下，丞相王绾、御史大夫冯劫、廷尉李斯等一起上言说："过去五帝直接管辖的地区方圆有千里之遥，千里之外是侯服夷服的地区。那时的诸侯有的朝贡，有的不朝贡，天子无法控制。现在陛下起义兵，讨残暴，平定天下，整个国家实行郡县制，一切命令都由朝廷发出，这是自古以来从未有过的，连传说中的五帝也无法企及。我们与博士商量，共同认为：'古代有天皇、地皇、泰皇，三者之中泰皇最尊贵。'我们大胆建议，大王您应当称为'泰皇'，您的命令称为'制'和'诏'，您得自称为'朕'。"秦王说："去掉'泰'字，留下'皇'字，再加上古所称的'帝'字，合称为'皇帝'。其他就按你们商量的意见办。"于是正式签署命令说："可。"

三十四年，始皇在咸阳宫设酒宴，七十名博士向前祝寿。仆射周青臣颂扬始皇说："过去秦国的疆域方圆过千里。仰仗着陛下的神灵，如今已平定四海，赶走蛮夷，凡是日月所照临的地方没有不臣服的。过去诸侯割据的地方现在都成了郡县，人人安居乐业，不再有战争之忧，这种局面将传之万世而无穷，您的这种威德是自古以来任何人所无法比拟的。"始皇听了很高兴。这时另一个博士齐人淳于越进言说："听说商朝和周朝都统治天下一千多年，其所以如此是因为他们都分封子弟功臣以作为自己的屏障。如今陛下据有整个国家，而兄弟子弟都是平民百姓。这样日后万一出现个像田常、六卿那样的叛臣，而陛下孤立无援，谁来相救呢？做事不以古为师而能维持的，从未听说过。现在周青臣又来当面奉承陛下，想让您错上加错，这样的人绝不是忠臣。"始皇把他们的意见交下去讨论。丞相李斯说："五帝的制度相互之间各不相同，夏、商、周三代也不是一律照搬，但他们都治好了自己的国家，并不是后代一定要改变前代的章程，而是由于时代已经发生了变化。现在陛下创建了宏伟的大业，建立了万世之功，这本来就不是一般书呆子所能理解的。再说淳于越所说的那个'三代'，有什么可效法的？那时诸侯相争，各自极力招揽游学之士。如今天下已定，法令统一，百姓们在家里就要努力地务农做工，士人们则应该学好法律禁令。可是现在这些书呆子们不研究现实而一味地崇古，他们诽谤现实，蛊惑百姓。我请求史官凡不是秦国的史书全部烧掉，凡不是博士官所主管、私人藏有《诗》《书》、诸子百家著作的，通通送到郡守、郡尉那里集中烧毁。有敢两个人以上聚集一起讲论《诗》《书》的，处死街头，敢颂古非今的灭族，官吏知情不报的与之同罪。命令下达三十天还敢持书不烧的处以黥刑并发配去修长城。留下来不烧的只有医药、卜筮、种树等一类的书。如果有人想学法令，可以拜官吏为师。"始皇签署命令说："可以。"

三十五年，开辟道路，从九原郡直抵云阳县，开山填谷，直线通达。当时，始皇认为咸阳人多，而先王的宫廷窄小，又听说当初周文王建都于丰，武王建都于镐，看来丰镐之间是帝王建都的地方。于是秦始皇着手在渭水南岸的上林苑中兴建接受朝拜的宫殿。首先在"阿房"这个地方建造宫廷的前殿，此殿东西长五百步，南北宽五十丈，殿上可以坐上万人，殿下可以竖起五丈高的大旗。环殿建有空中通道，该道从殿下直达终南山，让终南山的峰顶作为新建宫廷的双阙。又修建空中通道从阿房北渡渭水，一直与咸阳连接，从此象征天上的"阁道"星越过天河直抵"营室"宿。阿房宫尚未修完，故暂以"阿房"称之，想等完工后再另起一个好名字称呼它。因为这座宫殿建筑在阿房，所以天下后世遂称之为"阿房宫"。当时调集了隐官所属的刑徒七十多万人，一部分建造阿房宫，一部分建造骊山陵墓。将北山开采的石头和蜀地、楚地出产的木材都集中调运到这里以供使用。当时全国的离宫关中有三百多座，关外有四百多座。于是在东海之滨的朐县竖起石碣，以之作为秦国的东门。搬迁三万户到骊邑以繁荣始皇陵地区，搬迁五万户到云阳的甘泉宫附近，凡搬迁者免除十年的赋税徭役。

　　侯生、卢生两个方士私议说："始皇帝为人，生性刚猛暴戾，自以为是，由一个列国诸侯而吞并天下，心满意足，以为自古以来谁也比不了自己。专门信用狱吏，凡是狱吏都受到宠信。虽然也设有博士官七十人，但只是充数而已，从不信用。丞相与各位大臣都是照办已经决定的命令，一切都依赖皇帝自己处置。而皇帝则是喜欢以严刑酷法来建立威严的，各级官吏害怕获罪，只想保官保命，没有人敢说真话尽忠心。皇帝由于发现不了自己的过失，越来越骄横，做臣子的则越来越害怕而苟合讨好。秦法规定，一个人不能兼学两种方技，某种方技不灵，则该人即被处死。那些观测星云的多达三百人，都是正直之士，由于心存畏忌而只能说好话，谁也不敢真正指出皇上的过失。国家的事情不论大小都决定于皇帝一人,等待皇帝批阅的文件多得用秤来称,每天都要达到一定的份额,达不到就不能睡觉。一个人贪恋权势到如此程度,是不能为他找到长生不死之药的。"于是偷偷地跑掉了。始皇听说后勃然大怒,说:"前者我已经把那些不中用的书都烧掉了,我之所以还招纳不少文学方术之士,是让他们帮着寻求国家太平。方士们说可以烧炼长生不老之药,可是现在韩众一去不返,徐市等已花了上亿的钱,也没有弄到仙药。相反倒是一件件为奸牟利的事情不断向我传来。对卢生等人我赏赐丰厚,可是今天也居然诽谤我,破坏我的名声。我派人调查过咸阳城里的这些儒生,发现有人制造妖言蛊惑百姓。"于是派御史将所有儒生拘捕起来进行审讯,儒生们相互告发,越来越多。最后秦始皇自己圈定了四百六十多个儒生,将其全部活埋于咸阳,目的是想以此昭示全国,警告后人。

秦始皇本纪
始皇之死

三十七年十月癸丑①,始皇出游。左丞相斯从,右丞相去疾守。少子胡亥爱慕请从,上许之。十一月,行至云梦,望祀虞舜于九疑山②。浮江下,观籍柯,渡海渚。过丹阳,至钱唐③。临浙江④,水波恶,乃西百二十里从狭中渡。上会稽,祭大禹⑤,望于南海,而立石刻颂秦德。还,过吴,从江乘(shèng)渡,并海上,北至琅邪⑥。自琅邪北至荣成山⑦,遂并海西。

至平原津而病⑧。始皇恶言死,群臣莫敢言死事。上病益甚,乃为玺书赐公子扶苏曰:"与丧会咸阳而葬。"书已封,在中车府令赵高行符玺事所⑨,未授使者。七月丙寅,始皇崩于沙丘平台⑩。丞相斯为上崩在外,恐诸公子及天下有变,乃秘之,不发丧。棺载辒(wēn)凉车中⑪,故幸宦者参乘,所至上食。百官奏事如故,宦者辄从辒凉车中可其奏事。独子胡亥、赵高及所幸宦者五六人知上死。赵高故尝教胡亥书及狱律令法事,胡亥私幸之。高乃与公子胡亥、丞相斯阴谋破去始皇所封书赐公子扶苏者,而更诈为丞相斯受始皇遗诏沙丘,立子胡亥为太子。更为书赐公子扶苏、蒙恬⑫,数以罪,其赐死。语具在《李斯传》中。行,遂从井陉抵九原。会暑,上辒车臭,乃诏从官令车载一石鲍鱼⑬,以乱其臭。

行从直道至咸阳，发丧。

太子胡亥袭位，为二世皇帝。九月，葬始皇郦山。

始皇初即位，穿治郦山。及并天下，天下徒送诣（yì）七十馀万人，穿三泉，下铜而致椁（guǒ），宫观百官奇器珍怪徙臧满之。令匠作机弩矢，有所穿近者辄射之。以水银为百川江河大海，机相灌输，上具天文，下具地理。以人鱼膏为烛⑭，度不灭者久之。二世曰："先帝后宫非有子者，出焉不宜。"皆令从死，死者甚众。葬既已下，或言工匠为机，臧皆知之，臧重即泄，大事毕。已臧，闭中羡⑮，下外羡门，尽闭工匠臧者，无复出者。树草木以象山。

注

① **三十七年**：前210年。十月癸丑，夏历十月初四。

② **云梦**：古大泽，在今湖北南部和湖南北部的长江两岸。**九疑山**：在今湖南省宁远县境内。传说为舜帝死葬之处，山上现有舜庙等古迹。

③ **籍柯**：义不明。可能是地名。刘盼遂以为应作"藉河"，即瀑布。**海渚**：疑当为"江渚"，即牛渚山，在今安徽当涂县西北长江边，突入江中，名采石矶。**丹阳**：秦县名，在今安徽当涂县东北。**钱唐**：秦县名，在今浙江省杭州市。

④ **浙江**：即钱塘江，流往今杭州市南，东北流入海。

⑤ **会稽**：山名，在今浙江绍兴市南。山上有禹陵，相传禹死葬此。

⑥ **吴**：秦县名，即今苏州市。**江乘**：秦县名，在今江苏句容市北。

⑦ **荣成山**：即成山，在今山东省荣成市东北。

⑧ **平原津**：当时的黄河渡口名，在今山东省平原县西南。

⑨ **中车府令**：官名，掌管皇帝车马，为太仆属官。

⑩ **七月丙寅**：前210年七月无"丙寅"日，史公所书有误。**沙丘平台**：沙丘宫内的平台。沙丘宫是战国时代赵国的离宫。

⑪ **辒凉车**：一种能开能闭可以躺卧的车子。

⑫ **蒙恬**：秦始皇的名将，时驻兵于今内蒙古临河一带的黄河边。扶苏为监军，与蒙恬同在一起。

⑬ **石**：重量单位，即一百二十斤。**鲍鱼**：咸干鱼，味腥臭。

⑭ **人鱼**：即儒艮，皮肤灰白色，前肢呈鳍状，后肢退化。栖息于河口或浅海湾内，属哺乳科。也有人认为"人鱼"即鲸鱼。

⑮ **中羡**：墓道的第二道门。帝王的墓道往往有内、中、外三道门。

译

三十七年十月初四，始皇出游天下。左丞相李斯随从出行，右丞相冯去疾留守京城。小儿子胡亥受始皇宠爱，请求跟从，始皇同意了。十一月，到达云梦泽，向着南方的九嶷山遥祭虞舜。而后乘船顺长江东下，观览籍柯，又渡过江渚，经丹阳，到达钱唐县。再到浙江岸边一看，见波涛险恶，无法渡过，于是向西绕行了一百二十里从江面狭窄的地方渡了过去。而后登上会稽山，祭祀大禹陵，又遥祭南海神，最后在会稽山刻石立碑以歌颂秦始皇的功德。返回的途中经过吴县，从江乘县渡过长江，沿河边北上，到达琅琊。又从琅琊北行至荣成山，再转过来沿海边西行。

待至平原津，秦始皇患病。由于秦始皇讨厌说死，所以大臣们没人敢说到死的事。秦始皇自己后来感到病情越来越重，于是写了一封诏书盖上玉玺发给长子扶苏说："我估计活不了几天了，现正在回咸阳的路上，你赶紧回咸阳主持我的葬礼。"信封好后，在中车府令兼掌玉玺的赵高手里，还没有派使者送出。七月"丙寅"这一天，始皇便死在沙丘宫的平台。丞相李斯因为皇帝死在外地，怕消息传出，秦始皇的儿子们和其他不逞之徒乘机作乱，于是封锁消息，不向外透露始皇死的事情。将始皇的遗体简单包裹放在辒凉车中，让始皇平日宠爱的宦官待在车上。所经之处照常向车里进呈餐饮。大臣们像平常一样在车前请示报告工作，宦官隔着车帘照准大臣们请示的事情。这时只有胡亥、赵高和始皇身边的五六个亲信宦官知道始皇已经死了。赵高曾教过胡亥认字写字和一些刑法知识，胡亥与他的关系很亲近。于是赵高就与胡亥、李斯暗中谋划，毁掉了始皇给扶苏的信，另外假造了一张给李斯的遗嘱，说是让李斯立胡亥为太子。同时另造一封给扶苏、蒙恬的信，指斥他们的罪状，命令他们自杀。这些事的详情都在《李斯列传》中。车驾继续前行。从井陉北上到九原郡。这时天气炎热，始皇的辒凉车已经发出臭气。于是他们就让随从官员每人都买一石臭咸鱼放在自己车上，以此来混淆尸体的臭味。

到九原后，这一行人改从直道南行返回咸阳，这时才向全国发布了始皇帝死去的消息。

于是，太子胡亥继承皇位，称为二世皇帝。九月，葬始皇于郦山。

始皇为秦王之初，就开始在郦山为自己预造陵墓，等到统一称帝后，更命令全国各地往郦山发派劳改罪犯共约七十万人，他们向下挖地，一直挖过了三个出水层，用铜水将石壁浇灌住，然后再把棺椁放在里面，陪葬的各种假造的宫殿、百官以及各种珍奇宝物，把地宫装得满满的。让工匠们造好了带机关的弩箭，一旦有人发掘与接近地宫时这些箭就自动射出去。里面用水银制造成江河湖海，用机械控制使这些水银永远奔流不息。地宫的上空列有日月星辰，地宫的下面有各种地理景观。

其中点着人鱼油做的蜡烛，估计这些烛火能燃烧很久不会熄灭。秦二世说："先帝后宫的嫔妃没有儿子的，也不宜再让她们出去。"于是让她们全都殉葬，死的人很多。等到把始皇埋葬完毕，有人说：地宫里的机关是工匠制造的，地宫藏有什么东西，他们也都知道，如果里面的储藏情况一旦泄露出去，那一切就都完了。于是当地宫封藏已毕，遂将墓道的中门下闸关闭，接着又封闭了墓道的外门，把所有的工匠与向里边搬运殉葬品的人关在了里面，没有一个再活着出来。而后在陵墓上种植草木，装饰得像一座小山。

评

《秦始皇本纪》记载了秦始皇在其历代祖先积蓄力量的基础上并吞六国，统一天下，第一次建立了中央集权强大国家的过程，肯定了秦始皇的丰功伟绩；同时也记载了秦始皇称帝后由于缺少历史经验而采取的种种错误做法；尤其是写了秦始皇死后，秦二世以非法手段篡取政权，倒行逆施，终致在两年多的时间里将秦王朝彻底葬送的悲惨教训。作品的篇幅很长，叙述极其精彩，是《史记》中篇幅最长的作品之一。如果将这篇作品与《李斯列传》彼此参照，就等于是一篇详尽细致的秦王朝的兴亡史，其中所包含的历史教训实在是太深刻了。我们这里选取了《始皇统一称帝》《始皇之死》两段文字。前段表现了秦始皇的雄才大略，以高屋建瓴之势扫荡东方、统一天下的过程，以及统一称帝后所制定、采取的种种措施。后段写始皇死后，赵高、胡亥拉李斯发动政变，致使秦王朝立即陷入危机，农民起义迅速爆发，秦王朝迅即灭亡的过程。秦始皇是一位伟大的悲剧英雄，具有非凡的创造力，又有许多致命的弱点，这些都给日后的汉高祖刘邦与汉武帝刘彻提供了良好的借鉴。

项羽本纪
会稽起兵

项籍者，下相人也^①，字羽。初起时，年二十四。其季父项梁，梁父即楚将项燕，为秦将王翦所戮者也^②。项氏世世为楚将，封于项^③，故姓项氏。

项籍少时，学书不成，去，学剑，又不成。项梁怒之。籍曰："书足以记名姓而已。剑一人敌，不足学，学万人敌。"于是项梁乃教籍兵法，籍大喜，略知其意，又不肯竟学。项梁尝有栎（yuè）阳逮^④，乃请蕲（qí）狱掾（yuàn）曹咎书抵栎阳狱掾司马欣^⑤，以故事得已。项梁杀人，与籍避仇于吴中^⑥，吴中贤士大夫皆出项梁下。每吴中有大繇役及丧，项梁常为主办，阴以兵法部勒宾客及子弟，以是知其能。秦始皇帝游会稽，渡浙江^⑦，梁与籍俱观。籍曰："彼可取而代也。"梁掩其口，曰："毋妄言，族矣！"梁以此奇籍。籍长八尺余，力能扛（gāng）鼎，才气过人，虽吴中子弟皆已惮（dàn）籍矣。

秦二世元年七月陈涉等起大泽中^⑧。其九月，会稽守通谓梁曰："江西皆反^⑨，此亦天亡秦之时也。吾闻先即制人，后则为人所制。吾欲发兵，使公及桓楚将。"是时桓楚亡在泽中。梁曰："桓楚亡，人莫知其处，独籍知之耳。"梁乃出，诫籍持剑居外待。梁复入，与守坐，曰："请召籍，使受命召桓楚。"守曰："诺。"梁召籍入。须臾，梁眴（shùn）

籍曰："可行矣！"于是籍遂拔剑斩守头。项梁持守头，佩其印绶⑩。门下大惊，扰乱，籍所击杀数十百人。一府中皆慴（shè）伏，莫敢起。梁乃召故所知豪吏，谕以所为起大事。遂举吴中兵，使人收下县，得精兵八千人。梁部署吴中豪杰为校尉、候、司马⑪。有一人不得用，自言于梁。梁曰："前时某丧使公主某事，不能办，以此不任用公。"众乃皆伏。于是梁为会稽守，籍为裨（pí）将⑫，徇（xùn）下县。

居鄛人范增⑬，年七十，素居家，好奇计。往说项梁曰："陈胜败固当。夫秦灭六国，楚最无罪。自怀王入秦不反⑭，楚人怜之至今，故楚南公曰'楚虽三户，亡秦必楚'也⑮。今陈胜首事，不立楚后而自立，其势不长。今君起江东，楚蜂午之将皆争附君者⑯，以君世世楚将，为能复立楚之后也。"于是项梁然其言，乃求楚怀王孙心民间——为人牧羊——立以为楚怀王，从民所望也。陈婴为楚上柱国，封五县，与怀王都盱台（xū yí）⑰。项梁自号为武信君。

注

① **下相**：秦县名，在今江苏省宿迁市西南。

② **王翦**：秦始皇时期的名将，详见《白起王翦列传》。

③ **项**：秦县名，在今河南省沈丘县南。

④ **栎阳**：秦县名，在今陕西省西安市北渭水北岸。

⑤ **蕲**：秦县名，在今安徽省宿州市南。

⑥ **吴中**：泛指春秋时吴地，即今江苏及浙江、安徽部分地区。

⑦ **会稽**：此指会稽山，在今浙江省绍兴市南。**浙江**：即今钱塘江。

⑧ **秦二世元年**：前209年。秦二世，名胡亥，秦始皇第十八子。**大泽**：乡名，当时属蕲县。

⑨ **会稽**：此指会稽郡，郡治在吴县（即今之苏州市）。**江西**：长江自九江到南京一段的流向是由西南向东北，因此古人习惯称今皖北一带为江西，而称皖南、苏南一带为江东。

⑩ **印绶**：即指印。绶是系在印上的丝绳。

⑪ **校尉、候、司马**：皆军官名。古代军制，将军军营下分部，部设校尉；部下分曲，曲设军候。司马，军中主管司法的官吏。

⑫ **裨将**：副将、偏将。

⑬ **居鄛**：秦县名，治在今安徽省桐城市南。

⑭ **怀王**：楚怀王，名槐，战国中期的楚国国君，前328—前299年在位。被秦昭王骗入秦国，拘囚而死。

⑮ **南公**：犹言"南方老人"，姓名不详。**楚虽三户，亡秦必楚**：表明楚人与秦势不两立的仇恨。"三户"，极言其所剩人口之少。

⑯ **蜂午**：犹言"蜂拥而起"。午，纵横交错。

⑰ **陈婴**：原东阳县令史，起兵反秦，归属项梁部下。**上柱国**：战国时楚官名，位同丞相，但后世多为荣誉爵位，无实权。**盱台**：同"盱眙"，秦县名。在今江苏省盱眙县东北。

译

项籍是下相人，字羽。最初起事的时候年仅二十四。他的小叔叔叫项梁，项梁的父亲就是被秦将王翦所杀的楚国的名将项燕。项家世世代代都是楚国的大将，因为有功被封于项，于是他家也就姓项了。

项籍小的时候，开始学习认字写字，学了半天不见长进，便放弃了改去学剑，结果还是没有什么长进。项梁为此很生气。项籍说："学了写字不过是用来记个姓名而已，练好了剑术也不过是能对付一个人，这些都不值得学，我要学以一胜万的本事。"项梁见他有这份志向，就教他兵法，项籍很高兴，但也不过是粗知大意罢了，还是不肯下功夫彻底地学。项梁曾因犯罪被栎阳县逮捕，他请蕲县的典狱官曹咎给栎阳县的典狱官司马欣写了一封说情的信，因而案子得以了结。后来项梁又杀了人，和项籍一起躲到了吴地。吴地的贤士大夫们对项梁都很敬佩，每逢有大的徭役或丧事，总是请项梁操办。在办这些事的过程中，项梁常常用兵法来组织他家的宾客和子弟，因此了解这些人，知道他们各自的能力。有一次，秦始皇游会稽山，在渡钱塘江的时候，项梁和项籍都去观看。项籍一见秦始皇的排场，不由得说道："那个皇帝的差事可以让我来替他干！"项梁赶紧捂住他的嘴，说："别胡说，这是要灭族的！"但从此他心里也觉得这个侄子不寻常。项籍身高八尺多，力气超人，双手可以举起大鼎，连当地土生土长的那些豪门子弟也都怕他。

秦二世元年七月，陈涉等人在大泽乡起义。这年的九月，会稽郡守殷通对项梁说："现在长江以西全都造反了，看来老天爷真是要灭掉秦朝啦。俗话说先发制人，后发者被人所制。因此我也想起兵，想请您和桓楚给我当将军。"当时桓楚因为犯罪逃亡到大泽中去了。项梁说："桓楚逃亡在外，没人知道他的下落，只有项籍知道。"说完就出去找到了项籍，让他手提宝剑在外头等着。项梁又进去陪着郡守坐了一会儿，说："请让项籍进来，派他去找桓楚。"郡守说："好。"于是项梁就把项籍叫了进来。又过了一会儿，项梁给项籍使了个眼色，说："可以动手了！"于是项籍拔出剑来就砍下了郡守的人头。而项梁则拎着郡守的人头，把郡守的印绶佩在自己身上。这时郡守的部下都吓坏了，乱作一团。项籍趁势把他们一连杀了近百个，其余的都吓得趴在地上，谁也不敢动。这时项梁就把他平日所了解的那些豪强大吏们找来，告诉了他们自己要干的事情，于是就在吴地发兵起义了。接着他派人去接管了会稽郡下属的各县，征集到了精兵八千人。项梁安排吴县这些豪杰们去分别担任军中的校尉、军候、司马等职。有一个人没被任用，他不服气地找到项梁，项梁说："过去办某件丧事的时候，我曾派你去办某件事，你办得不好，说明你没有这个能力，所以现在不能委派你。"大家听了都很心服。于是项梁自己当了会稽郡郡守，让项籍做他的副将，并以会稽郡守的名义派人到下属各县去宣布命令，安抚民众。

这时居鄡人范增已经七十岁，平素隐居在家，善出奇谋。他去给项梁出主意说："陈胜的失败是理所当然的。想当初秦朝灭掉六国的时候，楚国是最无罪的。自从楚怀王被骗到秦国死在那里后，楚国人到今天还非常同情他。楚国南方有位老人曾说：'即使楚国只剩下三户，将来灭秦的也仍然是楚国人。'今天陈胜起事时，不立楚国的后代，而是自立为王，因此他当然长不了。您从江东起兵以来，所以有那么多楚国将领归附您，就因为你们项家世世代代为楚将，大家相信您能够再立楚国的后代。"项梁认为范增的话有理，就派人去找来了楚怀王的一个孙子，他名字叫心，当时正在民间给人放羊。项梁便立他为王，而且仍称他为"楚怀王"，以顺应当时百姓们的心愿。同时封陈婴为上柱国，并给他五个县做封地，让他陪同楚怀王一起驻守国都盱眙。项梁自己则号称武信君。

项羽本纪

鸿门宴

行略定秦地,函谷关有兵守关①,不得入;又闻沛公已破咸阳,项羽大怒,使当阳君等击关。项羽遂入,至于戏西②。沛公军霸上③,未得与项羽相见。沛公左司马曹无伤使人言于项羽曰④:"沛公欲王关中,使子婴为相⑤,珍宝尽有之。"项羽大怒,曰:"旦日飨士卒,为击破沛公军!"当是时,项羽兵四十万,在新丰鸿门⑥;沛公兵十万,在霸上。范增说项羽曰:"沛公居山东时⑦,贪于财货,好美姬;今入关,财物无所取,妇女无所幸,此其志不在小。吾令人望其气,皆为龙虎,成五采,此天子气也。急击勿失。"

楚左尹项伯者,项羽季父也,素善留侯张良⑧。张良是时从沛公。项伯乃夜驰之沛公军,私见张良,具告以事,欲呼张良与俱去,曰:"毋从俱死也。"张良曰:"臣为韩王送沛公,沛公今事有急,亡去不义,不可不语。"良乃入,具告沛公。沛公大惊,曰:"为之奈何?"张良曰:"谁为大王为此计者?"曰:"鲰(zōu)生说我曰⑨:'距关,毋内诸侯,秦地可尽王也。'故听之。"良曰:"料大王士卒足以当项王乎?"沛公默然,曰:"固不如也,且为之奈何?"张良曰:"请往谓项伯,言沛公不敢背项王也。"沛公曰:"君安与项伯有故?"张良曰:"秦时与臣游,项伯杀人,臣活之。今事有急,故幸来告良。"沛公曰:"孰与君少长?"

良曰:"长于臣。"沛公曰:"君为我呼入,吾得兄事之。"张良出,要(yāo)项伯。项伯即入见沛公。沛公奉卮酒为寿,约为婚姻,曰:"吾入关,秋毫不敢有所近,籍吏民,封府库,而待将军。所以遣将守关者,备他盗之出入与非常也。日夜望将军至,岂敢反乎!愿伯具言臣之不敢倍德也。"项伯许诺,谓沛公曰:"旦日不可不蚤自来谢项王。"沛公曰:"诺。"于是项伯复夜去,至军中,具以沛公言报项王。因言曰:"沛公不先破关中,公岂敢入乎?今人有大功而击之,不义也,不如因善遇之。"项王许诺。

沛公旦日从百余骑来见项王,至鸿门,谢曰:"臣与将军戮力而攻秦,将军战河北,臣战河南,然不自意能先入关破秦,得复见将军于此。今者有小人之言,令将军与臣有郤。"项王曰:"此沛公左司马曹无伤言之;不然,籍何以至此。"项王即日因留沛公与饮。项王、项伯东向坐;亚父南向坐——亚父者,范增也;沛公北向坐;张良西向侍⑩。范增数目项王,举所佩玉玦以示之者三⑪,项王默然不应。范增起,出召项庄⑫,谓曰:"君王为人不忍,若入前为寿,寿毕,请以剑舞,因击沛公于坐,杀之。不者,若属皆且为所虏。"庄则入为寿。寿毕,曰:"君王与沛公饮,军中无以为乐,请以剑舞。"项王曰:"诺。"项庄拔剑起舞,项伯亦拔剑起舞,常以身翼蔽沛公,庄不得击。于是张良至军门,见樊哙⑬。樊哙曰:"今日之事何如?"良曰:"甚急。今者项庄拔剑舞,其意常在沛公也。"哙曰:"此迫矣,臣请入,与之同命。"哙即带剑拥盾入军门。交戟之卫士欲止不内,樊哙侧其盾以撞,卫士仆地,哙遂入。披帷西向立,瞋目视项王,头发上指,目眦尽裂。项王按剑而跽曰:"客何为者?"张良曰:"沛公之参乘(shèng)樊哙者也⑭。"项王曰:"壮士!赐之卮酒!"则与斗卮酒。哙拜谢,起,立而饮之。项王曰:"赐之彘

（zhì）肩！"则与一生彘肩。樊哙覆其盾于地，加彘肩上，拔剑切而啖（dàn）之。项王曰："壮士！能复饮乎？"樊哙曰："臣死且不避，卮酒安足辞！夫秦王有虎狼之心，杀人如不能举，刑人如恐不胜，天下皆叛之。怀王与诸将约曰：'先破秦入咸阳者王之。'今沛公先破秦入咸阳，豪毛不敢有所近，封闭宫室，还军霸上，以待大王来。故遣将守关者，备他盗出入与非常也。劳苦而功高如此，未有封侯之赏；而听细说，欲诛有功之人，此亡秦之续耳，窃为大王不取也。"项王未有以应，曰："坐。"樊哙从良坐。坐须臾（yú），沛公起如厕，因招樊哙出。

沛公已出，项王使都尉陈平召沛公⑮。沛公曰："今者出，未辞也，为之奈何？"樊哙曰："大行不顾细谨，大礼不辞小让。如今人方为刀俎，我为鱼肉，何辞为。"于是遂去，乃令张良留谢。良问曰："大王来何操？"曰："我持白璧一双，欲献项王；玉斗一双，欲与亚父。会其怒，不敢献，公为我献之。"张良曰："谨诺。"当是时，项王军在鸿门下，沛公军在霸上，相去四十里。沛公则置车骑，脱身独骑，与樊哙、夏侯婴、靳强、纪信等四人持剑盾步走⑯，从郦山下，道芷阳间行⑰。沛公谓张良曰："从此道至吾军，不过二十里耳。度我至军中，公乃入。"沛公已去，间至军中，张良入谢，曰："沛公不胜杯杓，不能辞。谨使臣良奉白璧一双，再拜献大王足下；玉斗一双，再拜奉大将军足下。"项王曰："沛公安在？"良曰："闻大王有意督过之，脱身独去，已至军矣。"项王则受璧，置之坐上。亚父受玉斗，置之地，拔剑撞而破之，曰："唉！竖子不足与谋！夺项王天下者，必沛公也。吾属今为之虏矣。"沛公至军，立诛杀曹无伤。

注

① **函谷关**：在今河南省灵宝东北，是东方入秦的关隘，自古为兵家必争之地。

② **戏西**：戏水之西。戏水源出郦山，流经陕西西安市临潼区，注入渭水。

③ **霸上**：即霸水之西的白鹿原，在今陕西省西安市东。

④ **左司马**：主管军中法纪的官，当时可能设为左右二人。

⑤ **关中**：函谷关以西，即秦国境内。**子婴**：秦始皇孙，二世兄子。秦二世三年（前207年）八月，赵高迫令二世自杀，立他为秦王。子婴与其二子设计杀赵高。四十六日后，刘邦入关，子婴遂降。旋为项羽所杀。

⑥ **新丰**：汉县名，秦时原名骊邑，在今陕西省西安市东北。**鸿门**：古地名，在今西安市东北，今当地称为项王营。

⑦ **山东**：崤山以东，泛指当时的六国之地。

⑧ **左尹**：楚国最高长官令尹之副职。**张良**：韩国的旧贵族，此时为刘邦的谋臣。

⑨ **鲰生**：犹言"一个无知的小人"。

⑩ **东向坐**：朝东坐，战国秦汉时期除升殿升堂仍南向外，其他场合多以东向为尊，其次南向、北向、西向。**亚父**：项羽对范增的敬称。

⑪ **玉玦**：有缺口的玉环。玦与"决"谐音，范增举玦示项羽，是暗示要他下决心杀刘邦。

⑫ **项庄**：项羽的堂兄弟。

⑬ **樊哙**：吕后的妹夫，刘邦的心腹将领。

⑭ **参乘**：古代在王侯右侧陪乘的官。

⑮**都尉**：军职名，地位略低于将军。**陈平**：当时为项羽的都尉，后为刘邦谋士。

⑯**夏侯婴、靳强、纪信**：皆刘邦的将军。

⑰**郦山**：在今陕西省西安市临潼区东南。**芷阳**：在今西安市东北。

译

　　项羽西进要去平定秦国的本土了，军队前进到函谷关，发现有兵把守，进不去。这时项羽又听说刘邦已经进入了咸阳，于是大怒，他命令当阳君对函谷关发起攻击。函谷关很快被攻开了，于是项羽长驱直入，到达了戏水西岸。这时刘邦正带领人马驻扎在霸上，还没有和项羽见面。而刘邦的左司马曹无伤派人给项羽送信说："刘邦打算在关中称王，让秦朝的降王子婴给他当宰相，把秦朝的一切财宝都据为己有。"项羽一听，勃然大怒，说："明早让士兵们饱餐一顿，让我们打垮刘邦的军队！"这时候，项羽有四十万人，驻扎在新丰县的鸿门。刘邦有十万人，驻扎在霸上。项羽的谋士范增对项羽说："刘邦在山东的时候，贪财好色。现在进了关，居然财物也不贪了，妇女也不要了，由此可见他的野心不小。我让人观望他上空的云气，一片片都成为龙虎的五彩形象，这是该做皇帝的征兆。必须赶紧消灭他，万万不可错过机会。"

　　楚国的左尹项伯是项羽的族叔，和张良相好。而张良这时正跟着刘邦。项伯听说项羽明早就要消灭刘邦，于是就偷偷地飞马疾驰到刘邦的军营找张良。他把情况对张良说了一遍，要拉着张良一道逃走。他说："你不要跟着刘邦送死了。"张良说："我是为着韩王才跟刘邦到这里来的，现在刘邦有难，我独自逃跑这太不仗义。我不能不告诉他。"说罢进去，把项羽的计划对刘邦讲了一遍。刘邦一听大惊，说："这可怎么办？"张良说："谁给您出主意让您把住函谷关不让项羽进来？"刘邦说："有个姓鲰的小子对我说：'把住函谷关，不让别的诸侯进来，就可以全部占有秦国的地盘而称王。'我就是听了他的话。"张良说："大王自己估计，我们的军队可以敌得过项羽吗？"刘邦半天不作声，过了好久才说："当然敌不过了。现在你就说咱该怎么办吧！"张良说："那就请你出去告诉项伯，说您从来没敢背叛项王。"刘邦一听项伯两个字，立刻问张良："你怎么跟项伯认识？"张良说："以前在秦朝的时候，我和项伯是朋友，项伯杀了人，我曾掩护过他，救过他的命。所以现在有了紧急情况，他来给我送信。"刘邦问："您和他谁的年纪大？"张良说："他比我大。"刘邦说："好，您马上请他进来，我要像对待兄长一样对待他。"于是张良出来把项伯请了进去。刘邦一见项伯，立刻端起酒杯向他敬酒，祝他健康长寿，并和他约定做了儿女亲家。刘邦说："我进关以来，没敢动关中的一草一木，我登记好了吏民的名册，封起了大小仓库，就等着将军的到来。我之所以派兵把守函谷关，是为了防备土匪强盗以及其他的事故。我是日夜地盼望着项将军驾到，怎么敢有别的心呢？！请您回去在项将军面前把我这份不敢背叛的心思替我说说。"项伯答应了，并对刘邦说："明天一早您要亲自去向项将军赔罪。"刘邦说："是。"于是项伯又连夜赶回了项羽的大营。回营后，他把刘邦的话一五一十地报告了项羽，并接着说："如果不是人家刘邦先攻入关中，您今天能够这么容易地进来吗？现在人家有这么大的功劳，我们还要去打人家，这不是太不仗义了吗？不如就此好好地对待他。"项王答应了。

第二天一早，刘邦带了百十来人骑马来见项羽。一到鸿门，他就低声下气地解释说："这几年来我和将军齐心协力地攻打秦朝，您攻取河北，我攻取河南，我万万没有想到居然能先入关灭了秦朝，今天又能早一步地在这里迎接您。现在有小人在您面前说我的坏话,挑拨您和我的关系。"项羽说:"这都是您的左司马曹无伤说的,不然我怎么会这样呢?"于是项羽就把刘邦留下来,为他举行酒会。项羽和项伯朝东坐,亚父朝南坐——亚父就是范增,刘邦朝北坐,张良朝西陪侍。范增连连地给项羽使眼色,又几次地拨弄他身上所佩的玉玦向项羽示意,但项羽总是默默地不加理睬。范增无法,只好站起来出去找项庄。他对项庄说:"大王为人心肠太软,你现在进去给他们敬酒,敬完酒就请求给他们舞剑助兴,你就趁机把刘邦杀死在他的座位上。要不然,你们日后都得成了他的俘虏。"项庄听罢立刻进帐向刘邦项羽敬酒,敬完酒说:"大王和沛公在这里饮酒,军营中也没什么东西可供娱乐,那就让我舞剑来给你们助兴吧。"项羽说:"好。"于是项庄就拔剑舞了起来。项伯一看也拔剑起舞,并用自己的身体掩护着刘邦,使项庄没有办法下手。张良赶紧出帐到军门去找樊哙。樊哙一见张良,赶紧迎上前问:"里边的事情怎么样了?"张良说:"危险极了。现在项庄正在舞剑,他的意思完全是对着沛公的。"樊哙说:"这就很紧急了,我要进去和项羽拼命。"说罢樊哙就一手按着剑柄,一手以盾牌护身往军门里闯。守门的卫士们架起双戟,拦住他不让他进去。樊哙侧过盾牌朝卫士们一撞,卫士们被撞倒在地,于是樊哙进了军门,来到帐前。他用手掌打开了门帘,怒气冲冲地对着项羽一站,头发竖起,圆圆的眼圈瞪得都快要裂开了。项羽一看立刻手按剑柄跪了起来,问道:"你是什么人?"张良从旁边介绍说:"这是沛公的随车警卫樊哙。"项羽一听,说:"好汉子!给他来杯酒!"旁边的人赶紧递给了他一大斗酒。樊哙俯身叩谢后,站起来接过这一大斗酒一饮而尽。项羽又说:"给他来只猪腿。"这次旁边的人故意地给了他一个生猪腿。樊哙把盾牌扣在地上,接过猪腿放在上面,拔出剑来一边切着一边吃。项羽一见又赞美说:"好汉子!还能再喝吗?"樊哙说:"我连死都不怕,难道还推辞一杯酒吗?想当初秦王像虎狼一样,杀人没够,用刑唯恐不狠,结果弄得天下都造了他的反。一年前怀王当众和各路诸侯们约定说:'谁最先破秦入咸阳,谁就当关中王。'现在沛公先破秦进了咸阳,进城后,一草一木都没敢动,封好了宫室,驻军到霸上,等着大王的到来。我们之所以派人守函谷关,那是为了防备盗贼出入和其他的变故。沛公劳苦功高到这种地步,不仅没得到您的封赏,您反而听信小人的坏话,要杀害有功之臣。您所走的完全是那个已经灭亡的暴秦的老路。我认为您是万万不该这样的。"项羽听罢无言以对,只好说:"请坐。"于是樊哙就挨着张良一齐坐了下来。过了一会儿,刘邦站起来去厕所,也一道把樊哙等叫了出去。

刘邦出去后久久不回,项羽就让都尉陈平出去找。刘邦说:"刚才我们出来,没有向项羽告辞,我们该怎么办呢?"樊哙说:"要干大事就不要怕被人挑剔细节,要行大礼就不要怕琐碎的指责。如今人家是菜刀、砧板,我们是受人家宰割的鱼肉,还讲究什么告辞!"于是刘邦决定逃走。他把张良留下来,处理善后事宜。张良问道:"您来的时候带了什么礼物?"刘邦说:"我带了一对白璧,是给项羽的;一对玉斗,是给范增的。刚才正赶上他们发脾气,还没来得及给他们,您替我给他们吧。"张良说:"好的。"当时,项羽的大营是在鸿门,刘邦的大营在霸上,中间相隔四十里。于是刘邦就把来时的车马从人都扔下,独自骑着一匹马,让樊哙、夏侯婴、靳强、纪信四人手持剑盾,步行跟着,从骊山下经芷阳抄小路逃走了。刘邦临走时对张良说:"我从这条小道回军营,不过二十里路,你估计着等我已经到了驻地的时候,再进帐去对项羽说。"刘邦走后,约摸着已经到了霸上军营,这时张良才进帐对项羽说:"刚才沛公已经喝得不能再喝,无法亲自来向您告辞。他来时带的礼物有白璧一对,让我转交给您;有玉斗一对,让我转交给大将军范增。"项羽问:"沛公现在哪里?"张良说:"他听说您想要惩罚他,所以他吓得回去了。估计现在已经回到了军营。"项羽没有作声,接过了玉璧放在了座位上。范增接过玉斗,气愤地往地上一摔,拔出剑来把它砍得粉碎,说:"唉!项庄这个干不成事的小子,简直没法与他合作!将来夺走项王天下的,一定是刘邦!我们这些人很快就全都要成为他的俘虏啦!"刘邦回军营后,立刻处决了左司马曹无伤。

项羽本纪
乌江自刎

是时，汉兵盛食多，项王兵罢（pí）食绝。汉遣陆贾说项王，请太公[1]，项王弗听。汉王复使侯公往说项王，项王乃与汉约，中分天下，割鸿沟以西者为汉[2]，鸿沟而东者为楚。项王许之，即归汉王父母妻子。军皆呼万岁。项王已约，乃引兵解而东归。

汉欲西归，张良、陈平说曰："汉有天下太半，而诸侯皆附之。楚兵罢食尽，此天亡楚之时也，不如因其机而遂取之。今释弗击，此所谓'养虎自遗患'也。"汉王听之。汉五年，汉王乃追项王至阳夏（jiǎ）南[3]，止军，与淮阴侯韩信、建成侯彭越期会而击楚军[4]。至固陵[5]，而信、越之兵不会。楚击汉军，大破之。汉王复入壁，深堑（qiàn）而自守。谓张子房曰[6]："诸侯不从约，为之奈何？"对曰："楚兵且破，信、越未有分地，其不至固宜。君王能与共分天下，今可立致也；即不能，事未可知也。君王能自陈以东傅海[7]，尽与韩信；睢阳以北至谷城[8]，以与彭越，使各自为战，则楚易败也。"汉王曰："善。"于是乃发使者告韩信、彭越曰："并力击楚，楚破，自陈以东傅海与齐王[9]；睢阳以北至谷城与彭相国。"使者至，韩信、彭越皆报曰："请今进兵。"韩信乃从齐往，刘贾军从寿春并行，屠城父，至垓下[10]。大司马周殷叛楚，以舒屠六，举九江兵[11]，随刘贾、彭越皆会垓下，诣（yì）项王。

项王军壁垓下，兵少食尽⑫，汉军及诸侯兵围之数重。夜闻汉军四面皆楚歌，项王乃大惊曰："汉皆已得楚乎？是何楚人之多也！"项王则夜起，饮帐中。有美人名虞，常幸从；骏马名骓（zhuī）⑬，常骑之。于是项王乃悲歌慷慨，自为诗曰："力拔山兮气盖世，时不利兮骓不逝。骓不逝兮可奈何，虞兮虞兮奈若何！"歌数阕⑭，美人和之。项王泣数行下，左右皆泣，莫能仰视。

于是项王乃上马骑，麾下壮士骑从者八百余人，直夜溃围南出，驰走。平明，汉军乃觉之，令骑将灌婴以五千骑追之⑮。项王渡淮，骑能属者百余人耳。项王至阴陵⑯，迷失道，问一田父，田父绐（dài）曰："左。"左，乃陷大泽中，以故汉追及之。项王乃复引兵而东，至东城⑰，乃有二十八骑。汉骑追者数千人。项王自度不得脱，谓其骑曰："吾起兵至今八岁矣，身七十余战，所当者破，所击者服，未尝败北，遂霸有天下。然今卒困于此，此天之亡我，非战之罪也。今日固决死，愿为诸君快战，必三胜之，为诸君溃围、斩将、刈旗，令诸君知天亡我，非战之罪也。"乃分其骑以为四队，四向。汉军围之数重。项王谓其骑曰："吾为公取彼一将。"令四面骑驰下，期山东为三处。于是项王大呼驰下，汉军皆披靡，遂斩汉一将。是时，赤泉侯为骑将⑱，追项王，项王瞋目而叱之，赤泉侯人马俱惊，辟易数里。与其骑会为三处。汉军不知项王所在，乃分军为三，复围之。项王乃驰，复斩汉一都尉，杀数十百人。复聚其骑，亡其两骑耳。乃谓其骑曰："何如？"骑皆伏曰："如大王言。"

于是项王乃欲东渡乌江⑲。乌江亭长舣（yǐ）船待⑳，谓项王曰："江东虽小，地方千里，众数十万人，亦足王也。愿大王急渡。今独臣有船，汉军至，无以渡。"项王笑曰："天之亡我，我何渡为！且籍与江东子弟八千人渡江而西，今无一人还，纵江东父兄怜而王我，我何面目见之？

纵彼不言，籍独不愧于心乎？"乃谓亭长曰："吾知公长者。吾骑此马五岁，所当无敌，尝一日行千里，不忍杀之，以赐公。"乃令骑皆下马步行，持短兵接战。独籍所杀汉军数百人，项王身亦被十余创。顾见汉骑司马吕马童㉑，曰："若非吾故人乎？"马童面之，指王翳曰："此项王也。"项王乃曰："吾闻汉购我头千金，邑万户，吾为若德㉒！"乃自刎而死。

项王已死，楚地皆降汉，独鲁不下。汉乃引天下兵欲屠之，为其守礼义，为主死节，乃持项王头视鲁，鲁父兄乃降。

注

① **陆贾**：刘邦的谋士，事详见《郦生陆贾列传》。**太公**：刘邦之父，时与吕后皆在项羽的俘虏营中。

② **侯公**：名字不详。**鸿沟**：战国时魏国开凿的沟通黄河与淮水的运河，北起荥阳，东经中牟、开封，南流至淮阳东南入颍水。

③ **汉五年**：前202年。**阳夏**：秦县名，即今河南省太康县。

④ **淮阴侯韩信**：刘邦的将领，事迹详见《淮阴侯列传》。**彭越**：与刘邦联盟的将军，被刘邦封为建成侯。

⑤ **固陵**：古聚（村落）名，在今河南省太康县南。

⑥ **张子房**：即张良。

⑦ **自陈以东傅海**：大体包括今河南省东部，山东省西南部和安徽、江苏两省的北部地区。傅海，直到海边。

⑧ **睢阳以北至谷城**：大体包括今河南省东北部和山东省西部一带。睢阳，秦县名，在今河南省商丘市南。谷城，古城名，故址在今山东省平阴西南。

⑨ **齐王**：即韩信。韩信为刘邦灭魏、灭赵、灭齐后被刘邦封为齐王。

⑩ **刘贾**：刘邦的将领。**寿春**：秦县名，即今安徽省寿县。**城父**：古邑名，在今安徽省亳州市东南。**垓下**：古地名，在今安徽省灵璧县东南。

⑪ **周殷**：原为项羽的大司马，此时已叛归刘邦。**舒**：即今安徽省舒城县。**六**：即今安徽省六安县。**九江**：秦郡名，约当今河南、安徽两省淮河以南地区。

⑫ **项王军壁垓下，兵少食尽**：按：汉诸路军到达垓下后，与项羽尚有一次决定性的大战，而后始得云"兵少食尽，汉军及诸侯兵围之数重"。事见《高祖本纪》。

⑬ **骓**：毛色黑白相间的马。

⑭ **歌数阕**：连续唱了几遍。阕，段、遍。

⑮ **灌婴**：刘邦的骑兵将领。

⑯ **阴陵**：秦县名，在今安徽省定远西北。

⑰ **东城**：秦县名，在今安徽省定远东南。

⑱ **赤泉侯**：杨喜，刘邦的部将，因获项羽尸体被封为赤泉侯。

⑲ **乌江**：长江上的渡口名，在今安徽省和县东北之长江西岸。

⑳ **亭长**：秦汉时十里一亭，亭有亭长。

㉑ **骑司马**：骑兵中主管法纪的官。**吕马童**：原为项王旧部，后叛楚投汉，故下以"故人"称之。

㉒ **若**：你。

译

这时汉军方面人多粮足，而楚军方面则已经兵疲粮尽。刘邦派陆贾去见项羽，请他放回太公，项羽不答应。于是刘邦又派了侯公去向项羽游说，项羽终于同意与刘邦订立条约，二人平分天下：鸿沟以西归刘邦，鸿沟以东属项羽。项羽同意了这个协定后，随即把刘邦的父亲和刘邦的妻子放了回去。汉军一见刘邦的家属回了汉营，全军都欢呼万岁。项羽签订条约后，就带着军队撤离前线，准备回自己东方的领地去了。

刘邦也准备撤军西行。张良、陈平对刘邦说："我们已经占据了整个天下的一多半，诸侯又多倾向于我们。而项羽兵疲粮尽，这是老天爷要灭亡楚国了。我们不如干脆乘机消灭他。如果现在放过项羽不打，那可真成了俗话说的'留着老虎让它日后咬我们'啦。"刘邦采纳了他们的意见。汉王五年，刘邦率军追击项羽，一直追到阳夏城南。他约定好了时间让淮阴侯韩信、建成侯彭越和他一起进击项羽。不料当刘邦前进到固陵的时候，韩信和彭越的军队都没到，于是项羽趁机反攻汉军，汉军大败。刘邦只好退入营盘，深沟高垒，坚守不出。刘邦问张良："诸侯们不按条约办，这可怎么好？"张良说："项羽眼看着就要被消灭了，而韩信、彭越还没有得到增加封地的允诺，因此他们不来是很自然的。您要是能够舍得与他们共分天下，那就马上可以把他们召来；要是舍不得这么做，那对付项羽的事情就很难说了。您要是能把从陈县往东直到海边的地盘全给韩信，把从睢阳往北一直到谷城的地盘全给彭越，让他们都去为了取得自己的地盘而作战，那时项羽就很容易解决了。"刘邦说："好。"于是派使者分头去告诉韩信、彭越说："请你们合力攻楚，打下楚地后，自陈县往东一直到海边都给齐王，睢阳以北一直到谷城都给彭相国。"结果传令的使者一到，韩信和彭越都立刻说："我们现在马上进兵。"于是韩信的军队从齐国开来，刘贾的军队从寿春发兵，沿途夷平了城父而后来到垓下。这时，楚国的大司马周殷也背叛了项羽，他领着舒城的军队屠灭了六安县，又会合九江王黥布的军队，和刘贾、彭越一起先后会师于垓下，直逼项羽的阵地。

项羽失败后军队驻扎在垓下，这时他兵力少，粮食也没有了。刘邦的军队和各路诸侯合在一起，把他们层层围住。深夜里四面的汉军都唱着楚地的歌谣，项羽听了后吃惊地说："莫非汉军已把楚国全部占领了吗？要不然他们的军中怎么有这么多楚人呢？"于是项羽披衣起来，在帐中饮酒。这时他身边有一个美人名字叫虞，深受项羽宠爱，几年来一直在他身边。还有一匹骏马名字叫骓，是项羽冲锋陷阵一直骑乘的。项羽面对着这凄凉局面，不由得感慨万分，他作歌道："力能拔山啊豪气盖世，时运不利啊骓马不再奔驰。不再奔驰啊又有何方？虞姬虞姬啊我把你如何安放！"他一连唱了好几遍，虞美人也和着唱了一首。这时项羽泪如雨下，左右将士们也涕泣唏嘘，谁都不忍心抬头仰视。

于是项羽上马突围，这时帐下的骑兵还有八百多人跟着他。他们乘夜半时分冲出了包围圈，一直向南疾驰。天快亮的时候，汉军才发觉。刘邦命令骑将灌婴率五千骑兵追赶项羽。等到项羽渡过淮河的时候，跟着他的骑兵就只剩下一百来人了。项羽跑到阴陵县时，迷失了方向。他向一个农夫问路，农夫骗他说："往左拐。"项羽不明底里，真的向左一拐，陷在了大泥塘里。因为这一耽误，灌婴的追兵就赶上来了。项羽又带领骑兵向东逃去，跑到东城县时，就只剩下二十八个人了，而刘邦派来的追兵有好几千。项羽估计着这回是无法脱险了，就对随从们说："自我起兵到现在已经八年了，我曾身经七十多场大战，所向披靡，没有失败过一次，从而成了天下的霸主。想不到今天被困在这里，这是老天爷要灭亡我，不是我不会打仗。今天是最后拼命，我要为诸位再痛痛快快地打一仗，一定要连胜它几回，要突破重围，杀死追将，砍倒敌旗，让你们明白是老天爷要灭亡我，不是我不会打仗！"说罢就把这二十八个人分成了四组,各自分别朝着一个方向。这时汉军已经把他们围了好几层。项羽对他的骑兵们说:"看我给你们杀他一个将官!"他命令四个小组分别朝四个方向冲出,并约定好大家在山的东面分三处集合。然后项羽大吼一声催马冲了出去,汉军一看吓得纷纷倒退,混乱中汉军被项羽杀掉了一个将官。当时,赤泉侯杨喜是刘邦的骑将,他在后面追赶项羽。项羽回头瞪起眼睛大喝一声,吓得杨喜连人带马向后退出去了好几里地。项羽果然和他的部下们分三个地方集合了。汉军弄不清项羽在哪一处,于是把追兵分成三股,分别包围了项羽的三个集合点。这时项羽忽然又冲出来杀死了汉军的一个都尉,杀死了汉军士兵近百人。而后把自己的人集合起来一清点,发现才只少了两个。项羽问他的部下说:"怎么样?"大家都敬佩地说:"果然如大王所言!"

这时,项羽带着他的二十几个人到了乌江亭,准备东渡。乌江亭的亭长驾着一只小船靠在岸边,对项羽说:"江东虽小,可也还有纵横上千里的地盘,还有民众几十万,也足够您称王的。请您赶紧上船过江。这里只我一个人有船,汉军追到这里,他们也无法渡过江去。"项羽笑道:"既然老天爷要灭亡我,我还渡江干什么!想当初我渡江西下时曾带着江东子弟八千人,如今竟没有一个活着回去,即使江东父老可怜我,还拥戴我为王,我自己又有什么脸面去见他们呢?就算人家什么也不说,难道我自己就不问心有愧吗?"转身他又对亭长说:"我知道您是好人。我骑这匹马已经五年了,所向无敌,它能一日千里,我不忍心杀它,就把它送给您吧。"说罢命令所有的人都下马步行,手持短兵器与汉军接战。光项羽一个人就杀死了汉兵好几百,而项羽自己身上也有十余处受了伤。最后项羽忽然看见了汉军的骑司马吕马童,项羽向他招呼说:"你不是我的老朋友吕马童吗?"吕马童定睛一看,立刻指着项羽回头对王翳说:"这人就是项王!"项羽对他们说:"我听说刘邦曾悬赏千金买我的人头,还要给他万户的封地,我今天就成全你们吧!"说罢拔剑自刎而死。

项羽死后,楚国的地方都相继投降了刘邦,只有鲁城曲阜不投降。刘邦生气地想要发兵把它夷平,后来考虑到曲阜的军民所以如此,是出于守礼义,忠于其主,便派人拿着项羽的人头去给曲阜的百姓们看,曲阜的父老们这才投降了刘邦。

评

《项羽本纪》记述了项羽自会稽起兵后用了三年时间,消灭秦军主力,入关分封诸侯,自称西楚霸王,获得巨大成功;而后又在四年多的楚汉战争中,几经拉锯,终被刘邦打败,最后自刎乌江的悲壮历程,塑造了项羽这个感人至深的悲剧英雄形象。《项羽本纪》既是秦末农民战争与楚汉战争的生动的历史画卷,又是带有许多艺术夸张、充满作者浓厚感情的传记文学杰作,是《史记》中最精彩、最动人的篇章之一。我们这里选了《会稽起兵》《鸿门宴》《乌江自刎》三段。

项羽是一个悲剧英雄,其所以能称为"英雄",关键就是他消灭了秦军的主力,从而导致了秦王朝内部的连续政变,并为刘邦从南路入关灭秦提供了方便。《鸿门宴》描写了刘邦在张良、樊哙等人的帮助下依靠项伯,争取项羽,集中力量挫败范增,从而使刘邦化险为夷的过程,整段文字充满小说性。鸿门宴是秦楚之际的整个历史的转折点,也是项羽壮烈一生的转折点。在此以前,是诸侯联合反秦;在此以后就转为楚汉战争了。如果说在此以前的两年破秦战争中项羽的弱点还暴露得不太充分的话,那么在此以后的三年楚汉战争中项羽的失败就是不可避免的了。大至整个的政治蓝图、军事方略，小至具体的用人用兵、利用矛盾，项羽都无法和刘邦相比，这些从鸿门宴上就已经开始表现出来了。项羽与刘邦的主战场是在今河南省的荥阳一带，而构成楚汉双方形势消长的关键却是韩信北路的灭魏、灭赵、平齐，与彭越、黥布等在其后方和南路所进行的游击战、运动战。于是三年之后，项羽就名副其实地陷于"四面楚歌"之中了。司马迁带着满腔的遗憾与同情描写了项羽的末路，写了他的慷慨悲歌，写了他以一当百、以一当千、有如猫戏老鼠但却毫无希望地冲杀，写了他谈笑声中的从容自刎，这就是项羽。他不是被敌人打倒的，是被自己打倒的。作品给后人留下了许多值得回味、令人惋惜的东西。

高祖本纪
斩蛇起义

高祖,沛丰邑中阳里人,姓刘氏,字季①。父曰太公,母曰刘媪。其先,刘媪尝息大泽之陂(bēi),梦与神遇。是时雷电晦冥,太公往视,则见蛟龙于其上。已而有身,遂产高祖。

高祖为人,隆准而龙颜,美须髯,左股有七十二黑子。仁而爱人,喜施,意豁如也。常有大度,不事家人生产作业。及壮,试为吏,为泗水亭长②,廷中吏无所不狎侮。好酒及色。常从王媪(ǎo)、武负贳(shì)酒,醉卧,武负、王媪见其上常有龙,怪之。高祖每酤留饮,酒雠数倍。及见怪,岁竟,此两家常折券弃责。

高祖常徭咸阳③,纵观,观秦皇帝,喟然太息曰:"嗟乎,大丈夫当如此也!"

单父(shàn fù)人吕公善沛令④,避仇从之客,因家沛焉。沛中豪桀吏闻令有重客,皆往贺。萧何为主吏,主进⑤,令诸大夫曰:"进不满千钱,坐之堂下。"高祖为亭长,素易诸吏,乃绐(dài)为谒(yè)曰"贺钱万"⑥,实不持一钱。谒入,吕公大惊,起,迎之门。吕公者,好相人,见高祖状貌,因重敬之,引入坐。萧何曰:"刘季固多大言,少成事。"高祖因狎侮诸客,遂坐上坐,无所诎。酒阑,吕公因目固留高祖。高祖竟酒,后。吕公曰:"臣少好相人,相人多矣,无如季相，愿季自爱。臣有息女，愿为季箕帚妾。"酒罢，吕媪怒吕公曰："公始常欲奇此女，与贵人。沛令善公，求之不与，何自妄许与刘季？"吕公曰："此非儿女子所知也。"卒与刘季。吕公女乃吕后也，生孝惠帝、鲁元公主。

高祖为亭长时，常告归之田。吕后与两子居田中耨（nòu），有一老父过请饮，吕后因铺（bū）之。老父相吕后曰："夫人天下贵人。"令相两子，见孝惠，曰："夫人所以贵者，乃此男也。"相鲁元，亦皆贵。老父已去，高祖适从旁舍来，吕后具言客有过，相我子母皆大贵。高祖问，曰："未远。"乃追及，问老父。老父曰："乡者夫人婴儿皆似君，君相贵不可言。"高祖乃谢曰："诚如父言，不敢忘德。"及高祖贵，遂不知老父处。

高祖为亭长，乃以竹皮为冠，令求盗之薛治之[7]，时时冠之。及贵常冠，所谓"刘氏冠"，乃是也。

高祖以亭长为县送徒郦山[8]，徒多道亡。自度比至皆亡之。到丰西泽中，止饮，夜乃解纵所送徒，曰："公等皆去，吾亦从此逝矣！"徒中壮士愿从者十余人。高祖被酒，夜径泽中，令一人行前。行前者还报曰："前有大蛇当径，愿还。"高祖醉，曰："壮士行，何畏！"乃前，拔剑击斩蛇。蛇遂分为两，径开。行数里，醉，因卧。后人来至蛇所，有一老妪（yù）夜哭。人问何哭，妪曰："人杀吾子，故哭之。"人曰："妪子何为见杀？"妪曰："吾子，白帝子也，化为蛇，当道，今为赤帝子斩之[9]，故哭。"人乃以妪为不诚，欲告之[10]，妪因忽不见。后人至，高祖觉。后人告高祖，高祖乃心独喜，自负。诸从者日益畏之。

秦始皇帝常曰"东南有天子气"，于是因东游以厌之[11]。高祖即自疑，亡匿，隐于芒、砀（dàng）山泽岩石之间[12]。吕后与人俱求，常得之。

高祖怪问之，吕后曰："季所居上常有云气，故从往，常得季。"高祖心喜。沛中子弟或闻之，多欲附者矣。

秦二世元年秋，陈胜等起蕲（qí），至陈而王⑬，号为张楚。诸郡县皆多杀其长吏以应陈涉。沛令恐，欲以沛应涉。掾（yuàn）、主吏萧何、曹参乃曰⑭："君为秦吏，今欲背之，率沛子弟，恐不听。愿君召诸亡在外者，可得数百人，因劫众，众不敢不听。"乃令樊哙（kuài）召刘季。刘季之众已数十百人矣。

于是樊哙从刘季来。沛令后悔，恐其有变，乃闭城城守，欲诛萧、曹。萧、曹恐，逾城保刘季。刘季乃书帛射城上，谓沛父老曰："天下苦秦久矣。今父老虽为沛令守，诸侯并起，今屠沛。沛今共诛令，择子弟可立者立之，以应诸侯，则家室完。不然，父子俱屠，无为也。"父老乃率子弟共杀沛令，开城门迎刘季，欲以为沛令。刘季曰："天下方扰，诸侯并起，今置将不善，壹败涂地。吾非敢自爱，恐能薄，不能完父兄子弟。此大事，愿更相推择可者。"萧、曹等皆文吏，自爱，恐事不就，后秦种族其家⑮，尽让刘季。诸父老皆曰："平生所闻刘季诸珍怪，当贵，且卜筮之，莫如刘季最吉。"于是刘季数让，众莫敢为，乃立季为沛公。祠黄帝，祭蚩尤于沛庭，而衅鼓旗⑯，帜皆赤。由所杀蛇白帝子，杀者赤帝子，故上赤。于是少年豪吏如萧、曹、樊哙等皆为收沛子弟二三千人，攻胡陵、方与⑰，还守丰。

注

① **沛**：秦县名，即今江苏沛县。**丰**：当时是沛县的一个市镇，即今江苏省丰县。**中阳里**：丰邑的一个里巷名。

② **泗水**：亭名，在当时的沛县城东。**亭长**：古代官名。秦汉时县下设乡，

乡下每十里设一亭，亭有亭长，主管该地的治安警卫、民事争讼及征丁征粮等事。

③ **咸阳**：秦国都城，在今陕西咸阳市东北。

④ **单父**：秦县名，即今山东单县。**沛令**：沛县县令。

⑤ **萧何**：刘邦的开国元勋，详见《萧相国世家》。**主吏**：即主吏掾，主管人事考核等工作的吏目。**主进**：替县令主管接收礼品。进，通"赆"，礼物、财物。

⑥ **绐**：欺骗。**谒**：名帖，略如今之名片，求见人时，托人送进。

⑦ **求盗**：职名。亭长手下的卒吏，主管追捕盗贼。**薛**：秦县名，在今山东滕县东南。

⑧ **徒**：苦役犯。**郦山**：地名，在今西安市临潼区东南，当时秦二世正在这里继续为秦始皇修造坟墓。

⑨ **白帝**：古代神话中的五天帝之一，位于西方，其行（五行）为金。秦朝供祠白帝，自以为是白帝的子孙。**赤帝**：亦五天帝之一，位于南方，其行为火。汉代帝王自称是赤帝的子孙。

⑩ **欲告之**：有本作"欲苦之"。《汉书》亦作"欲苦之"。

⑪ **厌**：通"压"。

⑫ **芒、砀**：二山名，在今河南省永城县东北。芒山在北，砀山在南，其间相距八里。

⑬ **秦二世元年**：前209年。**蕲**：秦县名，在今安徽省宿县南。**陈**：秦县名，即今河南省淮阳县。

⑭ **掾、主吏**：掾，县令的属员，这里指曹参，曹参时为狱掾；主吏指萧何。

⑮ **种族**：此处用为动词，即灭种灭族。

⑯ **黄帝**：古代传说中的帝王，因其打败蚩尤，故尊以为战神。**蚩尤**：古

代传说中的部族首领,传说为许多兵器的发明者。**衅鼓旗**:古代在征战之前杀牲以血祭鼓与旗,以此祈求胜利。

⑰ **胡陵**:秦县名,在今山东省鱼台县东南。**方与**:秦县名,在今山东省鱼台县西。

译

高祖是沛县丰邑的中阳里人,姓刘,字季。父亲叫刘太公,母亲叫刘太婆。当年刘太婆有一次在大泽旁边休息睡着了,梦见了与天神交合。这时电闪雷鸣,天昏地暗,刘太公前去寻找她时,看见一条龙趴在刘太婆身上。后来刘太婆就怀了孕,生了刘邦。

刘邦的长相,高鼻梁,额角凸出,胡须很美,左腿上有七十二颗黑痣。他待人慈和,喜欢施舍,心胸开阔。从小有大志,不愿干那些平民百姓所干的生涯。长大后试做小吏,任泗水亭长,但对于县衙里的吏目们却没有一个不随意耍笑和戏弄。他好喝酒,爱女色。他常到王老太和武老婆子的酒店里赊酒喝,喝醉了就躺在那里睡。武老婆子和王老太常常看见他头上有龙的影子,她们感到很奇怪。而且每当刘邦来酒店喝酒,这天卖出的酒总要比平常多出几倍。由于这些怪现象,所以每到年终,这两家酒店常常把刘邦欠的账通通勾销。

刘邦到咸阳服役时,有一天正好遇上秦始皇出巡,允许百姓们夹道观看。刘邦看到秦始皇那种排场时,感慨地说:"啊,大丈夫就应当有这个谱儿啊!"

单父县的吕公跟沛县县令是朋友,他为了躲避仇人来到沛县县令家做客,后来干脆把家搬到沛县来住了。沛县的豪绅、官吏们听说县令家里来了贵客,都去送礼祝贺。当时萧何在县衙里做功曹,主管收贺礼。

他对客人们说:"凡是贺礼不满千钱的请坐在堂下。"刘邦当时是亭长,一向看不起县里的这些小官吏,于是便在自己的名片上假意地写了"贺钱一万",实际上他身上一分钱也没带。他的名片递进去后,吕公看了大惊,起身到大门口来迎接。吕公善于看相,他一见刘邦的相貌,就很敬重他,把他领到了堂上就坐。萧何说:"刘季一向好说大话,难见办成什么事。"而刘邦则趁此把满座客人逐个戏弄了一回,而后坐在了上座,没有丝毫谦让。酒宴将要结束时,吕公向刘邦递眼色要他留下,刘邦便一直等到席散还没走。吕公说:"我从年轻时就喜欢给人相面,相过的人多了,还没有见过一个像你这样的相貌,希望你自己珍重。我有个女儿,想让她去侍候你,给你做妻子。"酒席散后,吕老太生气地对吕公说:"你平常总说要让这个女儿与众不同,要把她嫁给贵人。沛县县令跟你关系这么好,向你请求娶她你都不答应,今天为什么竟胡乱地把她许给了刘季?"吕公说:"这不是你们老娘们儿和小孩子们所能理解的。"于是吕公把女儿嫁给了刘邦。这个女人就是后来的吕后,她生了孝惠皇帝和鲁元公主。

刘邦做亭长时,有一次请假回家,当时吕后正带着两个孩子在田间除草,有个过路的老头向他们要水喝,吕后干脆又给了老头一些吃的。老头看了看吕后的相貌说:"夫人是天下的贵人。"吕后又请他给两个孩子看相,老头先看了孝惠帝说:"夫人所以能够显贵,就是因为有这个男孩。"老头又看了鲁元公主,说也是贵人的相貌。老头刚走,刘邦从邻家趄了过来,吕后便向刘邦讲了老头给他们母子看相说他们都将是贵人的事。刘邦问老头的去向,吕后说:"还没走多远。"于是刘邦便追了上去,问老头。老头一看,说:"您的夫人和您的孩子们都和您一样,您的相貌贵得没法说了。"刘邦感谢说:"如果日后真像您说的那样,我们决不会忘了您的恩德。"但是等刘邦真的显贵以后,再找老头的下落却怎么也找不到了。

刘邦做亭长时,用竹篾编织了一顶帽子,这是他派巡捕到薛县去专门定做来的,他经常戴着它,直到日后阔起来还是如此,这就是人们通常所说的"刘氏冠"。

刘邦曾以亭长的身份为县里押送民工去郦山,很多民工在路上逃跑了。他估计等不得到达郦山民工们就跑光了,于是当他们走到丰邑西边的沼泽地带时,他让民工们休息喝酒,到了夜里便把他们都放了。他说:"各位都走吧,我也从此远走高飞了!"这时民工中有十多个年轻小伙子愿意跟随他一起干。刘邦带着醉意,趁夜抄小道穿过沼泽地,他让一个人往前面探路。那个人回来报告说:"前面有一条大蛇挡住了去路,我们往回走吧。"刘邦醉醺醺地说:"好汉子走路,有什么可怕的!"说着走上前去,拔剑把大蛇斩作了两段,路让开了。他又往前走了几里,酒性发作,躺在地上睡着了。后面的人来到刘邦斩蛇的地方,见一个老婆婆在那里哭泣。人们问她哭什么,老婆婆说:"有人杀了我的儿子,所以我在这里哭。"人们问她:"你儿子为什么被人家杀了?"老婆婆说:"我的儿子是白帝子,他化为大蛇,挡在道上,结果被赤帝子杀了,所以我哭。"人们都以为这个老妇人说谎,刚想打她,而老婆婆忽然不见了。这几个人来到刘邦睡觉的地方,刘邦已经酒醒。这几个人便把刚才碰到的事情告诉了刘邦,刘邦听了暗暗高兴,觉得自己大概真不是凡人。而跟随他的那些人也从此一天比一天地更加怕他了。

秦始皇常说"东南方有一股天子气",于是便想到那里巡游把它压一压。刘邦怀疑与自己有关,便逃了出去,隐藏在芒山、砀山的岩洞里,吕后带着人去找他,一下子就找到了。刘邦问她怎么能找到这里。吕后说：“你躲藏的地方上空有一股云气，我们奔着那股云气就能找到你。”刘邦心里高兴。沛县的年轻人听说这些话，想去投奔他的人就更多了。

秦二世元年秋天，陈胜等在蕲县起事，占领陈县后陈涉自立为王，号称"张楚"。这时天下各郡县的人都纷纷起来杀死自己郡县的官吏响应陈胜。沛县县令害怕了，想及早率领沛县百姓响应陈胜。大吏萧何、狱掾曹参对他说："您是秦朝官吏，今天想背叛秦朝，统领沛县子弟，恐怕大家不听您指挥。您可以把那些逃亡在外的人召回来，这样可以得到几百人，您可以利用这些人去挟持民众，那时大家就不敢不听了。"于是县令便派樊哙去叫刘邦。这时刘邦部下已经聚集起百把人了。

樊哙领着刘邦来到沛县，这时沛县县令又后悔了，他害怕刘邦别有想法，因而闭门守城，并想杀掉萧何、曹参等。萧何、曹参害怕，跳城出去投奔了刘邦。刘邦用绸绢写了一封信射进城内，对沛县的父老们说："天下人受秦朝暴政的苦已经很久了。今天父老们居然还替沛县县令卖命守城，现在各地诸侯都已经起兵反秦，沛县很快就要被屠灭了。你们应该赶紧杀掉沛县县令，另选一个你们信任的年轻人，以带领沛县响应各路诸侯，这样你们的家室才可以保全。否则全城老少就要都被人家杀光了，那是多么不值啊。"父老们见信便率领青年人杀掉了县令，打开城门迎接刘邦，并推举他为沛县县令。刘邦说："方今天下大乱，诸侯纷起，如果我们的领头人选得不当，就会一败涂地。我不是顾惜自己，是担心自己的本事有限，不能保全你们大家。这是一件大事，希望大家另推举更合适的人。"萧何、曹参等都是文官，多所顾忌，害怕大事不成，被秦朝灭族，因而一致推举刘邦。父老们都说："我们早就听说你有许多奇闻逸事，说你一定显贵，而且我们也进行了占卜，没有比你更吉利的人了。"刘邦还再三推让，但是别人再也没有敢出头的，遂拥立刘邦做了沛公。刘邦上任后就在沛县衙门里祭祀黄帝和蚩尤,同时杀牲取血涂祭了战鼓和军旗,军旗都用红色。因为日前他杀的那条蛇是白帝子,而杀它的刘邦是赤帝子,所以刘邦崇尚红色。接着萧何、曹参、樊哙等一群豪吏在沛县聚拢了二三千人,领着他们去攻打胡陵、方与,而后又回到了丰邑。

高祖本纪
入关破秦

秦二世三年①，楚怀王见项梁军破，恐，徙盱台（xū yí），都彭城，并吕臣、项羽军自将之②。以沛公为砀郡长，封为武安侯，将砀郡兵。封项羽为长安侯，号为鲁公③。吕臣为司徒，其父吕青为令尹④。

赵数请救，怀王乃以宋义为上将军，项羽为次将，范增为末将⑤，北救赵。令沛公西略地入关。与诸将约，先入定关中者王之。

当是时，秦兵强，常乘胜逐北⑥，诸将莫利先入关。独项羽怨秦破项梁军，奋，愿与沛公西入关。怀王诸老将皆曰："项羽为人僄悍猾贼。项羽尝攻襄城，襄城无遗类⑦，皆坑之，诸所过无不残灭。且楚数进取，前陈王、项梁皆败。不如更遣长者扶义而西，告谕秦父兄。秦父兄苦其主久矣，今诚得长者往，毋侵暴，宜可下。今项羽僄悍，今不可遣。独沛公素宽大长者，可遣。"卒不许项羽，而遣沛公西略地，收陈王、项梁散卒。乃道砀至成阳，与杠里秦军夹壁⑧，破秦二军。楚军出兵击王离⑨，大破之。

初，项羽与宋义北救赵，及项羽杀宋义，代为上将军，诸将黥布皆属；破秦将王离军，降章邯⑩，诸侯皆附。及赵高已杀二世⑪，使人来，欲约分王关中。沛公以为诈，乃用张良计，使郦生、陆贾往说秦将，啖（dàn）以利，因袭攻武关⑫，破之。又与秦军战于蓝田南⑬，益张疑兵旗帜，诸所过毋得掠卤，秦人憙，秦军解（xiè），因大破之。又战其北，大破之。乘胜，遂破之。

汉元年十月，沛公兵遂先诸侯至霸上⑭。秦王子婴素车白马，系颈以组，封皇帝玺符节，降轵（zhǐ）道旁⑮。诸将或言诛秦王。沛公曰："始怀王遣我，固以能宽容；且人已服降，又杀之，不祥。"乃以秦王属吏，遂西入咸阳。欲止宫休舍，樊哙、张良谏，乃封秦重宝财物府库，还军霸上。召诸县父老豪桀曰："父老苦秦苛法久矣，诽谤者族，偶语者弃市⑯。吾与诸侯约，先入关者王之，吾当王关中。与父老约，法三章耳：杀人者死，伤人及盗抵罪。余悉除去秦法。诸吏人皆案堵如故⑰。凡吾所以来，为父老除害，非有所侵暴，无恐！且吾所以还军霸上，待诸侯至而定约束耳。"乃使人与秦吏行县乡邑，告谕之。秦人大喜，争持牛羊酒食献飨军士。沛公又让不受，曰："仓粟多，非乏，不欲费人。"人又益喜，唯恐沛公不为秦王。

注

① **秦二世三年**：前207年。
② **楚怀王**：指项梁等所立的楚王熊心，为战国时楚怀王熊槐之孙。**盱台**：秦县名，在今江苏省盱眙县东北。**彭城**：即今江苏省徐州市。**吕臣**：原为陈涉侍从，陈涉兵败被杀后，吕臣收合残部归属项梁。
③ **鲁公**：封地在鲁县，即今山东曲阜市。
④ **司徒**：掌管教化的官。**令尹**：战国时楚官名，职同丞相。
⑤ **宋义**：战国末期曾在楚国任令尹，后为怀王谋士。**上将军**：非固定官名，盖令其位居诸将之上，以统领诸将而言。**次将、末将**：非固定职位，只临时表示其在军中的地位。

⑥ **逐北**：追击败兵。北，指败逃者。

⑦ **襄城**：秦县名，即今河南襄城县。

⑧ **砀**：秦县名，县治在今河南省永城市东北。亦郡名，郡治砀县。**成阳**：即城阳，秦县名，在今山东省鄄城东南。**杠里**：秦县名，在当时的城阳之西。

⑨ **王离**：秦将，战国末秦国名将王翦之孙。

⑩ **宋义北救赵**：事在秦二世二年（前208）九月。**黥布**：即英布，因曾坐法黥面，故又称黥布，秦末率骊山刑徒起义，后归项氏。楚汉战争中归汉。**章邯**：秦朝将领。先后曾破杀陈涉、项梁，至此乃被项羽打败，归降项羽。以上诸事皆见《项羽本纪》之《巨鹿之战》。破王离于巨鹿在二世二年十二月。章邯降项羽在二世三年七月。

⑪ **赵高已杀二世**：事在秦二世三年（前207年）八月。

⑫ **张良**：刘邦的谋士，详见《留侯世家》。**郦生**：郦食其（yì jī），刘邦的谋士。**陆贾**：刘邦的谋士，事迹见《郦生陆贾列传》。**啗**：同"啖"，喂。**武关**：在今陕西省丹凤县东南，是河南西部通往陕西东南部的交通要道。

⑬ **蓝田**：秦县名，在今陕西蓝田县西南。

⑭ **汉元年**：前206年。这一年刘邦被封为汉王，所以称这一年为汉元年。秦朝历法以夏历十月为岁首，汉初仍袭秦制，故所谓十月，即该年开头的第一个月。**霸上**：在今陕西省西安市东，为古代咸阳、长安附近的军事要地，因地处霸水西高原上而得名。

⑮ **子婴**：始皇之孙，秦二世之兄子。二世三年八月，赵高迫二世自杀，另立子婴为帝。子婴杀赵高，并自行降号为秦王。**系颈以组**：用丝带系着脖子，这是古代君主向人投降时表示服罪请罪的意思。组，

丝绦，用丝编织的扁平的带子。**轵道**：古亭名，在今陕西省西安市东北，当时的咸阳市东南。

⑯ **弃市**：处死。古时刑人于市以表示"与众共弃之"，故云。

⑰ **案堵如故**：犹言"各就各位，一切照常"。案堵也作"安堵"，不迁动，不变更。

译

秦二世三年，楚怀王见项梁的军队已被打垮，十分恐慌，于是他把都城从盱眙迁到了彭城，他将吕臣和项羽的军队合并一起收归自己统领。而任命刘邦为砀郡长，封之为武安侯，让他统领砀郡的军队。他封项羽为长安侯，号称鲁公。他任命吕臣为司徒，任命吕臣的父亲吕青为令尹。

这时被围的赵国连连向楚军求救，于是怀王就任命宋义为上将军，任命项羽为次将，范增为末将，让他们北上救赵。同时命令刘邦向西攻城略地，直逼关中。楚怀王与各路将领们商量约定说，谁先占领关中谁就做关中王。

这时，秦军的势力还很大，经常打胜仗，因此各路将领都不愿意带头进军关中。唯独项羽因为痛恨秦军打败项梁，所以自告奋勇，要求同刘邦一道入关。而怀王的老将们说："项羽剽悍狠毒。他曾攻过襄城，襄城攻克后，没留下一个人，全部被他活埋了，凡是他所经过的地方，没有一处不被彻底毁灭的。在此以前楚兵几次西征，陈胜、项梁全都失败了。这次不如改派一个宽厚长者以仁义之心率军西进，去向秦国父老讲清道理。秦国父老们吃他们君主的苦头已经很久了，今天如果真有个宽厚长者前去，不要残暴杀掠，关中是会攻下来的。项羽为人凶狠，不能派他。只有沛公是个宽大忠厚的长者，应该派他。"于是怀王没有派项羽，而是派刘邦率兵西进。刘邦一路上收编了陈胜、项梁的许多散兵。刘邦经由砀县直达成阳，与驻扎在杠里的秦军对垒，击败了秦朝的两支军队。这时北上救赵的楚军也已经出击王离，将秦军打垮。

当初，项羽是和宋义一道北上救赵的，待至项羽杀掉宋义，取代他做了上将军后，黥布等各位将领便都归项羽指挥了；待至项羽又打败了秦将王离，招降了章邯之后，这时各地的诸侯便都归附了项羽。这时赵高杀掉了秦二世，派人与刘邦联络，想和刘邦在关中划分地盘共同称王。刘邦怀疑其中有诈，便采取了张良的计策，派郦生、陆贾前去说服秦将，以财宝引诱他们，而后趁他们松懈的时候袭击了武关，把秦军打得大败。接着又在蓝田县南与秦军会战，刘邦多插旗帜，巧布疑阵，又下令全军所到之处不准掳掠，这就使得秦国人非常高兴，而秦朝军队也日益松懈，于是刘邦又一次大破秦军。随后在蓝田北又大破秦军，接着刘邦乘胜追击，秦军遂彻底完蛋。

汉元年十月，刘邦的军队率先来到了咸阳东南的霸上，这时已退去帝位改称秦王的子婴，乘着白马素车，脖子上搭着一条带子，捧着封好的皇帝印信，来到轵道亭的路边向刘邦投降。刘邦的将领中有人提议杀掉他，刘邦说："当初怀王之所以派我来，就是因为我待人宽厚；再说人家已经投降了，我们还杀人家，这太不好啦。"于是就把子婴交给专人看管，而自己带人进入了咸阳。刘邦进宫后就想住在里面，由于樊哙、张良劝说，刘邦才封起了秦宫里的仓库和各种珍宝，带着人马回到了霸上。刘邦把关中各县的父老乡绅们找来，对他们说："你们受秦朝酷法的罪时间不短了，秦法规定，敢说朝廷坏话的灭族，敢相聚议论国事的杀头。我与各路将领在东方出发前已经说好了，谁先打入关内谁当关中王，根据这个规定，我是应该当关中王的。现在我与诸位约定，法律只有三条：杀人者偿命，伤人及偷人东西的各自按情节定罪。其余的条款一概废除。各级官吏都各回各位，照常办公。我们到这里来是为父老们除害的，绝不会损害大家，请大家不要怕。我之所以回军霸上，就是为了等候其他各路诸侯到来，共同商定统一的规章。"随后他又派人跟着各地的官吏到各县各乡各镇去向人们说明他的这番意思。各地的人们听了都很高兴，大家纷纷带着牛羊酒饭来慰劳刘邦的军队。刘邦又推辞不要，说："仓库里有的是粮食，什么都不缺，不能再让大家破费了。"于是人们更高兴了，唯恐刘邦当不了关中王。

高祖本纪
灭楚称帝

楚汉久相持未决①,丁壮苦军旅,老弱罢(pí)转饷。汉王、项羽相与监广武之间而语②。项羽欲与汉王独身挑战,汉王数项羽曰:"始与项羽俱受命怀王,曰先入定关中者王之,项羽负约,王我于蜀、汉,罪一。项羽矫杀卿子冠军而自尊③,罪二。项羽已救赵,当还报,而擅劫诸侯兵入关,罪三。怀王约入秦无暴掠,项羽烧秦宫室,掘始皇帝冢,私收其财物,罪四。又强杀秦降王子婴,罪五。诈坑秦子弟新安二十万④,王其将,罪六。项羽皆王诸将善地,而徙逐故主⑤,令臣下争叛逆,罪七。项羽出逐义帝彭城⑥,自都之,夺韩王地⑦,并王梁、楚,多自予⑧,罪八。项羽使人阴弑义帝江南⑨,罪九。夫为人臣而弑其主,杀已降,为政不平,主约不信,天下所不容,大逆无道,罪十也。吾以义兵从诸侯诛残贼,使刑余罪人击杀项羽,何苦乃与公挑战⑩!"项羽大怒,伏弩射中汉王。汉王伤匈,乃扪足曰:"虏中吾指!"汉王病创卧,张良强请汉王起行劳军,以安士卒,毋令楚乘胜于汉。汉王出行军,病甚,因驰入成皋⑪。

病愈,西入关,至栎(yuè)阳⑫,存问父老,置酒,枭故塞王欣头栎阳市⑬。留四日,复如军,军广武⑭。关中兵益出。

当此时,彭越将兵居梁地⑮,往来苦楚兵,绝其粮食。田横往从之⑯。

项羽数击彭越等，齐王信又进击楚⑰。项羽恐，乃与汉王约，中分天下，割鸿沟而西者为汉⑱，鸿沟而东者为楚。项王归汉王父母妻子，军中皆呼万岁，乃归而别去。

项羽解而东归。汉王欲引而西归，用留侯、陈平计⑲，乃进兵追项羽，至阳夏南止军⑳，与齐王信、建成侯彭越期会而击楚军。至固陵㉑。不会。楚击汉军，大破之。汉王复入壁，深堑而守之。用张良计，于是韩信、彭越皆往。及刘贾入楚地，围寿春㉒。汉王败固陵，乃使使者召大司马周殷举九江兵而迎武王㉓，行屠城父，随刘贾、齐梁诸侯皆大会垓下㉔。立武王布为淮南王。

五年㉕，高祖与诸侯兵共击楚军，与项羽决胜垓下。淮阴侯将三十万自当之，孔将军居左，费将军居右㉖，皇帝在后，绛侯、柴将军在皇帝后㉗。项羽之卒可十万。淮阴先合，不利，却。孔将军、费将军纵，楚兵不利，淮阴侯复乘之，大败垓下。项羽卒闻汉军之楚歌，以为汉尽得楚地，项羽乃败而走，是以兵大败。使骑将灌婴追杀项羽东城㉘，斩首八万，遂略定楚地。鲁为楚坚守不下㉙，汉王引诸侯兵北，示鲁父老项羽头，鲁乃降。遂以鲁公号葬项羽谷城㉚。还至定陶，驰入齐王壁，夺其军。

正月㉛，诸侯及将相相与共请尊汉王为皇帝。汉王曰："吾闻帝贤者有也，空言虚语，非所守也，吾不敢当帝位。"群臣皆曰："大王起微细，诛暴逆，平定四海，有功者辄裂地而封为王侯。大王不尊号，皆疑不信。臣等以死守之。"汉王三让，不得已，曰："诸君必以为便，便国家。"甲午，乃即皇帝位氾（fàn）水之阳㉜。

高祖置酒雒（luò）阳南宫㉝。高祖曰："列侯诸将无敢隐朕，皆言其情。吾所以有天下者何？项氏之所以失天下者何？"高起、王陵对曰㉞：

"陛下慢而侮人，项羽仁而爱人。然陛下使人攻城略地，所降下者因以予之，与天下同利也。项羽妒贤嫉能，有功者害之，贤者疑之，战胜而不予人功，得地而不予人利，此所以失天下也。"高祖曰："公知其一，未知其二。夫运筹策帷帐之中，决胜于千里之外，吾不如子房㉟；镇国家，扶百姓，给馈饷，不绝粮道，吾不如萧何㊱；连百万之军，战必胜，攻必取，吾不如韩信。此三者，皆人杰也，吾能用之，此吾所以取天下也。项羽有一范增而不能用㊲，此其所以为我擒也。"

注

① **楚汉久相持未决**：项羽分封诸侯，大家分散后，不久战乱即起。汉元年八月，刘邦从汉中杀回夺得关中；汉二年四月，刘邦趁项羽东讨田荣之机，率兵五十六万攻入项羽之首都彭城。项羽回师将刘邦打败后，刘邦西退至荥阳，构筑防线，与项羽对峙，双方拉锯，一直到汉四年（前203）十月，尚未见分晓。

② **广武之间**：即广武涧，在今河南省荥阳市东北广武山上，山上有东西二城，相距约二百余步，中间隔广武涧，即刘项对峙处也。时刘邦据西城，项羽据东城。

③ **卿子冠军**：指宋义，受命率项羽等北救赵时称"卿子冠军"。

④ **新安**：秦县名，在今河南省渑池东，项羽坑章邯降卒二十万于此。

⑤ **徙逐故主**：如项羽封张耳为常山王，王赵地，而徙故赵王于代；封田都为齐王，而徙故齐王于胶东等是。

⑥ **义帝**：即项梁所立之楚怀王。项羽分封诸侯时尊怀王为徒有虚名的"义帝"。**彭城**：即今江苏省徐州市。

⑦ **夺韩王地**：韩成曾被项羽封为韩王，后项羽借口其无军功而不令就回，

终将其杀害。

⑧ **并王梁、楚**：言项羽同时兼有梁楚两国之地。

⑨ **阴弑义帝江南**：项羽尊怀王为"义帝"，使之南都于郴县（今湖南郴州市），怀王在南迁途中，项羽又派黥布会同长沙王吴芮将其杀害于长江南。

⑩ **乃与公**：应作"与乃公"。乃公，你爸爸，刘邦习用的骂人语。

⑪ **行军**：视察军队。**成皋**：古邑名，春秋时称虎牢，汉置成皋县，在今荥阳市西北。

⑫ **栎阳**：秦县名，在今陕西省西安市北渭水北岸，刘邦临时的都城。

⑬ **塞王欣**：即司马欣，曾被项羽封为塞王，都栎阳，今被破杀，故将其枭首示众于此。

⑭ **广武**：古城名，在当时的荥阳西北。

⑮ **彭越**：昌邑人，反秦名将，后归属刘邦，常于今开封一带进行运动战，斩断项羽前后方的联系。

⑯ **田横**：齐王田荣之弟，田荣被项羽破杀后，田横拥立荣子田广为王，韩信破齐杀田广，田横逃归彭越。

⑰ **齐王信**：即韩信，刘邦将领。汉四年（前203年）二月灭齐后被刘邦封为齐王。

⑱ **鸿沟**：指战国时魏国开凿的沟通黄河与淮水的运河，北起荥阳，东经中牟、开封，南流至淮阳东南入颍水。刘邦与项羽划鸿沟为界事，在汉四年八月。

⑲ **留侯**：即张良。**陈平**：刘邦的谋臣。原为项羽部下，后归刘邦。

⑳ **阳夏**：秦县名，即今河南省太康县。

㉑ **固陵**：古聚（村落）名，在今河南太康县南。

㉒ **刘贾**：刘邦的将领。**寿春**：秦县名，即今安徽省寿县。

㉓ **周殷**：项羽的将领，官居大司马，后叛归刘邦。**武王**：指黥布，黥布曾自称"武王"。

㉔ **城父**：古邑名，汉置县，县治在今安徽省亳州市东南。**垓下**：古地名，在今安徽省灵璧县东南的沱河北岸。

㉕ **五年**：前202年。

㉖ **孔将军**：名熙。**费将军**：陈贺，因后封为费侯，故此称"费将军"。孔熙、陈贺皆为韩信部将。

㉗ **绛侯**：周勃，刘邦部将。**柴将军**：柴武，刘邦部将。

㉘ **灌婴**：刘邦的骑兵将领。**东城**：秦县名，在今安徽省定远东南。按：以上刘邦破项羽于垓下，与项羽自刎乌江，皆在汉五年十二月。

㉙ **鲁**：今山东曲阜。因项羽曾被怀王封为"鲁公"，故鲁为之坚守至最后。

㉚ **谷城**：古城名，在今山东省平阴西南。

㉛ **正月**：汉王五年（前202年）的正月，当时仍用秦历，以十月为岁首。

㉜ **甲午**：夏历二月初三。**汜水之阳**：汜水的北岸，这里指山东省定陶县北。**汜水**：古水名，故道在今山东曹县北，由古济水分出，流经定陶县南，注入古菏泽。

㉝ **雒阳**：在今河南洛阳市东北，刘邦当时的都城所在地。雒，同"洛"。

㉞ **高起**：其人不详。**王陵**：刘邦的部将，被封为安国侯。

㉟ **子房**：即张良。

㊱ **萧何**：沛县人，曾为沛县主吏，秦末佐刘邦起义，是刘邦的得力助手。

㊲ **范增**：项羽的军师。

译

楚汉双方在中路战场已长期相持不下，青壮男人被迫当兵打仗，老弱也都被拉去送运粮草。有一天项羽和刘邦隔着广武涧对话，项羽提出要和刘邦单个决一生死。刘邦指数项羽的罪行说："当初我们一同受命于怀王，说好谁先入关谁当关中王，结果你背叛条约，把我封到了蜀汉，这是你的第一条大罪。你假传命令杀了卿子冠军宋义而自己当上将军，这是你的第二条大罪。你往北方救赵后，应当回去汇报，可你擅自挟持着各路诸侯进关，这是你的第三条大罪。怀王早就告诉我们进关后不许侵掠百姓，而你烧宫室，掘皇陵，把一切财物占为己有，这是你的第四条大罪。你又杀了已经投降的秦王子婴，这是你的第五条大罪。你欺骗活埋秦兵二十余万于新安，而封他们的将领为王，这是你的第六条大罪。你把好地方都封给你手下的将领，而把原来的王侯都赶到别处，以致让臣下们纷纷叛主，这是你的第七条大罪。你还把义帝赶出彭城，自己在那里建都，并且夺了韩王成的旧地，占有梁、楚两国的地盘，只管自己多捞，这是你的第八条大罪。你把义帝暗杀在长江以南，这是你的第九条大罪。作为一个臣子你杀掉君主，残杀已经投降的人，主持政事不公平，主盟约不守信用，这是天下所不容的，你大逆无道，这是你的第十条大罪。我现在带着仁义之兵跟着诸侯们来讨伐你这个残暴的家伙，我会让囚徒们来收拾你，你有什么资格来向你老子挑战！"项羽听罢大怒，他让埋伏的弓弩手一箭射中了刘邦。刘邦原本是胸口中箭，但却机灵地弯腰下去摸着脚说："这个奴才射中我的脚了！"刘邦躺在床上不能动，这时张良过来拉着刘邦出去劳军，目的是让士兵们安心，同时也是向楚军显示刘邦无恙，免得他们乘胜发动进攻。刘邦出来在军前走了一趟，实在坚持不住了，便乘车进入了成皋。

刘邦伤好后，西行入关，到了栎阳，向父老们表示慰问，大摆筵席，并砍下前几年在这里当过塞王的司马欣的人头在栎阳市场悬挂示众。刘邦在栎阳停留四日后，又东出回到军中，驻扎在广武。这时关中派出的后续部队也越来越多了。

由于彭越这时率兵在梁地运动作战，骚扰楚兵，断其粮道，田横又去投奔了他。而项羽已经多次回师与彭越作战，现在韩信又由齐国南下逼近楚境，项羽害怕了，遂与刘邦订立条约，把天下一分为二，划鸿沟以西归刘邦，鸿沟以东归项羽。项羽把刘邦的父亲和刘邦的妻子放了回去，刘邦军中都欢呼万岁，于是楚国军队脱离接触准备东归。

项羽撤兵东走后，刘邦也想撤兵西回，后来采纳了张良、陈平的计谋，遂背约进兵追击项羽，一直追到阳夏南才停下来。刘邦本来是和齐王韩信、建成侯彭越等一起约定好共同进击项羽的，结果等刘邦到达固陵时，韩信、彭越等各路兵马都未到。项羽回头迎击刘邦，刘邦被打得大败。刘邦躲进营盘，深沟高垒坚守不出。后来采用张良的计谋，才把韩信、彭越等都叫了过来。在此以前刘贾已经率军进入楚地，包围了寿春。刘邦在固陵失败后，派人去游说项羽的大司马周殷，让他带着九江的兵力去迎接淮南王黥布。他们中途屠灭了城父县，而后跟着刘贾和齐梁地的诸侯们一起会师于垓下。刘邦封原九江王黥布为淮南王。

汉五年，刘邦与各路诸侯一齐进军，与项羽决战于垓下。韩信率领着三十万人马正面对着项羽，孔将军在左翼，费将军在右翼。刘邦在韩信的后面，周勃、柴武在刘邦的后面。这时项羽的军队大约有十万人。韩信在正面先对项羽开战，做出不敌的样子，向后撤退，而孔将军、费将军在两翼向前进兵，项羽的形势不利了。这时韩信正面的军队又转身杀了回来，大破楚军于垓下。项羽的士兵夜间听着刘邦的军队都唱楚地歌谣，以为楚地都被刘邦占领了，所以项羽才溃败逃走，楚兵才不可收拾。随后刘邦又派骑将灌婴追杀项羽于东城。整个战役杀死楚兵八万人，楚地遂告平定。这时只有曲阜还在为项羽坚守。刘邦带着各路大军北抵曲阜，拿着项羽的人头给曲阜的人们看，人们这才投降了刘邦。因为项羽曾被怀王封为鲁公，所以就以鲁公的名号把项羽葬在了谷城。当刘邦等回到定陶时，突然闯入韩信的兵营，夺了韩信的兵权。

这年的正月，各路诸侯与刘邦的将相们一同请刘邦即位为皇帝。刘邦说："我听说只有大贤才能称帝，徒有虚名的人是不能享有它的，我不能坐这个位置。"大臣们说："您出身平民，讨伐残暴，平定四海，谁有战功您就划地盘封他为王侯。今天您如果不做皇帝，那人们就都会疑虑不安，因此我们到死也得坚持。"刘邦又推让了好几回，不得已才说："既然你们认为我做皇帝对国家有好处，那就这么办吧。"于是在二月初三，刘邦即位于汜水之北。

刘邦在洛阳南宫大宴群臣，刘邦说："各位诸侯将领不要隐瞒，都说真话，你们说我为什么能取得天下，项羽为什么丢了天下？"高起、王陵回答道："虽然您傲慢爱侮辱人，项羽为人宽厚，但您派人出去攻城占地时，谁获得了什么，您就顺势赏给他，这叫'与人同利'。而项羽则妒贤嫉能，谁有功他就恨谁，谁有本事他怀疑谁，打了胜仗的他不奖励，得了地盘的他不赏赐，这就是他丢失天下的原因。"刘邦说："你们只知其一，不知其二。要讲运筹帷幄，决胜千里，我不如张良。要讲镇守后方，安抚百姓，给前方运粮草，保证供应不断，我不如萧何。要讲统兵百万，战必胜，攻必取，我不如韩信。这三个都是人中的豪杰，我能够重用他们，这才是我所以得天下的原因。而项羽只有一个范增还不能被信用，所以他最后被我收拾。"

评

《高祖本纪》写了刘邦斩蛇起义、入关破秦、灭楚称帝、草创制度，以及建国初期为稳定局势所采取的诛杀功臣、平定叛乱等，是一篇既突出地表现了刘邦个人，同时也兼顾了全局的具有典范性的传记杰作。我们这里选取了《斩蛇起义》《入关破秦》《灭楚称帝》三个片段，通过这三个故事我们可以看到刘邦其人的一些基本面貌，也可以大体把握《高祖本纪》的基本精神。

刘邦是《史记》中所描写的最生动、最精彩的人物，因为除本篇外还有如《项羽本纪》《萧相国世家》《留侯世家》《淮阴侯列传》等二十多篇作品中描写到刘邦其人，所以刘邦的性格也就表现得最充分、最本质。刘邦具有无与伦比的聪明智慧、雄才大略，又有无与伦比的识拔人才、驾御人才的能力与手段，使许多人忠心耿耿为之效力，直到被杀而后已；刘邦还善于听取意见，能集众人之所长，其随机应变的功夫简直达到了炉火纯青的境地。在刘邦面前，项羽就显得是那样简单、那样幼稚，如同围棋的九段之对付业余的棋手。项羽的失败是注定了的，尽管他是一位令人喜爱的悲剧英雄。但刘邦身上又明显地带着一股粗俗的流氓气，他大大咧咧，出尔反尔，好酒好色，张嘴骂人，而这一切都和他的那些无比优长水乳交溶地统一在一起，这就是最后成为皇帝的刘邦。《史记》中的刘邦是一个有血有肉的、活生生的、令人相信的人物，是司马迁的艺术天才与其"不虚美、不隐恶"的创作思想的光辉展现。

齐太公世家
太公封齐

太公望吕尚者，东海上人①。其先祖尝为四岳，佐禹平水土②，甚有功。虞夏之际封于吕，或封于申③，姓姜氏。夏商之时，申、吕或封枝庶子孙，或为庶人，尚其后苗裔也。本姓姜氏，从其封姓，故曰吕尚。

吕尚盖尝穷困，年老矣，以渔钓奸周西伯④。西伯将出猎，卜之，曰"所获非龙非彨（chī），非虎非罴⑤；所获霸王之辅"。于是周西伯猎，果遇太公于渭之阳⑥，与语大悦，曰："自吾先君太公曰'当有圣人适周，周以兴'⑦。子真是邪？吾太公望子久矣。"故号之曰"太公望"，载与俱归，立为师⑧。

或曰，太公博闻，尝事纣⑨；纣无道，去之。游说诸侯，无所遇，而卒西归周西伯。或曰，吕尚处士，隐海滨，周西伯拘羑里，散宜生、闳夭素知而招吕尚⑩。吕尚亦曰"吾闻西伯贤，又善养老，盍往焉"。三人者为西伯求美女奇物，献之于纣，以赎西伯。西伯得以出，反国。言吕尚所以事周虽异，然要之为文、武师。

周西伯昌之脱羑里归，与吕尚阴谋修德以倾商政，其事多兵权与奇计，故后世之言兵及周之阴权皆宗太公为本谋。周西伯政平，及断虞芮之讼，而诗人称西伯受命曰文王⑪。伐崇、密须、犬夷，大作丰邑⑫。天下三分，其二归周者，太公之谋计居多。

文王崩，武王即位。九年，欲修文王业，东伐，以观诸侯集否。师行，师尚父左杖黄钺，右把白旄以誓[13]，曰："苍兕苍兕，总尔众庶，与尔舟楫[14]，后至者斩！"遂至盟津[15]。诸侯不期而会者八百诸侯。诸侯皆曰："纣可伐也。"武王曰："未可。"还师，与太公作此《太誓》[16]。

居二年，纣杀王子比干，囚箕（jī）子[17]。武王将伐纣，卜龟兆，不吉，风雨暴至。群公尽惧，唯太公强之，劝武王，武王于是遂行。十一年正月甲子，誓于牧野[18]，伐商纣。纣师败绩。纣反走，登鹿台[19]，遂追斩纣。明日，武王立于社，群公奉明水，卫康叔封布采席，师尚父牵牲，史佚策祝[20]，以告神讨纣之罪。散鹿台之钱，发巨桥之粟[21]，以振贫民。封比干墓，释箕子囚。迁九鼎[22]，修周政，与天下更始。师尚父谋居多。

于是武王已平商而王天下，封师尚父于齐营丘[23]。东就国，道宿行迟。逆旅之人曰[24]："吾闻时难得而易失。客寝甚安，殆非就国者也。"太公闻之，夜衣而行，黎明至国。莱侯来伐[25]，与之争营丘。营丘边莱。莱人，夷也，会纣之乱而周初定，未能集远方，是以与太公争国。

太公至国，修政，因其俗，简其礼，通商工之业，便鱼盐之利，而人民多归齐，齐为大国。及周成王少时，管、蔡作乱，淮夷畔周[26]，乃使召康公命太公曰："东至海，西至河，南至穆陵，北至无棣，五侯九伯[27]，实得征之。"齐由此得征伐，为大国，都营丘。

注

① **东海**：古代指山东半岛以南的东部近海。
② **四岳**：四方部落首领。此处实指"四岳"之中的"东岳"，即东方部落首领。**禹**：舜的大臣，因治水有功，受舜禅让，建立了夏王朝。

事迹见《夏本纪》。

③ 吕：古国名，其地约在今河南省南阳市西。**申**：古国名，其地即今南阳市。

④ 奸：通"干"，求见。**周西伯**：即日后之周文王，姓姬名昌，在商朝时曾为"西伯"。西伯，西方的诸侯之长。周国当时的都城在今陕西岐山县。

⑤ 彲：通"螭"，传说中的一种龙属动物。**罴**：熊类猛兽。

⑥ 渭之阳：渭水北岸。渭水源于甘肃渭源县，东流入陕西，经今宝鸡、咸阳、渭南诸市东入黄河。

⑦ 太公：指文王之祖父古公亶父，历史上也称其为"太王"。

⑧ 师：太师，帝王的辅导官，位极尊贵。

⑨ 纣：商朝的末代帝王，名受，相传以残暴荒淫闻名，被周武王所灭。事见《周本纪》。

⑩ 处士：犹言隐士，有才德而隐处于草野者。**羑里**：地名，在今河南省汤阴县北，相传周文王曾被殷纣囚禁于此。**散宜生、闳夭**：皆周文王的大臣，后又佐武王灭纣建周。

⑪ 断虞芮之讼：虞、芮是当时的两个诸侯国名，虞国在今山西省西南部的黄河拐角地区，芮国在今陕西省大荔县一带，二国相邻。相传两国发生边界纠纷，请周文王予以裁判。待两国诸侯进入周境，看到周人的谦虚礼让，遂大惭而归，从此两国和好。**诗人**：写作《诗经》作品的人。**称西伯受命**：《诗经大明》中有"有命自天，命此文王"之语。

⑫ 崇、密须：皆当时的诸侯国名，崇国约在今陕西省户县一带，密须约在今甘肃省灵台县一带。**犬夷**：也称犬戎，当时居住在今陕西省西

部彬县一带的少数民族名。**丰邑**：周文王建造的都城，其地在今西安市西南之沣水西侧。

⑬ **师尚父**：武王对吕尚的敬称，亦如后世齐桓公之称管仲曰"仲父"然。**黄钺**：黄色大斧，军事统帅的一种权力象征，意味其拥有征讨、生杀之权。**白旄**：装饰以牦牛尾的大将指挥旗。

⑭ **苍兕**：凶猛的水兽名，这里用以代称勇敢的各部军官。**总**：集合。**与**：通"举"，尽，全数调集。

⑮ **盟津**：也作"孟津"，古黄河渡口名，在今河南省孟津县东北。

⑯ **《太誓》**：《尚书》篇目名，也作《泰誓》，内容记周武王第一次出师时的誓词。

⑰ **居二年**：即武王十一年。**王子比干**：商朝的忠直之臣，纣王的叔辈，因谏纣被剖心而死。**箕子**：纣王的叔辈，因谏纣王而被囚禁。

⑱ **牧野**：地名，在殷都朝歌（今河南省淇县）的西南。

⑲ **鹿台**：商朝离宫中的殿台，在当时朝歌的城南，相传殷纣曾将许多珍宝贮藏于此。

⑳ **社**：古代帝王祭祀土神的坛台，即后代的社稷坛。**明水**：净水，清水，祭祀使用的水。**卫康叔封**：姬封，武王之弟，初封于康，故称"康叔"，后来又改封卫国，遂为卫国的首封之君。**史佚**：西周初期的史官，其人名佚。**策**：书写祝文的竹简。

㉑ **巨桥**：也作"钜桥"，地名，在今河北省曲周县东北，其地有殷朝的大粮仓。

㉒ **迁九鼎**：将九鼎由殷都迁到洛阳。九鼎，相传为大禹所铸，后代帝王相沿视以为传国之宝。禹铸鼎事参见《夏本纪》，周迁九鼎参见《周本纪》。

㉓ **营丘**：齐邑名，在今山东淄博市临淄区北。

㉔ **逆旅**：迎客，这里即指旅店。

㉕ **莱**：古国名，其地约在今潍坊以东的山东半岛东端。

㉖ **周成王**：武王之子，名诵，初即位时年龄幼小。**管、蔡**：管叔鲜、蔡叔度，皆武王之弟。名"鲜"者初封于管，故称"管叔鲜"；名"度"者初封于蔡，故称"蔡叔度"。成王初即位时年幼，周公代为之行使职权，管、蔡二人疑周公篡位，故勾结商朝旧部共同叛乱，后被周公消灭。**淮夷**：商周之际居住于今安徽蚌埠以东淮河流域的少数民族。**畔**：通"叛"。

㉗ **召康公**：即通常所说的"召公奭"，武王之弟，名奭，封地在召（今陕西岐山县西南）。因其谥曰康，故亦称"召康公"。召公奭是燕国的首封之君，因其需要留在周国辅佐成王，故令其长子赴燕就任，而成王则另以召邑封奭。**穆陵**：齐地的险塞名，在今山东沂水县北，今其地尚有齐长城遗址。**无棣**：古邑名，在今山东省无棣县北。**五侯**：公、侯、伯、子、男五等诸侯，这里即指一切诸侯。**九伯**：九州的诸侯之长。

译

太公望吕尚是东海之滨人，其祖先曾为"四岳"之中的东方部落首领，在协助大禹治水的过程中功勋卓著。因此在虞舜、大禹的时代，其子孙有的被封于吕，有的被封于申，都姓姜。这申、吕两支的子孙在夏朝、商朝，有的继续受封，有的则沦为了平民，而吕尚就是这沦为平民者的后代。吕尚本来姓姜，但因为以其祖先的封地为姓，所以也称之为吕尚。

吕尚一辈子穷困潦倒，到年老的时候，由于一个钓鱼的机会见到了周西伯姬昌。这天，周西伯准备外出打猎，出发前他算了一卦。卦上说："此次捕获的将不是龙、不是螭，不是虎、不是罴，而是将获得一个帮你成为霸王的左膀右臂。"结果周西伯在打猎过程中，真的在渭水河北遇到了吕尚，两人谈话后，西伯大悦，说："我的祖父太公就曾说过'日后当有圣人到周国来，周国就靠着他兴旺发达'。这圣人就是您吗？我们家老太公盼望您可盼得有了年数啦。"于是就称吕尚为"太公望"，西伯遂与吕尚同车而归，封之为太师。

也有人说：太公博学多闻，曾在殷纣驾前任职。殷纣暴虐无道，吕尚遂离之而去。吕尚游说各国诸侯，没有遇到一个赏识者，而最后投归了周西伯。也有人说，吕尚是一个隐士，隐居在东海之滨。当西伯被殷纣扣押在羑里的时候，周国大臣散宜生、闳夭等人早就知道吕尚是大才，于是将他请来。吕尚也说："我早就听说过西伯的贤德，善养老者，何不去投奔他呢？"三个人见面后就寻找美女珍宝，将其献之于殷纣，以求赎得西伯回国。西伯果然被放出，回到了周国。人们对吕尚归周过程的说法尽管不同，但重要的是都说吕尚是文王、武王的太师。

西伯自羑里归周后，便与吕尚暗中策划如何修"德"收买人心，以及如何颠覆商朝等，内容都是有关用兵与政治权术的，因此后代凡讲究行兵打仗以及玩弄阴谋权术，都以吕尚为祖师。周国的政治廉平，受人赞颂，等到虞、芮二国之君因边境纠纷到周国来请求仲裁后，写《诗》的人就开始称西伯姬昌已经禀承天命而号称为"文王"了。接着文王出兵讨伐了崇国、密须、犬夷，又在丰邑建造了周国的新都。这时，天下已有三分之二的人归服于周国，其所以能达到这样的局面，主要是依靠吕尚的谋略。

文王死后，武王即位。武王九年，想遵循文王的遗志，出兵东伐，以探测各国诸侯是否服从周国。大军出发后，太师吕尚左手秉持黄色大斧，右手持白色指挥旗，向大军宣誓说："像苍兕一样勇猛的各路将领，集合起你们的队伍，调集好你们的船只，迟到者将被处死！"于是周军遂到达黄河的孟津渡口，这时各路诸侯不约而同到达的有八百个。诸侯们都说："可以讨伐殷纣了。"武王说："还不到时候。"于是撤军而回，武王和吕尚在这时作了《太誓》。

又过了两年，这时殷纣杀了忠直的王子比干，囚禁了直言敢谏的箕子。武王准备起兵伐纣，他用龟甲占卜，得到的征兆不吉利，接着又是一阵风雨突然袭来，大臣们都很害怕，唯有吕尚坚决主张出兵，他劝说武王，武王遂决定立即出发。武王十一年的正月甲子日，周军在殷都朝歌的郊区牧野誓师，讨伐殷纣。殷纣的军队惨败。殷纣王回身逃走，奔上鹿台，周军追上鹿台，将殷纣杀死。第二天，武王站在殷王祭祀土神的坛台前，大臣们端着清水，卫康叔铺起席子，吕尚牵着祭祀用的牲畜，史佚高诵祭神的祝文，向天地神灵宣告讨伐殷纣的意思。而后将鹿台上积蓄的钱财、巨桥仓储存的粮食，都拿出来救济贫民。给已死的比干坟上加土，把箕子从监狱里放出来。把商朝的九鼎迁到洛阳，进一步改善周朝的政策、制度，与普天下一道弃旧图新。这一切也仍是吕尚的谋略居多。

周武王灭商统一天下后，将吕尚封在齐国的营丘。吕尚带领部众到东方的领地上去，开始时走路与住宿都慢慢腾腾。这时一位开旅店的老板对吕尚说："时机难得碰到，但却极易丢失。我看客人您睡觉睡得这么踏实，不像是个前去上任的样子。"吕尚一听，立刻穿衣连夜赶路，天亮时到达国都营丘。这时正好莱国的诸侯领兵来伐，和吕尚争夺营丘。

营丘靠近莱国，而莱人是东方的少数民族。在商灭周兴战乱初定，还未能安定远方之时，莱人想乘机与吕尚争夺齐国。

吕尚到达齐国后，改革方针政策，顺应当地风俗，简化礼仪程式，发展手工业、商业，开展晒盐与海上捕捞，吸引得各方之人都来到齐地，使齐迅速成为一个泱泱大国。周成王刚即位时年少，管叔蔡叔怀疑周公，举兵作乱，而齐国西南侧的淮夷也起兵反周。这时周成王命召康公向吕尚传达委任说："你的封土东至海边，西至黄河，南至穆陵，北至无棣。整个九州的任何诸侯君长，凡不服从命令的，你都有权进行征讨。"于是齐国从此具有征讨诸侯之权，为西周以来的大国，建都于营丘。

齐太公世家

桓公霸业

初,襄公之醉杀鲁桓公①,通其夫人,杀诛数不当,淫于妇人,数欺大臣,群弟恐祸及,故次弟纠奔鲁②。其母鲁女也。管仲、召(shào)忽傅之。次弟小白奔莒,鲍叔傅之③。小白母,卫女也,有宠于釐公④。小白自少好善大夫高傒⑤。及雍林人杀无知,议立君,高、国先阴召小白于莒⑥。鲁闻无知死,亦发兵送公子纠,而使管仲别将兵遮莒道,射中小白带钩。小白详死⑦,管仲使人驰报鲁。鲁送纠者行益迟,六日至齐,则小白已入,高傒立之,是为桓公。

桓公之中钩,详死以误管仲,已而载温车中驰行,亦有高、国内应,故得先入立,发兵距鲁⑧。秋,与鲁战于乾时⑨,鲁兵败走,齐兵掩绝鲁归道。齐遗鲁书曰:"子纠兄弟,弗忍诛,请鲁自杀之。召忽、管仲仇也,请得而甘心醢(hǎi)之。不然,将围鲁。"鲁人患之,遂杀子纠于笙渎⑩。召忽自杀,管仲请囚。

桓公之立,发兵攻鲁,心欲杀管仲。鲍叔牙曰:"臣幸得从君,君竟以立。君之尊,臣无以增君。君将治齐,即高傒与叔牙足也。君且欲霸王⑪,非管夷吾不可。夷吾所居国国重,不可失也。"于是桓公从之。乃详为召管仲欲甘心,实欲用之。管仲知之,故请往。鲍叔牙迎受管仲,及堂阜而脱桎梏(zhì gù),斋祓(fú)而见桓公⑫。桓公厚礼以为大夫⑬,任政。

桓公既得管仲，与鲍叔、隰（xí）朋、高傒修齐国政，连五家之兵，设轻重鱼盐之利⑭，以赡贫穷，禄贤能，齐人皆说。

二年，伐灭郯⑮，郯子奔莒。初，桓公亡时，过郯，郯无礼，故伐之。

五年⑯，伐鲁，鲁将师败。鲁庄公请献遂邑以平，桓公许，与鲁会柯而盟⑰。鲁将盟，曹沫以匕首劫桓公于坛上⑱，曰："反鲁之侵地！"桓公许之。已而曹沫去匕首，北面就臣位。桓公后悔，欲无与鲁地而杀曹沫。管仲曰："夫劫许之而倍信杀之⑲，愈一小快耳，而弃信于诸侯，失天下之援，不可。"于是遂与曹沫三败所亡地于鲁⑳。诸侯闻之，皆信齐而欲附焉。

七年，诸侯会桓公于甄（juàn）㉑，而桓公于是始霸焉。

二十三年，山戎伐燕㉒，燕告急于齐。齐桓公救燕，遂伐山戎，至于孤竹而还㉓。燕庄公遂送桓公入齐境㉔。桓公曰："非天子，诸侯相送不出境，吾不可以无礼于燕。"于是分沟割燕君所至与燕，命燕君复修召公之政，纳贡于周，如成康之时㉕。诸侯闻之，皆从齐。

二十七年。鲁湣公母曰哀姜，桓公女弟也㉖。哀姜淫于鲁公子庆父，庆父弑湣公，哀姜欲立庆父，鲁人更立釐公㉗。桓公召哀姜，杀之。

二十八年，卫文公有狄乱，告急于齐。齐率诸侯城楚丘而立卫君㉘。

二十九年，桓公与夫人蔡姬戏船中㉙。蔡姬习水，荡公，公惧，止之，不止，出船，怒，归蔡姬，弗绝。蔡亦怒，嫁其女。桓公闻而怒，兴师往伐。

三十年春，齐桓公率诸侯伐蔡，蔡溃，遂伐楚㉚。楚成王兴师问曰㉛："何故涉吾地？"管仲对曰："昔召康公命我先君太公曰：'五侯九伯，若实征之，以夹辅周室。'赐我先君履，东至海，西至河，南至穆陵，北至无棣。楚贡包茅不入，王祭不具㉜，是以来责。昭王南征不复㉝，是以来问。"楚王曰："贡之不入，有之，寡人罪也，敢不共乎！昭王之出不复，君其问之水滨。"齐师进次于陉㉞。夏，楚王使屈完将兵扞齐，齐师退次召陵㉟。桓公矜屈完以其众。屈完曰："君以道则可；若不，则楚方城以为城，江汉以为沟㊱，君安能进乎？"乃与屈完盟而去。

三十五年夏，会诸侯于葵丘㊲。周襄王使宰孔赐桓公文武胙、彤弓矢、大路㊳，命无拜。桓公欲许之，管仲曰"不可"，乃下拜受赐。

是时周室微，唯齐、楚、秦、晋为强。晋初与会，献公死，国内乱㊴。秦穆公辟远㊵，不与中国会盟。楚成王初收荆蛮有之，夷狄自置。唯独齐为中国会盟，而桓公能宣其德，故诸侯宾会。

注

① **襄公之醉杀鲁桓公**：事在公元前694年。齐襄公名诸儿，前697—前686年在位。襄公之妹为鲁桓公夫人，桓公与夫人至齐，襄公与其妹私通，桓公发觉，责其夫人，襄公遂派人将桓公杀害。

② **鲁**：西周初期建立的诸侯国名，始封之君为周公之子伯禽，国都即今山东省曲阜市。桓公被杀后，继续为鲁君的是桓公之子庄公。

③ **莒**：当时的诸侯国名，国都即今山东省莒县。**鲍叔**：鲍叔牙的别称，齐国贵族，管仲之友。

④ **卫女**：卫国诸侯之女。卫国的国都为朝歌，即今河南省淇县。**釐公**：襄公与公子纠、小白等人之父，前730—前698年在位。

⑤ **高傒**：齐国的世袭贵族。

⑥ **雍林人杀无知**：无知是齐襄公的堂弟，趁襄公倒行逆施之际，发动政变杀齐襄公，自立为齐君。次年，无知游于雍林（齐邑名），被其怨

者所杀。**高、国**：齐国的两家大贵族，"高"即高傒，"国"氏其名不详。

⑦ **管仲**：名夷吾，字仲，事迹参见《管晏列传》。**详**：通"佯"，假装。

⑧ **温车**：与《李斯列传》之所谓"辒凉车"相同，有篷窗可开可闭之车。

先入立：小白入立为君，事在前685年。**距**：通"拒"。

⑨ **乾时**：齐地名，在今山东淄博市西南。

⑩ **笙渎**：鲁地名，在今山东菏泽市北。

⑪ **且**：将，假若。**霸王**：称霸称王。

⑫ **堂阜**：齐地名，在今山东蒙阴县西北。**桎梏**：刑具，在脚者曰"桎"，在手者曰"梏"。**斋祓**：斋戒祭祀以去除不祥。祓，去除不祥。

⑬ **大夫**：春秋前期诸侯国之执政大臣例称"大夫"，即已受命为"卿"者亦以"大夫"称之。

⑭ **五家之兵**：齐国的一种兵役制度，平时五家为轨，有轨长；战时每家出一人，合为一伍，设伍长，是最基层的军事单位。**轻重**：指钱币。

⑮ **二年**：前684年。**郯**：古国名，故地在今山东郯城县一带。

⑯ **五年**：前681年。

⑰ **遂邑**：鲁邑名，在今山东省肥城市南。**柯**：齐地名，在今山东省东阿县西南。

⑱ **曹沫**：鲁将名，有说即与鲁庄公论述战事的"曹刿"。

⑲ **倍信**：倍，通"背"。

⑳ **遂与曹沫三败所亡地于鲁**：按：以上曹沫劫齐桓公事，参见《刺客列传》，但事实颇多不合，只可作故事看。

㉑ **七年**：前679年。**甄**：也作"鄄"，卫邑名，在今山东鄄城县西北。

㉒ **二十三年**：前663年。**山戎**：当时居住在今河北省东北部的少数民族。

燕：西周初期建立的诸侯国名，国都蓟城，即今北京市。

㉓ **孤竹**：古国名，国都在今河北省卢龙县南。

㉔ **燕庄公**：前 690—前 658 年在位。

㉕ **分沟**：挖沟以为国界。**召公**：即上文所说的"召康公"，名奭，燕国诸侯的始祖。**成康**：周成王、周康王，西周初期两代帝王，成王是武王之子，康王是成王之子。成王康王的时代被后人称为"太平盛世"。

㉖ **二十七年**：前 659 年。**鲁湣公**：庄公之子，前 661—前 660 年在位。

㉗ **公子庆父**：庄公之二弟，因此行作乱，被鲁人所杀。**釐公**：也作"僖公"，名申，庄公之子，湣公之弟。

㉘ **二十八年**：前 658 年。**卫文公有狄乱**："狄"也作"翟"，太行山一带的少数民族，前 661 年攻灭卫国，杀死了卫懿公（前 668—前 661 年在位）。卫戴公即位，次年死，卫国动乱不已。齐桓公率诸侯救卫，迁卫人于楚丘（今河南省滑县东），扶立了卫文公，并为之建筑楚丘城。**卫文公**：名燬，宣公之孙，懿公之堂弟，前 659—前 635 年在位。

㉙ **二十九年**：前 657 年。**蔡姬**：蔡国诸侯之女。蔡是西周初期以来的诸侯国名，国都在今河南省上蔡县西南。

㉚ **三十年**：前 656 年。**楚**：南方兴起的诸侯国名，春秋时期的国都郢，即今湖北荆州市江陵区西北之纪南城。

㉛ **楚成王**：名恽，前 671—前 626 年在位。

㉜ **包茅**：也作"苞茅"，祭祀时用以滤酒的一种特殊茅草，按规定楚国应按时给周天子进贡此物。**不具**：不足，不齐全。

㉝ **昭王南征不复**：昭王是康王之子，在位时曾欲南下伐楚，渡汉水时翻船被淹死。

㉞ **陉**：楚地名，在今河南省漯河市东。

㉟ **屈完**：楚将名。**扞**：通"捍"，抵抗。**召陵**：楚邑名，在今漯河市

东北。

㊱ **方城**：山名，在今河南省方城县东北，地处楚国之北境，楚国的长城亦修建于此。**江汉**：长江、汉水。长江流经楚国中部，汉水在楚之北境。**沟**：护城河。

㊲ **三十五年**：前651年。**葵丘**：宋地名，在今河南省民权县东北。

㊳ **周襄王**：名郑，前651—前619年在位。**宰孔**：周国的太宰姬妃，周公姬旦的后代。**文武胙**：祭祀文王、武王用过的祭肉，周天子将此肉分赐于人，表示对此人的分外敬重。春秋前期往往赐此肉于诸侯霸主，春秋后期与战国则往往赐此肉与势力强大之诸侯。**彤弓矢**：红色的弓箭。**大路**：也作"大辂"，帝王乘坐的车子。按：以上诸物都是帝王封赠特殊大臣，"加九锡"所用的礼物。

㊴ **献公**：名诡诸，前677—前651年在位。**国内乱**：献公因宠骊姬而逼死太子申生，献公死后，骊姬子奚齐、卓子先后即位，皆被里克所杀；惠公即位后，又一度被秦国所俘；直到文公回国杀惠公子怀公自立后，晋国始告安定，前后动乱十四年。

㊵ **秦穆公辟远**：秦穆公名任好，前659—前621年在位。当时秦国都城在雍（今陕西省凤翔县东南），远离中原。

译

当初，齐襄公醉酒后杀了鲁桓公，与鲁桓公的夫人、也就是襄公自己的妹妹私通，多次杀害不该杀的人，淫于妇女，欺骗大臣，几个兄弟知道国家将乱，恐祸及己，纷纷外逃。襄公之二弟公子纠奔鲁，因为公子纠的母亲是鲁国诸侯之女，随行辅佐公子纠的是管仲与召忽。三弟小白奔莒，随行辅佐小白的是鲍叔牙。小白的母亲是卫国诸侯之女，有宠于齐釐公。小白自幼便与齐国的大臣高傒友善。所以当雍林人杀死公子无知，商议另立新君时，高氏、国氏两姓大族便派人到莒国悄悄地迎接小白。而鲁国听说无知被杀后，也发兵送公子纠回国争位，而且派管仲到莒国通往临淄的道路上去劫杀小白。管仲一箭射中了小白的衣带钩，小白趁势躺倒装死，管仲误以为小白已死，向鲁国报告后，鲁国送公子纠的队伍就走得更慢了，六天后到达齐国，这时小白早已进入，高傒立以为君，这就是齐桓公。

当初齐桓公中箭时装死以骗管仲，事后遂躺在篷车里飞马疾行，再加上有高氏、国氏为之做内应，故而得以捷足先登。即位后，发兵拒鲁。这年秋天，齐、鲁两国战于乾时，鲁国大败，齐兵截断了鲁军的归路。齐桓公给鲁庄公写信说："公子纠与我是兄弟，我不忍杀他，请你们代劳；召忽、管仲是我的仇人，请将其送回，我得把他们剁成肉末以解恨。如果你们不照办，我将发兵包围你们的都城。"鲁国人害怕齐国，赶紧将公子纠杀于笙渎。召忽自杀，只有管仲甘心被囚。

桓公即位后发兵攻鲁，起初他也是想杀管仲的。而鲍叔牙却说："我有幸跟上了您，您终于做了国君。您今天的尊贵，我是没有办法再给您增加什么了。您如果只求治理好齐国，有高傒与我就足够了；如果您打算称霸天下，那就非管仲不可。管仲在哪个国家，那个国家就要强大，您不该失掉这个人才。"于是齐桓公同意鲍叔牙的意见，假说把管仲要回来杀掉，实际是想用他。管仲猜到了这一点，故甘心被囚禁回齐。鲍叔牙迎着鲁使接收了管仲，等回到堂阜邑时便给他去掉了枷锁，令其沐浴祭祀，而后拜见齐桓公。桓公优礼相待，封以为大夫，管理齐国政事。

桓公得到管仲后，便与鲍叔牙、隰朋、高傒等改善齐国政治，实行一种以五家为基层单位的兵役制度，铸造货币，发展晒盐与海洋捕捞，并用这样积累起来的钱财赈济贫困,厚养贤能,让齐国人都过得很高兴。

桓公二年,攻灭郯国,郯国诸侯逃到了莒国。当初桓公在外流亡时曾到过郯国,郯国待之无礼,故今伐灭之。

桓公五年,再次伐鲁,鲁军战败,鲁庄公献出遂邑以求和,桓公应许,遂与鲁庄公会于柯以结盟。待至鲁庄公刚要与齐桓公订立盟约时,鲁将曹沫突然跳上坛台以匕首劫持齐桓公,说:"请您退还侵夺鲁国的土地!"桓公答应了。曹沫遂扔掉匕首,退回到原来位置。桓公过后想要反悔,不仅不想退回侵地,还要杀死曹沫。管仲说:"已经答应退回而反悔杀人,贪图一时的痛快,弃信于诸侯,这将失去天下人的同情与支持,不能这样做。"于是将曹沫三次战败丢失的土地全都退给了鲁国。各国诸侯听说后,都佩服齐桓公说话算话,都愿意亲近齐国。

桓公七年,各国诸侯会齐桓公于甄邑,齐桓公从此开始称霸。

二十三年,北方的山戎进攻燕国,燕国向齐国求救。齐桓公率兵救燕,进而北伐山戎,一直打到孤竹而后撤回。燕庄公给齐桓公送行,不知不觉地已经进入了齐国的国界。齐桓公说:"除非周天子,一般诸侯给人送行是不能走出自己国境的,我不能对燕国诸侯无礼。"于是便把燕君所走过的区域都划给了燕国,让燕国诸侯重新实行召公的政策,按时向周天子进贡,就如当年成王、康王时燕国诸侯所做的样子。诸侯们听说这件事,都愿意跟从齐国。

二十七年,鲁湣公的母亲名叫哀姜,是齐桓公之妹。哀姜与公子庆父私通,庆父杀了鲁湣公,哀姜想立庆父为君,鲁人不从,更立了釐公。桓公为稳定鲁国的政局,将哀姜召回齐国杀死。

二十八年,卫文公被狄人所攻,向齐国告急,齐桓公遂率领诸侯给卫国修筑了城墙,扶立了卫君。

二十九年，桓公与夫人蔡氏乘船游戏。蔡氏会水，故意在船上摇摆；桓公害怕，让她不要摇，蔡氏不听；桓公生气地下了船，将蔡氏送回蔡国，但并不想和她真正断绝。蔡国对此也很生气，便迅速地将该女改嫁给了别人。桓公听说后怒不可遏，遂兴兵伐蔡。

三十年春，齐桓公率领诸侯伐蔡，蔡军崩溃，齐桓公遂进而南伐楚国。楚成王起兵迎敌，向齐国责问："为何侵入我国领地？"管仲说："当初召康公曾命令我们先君太公说：'五侯九伯，你都有权征讨，目的是为了辅佐周天子。'又赐给我们先君一双鞋，说你可以东到海边，西到黄河，南到穆陵，北到无棣，这都是你的领土。如今楚国该进包茅而不进，使天子无法进行祭祀，所以我们要来讨要；当年周昭王南行至楚而未能返回，所以我们要来查问。"楚成王说："该进贡而没有进贡，这是事实，罪过在我，今后不敢不进；至于说昭王南行没有返回，请你们去向汉水问罪。"齐军继续前进，到达陉山。夏，楚成王令大将屈完率军抗齐，齐军退扎于召陵。齐桓公会见屈完，向屈完炫耀齐国的武力。屈完说："您要是以道德服人，那是可以的；如果不是，则楚国将要以方城山作城墙，以长江、汉水作护城河，您怎么能进得来呢？"于是齐桓公与屈完结盟而罢兵。

三十五年夏，齐桓公大会诸侯于葵丘，周襄王派太宰姬孔给齐桓公送来了祭祀文王、武王所用的祭肉，还有红色的弓箭以及大车等，并告诉齐桓公不必叩头拜谢。齐桓公想要照办，管仲说："不可以。"于是齐桓公恭敬地下堂叩拜后才接受了赏赐。

这时候，周天子的势力衰微，齐、楚、秦、晋四国强大。晋国是刚开始参加诸侯会盟，晋献公就去世了，国内连续动乱；秦穆公所处的地势偏僻，不参加中原地区的盟会；楚成王正在吞并其周边的蛮夷小国，以不服王化的夷狄自居。因此只有齐国在中原地区主持会盟，而齐桓公也的确能发扬其威德，故诸侯们都能服从。

评

太公姜尚是周文王、周武王两代的佐命元勋，为周朝的灭殷做出过巨大贡献。周武王灭殷后太公姜尚被周武王封于齐，为齐国的开国之君。《齐太公世家》就是太公姜尚及其后代子孙世代在齐国为诸侯的编年史，其时间是从武王灭纣之后的西周初年开始，到春秋末期齐国政权被田氏家族篡夺，姜氏子孙沦为平民结束。周武王灭殷，实际上只是平定了以淇县为中心的今河南省北部一带，四周远处的广大地区都还是从未开发的蛮荒部落。所谓"姜太公封于齐"，就是让姜太公与其整个家族带着士兵到远离周国的今山东中部一带去建立城堡，武装殖民。他有权征讨当地以及四周不服齐国管辖的"戎""狄"，而对西方的周天子则始终保持着一种进贡称臣的名分，这就是宗主国与诸侯的关系。姜姓齐国在其所存在的五百余年间世代与周天子及其他姬姓诸侯通婚，在各个诸侯国间齐国一直是最强大或比较强大的。我们这里选取了《太公封齐》与《桓公霸业》两段文字。

《太公封齐》写了姜尚年岁已经很老时与周文王的君臣遇合，如鱼得水，这在中国历史上一直被传为佳话。文王死后，太公在其与文王奠定的基础上辅佐武王东征，灭掉殷朝，建立了西周。姜尚作为一位年长有德的军事统帅第一次在我国的文明史上展现了凛凛风姿。在受命建国于齐的问题上，太公深谋远虑与众不同，预示了日后齐国地位之不凡。

《桓公霸业》写了春秋前期的齐国诸侯小白在名臣管仲、鲍叔牙的辅佐下壮大齐国，使小白成为春秋时代第一位霸主的种种动人事迹。但桓公的史事已详见于《左传》，故司马迁在这里只是略作剪裁，时见己意而已。此事可以参看《管晏列传》。

楚世家
庄王问鼎

庄王即位三年^①，不出号令，日夜为乐，令国中曰："有敢谏者死无赦！"伍举入谏^②。庄王左抱郑姬，右抱越女^③，坐钟鼓之间。伍举曰："愿有进隐。"曰："有鸟在於阜，三年不蜚不鸣^④，是何鸟也？"庄王曰："三年不蜚，蜚将冲天；三年不鸣，鸣将惊人。举退矣，吾知之矣。"居数月，淫益甚。大夫苏从乃入谏。王曰："若不闻令乎^⑤？"对曰："杀身以明君，臣之愿也。"於是乃罢淫乐，听政，所诛者数百人，所进者数百人，任伍举、苏从以政，国人大说。是岁灭庸^⑥。六年，伐宋，获五百乘^⑦。

八年，伐陆浑戎，遂至洛，观兵於周郊^⑧。周定王使王孙满劳楚王^⑨。楚王问鼎小大轻重^⑩，对曰："在德不在鼎。"庄王曰："子无阻九鼎！楚国折钩之喙，足以为九鼎^⑪。"王孙满曰："呜呼！君王其忘之乎？昔虞夏之盛，远方皆至，贡金九牧，铸鼎象物，百物而为之备，使民知神奸^⑫。桀有乱德，鼎迁於殷，载祀六百^⑬。殷纣暴虐^⑭，鼎迁於周。德之休明，虽小必重；其奸回昏乱，虽大必轻。昔成王定鼎于郏鄏，卜世三十^⑮，卜年七百，天所命也。周德虽衰，天命未改。鼎之轻重，未可问也。"楚王乃归。

十六年，伐陈，杀夏徵舒^⑯。徵舒弑其君，故诛之也。已破陈，即县之。群臣皆贺，申叔时使齐来[17]，不贺。王问，对曰："鄙语曰，牵牛径人田[18]，田主取其牛。径者则不直矣，取之牛不亦甚乎？且王以陈之乱而率诸侯伐之，以义伐之而贪其县，亦何以复令於天下！"庄王乃复国陈后[19]。

十七年春，楚庄王围郑[20]，三月克之。入自皇门，郑伯肉袒牵羊以逆[21]，曰："孤不天，不能事君，君用怀怒，以及敝邑，孤之罪也，敢不惟命是听！宾之南海，若以臣妾赐诸侯[22]，亦惟命是听。若君不忘厉、宣、桓、武，不绝其社稷，使改事君[23]，孤之愿也，非所敢望也。敢布腹心。"楚群臣曰："王勿许。"庄王曰："其君能下人，必能信用其民，庸可绝乎[24]！"庄王自手旗，左右麾军，引兵去三十里而舍，遂许之平[25]。潘尪入盟，子良出质[26]。夏六月，晋救郑，与楚战，大败晋师河上，遂至衡雍而归[27]。

注

① **庄王即位三年**：前611年。庄王，名侣，前613—前591年在位，春秋时期有名的霸主之一。

② **伍举**：也称椒举，伍子胥的祖父。

③ **郑姬、越女**：皆指容貌佳丽，且又能歌善舞的女子。春秋、战国时代的郑、越、赵，皆以出歌舞倡优闻名。

④ **阜**：土丘。**蜚**：通"飞"。

⑤ **若**：你。

⑥ **庸**：西周以来的小国名，建都上庸（在今湖北竹山县东南）。

⑦ **六年**：前608年。**宋**：西周初期以来的诸侯国名，始封之君为纣王的庶兄微子启，国都商丘（在今河南省商丘市西南）。**五百乘**：指兵车

五百辆。古代称一车四马曰一乘。

⑧ **八年**：前606年。**陆浑戎**：当时居住在今河南嵩县伊水流域的少数民族名。**观兵**：炫耀武力，向人示威。**周郊**：周国都城的郊区。当时周国的都城洛阳，在今河南洛阳市东北。

⑨ **周定王**：名瑜，前606—前586年在位。**王孙满**：周国的王室子孙，以博学多识、有远见闻名。

⑩ **问鼎小大轻重**：有藐视周天子，欲取而代之之意。

⑪ **阻**：依仗，仗恃。**九鼎**：相传为大禹所铸，历代传以为镇国之宝。**折钩之喙**：掰下长戟的钩尖。喙，嘴，这里指尖锐器物的尖儿。

⑫ **虞夏**：虞舜、夏禹，这里即指禹，夏朝的开国帝王。**贡金九牧**：意即九州都向朝廷进贡金属。九牧，九州的诸侯之长。**铸鼎象物**：各州都用自己的金属铸成一只鼎，而将自己州出产的东西以及自己州所有的奇特之物都铸在鼎上。**神奸**：指鬼怪超常之物。

⑬ **桀**：夏朝的末代帝王，被汤所灭，参见《殷本纪》。**载祀六百**：享受了六百年的祭祀。载，句首虚词。

⑭ **纣**：商朝的末代帝王，被周武王所灭，参见《周本纪》。

⑮ **成王**：名诵，武王之子。**定鼎于郏鄏**：将鼎从殷都朝歌迁到洛阳安置。按：据《周本纪》，武王灭商后，即开始在洛阳筑城；成王时，周公又在洛阳筑城，并将九鼎迁置于洛阳，表明周朝视洛阳为京邑。郏鄏，古地名，即周都王城所在，成王时周公所筑，在今洛阳市王城公园一带，通常即以"郏鄏"指洛阳。**卜世三十**：三十，指周朝的帝王将传国三十代。

⑯ **十六年**：前598年。**陈**：西周初期建立的诸侯国名，始封之君为舜的后代，国都宛丘（即今河南省淮阳）。**夏徵舒**：陈国的大夫。陈灵公

及其大臣一同与夏徵舒之母通奸，夏徵舒不堪其辱，将陈灵公杀死，楚庄王遂以此为借口出兵伐陈。

⑰ **申叔时**：楚国大夫。

⑱ **径**：穿过，意即踩了人家的庄稼地。

⑲ **复国陈后**：重立陈国子孙以为陈国诸侯。按：此即孔子所张扬的"兴灭国，继绝世"。

⑳ **十七年**：前597年。**郑**：西周后期建立的诸侯国名，始封之君为周宣王之弟。春秋时期的郑国都城新郑（即今河南省新郑市）。当时郑国从晋，楚庄王欲与晋国争霸，故首先伐郑。

㉑ **皇门**：郑国都城的城门之一。**郑伯**：即郑国诸侯郑襄公，名坚，前604—前587年在位。因为郑国是伯爵，故《左传》常称郑国诸侯曰"郑伯"。**肉袒牵羊**：表示自己认罪，愿意接受惩罚。自郑伯以一国君如此向人投降后，凡国君向人投降历代都用类似形式，如子婴投降刘邦之"素车白马，系颈以组"是也。

㉒ **宾之南海**：宾，通"摈"，扔，流放。**若以臣妾赐诸侯**：若，或。以臣妾，被当作奴婢。

㉓ **厉、宣、桓、武**：指周厉王、周宣王、郑桓公、郑武公。郑桓公是郑国的始封之君，乃周厉王之子，周宣王之弟。郑武公是郑桓公之子，郑国东迁后的第一代国君。**改事君**：意即脱离晋国，改从楚国。

㉔ **庸可**：岂可。

㉕ **平**：结约，定盟。

㉖ **潘尪**：楚国大夫。**子良**：郑襄公之弟。

㉗ **大败晋师河上**：按：此即有名的晋楚邲之战，详见《左传》宣公十二年。是役楚军大破荀首、先縠等人率领的晋军。**衡雍**：郑邑名，在今

河南省原阳县西。

译

楚庄王已即位三年,不向国人发布政令,日夜不停地只管寻欢作乐。并警告臣民:"有敢劝谏的定斩不饶。"伍举来进谏了,这时庄王正左手抱着郑姬,右手搂着越女,身坐钟鼓之间。伍举说:"我想给您讲段隐语。"于是说:"有只鸟落在外面的土丘上,三年不飞又不鸣,您知道这是只什么鸟吗?"庄王说:"三年不飞,一飞冲天;三年不鸣,一鸣惊人。你下去吧,我知道你的意思了。"几个月后,楚庄王荒淫得更加厉害了。大夫苏从于是又去进谏。楚庄王说:"你没有听到我的警告吗?"苏从说:"听到了。如果杀了我而使您变得英明,那么我死也愿意。"于是楚庄王立即停止荒淫,听政理事,诛杀了奸邪之臣几百人,升赏了忠贞之臣几百人,让伍举、苏从处理政务,国人皆大欢喜。当年内灭了庸国。庄王六年,讨伐宋国,缴获兵车五百辆。

庄王八年,率兵北伐陆浑戎,到达洛阳附近,在周都郊外故意炫耀自己的武力。周定王派王孙满出城来慰劳楚庄王。当楚庄王向王孙满问起周鼎的大小轻重时,王孙满说:"一个王朝的兴衰,在于其德业如何,不在于九鼎的大小轻重。"楚庄王说:"你们不必向人夸耀九鼎,我们楚国拿下点长戟的钩嘴儿,就足够铸造九鼎。"王孙满说:"您难道忘了吗?当初虞夏隆盛时,远方的诸侯都来朝拜,九州之长各铸鼎一只,将自己地区的出产以及本地区所有的奇特之物都铸在鼎上。因此天地间任何物类鼎上都有,人们从鼎上可以辨识一切神圣的与邪恶的东西。夏桀的道德败坏,九鼎便迁到了殷都,殷朝享国六百多年。商纣王暴虐,九鼎遂又迁到了周。如果这个王朝的政治措施清明美好,那么鼎即使再小，也重而难移；如果这个王朝奸邪昏乱，那么鼎即使再重，也轻而易失。当年周成王把九鼎安放在洛阳时曾经占卜过，算看周朝应该传国三十代，享有七百年，这是上天的安排。周的德业虽已衰败，但天命尚未改变。所以九鼎的轻重您是不能问的。"于是庄王返回楚国。

庄王十六年，楚军伐陈，杀楚大夫夏徵舒。因为夏徵舒杀了国君陈灵公，所以楚王讨伐他。庄王灭陈后，以陈为楚县。群臣都来向庄王致贺，唯有大夫申叔时从齐国回来，不来祝贺。庄王问他为什么，他回答："俗话说：牵牛踩了别人的庄稼，田主则夺走了那人的牛。牵牛踩别人的庄稼当然理亏，但因此就夺了人家的牛不也太过分了吗？况且大王因为陈国内乱所以才率诸侯来讨伐它，利用仁义的名义讨伐了人家，却又贪恋这片领土将它置为县，那日后怎么向天下诸侯发号施令呢？"于是庄王又重建陈国，立灵公之子以为君。

庄王十七年春，率楚军围郑，三个月后攻克郑都。庄王从皇门入城，郑襄公光着肩膀牵羊以迎，说："我因为不受上天保佑，不能恭侍大国，惹您生气，劳您远道来攻，这一切都是我的罪过。岂敢不听您的吩咐！您把我流放到南海边，您把我当作奴仆赏给其他诸侯，我都听候您的命令。倘若您能看在厉王、宣王以及我们桓公、武公的面上，不断绝他们的香火，让我改弦更张侍奉您，那便是我最大的愿望，我不敢提这种要求，我只是把我的心思向您说说。"楚国群臣都说："不能答应他。"庄王说："郑君既然能屈居人下，则一定能取信于民、使用其民，这样的国家怎能消灭呢？"于是庄王手执大旗，向楚军左右挥动，率之后退三十里扎营，并答应与郑国讲和。楚大夫潘尫入城缔结盟约，郑大夫子良到楚国做人质。夏季六月，晋军来救郑国，与楚军开战，楚军在黄河边大败晋军，楚军遂北进至衡雍而后返回。

评

楚国是南方的少数民族，但据说他们的始祖也是黄帝的后代。西周初年，据说楚国的先祖也曾为文王、武王做过事，因而被成王分封在今河南省的西南角，但具体情节都不详细。至西周末期，楚国的势力发展到了今湖北省的江汉之间。楚国的越发强大是从春秋初期开始的，他们灭邓、侵随、侵蔡，向北进攻，对中原地区构成严重威胁。齐桓公、晋文公之所以成为霸主，重要的一项就是率领北方诸国遏制楚国的北侵。齐桓公曾与楚国订过盟约，未敢与楚国开战；接着晋国长期为盟主，先后与楚国有过三次大战：第一次城濮之战，晋文公打败了楚国；第二次邲之战，楚庄王打败了晋国；第三次鄢陵之战，晋厉公又打败了楚国。直到春秋末期东方的吴国兴起，晋与吴国联盟，吴王阖庐破楚入郢，楚国才受到重创。迨至战国，作为北方霸主的齐、晋两国，内部都已发生变化；而楚国则是由春秋一直延续下来，直到战国末期被秦始皇所灭。

楚国最负盛名的人物是春秋时代的楚庄王，他打败了北方的霸主晋国，并随之北上到达周都洛阳附近，派人向周国"问鼎"。事情虽然被一套辞令敷衍过去了，但由此可以看到当时楚国的势力已经强大到何等程度。我们这里所选的就是这段故事。至于说楚庄王执政初期的沉湎酒色，经伍举劝说始发奋图强云云，则传说而已，不足深信。相似的故事亦见于《滑稽列传》，在那里又说是淳于髡劝说齐威王。

越王勾践世家
勾践灭吴

越王勾践，其先禹之苗裔，而夏后帝少康之庶子也①。封于会稽②，以奉守禹之祀。文身断发，披草莱而邑焉。后二十馀世，至于允常。允常之时，与吴王阖庐战而相怨伐③。允常卒，子勾践立，是为越王。

元年④，吴王阖庐闻允常死，乃兴师伐越。越王勾践使死士挑战，三行，至吴陈，呼而自刭。吴师观之，越因袭击吴师，吴师败于檇（zuì）李⑤，射伤吴王阖庐。阖庐且死，告其子夫差曰："必毋忘越。"

三年⑥，勾践闻吴王夫差日夜勒兵，且以报越，越欲先吴未发往伐之。范蠡谏曰："不可。臣闻兵者凶器也⑦，战者逆德也，争者事之末也。阴谋逆德，好用凶器，试身于所末，上帝禁之，行者不利。"越王曰："吾已决之矣。"遂兴师。吴王闻之，悉发精兵击越，败之夫椒⑧。越王乃以余兵五千人保栖于会稽⑨。吴王追而围之。

越王谓范蠡曰："以不听子故至于此，为之奈何？"蠡对曰："持满者与天，定倾者与人，节事者以地。卑辞厚礼以遗（wèi）之，不许，而身与之市。"勾践曰："诺。"乃令大夫种行成于吴⑩，膝行顿首曰："君王亡臣勾践使陪臣种敢告下执事：勾践请为臣，妻为妾。"吴王将许之，子胥言于吴王曰⑪："天以越赐吴，勿许也。"种还，以报勾践。勾践欲杀妻子，燔宝器，触战以死。种止勾践曰："夫吴太宰嚭贪，可诱以利,请问行言之⑫。"于是勾践乃以美女宝器令种间献吴太宰嚭。嚭受,乃见大夫种于吴王。种顿首言曰:"愿大王赦勾践之罪,尽入其宝器。不幸不赦,勾践将尽杀其妻子,燔其宝器,悉五千人触战,必有当也。"嚭因说吴王曰:"越以服为臣⑬,若将赦之,此国之利也。"吴王将许之。子胥进谏曰:"今不灭越,后必悔之。勾践贤君,种、蠡良臣,若反国,将为乱。"吴王弗听,卒赦越,罢兵而归。

勾践之困会稽也,喟然叹曰:"吾终于此乎?"种曰:"汤系夏台,文王囚羑里⑭,晋重耳奔翟,齐小白奔莒⑮,其卒王霸。由是观之,何遽(jù)不为福乎?"

吴既赦越,越王勾践反国,乃苦身焦思,置胆于坐,坐卧即仰胆,饮食亦尝胆也。曰:"女忘会稽之耻邪?"身自耕作,夫人自织,食不加肉,衣不重采,折节下贤人,厚遇宾客,振贫吊死⑯,与百姓同其劳。欲使范蠡治国政,蠡对曰:"兵甲之事,种不如蠡;填抚国家,亲附百姓,蠡不如种。"于是举国政属大夫种,而使范蠡与大夫柘(zhè)稽行成,为质于吴。二岁而吴归蠡。

勾践自会稽归七年,拊循其士民,欲用以报吴。大夫逢同谏曰:"国新流亡,今乃复殷给,缮饰备利,吴必惧,惧则难必至。且鸷鸟之击也,必匿其形。今夫吴兵加齐、晋,怨深于楚、越,名高天下,实害周室⑰,德少而功多,必淫自矜。为越计,莫若结齐,亲楚,附晋,以厚吴。吴之志广,必轻战。是我连其权,三国伐之,越承其弊,可克也。"勾践曰:"善。"

居二年⑱,吴王将伐齐。子胥谏曰:"未可。臣闻勾践食不重味,与百姓同苦乐。此人不死,必为国患。吴有越腹心之疾;齐与吴,疥癣也。愿王释齐,先越。"吴王弗听,遂伐齐,败之艾陵,虏齐高、国以归⑲。

让子胥。子胥曰："王毋喜！"王怒，子胥欲自杀，王闻而止之。越大夫种曰："臣观吴王政骄矣，请试尝之贷粟，以卜其事。"请贷，吴王欲与，子胥谏勿与；王遂与之，越乃私喜。子胥言曰："王不听谏，后三年吴其墟乎？"太宰嚭闻之，乃数与子胥争越议，因谗子胥曰："伍员貌忠而实忍人，其父兄不顾，安能顾王？王前欲伐齐，员强谏，已而有功，用是反怨王。王不备伍员，员必为乱。"与逢同共谋，谗之王。王始不从，乃使子胥于齐，闻其托子于鲍氏[20]，王乃大怒，曰："伍员果欺寡人！"役反，使人赐子胥属镂剑以自杀。子胥大笑曰："我令而父霸，我又立若，若初欲分吴国半予我，我不受，已，今若反以谗诛我。嗟乎，嗟乎，一人固不能独立！"报使者曰："必取吾眼置吴东门，以观越兵入也！"于是吴任嚭政。

居三年，勾践召范蠡曰："吴已杀子胥，导谀者众，可乎？"对曰："未可。"

至明年春，吴王北会诸侯于黄池[21]，吴国精兵从王，惟独老弱与太子留守。勾践复问范蠡，蠡曰："可矣。"乃发习流二千人，教士四万人，君子六千人，诸御千人，伐吴。吴师败，遂杀吴太子。吴告急于王，王方会诸侯于黄池，惧天下闻之，乃秘之。吴王已盟黄池，乃使人厚礼以请成越。越自度亦未能灭吴，乃与吴平。

其后四年[22]，越复伐吴，吴士民罢弊，轻锐尽死于齐、晋。而越大破吴，因而留围之三年，吴师败，越遂复栖吴王于姑苏之山[23]。吴王使公孙雄肉袒膝行而前，请成越王曰："孤臣夫差敢布腹心，异日尝得罪于会稽，夫差不敢逆命，得与君王成以归。今君王举玉趾而诛孤臣，孤臣惟命是听，意者亦欲如会稽之赦孤臣之罪乎？"勾践不忍，欲许之。范蠡曰："会稽之事，天以越赐吴，吴不取。今天以吴赐越，越其可逆天乎？且夫君王早朝晏罢㉔，非为吴邪？谋之二十二年，一旦而弃之，可乎？且夫天与弗取，反受其咎。'伐柯者其则不远'㉕，君忘会稽之厄乎？"勾践曰："吾欲听子言，吾不忍其使者。"范蠡乃鼓进兵，曰："王已属政于执事，使者去，不者且得罪。"吴使者泣而去。勾践怜之，乃使人谓吴王曰："吾置王甬东㉖，君百家。"吴王谢曰："吾老矣，不能事君王！"遂自杀。乃蔽其面，曰："吾无面以见子胥也！"越王乃葬吴王而诛太宰嚭。

勾践已平吴，乃以兵北渡淮，与齐、晋诸侯会于徐州㉗，致贡于周。周元王使人赐勾践胙，命为伯㉘。勾践已去，渡淮南，以淮上地与楚，归吴所侵宋地于宋，与鲁泗东方百里。当是时，越兵横行于江、淮东，诸侯毕贺，号称霸王。

注

① **少康**：夏代中兴之主，帝相之子。**庶子**：妾所生的儿子。

② **会稽**：古邑名，即今浙江绍兴市。

③ **吴王阖庐**：春秋末期吴国国君，前514—前496年在位。

④ **元年**：越王勾践元年，前496年。

⑤ **槜李**：古地名，在今浙江嘉兴市西南。

⑥ **三年**：前494年。

⑦ **兵者凶器**：语出《老子》："兵者不祥之器，非君子之器，不得已而用之。"又曰："善战者不怒，善胜敌者不与。"不与争也。

⑧ **夫椒**：山名，在今苏州市西南的太湖中。

⑨ **会稽**：此指会稽山，在今绍兴市南。

⑩ **大夫种**：姓文名种，字子禽，为越国大夫。**行成**：求和。

⑪ **子胥**：伍子胥，原楚人，因父兄被楚平王杀而逃入吴国，佐吴王阖庐破楚称霸，又佐吴王夫差破越。事见《伍子胥列传》。

⑫ **吴太宰**：此指太宰伯嚭。太宰，古官名，即后来的宰相。伯嚭，原楚人，其祖父伯州犁被楚平王所杀，伯嚭逃到吴国，先任大夫，后至太宰。**间行**：化装秘密前往。

⑬ **以服为臣**：以，通"已"。

⑭ **汤**：即成汤，商朝开国之君。**夏台**：夏代监狱名，在今河南禹州市，夏桀曾囚商汤于此。**羑里**：古城名，在今河南省汤阴县北，商纣曾囚文王于此。

⑮ **重耳奔翟**：重耳即晋文公，春秋五霸之一，即位前晋国内乱，为逃避迫害，曾奔匿于翟。翟，通"狄"，当时的少数民族名。**齐小白奔莒**：小白即齐桓公，春秋五霸之一，即位前齐国混乱，小白曾避居于莒。莒，诸侯国名，春秋时都城在莒（即今山东莒县）。

⑯ **振**：同"赈"，救济。

⑰ **兵加齐、晋**：吴释越之后，遂连年出兵北伐齐、鲁且同晋国争夺霸主地位。**怨深于楚、越**：吴王阖庐时，曾伐楚入郢；夫差又大破越国，故楚越皆恨吴。**实害周室**：周天子是各国诸侯的共主，吴国崛起于南方，北侵中原诸国，是有害于周天子之行政。

⑱ **居二年**：依本篇文意，即勾践之十二年，吴王夫差十一年，前485年。是年吴伐齐，值齐国政变，吴遂退兵。

⑲ **败之艾陵**：事在吴王夫差十二年，前484年。艾陵，春秋时齐地名，在今山东莱芜市东北。**高、国**：指高无丕、国书，齐国的两家世袭大贵族。

⑳ **鲍氏**：指齐国的大贵族鲍牧。

㉑ **明年**：越王勾践十五年，前482年。**黄池**：在今河南封丘西南。在黄池会上吴与晋国争夺霸主地位，几乎动起干戈。

㉒ **其后四年**：越王勾践十九年，吴王夫差十八年，前478年。

㉓ **姑苏之山**：即今苏州市郊之灵岩山。

㉔ **早朝晏罢**：晏，晚。

㉕ **伐柯者其则不远**：语出《诗经·伐柯》。柯，斧子柄。则，榜样。

㉖ **甬东**：古地名，即今浙江舟山岛。

㉗ **徐州**：春秋战国齐邑，也称"舒州"，在今山东滕州市南。

㉘ **赐勾践胙，命为伯**：胙，祭肉。天子将祭肉分赐诸侯，是对霸主的一种礼遇。伯，方伯，即霸主。

译

越王勾践，他的先祖是夏禹的后代，是夏朝的帝王少康的妃妾所生的儿子。他被封在会稽，要他在那里祭祀和守护夏禹的坟墓。于是他就入乡随俗地在身上刺上花纹，剪断了长发，在那里开荒种地兴建城堡居住下来了。一直传了二十多代，传到了允常，开始和吴王阖庐作战结下了怨仇。允常死后，他的儿子勾践继位当了越王。

勾践元年，吴王阖庐得知允常去世的消息，于是趁机兴兵伐越。越王勾践组织了一支敢死队，让他们排成三行一直走到吴军的阵前，而后大呼一声一齐自刎了。吴国军队被这种异常奇特的行动惊呆了，而越军则乘着吴军的愣神而突然发起了猛攻，结果吴军在槜李遭到惨败，吴王阖庐也被射伤了。阖庐临死前，告诫他的儿子夫差说："一定不要忘了向越国报仇！"

勾践三年，他得知吴王夫差日夜练兵准备复仇的消息，就想抢在吴国没有动手之前主动出击。范蠡劝阻说："不能轻举妄动。俗话说战争是一种不吉祥的东西，发动战争是违背人道的，到战场上去争胜负也是解决矛盾的最下策，暗中策划违反人道的行动，喜好动用杀人凶器，不顾后果地采取最下策，这些都是上天所绝对禁止的，谁做这种事情谁倒霉。"勾践说："我已经决定了。"于是就出了兵。吴王听到消息后，调集了全国的精锐部队迎击越军，在夫椒一战把越军打得大败。勾践领着残兵五千人退到了会稽山上，吴王夫差派兵把会稽山团团围住了。

越王对范蠡说："当初由于没听你的劝告，所以落到这种处境，今天可怎么办呢？"范蠡说："要想保持国家的全盛不衰必须效法天道的不自满，要想扭转国家的危局必须效法做人的谦卑退让，要想节约致富必须效法垦植的因地制宜。我们目前只能用谦恭的话语和丰厚的礼品去向人家求饶，如果他还不答应，那就只有用我们自己的人身去和他周旋，去给他做奴隶。"勾践说："好。"于是就派了大夫文种去向吴国求和。文种跪行到吴王跟前，叩头说："您的败军之臣勾践派他的仆从文种来向您禀告：勾践现在情愿做您的奴隶，他的妻子情愿做您的婢女。"吴王见说得这等可怜，就要答应他们的请求。伍子胥劝阻吴王说："现在是老天爷把越国给了我们，我们不能允许他存留。"文种失望地回去了，把经过报告了勾践。勾践愤怒地准备杀死妻儿，烧毁珍宝，和吴国决一死战。文种劝阻勾践说："吴国的太宰伯嚭很贪婪，我们可以想办法收买他，请让我悄悄地去和他交涉。"于是勾践就让文种把美女宝物偷偷地给伯嚭送了去。伯嚭接受了并很快地领着文种去见了吴王。文种叩头对吴王求情说："希望大王宽赦勾践的罪过，如果能这样，勾践将向您献出越国的全部财宝；如果您不宽赦，那么勾践将杀掉妻儿，烧毁宝器，率领五千人和您决一死战，那时您肯定要付出相应代价的。"这时伯嚭从旁接话劝吴王说:"勾践既然愿意降服给我们当臣民,看来还是饶恕他对我们的国家有利。"吴王见此情景,就想答应越国的请求。伍子胥又进前劝阻说:"今天如果不把越国灭掉,将来肯定是要后悔的。勾践是一个有才干的国君,文种、范蠡也都是有才干的大臣,如果一朝放他们回了国,必将成为我们的大祸害。"吴王不听,终于宽赦了越国,撤回了包围会稽山的军队。

当勾践被困在会稽山的时候,他伤心地叹息说:"难道我就在这里完蛋了吗?"文种说:"商汤曾被关押在夏台,周文王曾被囚禁在羑里,晋公子重耳曾逃奔到狄人地区,齐公子小白也曾逃难到莒国,但他们后来全都称了王称了霸。由这些人的例子看来,谁能说我们这一次不是一件好事呢?"

等到吴国宽赦了越国,勾践回到国都之后,便吃苦耐劳,冥思苦想地准备着报仇雪耻。他把一个苦胆吊在坐席旁,使自己坐着躺着都能看到它,在每次吃饭喝水的时候也都要尝尝它的苦味。他不时地提醒自己说:"你忘记在会稽山遭到的凌辱了吗?"他亲身耕地做工,他的夫人也亲自纺纱织布;他们吃的饭里的肉,一点儿也不比别人的多;他们穿的衣服色彩一点儿也不比别人鲜艳;他们放下架子尊重贤人,对宾客优礼相待;他们救济贫困,抚恤死伤,跟普通百姓一样地从事劳动。勾践想把治理国家的大政交给范蠡,范蠡说:"练兵作战的事情,文种不如我;安定国家,镇抚百姓的事情,我不如文种。"于是勾践就把国家大政交给了文种,而让范蠡跟大夫柘稽去同吴国谈判,并留在那里当人质。两年后,吴国放心地让范蠡回来了。

勾践从会稽回国的第七年,他认为对百姓的安抚教育工作已经差不多了,就准备征兵对吴国作战。这时大夫逢同劝阻道:"国家遭受破败现在才刚刚富裕一点,如果马上就整军备战,吴国立刻就会警觉起来,吴国一警觉我们越国就要大祸临头了。一只猛禽在它将袭击小鸟时,一定要把它的身体隐藏好。现在吴国向北对齐国、晋国用兵,在南方又与楚国、越国结怨,他的威名至高无上这就又危害到了周天子的权威,一个人的仁德少而武功多,他就必定要骄傲自大。为越国着想,不如一方面同齐国、楚国、晋国搞好关系,一方面用厚礼去向吴国讨好。随着吴国野心的不断扩大,也就必然愈来愈好战。到那时我们就掌握了主动权,当齐、晋、楚联合起来伐吴时,我们就可以趁着他的几面受敌而一举消灭他了。"勾践说:"太好了。"

又过了两年,吴王准备北伐齐国,伍子胥劝阻说:"不行。我听说勾践现在吃饭都不吃两样菜,一心同百姓们共甘苦。这个人不死,一定要成为吴国的祸患。越国的存在,对吴国是心腹之疾,至于齐国那只不过是疥癣而已。恳请大王放弃齐国,先收拾越国。"吴王不听,起兵攻齐,败齐军于艾陵,虏获了齐国的高昭子和国惠子两个大贵族。回来后,吴王得意地斥责伍子胥。伍子胥说:"大王不要高兴得太早!"吴王很生气,伍子胥想要自杀,吴王听说后制止了他。这时越国的文种对勾践说:"我看吴王办事现在已经相当傲慢了,咱们再用向他借粮的办法来试探一下。"于是越国向吴国借粮食,吴王想要借给他们,伍子胥劝说不要给,吴王还是给了,越国人心中暗暗高兴。伍子胥底下对人说:"大王总不听我的劝告,恐怕三年之后吴国就要成为一片废墟了!"太宰伯嚭在对待越国的政策上过去就多次与伍子胥争执不下,这回他听到了伍子胥的埋怨就在吴王面前挑拨煽动说:"伍子胥貌似忠厚实际上是一个很残忍的人,他连他父兄的生死都不顾,哪还会关心大王呢?大王上次伐齐之前,他就竭力反对,后来您伐齐胜利了,他还因此怨恨您。您要是不好好防备他,他一定会造反的。"接着伯嚭又伙同越国的奸细逢同一起密谋,轮番地在吴王面前说伍子胥的坏话。吴王开始还不听,后来他派伍子胥去齐国,听说伍子胥把他的儿子带到齐国去托付给鲍氏照看了,于是才大怒说:"伍子胥果然是在欺骗我!"等伍子胥回来后,吴王就派人给伍子胥送去一把属镂剑让他自杀。伍子胥接过宝剑大笑说:"我曾经辅佐你的父亲成为霸主,又立你当了吴王。想当初你曾经要把吴国的一半分给我,我不要,可是到了今天你却听信小人的诬陷来杀我。咳!我看你光杆一个将来依靠谁!"他对吴王派来的使者说:"我死后你们要把我的眼睛挖出来放在吴国都城的东门上,让它看着越兵进城吧!"伍子胥死后吴王把国家的一切大政都交给了伯嚭。

又过了三年,勾践问范蠡说:"吴国已经把伍子胥杀了,现今吴王周围大都是一些谄媚讨好的人了,可以出兵打他了吗?"范蠡说:"不行。"

又到了第二年春天,吴王北上与诸侯在黄池会盟,吴国的精锐部队都跟随吴王走了,在国内跟着太子留守的只有老弱残兵。这时勾践又问范蠡现在的时机如何,范蠡说:"可以了。"于是就调集了熟悉水性的二千人,经过专门训练的四万人,有身份享受国家特殊待遇的六千人,近卫侍从一千人,大举袭击吴国。结果吴军溃败,吴国太子被杀。当吴国派人到黄池向夫差告急时,夫差正好与诸侯们开会,他怕消息在会上传出对吴国不利,于是就秘而不宣。直到盟约签订,夫差才派人带着厚礼去向越国求和。越王估量着暂时也还没有消灭吴国的条件,便答应与吴国讲和了。

又过了四年,越国又出兵伐吴。这时吴国的军民已经非常疲惫,因为他的精锐部队都在与齐、晋两国的作战中消耗光了,因而越国这回很轻易地把吴军打得大败，而且包围了吴国的首都，一围三年。后来都城又被攻破，吴王夫差逃上了姑苏山。夫差无法只好派公孙雄裸露着肩膀，跪行到越王跟前，并以吴王的口气向勾践哀求说："你光杆无依的外臣夫差斗胆地向您请求，过去我曾经得罪过您把您弄到会稽山上去了。后来您一向我提出要求，我二话没说立即就同您讲和，让您回了国。今天劳动您来讨伐我们，我们现在一切都听您的。您是不是也能够像过去我们宽恕您那样，今天也把我们饶了呢？"勾践听着于心不忍，也想答应他的要求。这时范蠡拦阻说："过去我们被困在会稽那是老天爷要把越国送给吴国，可是吴国不要。今天老天爷又把吴国送给我们了，我们怎么能违背天命呢？再说大王您每天起早贪黑地奋斗，不就是为了消灭吴国吗？我们花费了二十二年的心血才获得了今天的成功，我们怎能一下子把它扔掉呢？老天爷给你的东西你不要，日后是要倒霉的。《诗经》里曾说拿着斧子去砍取一个新的斧子柄，就按照你手里那个旧柄的样子就行，您难道忘了我们当初在会稽受的罪了吗？"勾践说："你的话是对的，我只是不忍心驳回他们的哀求。"于是范蠡就擂鼓进兵，他高声宣布说："大王已把事情交给我处理了，吴国使者赶快回去，如果再不走，就休怪我们不客气了。"吴国使者见已无法，只好流着眼泪离去了。勾践觉得太可怜于是又派人去对吴王说："我可以把您安置在甬东，让您到那里去当一个百户人家的头领。"吴王谢绝说："我已经老了，不能再侍候您！"于是就自杀了。死前他用衣服遮上了自己的脸说："我没有脸面去见伍子胥！"勾践安葬完了吴王夫差，跟着就把吴国的太宰伯嚭杀掉了。

  勾践平定吴国后，接着率军北渡淮河，与齐国、晋国的诸侯会盟于徐州，并给周天子送去了贡品。周元王也派人给勾践送来了祭祀的肉，封他做方伯，也就是诸侯的盟主。勾践离开徐州南渡淮河后，就把淮河上游的地盘分给楚国，又把吴国过去侵占的宋国的领土还给了宋国，把泗水以东的纵横百里地方给了鲁国。这时候，越国的军队在长江、淮河以东强大无敌，各国的诸侯们都向他朝贺，勾践成了一时的霸主。

赵世家
襄子兴赵

姑布子卿见简子①,简子遍召诸子相之。子卿曰:"无为将军者。"简子曰:"赵氏其灭乎?"子卿曰:"吾尝见一子於路,殆君之子也。"简子召子毋恤。毋恤至,则子卿起曰:"此真将军矣!"简子曰:"此其母贱,翟婢也②,奚道贵哉?"子卿曰:"天所授,虽贱必贵。"自是之后,简子尽召诸子与语,毋恤最贤。简子乃告诸子曰:"吾藏宝符於常山上③,先得者赏。"诸子驰之常山上,求,无所得。毋恤还,曰:"已得符矣。"简子曰:"奏之。"毋恤曰:"从常山上临代④,代可取也。"简子於是知毋恤果贤,乃废太子伯鲁,而以毋恤为太子⑤。

晋出公十七年,简子卒,太子毋恤代立⑥,是为襄子。

襄子姊前为代王夫人⑦。简子既葬,未除服,北登夏屋,请代王⑧。使厨人操铜枓(zhǔ)以食代王及从者,行斟,阴令宰人各以枓击杀代王及从官⑨,遂兴兵平代地。其姊闻之,泣而呼天,摩笄自杀⑩。代人怜之,所死地名之为摩笄之山⑪。遂以代封伯鲁子周为代成君⑫。伯鲁者,襄子兄,故太子。太子蚤死,故封其子。

襄子立四年,知伯与赵、韩、魏尽分其范、中行故地⑬。晋出公怒,告齐、鲁,欲以伐四卿⑭。四卿恐,遂共攻出公。出公奔齐,道死。知伯乃立昭公曾孙骄,是为晋懿公⑮。知伯益骄,请地韩、魏,韩、魏与之。请地赵，赵不与，以其围郑之辱⑯。知伯怒，遂率韩、魏攻赵。赵襄子惧，乃奔保晋阳⑰。

三国攻晋阳，岁馀，引汾水灌其城，城不浸者三版⑱。城中悬釜而炊，易子而食。襄子惧，乃夜使相张孟同私於韩、魏⑲。韩、魏与合谋，以三月丙戌，三国反灭知氏，共分其地⑳。於是赵北有代，南并知氏，强於韩、魏。

注

① **姑布子卿**：姓姑布，名子卿，当时的相者。**简子**：即赵鞅，"简"字是谥。春秋末期的晋国的权臣，有名的"六卿"之一。当时晋国的诸侯已经成为傀儡。

② **翟婢**：翟族女子在赵鞅家为婢妾者。

③ **宝符**：即符节，帝王传旨令使者持以为证验之物。**常山**：本名恒山，在今河北省曲阳县西北，汉代为避文帝讳改称"常山"。

④ **临代**：下取代国。临，居高视下。代，国名，国都在今河北省蔚县东北。

⑤ **太子**：即嫡长子，法定接班人。古代诸侯、封君的嫡子都称"太子"，自汉代景帝以后才限定只有皇帝的嫡子才能称"太子"。

⑥ **晋出公十七年**：前458年。晋出公，春秋、战国交替时期的晋国傀儡君主，前474—前452年在位。时韩、赵、魏三家实已各自独立为国。**太子毋恤代立**：按：太子毋恤代立在晋定公三十七年（前475年），今史公系之于晋出公十七年，误。

⑦ **代王**：姓氏与生平履历皆不详。

⑧ **夏屋**：古山名，在今山西代县、繁峙县北。**请代王**：《六国表》作"诱

代王"。

⑨ 操铜枓以食代王及从者：盖以铜枓盛热羹，多人分别以进。行斟：谓进上热羹。

⑩ 摩笄：摩，通"磨"；笄，簪子。

⑪ 摩笄之山：相传山在今张家口市东南。

⑫ 代成君："君"是当时诸侯国内的封君之称，如平原君、商君等是也。"成"字是谥。

⑬ 襄子立四年：前472年。知伯与赵、韩、魏尽分其范、中行故地：按：今战国史家系四家分范氏、中行氏领地于襄子十八年（前458年）。在此以前范氏、中行氏先与赵氏发生争斗，赵氏联合知氏、韩氏、魏氏打败范氏、中行氏，范氏、中行氏逃奔齐国。至此四家将范氏、中行氏的领地瓜分，晋国六卿遂变为四卿。知伯，名瑶。

⑭ 齐：当时的齐国诸侯为齐平公，名骜，但掌齐政的是田常，齐平公是田氏家族的傀儡。鲁：当时鲁国的诸侯是鲁悼公，掌鲁政的是季氏，鲁悼公是季氏家族的傀儡。

⑮ 出公奔齐，道死：事在赵襄子二十四年（前452年），亦有曰"奔楚"而死者。是为晋懿公：亦有曰晋敬公者。

⑯ 围郑之辱：赵襄子尚为太子时，率兵随知伯伐郑，中间知伯曾灌赵襄子酒，回来后又向赵简子进谗言劝其废赵襄子。

⑰ 晋阳：赵氏的大邑，在今山西太原市西南。

⑱ 三国攻晋阳：事在赵襄子二十一年（前455年）。城不浸者三版："浸"字应作"没"。三版，六尺高。胡三省《通鉴法》："高二尺为一版，三版六尺。"按：当时的一尺约合今之23.1厘米，六尺约当今之1.38米。

⑲ 张孟同:《战国策》作"张孟谈",史公为其父避讳改"谈"作"同"。
⑳ 三月丙戌:夏历三月初八。三国反灭知氏,共分其地:事在赵襄子二十三年(前453年)。

译

善于相面的姑布子卿来见赵简子,赵简子把儿子一个个叫过来,请他看相。子卿说:"这里面没有一个能够当将军。"简子说:"那我们赵氏岂不是要灭绝了吗?"子卿说:"我曾经在路边见过一个小孩,可能是您的儿子。"赵简子于是把儿子毋恤找来。当毋恤在面前一站,子卿赶紧站起来说:"这才是真的将军!"简子说:"他母亲很卑贱,是翟族人送来的婢女。她生的孩子怎么说得上尊贵呢?"子卿说:"上帝派下来的,纵使出身卑贱,日后也一定得尊贵。"后来简子把儿子们一个个找来谈话,的确觉得毋恤最有才干。简子对他的儿子们说:"我在常山顶上藏了一块宝符,谁先找到了有赏。"儿子们飞马加鞭奔上常山,结果什么也没有找到。毋恤回来,说:"我找到宝符了。"简子说:"交上来。"毋恤说:"从常山上居高临下,代国可以攻取呀!"简子由此知道毋恤确实有才干,就废掉太子伯鲁,改立毋恤为太子。

晋出公十七年,简子死了,太子毋恤继位,这就是赵襄子。

襄子的姐姐原是代王的夫人。襄子安葬简子后,还没有除掉丧服,就北登夏屋山,宴请代王。他让自己的厨师们用长柄铜枓盛热羹以招待代王与其随从,进羹时,暗中命令厨师各用铜枓打死了代王和他的随从,接着发兵平定了代国。他姐姐得到消息,痛哭呼天,用磨尖的发笄自刺而死。代国百姓怜悯她,遂称她自杀的地方叫摩笄之山。襄子于是把代国封给伯鲁的儿子周,称之为代成君。伯鲁是襄子的兄长,原来的太子,因为死得早，所以封了他的儿子。

襄子继位四年，知伯和赵、韩、魏四家将原来属于范氏、中行氏两家的领地全部瓜分了。晋出公大怒，通告齐、鲁，请他们出兵讨伐晋国的四卿。四卿害怕，遂联手攻打出公。晋出公逃往齐国，死在路上。知伯于是改立了昭公的曾孙骄，这就是晋懿公。知伯越来越骄横，他向韩、魏两家索取土地，韩、魏两家给了他；接着又向赵氏索取土地，赵襄子不给，因为早在过去随知伯围郑时，赵襄子受过知伯的凌辱。知伯见赵襄子不给他，就率韩、魏军队攻赵。赵襄子害怕，跑到了晋阳固守。

三国攻晋阳一年多，引汾水灌晋阳城，大水浩浩荡荡，城墙只还露着六尺高。城中已到处是水，粮食也没有了，百姓只有架起锅来做饭，交换着杀孩子充饥。赵襄子很害怕，便派他的丞相张孟同夜间出城私下与韩、魏结盟。韩、魏与张孟同合谋后，于三月初八日，三家联合起来灭掉知氏，瓜分了知伯的土地。这时，赵国北边拥有代国，南边吞并了知氏土地，比韩、魏两家都强大。

赵世家
武灵王胡服骑射

武灵王元年，武灵王少，未能听政，博闻师三人，左右司过三人①。及听政，先问先王贵臣肥义，加其秩②；国三老年八十③，月致其礼。

八年，五国相王④，赵独否，曰："无其实，敢处其名乎！"令国人谓己曰"君"。

十九年春正月，大朝信宫⑤。召肥义与议天下，五日而毕。王北略中山之地，至於房子⑥。遂之代，北至无穷，西至河，登黄华之上⑦。召楼缓谋曰⑧："我先王因世之变，以长南藩之地，属阻漳、滏之险，立长城⑨；又取蔺、郭狼，败林人於荏⑩，而功未遂。今中山在我腹心，北有燕，东有胡，西有林胡、楼烦、秦、韩之边⑪，而无强兵之救，是亡社稷，柰何？夫有高世之名，必有遗俗之累⑫。吾欲胡服。"楼缓曰："善。"群臣皆不欲。

肥义曰："臣闻疑事无功，疑行无名。王既定负遗俗之虑，殆无顾天下之议矣。夫论至德者不和於俗，成大功者不谋於众。昔者舜舞有苗，禹袒裸国⑬，非以养欲而乐志也，务以论德而约功也。愚者暗成事，智者睹未形⑭，则王何疑焉。"王曰："吾不疑胡服也，吾恐天下笑我也。狂夫之乐，智者哀焉；愚者所笑，贤者察焉。世有顺我者，胡服之功未可知也。虽驱世以笑我，胡地中山吾必有之。"於是遂胡服矣。

使王绁告公子成曰[15]:"寡人胡服,将以朝也,亦欲叔服之。家听於亲而国听於君,古今之公行也。子不反亲,臣不逆君,兄弟之通义也[16]。今寡人作教易服而叔不服,吾恐天下议之也。制国有常,利民为本;从政有经,令行为上。明德先论於贱,而行政先信於贵。今胡服之意,非以养欲而乐志也;事有所止而功有所出,事成功立,然后善也。今寡人恐叔之逆从政之经,以辅叔之议[17]。且寡人闻之,事利国者行无邪,因贵戚者名不累,故愿慕公叔之义[18],以成胡服之功。使绁谒之叔,请服焉。"公子成再拜稽首,乃赐胡服。明日,服而朝。於是始出胡服令也。

二十年,王略中山地,至宁葭;西略胡地,至榆中[19]。林胡王献马。归,使楼缓之秦,仇液之韩,王贲之楚,富丁之魏,赵爵之齐。代相赵固主胡,致其兵[20]。

二十一年,攻中山。赵袑(shào)为右军,许钧为左军,公子章为中军,王并将之[21]。牛翦将车骑,赵希并将胡、代。赵与之陉,合军曲阳,攻取丹丘、华阳、鸱之塞[22]。王军取鄗、石邑、封龙、东垣[23]。中山献四邑和,王许之,罢兵。

二十六年,复攻中山,攘地北至燕、代,西至云中、九原[24]。

二十七年五月戊申,大朝於东宫,传国,立王子何以为王,是为惠文王[25]。武灵王自号为主父。

主父欲令子主治国,而身胡服将士大夫西北略胡地,而欲从云中、九原直南袭秦,於是诈自为使者入秦。秦昭王不知,已而怪其状甚伟,非人臣之度,使人逐之,而主父驰已脱关矣[26]。审问之[27],乃主父也。秦人大惊。主父所以入秦者,欲自略地形,因观秦王之为人也。

惠文王二年,主父行新地,遂出代,西遇楼烦王於西河而致其兵[28]。

三年,灭中山,迁其王於肤施[29]。起灵寿,北地方从,代道大通[30]。

注

① **武灵王元年**：前325年。武灵王，肃侯之子，赵国第一任称王者，前325—前299年在位。**博闻师**：类似日后的博士官，以博学多闻备顾问。**左右司过**：谏官，类似后来的左拾遗、右补阙之类。

② **秩**：官爵的等级。

③ **国三老**：国家所崇敬的老人代表。当时除"三老"外，还有所谓"五更"，皆指有道德、有学问而被帝王崇奉的老人。

④ **八年**：前318年。按：战国史家考据应作武灵王三年（前323年）。**五国相王**：战国初期以前各国诸侯例皆称"公"，随着周天子日益成为傀儡，诸侯国日益兼并强大，一些大国遂不愿再继续称"公"，而改称"王"。首先改称的是齐国、魏国（前334年），其次是秦国（前324年），至武灵王三年（前323年），由魏国发起，燕、赵、中山、韩、魏五国会遇，彼此承认为王。

⑤ **十九年**：前307年。**信宫**：也作"信武宫"，赵国的离宫，在今河北省永年县西。

⑥ **中山**：战国时期鲜虞人建立的诸侯国名，前期建都于顾（今河北省定州市），于前406年被魏文侯所灭。后又复国，建都于灵寿（今河北省灵寿县西北）。**房子**：当时的中山邑名，在今河北省高邑县西南。

⑦ **代**：赵国封君（赵襄子之兄的后代）的领地，在今河北省蔚县东北。**无穷**：也称无终，即今天津市蓟县。**黄华**：山名，方位不详，据文意，应在今山西省西北隅之黄河边上。

⑧ **楼缓**：赵国贵族。此时在赵，后入秦。

⑨ **漳、滏**：二水名。漳水源于山西和顺县东北，东南流入河北省，经磁

县南，东北流入黄河。滏水源于河北省武安市南，东流，经今磁县城边入漳水。**长城**：战国前期赵国的长城西起武安市南，东南行，经磁县南，东北折，至今肥乡县南止，大体与漳水的流向相平行。

⑩ **蔺、郭狼**：二邑名，蔺在今山西省离石市西。郭狼也作"皋狼"，在离石市西北。二地皆原属林人。**林人**：也称林胡，当时居住在今内蒙古东胜一带的少数民族。**荏**：具体方位不详，据文意应在今山西、陕西、内蒙古三省、区交界一带地区。

⑪ **燕**：西周以来的诸侯国名，国都蓟城（即今北京市）。**胡**：当时活动在今河北省东北部的少数民族。**楼烦**：当时活动在今山西朔县以北、内蒙古呼和浩特以南地区的少数民族。**秦**：此时秦国都城咸阳，在今咸阳市东北。**韩**：此时韩国都城即今河南省新郑市。

⑫ **遗俗**：超出世俗，不被世俗所理解。

⑬ **舜舞有苗**：相传舜在位时，有苗氏作乱，舜派人对有苗氏执干戚而舞，有苗氏即降服于舜。**禹袒裸国**：相传禹在位时，到裸国视察，裸人不听禹的教化，禹也就入乡随俗地脱光衣服进入此国。

⑭ **愚者暗成事，智者睹未形**：二语又见于《商君列传》。

⑮ **王绁**：武灵王的叔辈。**公子成**：武灵王之叔。

⑯ **兄弟之通义也**：语意不顺，《战国策赵策二》作"先王之通义也"，应据改。

⑰ **以辅叔之议**：词语生涩，有曰此处"叔"应作"族"，指反对胡服的赵氏族人。辅，意即附和。

⑱ **故愿慕公叔之义**：词语亦生涩，大意谓我希望能仰仗您的威名、义气。

⑲ **二十年**：前306年。**宁葭**：中山国的邑名，在今石家庄市西北。**榆中**：地区名，约当今内蒙古之东胜市、伊金霍洛旗一带，当时属林胡。

⑳ **代相**：代地封君之相。**主胡**：主管与胡人的联络。**致其兵**：令其出兵以为赵用。

㉑ **二十一年**：前305年。**公子章**：武灵王的长子。

㉒ **赵与之陉**：陉，或曰山名、山口名，或曰地区名，具体方位不详，据文意应在今山西省北部。其地原属赵，今赵为换取胡人为之效力，故暂时将其划与胡人。**曲阳**：邑名，在今河北省曲阳城西。**丹丘**：中山邑名，在今曲阳县西北。**华阳**：山名，也称"恒山"，在今河北省曲阳县西北。**鸱之塞**：也称"鸿上塞"，即华阳山之山口要塞。也有说在今定州市境内者。

㉓ **鄗**：中山邑名，在今河北省高邑县东。**石邑**：中山邑名，在今石家庄市西南。**封龙**：中山邑名，在今河北省元氏县西北。**东垣**：中山邑名，在今石家庄市东北。

㉔ **二十六年**：前300年。**云中**：古邑名，在今内蒙古托克托县东北、呼和浩特市西南。**九原**：古邑名，在今内蒙古包头市西。

㉕ **二十七年**：前299年。**五月戊申**：按：此年五月无"戊申"日，疑月日有错。**王子何**：武灵王的少子，公子章的异母弟，宠妃所生。**惠文王**：前298—前266年在位。

㉖ **秦昭王**：名则，前306—前251年在位。**脱关**：出函谷关。函谷关在今河南省灵宝县东北，是秦国东方的门户。

㉗ **审问**：仔细查问。

㉘ **惠文王二年**：前297年。**行**：巡视，视察。**新地**：新扩张的领土。**西河**：此指山西、陕西、内蒙古三省、区交界地区的黄河，赵国视之在西。

㉙ **三年**：前296年。**肤施**：古县名，在今陕西省榆林市东南。

㉚ **灵寿**：武灵王的陵墓，旧注以为在常山。常山即恒山，亦即前文之华阳山，在今曲阳县西北。古代帝王活着即开始为自己营造陵墓，以此见于记载。**代道**：代地与赵都邯郸的通道。

译

赵武灵王元年时，年少不能听政，他身边有博闻师三人，左右司过三人辅佐他。待至开始亲政时，先去问候先王的贵臣肥义，晋升他的官阶。国家的三老年过八十的，每月要给他们送去礼物。

八年，魏国发起燕、魏、韩、赵、中山五国相互称王，而武灵王不想称王，他说："没有称王的实力，要个虚名有何用？"他让国人称自己为"君"。

十九年春正月，在信宫大会群臣。召见肥义共商天下大事，一直商量了五天。武灵王向北攻取中山国的地盘，一直打到房子。接着到达代国，又北行到达无穷；往西到达黄河边，登上了黄华山。武灵王召见楼缓议事，说："过去我们先王适应时局的变化，在南藩之地称雄，凭借漳河、滏水的险要，修筑长城，又取得蔺、郭狼二邑，在荏地打败了林胡，但功业尚未告成。现在中山国处于我们的腹心之中，北有燕，东有胡，西接林胡、楼烦、秦、韩的边境，如果我们没有强大的兵力，国家就要灭亡，你说怎么办呢？凡有高出世人的名声，必定会遭到世俗的非议。我想让大家改穿胡服。"楼缓说："好。"但群臣都表示反对。

肥义说："俗话讲，犹豫不决，就什么事也办不成；行止无常，就永不会有好名声。您既然豁出去让他们非议，那就不用管他们怎么说了。追求崇高品行的人，永远不可能与世俗的看法一致；创立宏伟事业的人，没必要与平庸之辈商量。从前有苗作乱，舜对之执干戚而舞；禹到裸国，自己也脱光了身子，这都不是为了自己的舒服痛快，而是为了提高美名、获得成功。愚人对人家已办成的事情还看不懂，而智者在事件发生之前就早已预见到了。大王对此还有什么可疑虑的呢？"武灵王说："我并不怀疑胡服的好处，我是怕天下人讥笑我。疯子所感到快乐的事情，智者将为之悲哀；愚人所讥笑的事情，贤者就会去仔细体察。如果人们能跟我走，则胡服所能达到的功效将难以估量。现在即使让普天下的人反对我，胡地与中山，我也一定要兼并过来。"于是武灵王改穿胡服。

武灵王派王缕去告诉公子成说："我明天将穿着胡服上朝，想请叔叔也穿胡服。在家中应听长辈的，在朝廷要听君主的，这是古今通行的准则。子女不反对父母，臣子不违背君主，这是先王定下的规矩。现在我已下令改穿胡服。如果叔叔不穿，我担心天下人会议论这件事。治理国家有原则，以利民为根本；处理政事有常规，以服从为首要。提高社会道德，先从百姓做起；推行政治法令，先从贵族中实行。改穿胡服不是为了舒服愉快养尊处优，而是为了达到一定目的，取得一定功效。等到事情办成，功效显著，那时就一切都好了。现在我怕叔叔违反从政的规矩、附和其他贵族的反对意见。常听说只要办有利于国家的事那就不会有错，而办事情能得到贵族们的拥护，君主的名声就不会受损。我希望仰仗叔叔的威名来促成胡服的事情。现派王缕求见叔叔，请叔叔改穿胡服。"公子成叩头再拜，于是赐给公子成胡服。第二天，公子成穿胡服上朝，武灵王这才正式颁布了胡服令。

二十年，武灵王攻取中山地，到达宁葭；向西攻取林胡之地，到达榆中，林胡王献马求和。回到国都后，武灵王派楼缓出使秦，派仇液出使韩，派王贲出使楚，派富丁出使魏，派赵爵出使齐。派代国丞相赵固主管联络胡人，征集胡人的军队。

二十一年，攻中山，赵袑统领右军，许钧统领左军，公子章统领中军，赵武灵王总领诸将。牛翦统率战车和骑兵，赵希统率胡、代兵马。为换得胡、代两方的效力，赵国将陉山地区划给了他们。北路诸军在曲阳会合，攻取了丹丘、华阳与鸱之塞。赵王总领的南路军队取得了鄗、石邑、封龙、东垣。中山无奈，割让四邑求和，赵王答应了，暂时撤军而回。

二十六年，再次攻中山，遂将赵国的边界向北推移到与燕、代相邻，向西扩展到云中、九原。

二十七年五月戊申，在东宫举行盛大朝会，将王位传于少子何，这就是赵惠文王。武灵王自称主父。

武灵王让少子何主持国政，而自己身着胡服率领官兵向西北开拓胡地，他准备从云中、九原一带向南方直袭秦国，于是他化装成赵国使者亲自入秦。秦昭王开始不知道，只觉得来人相貌非凡，不是一般的臣子模样，待他派人追问时，主父已经飞马出了函谷关。经过仔细查问，才知道来人是主父，秦人大惊。主父之所以入秦，就是为了亲自观察秦国的地形与秦昭王的为人。

惠文王二年，主父视察新开拓的北部地区，遂从代国西出，与楼烦王相会于黄河边，取得了他的军事援助。

惠文王三年，赵国灭中山，将俘获的中山王迁置于肤施县。武灵王为自己建造陵墓，名曰灵寿。这时北方地区都已归附，由邯郸到代国的道路畅通无阻。

评

《赵世家》是战国时代赵国诸侯的编年史与兴亡史，但由于赵国是与韩、魏"三家分晋"建立的国家，所以《赵世家》遂由春秋时代赵氏家族在晋国的日益发达开始写起。赵氏家族的第一个显要人物是赵衰，辅佐晋文公夺得晋国政权并进而成为继齐桓公之后的更为强大的霸主；至其子赵盾，遂成为"首相"一样的晋国的执政者，其权势之大甚至指使其族人杀掉了晋国的诸侯晋灵公。十年后晋国公室反击，晋景公灭掉了赵盾之子赵朔与整个赵氏家族，亏得韩厥等救助，才使赵门留下了孤儿赵武一条根。晋景公末年重立赵氏，赵武遂又重掌晋政。至赵武之孙赵简子，晋国诸侯已形同傀儡，政权与土地皆落入"六卿"之手。不久，赵简子与智伯等灭范氏、中行氏，使晋国政权变为四家共掌。至简子之子襄子即位，遂与韩、魏二族灭掉了智氏，并形成了"三家分晋"的局面。这时中国历史已进入了战国时代，而赵襄子则是赵国的第一代国君。此后二百年间赵国最有作为的是赵武灵王，由于他的"胡服骑射"，大力改革，使赵国强盛一时，甚至凛凛乎有并吞秦国之志。武灵王之子惠文王时，赵国人才济济，犹能抗拒强秦。至孝成王世，赵军大败于长平，从此一蹶不振，三十多年后遂灭于秦。

我们这里选取了《襄子兴赵》《武灵王胡服骑射》两段文字。《襄子兴赵》与《武灵王胡服骑射》写两位奋发有为的君主，赵襄子的隐忍强悍，武灵王高瞻远瞩，性情各异，但都表现得入木三分，且广为后世所传诵。

陈涉世家

大泽乡起义

陈胜者,阳城人也①,字涉。吴广者,阳夏(jiǎ)人也②,字叔。陈涉少时,尝与人佣耕,辍耕之垄上,怅恨久之,曰:"苟富贵,无相忘。"庸者笑而应曰:"若为庸耕③,何富贵也?"陈涉太息曰:"嗟乎,燕雀安知鸿鹄之志哉④!"

二世元年七月,发闾左適戍渔阳九百人,屯大泽乡⑤。陈涉、吴广皆次当行,为屯长⑥。会天大雨,道不通,度已失期。失期,法皆斩。陈胜、吴广乃谋曰:"今亡亦死,举大计亦死,等死,死国可乎?"陈胜曰:"天下苦秦久矣。吾闻二世少子也,不当立,当立者乃公子扶苏⑦。扶苏以数谏故,上使外将兵。今或闻无罪,二世杀之。百姓多闻其贤,未知其死也。项燕为楚将⑧,数有功,爱士卒,楚人怜之。或以为死,或以为亡。今诚以吾众诈自称公子扶苏、项燕,为天下唱,宜多应者。"吴广以为然。乃行卜⑨。卜者知其指意,曰:"足下事皆成,有功。然足下卜之鬼乎!"陈胜、吴广喜,念鬼,曰:"此教我先威众耳。"乃丹书帛曰:"陈胜王",置人所罾鱼腹中。卒买鱼烹食,得鱼腹中书,固以怪之矣。又间令吴广之次所旁丛祠中,夜篝火,狐鸣呼曰:"大楚兴,陈胜王。"卒皆夜惊恐。旦日,卒中往往语,皆指目陈胜。

吴广素爱人,士卒多为用者。将尉醉⑩,广故数言欲亡,忿恚

（huì）尉，令辱之，以激怒其众。尉果笞（chī）广[11]。尉剑挺，广起，夺而杀尉。陈胜佐之，并杀两尉。召令徒属曰："公等遇雨，皆已失期，失期当斩。藉弟令毋斩[12]，而戍死者固十六七。且壮士不死即已，死即举大名耳，王侯将相宁有种乎！"徒属皆曰："敬受命。"乃诈称公子扶苏、项燕，从民欲也。袒右[13]，称大楚，为坛而盟，祭以尉首。陈胜自立为将军，吴广为都尉[14]。攻大泽乡，收而攻蕲（qí）[15]。蕲下，乃令符离人葛婴将兵徇蕲以东[16]，攻铚（zhì）、酂（cuó）、苦（hù）、柘（zhè）、谯（qiáo），皆下之[17]。行收兵，比至陈[18]，车六七百乘，骑千余，卒数万人。攻陈，陈守令皆不在，独守丞与战谯门中[19]。弗胜，守丞死，乃入据陈。数日，号令召三老、豪杰与皆来会计事[20]。三老、豪杰皆曰："将军身被坚执锐，伐无道，诛暴秦，复立楚国之社稷，功宜为王。"陈涉乃立为王，号为张楚[21]。

注

① **阳城**：秦县名，县治在今河南省方城东。
② **阳夏**：秦县名，县治即今河南省太康。
③ **若**：你。
④ **鸿鹄**：天鹅。鸿鹄之志，喻远大志向。
⑤ **二世元年**：前209年。二世，秦始皇之子，名胡亥。**闾左**：住在里巷左边的人。极言征调人员之多。下次则征闾右，无所不征也。**渔阳**：秦县名，在今北京市密云县西南。**大泽乡**：在今安徽省宿州市东南。
⑥ **屯长**：下级军吏，约相当于后世的连排长。
⑦ **二世少子**：秦二世是始皇第十八子。**扶苏**：始皇长子。
⑧ **项燕**：战国末期楚国将领，项羽之祖父，被秦将王翦所杀。

⑨ 行卜：请人算卦，卜问吉凶。

⑩ 将尉：统领戍卒的秦朝军尉。

⑪ 忿恚：恼怒，这里是使动用法，激之使怒。笞（chī）：用鞭子或棍棒竹板打人。

⑫ 藉弟令：即使。"藉""弟"二字重叠使用，意思同"但"，"尽管"。

⑬ 袒右：褪下右肩的衣袖，以示异于凡众。

⑭ 都尉：军官名，级别低于将军，略当于校尉。

⑮ 蕲：秦县名，治在今安徽省宿州市南。

⑯ 符离：秦县名，治在今安徽省宿州市东北。

⑰ 铚：古地名，在今安徽省宿州市西南。酂：秦县名，治在今河南省永城市西。苦：秦地名，故地在今河南省鹿邑县东。柘：秦县名，治在今河南省柘城县西北。谯：秦县名，治在今安徽省亳州市。

⑱ 陈：秦县名，治在今河南省淮阳县。

⑲ 守令：郡守和县令。当时陈县是陈郡，郡治所在，故有守有令。守丞：在郡留守的郡丞。郡丞是郡守的副官。

⑳ 三老：秦代乡官名，主管教育、教化。豪杰：地方上的豪绅。

㉑ 张楚：国号，取张大楚国之意。

译

陈胜是阳城人，字涉。吴广是阳夏人，字叔。陈涉年轻时，曾经给人家扛长活，有一次干活累了，在田埂上休息时，恨恨不平地说："如果将来我们谁阔了，可不能忘记今天的穷哥们儿！"别的长工都笑话他："你一个扛长活的，还有什么富贵可讲呢？"陈涉长叹一声："唉！小燕雀哪能知道鸿鹄一飞冲天的志向啊！"

秦二世元年七月，遣送住在里巷左边的壮丁到渔阳去守边。同行者九百人，中途驻扎在大泽乡。陈胜、吴广都在这一行人里，还充当小队长。凑巧天降大雨，道路不通，他们计算一下日程，肯定不能按时赶到渔阳了。不能按时到达，按照秦法，都要被杀头的。陈胜、吴广私下商量说："现在我们如果逃跑，被抓回来肯定是死；我们如果造反，即使失败了，无非也就是死。既然二者都是死，干脆豁出命去造反，为自己打天下而死不好吗？"陈胜说："老百姓受秦朝暴政的苦，时间不短了。我听说秦二世是秦始皇的小儿子，不该由他当皇帝，应该当皇帝的是长子扶苏。扶苏由于多次劝说秦始皇，秦始皇讨厌他，派他带兵到外头去守边。我听说他已经无辜被秦二世杀害了。老百姓们都只知道扶苏贤明，很多人还不知道他已经被杀了。还有项燕，他是楚国的名将，曾多次立过战功，而且关心士卒，楚国人都很爱戴他。现在有人认为他死了，有人认为他还活着，只是不知道躲在什么地方。现在我们真要是冒充公子扶苏和项燕，带头造反，我看响应我们的人会很多。"吴广觉得有理。但两人还有些犹豫，便去找人占卜。占卜的猜出了他们的心思，就说："你们的事情都能办成，而且一定会有大功效。但是你们为什么不再去找鬼神算一卦呢？"陈胜、吴广听着心里高兴，又暗自琢磨这"找鬼神"是什么意思，后来他们恍然大悟："这是教我们用装神弄鬼的办法来提高威信，以便组织群众啊！"于是他们在一条白绸带子上写了"陈胜王"三个红字，偷偷塞进捕鱼人捕上来的一条鱼的肚子里，这条鱼又恰好被戍卒们买回来了，一剖腹，发现了鱼肚子里的这个红字条，人们觉得很奇怪。陈胜又让吴广夜里偷偷地到营房附近林中的破庙里，点起灯笼，学狐狸似的嗥叫："大楚兴，陈胜王。"戍卒们都被吓得一夜没有睡好觉。第二天早晨，戍卒们三三两两交头接耳地开始议论，同时还指指点点地斜着眼睛看陈胜。

吴广平常爱关心人,因此戍卒们都愿意听他使唤。这一天,押送戍卒的两个尉官喝醉了,吴广就当着他们的面一再扬言要逃跑,故意激怒尉官让他打自己,以便挑起戍卒们的义愤。尉官果然上了圈套,他抄起竹板子打吴广,一用力,腰间的佩剑从剑鞘中甩了出来,吴广一跃而起,抓过宝剑,杀死了打他的那个尉官。陈胜在一旁帮忙,把另一个尉官也杀掉了。紧接着他们把戍卒们召集起来,对大家说:"各位,我们在这里遇上大雨,无论如何也不能按时赶到渔阳了。而不能按时到达,按法是要杀头的。即使不杀头,单说为守边而死的人,十个里头也有六七个。大丈夫如果豁不出命去也就罢了,如果敢于豁出命去那就要干出点大名堂。那些王侯将相的差使,难道只有贵族才能当吗?"戍卒们异口同声地说:"愿意听从您的指挥。"于是他们为了顺从人民的心愿,自己就冒充公子扶苏、项燕。他们一齐退下右臂上的袖子宣誓,自己号称"大楚"。他们又搭起台子,用那两个尉官的头祭天。陈胜自己做将军,吴广做都尉。先攻下了大泽乡,紧接着又带领大泽乡的人去攻蕲县。蕲县的守军投降了。于是陈胜派符离人葛婴带兵去蕲县以东开辟地盘。而他自己和吴广则率军西进攻铚、攻酂、攻苦、攻柘、攻谯,都攻下来了。他们一路上扩充军队,等到了陈郡城郊时,兵车已经有了六七百辆,骑兵有一千多,步兵已有好几万人了。于是他们开始进攻陈郡,当时陈郡的郡守和陈县的县令都不在,只有留守的郡丞在城门下抵抗了一阵子,随即战死了。于是陈胜顺利地占据了陈郡。过了几天,陈胜下令召集郡中各县的三老、豪杰都来开会。这些三老、豪杰们都说:"将军您身披铠甲,手执利刃,为民众讨伐暴秦,重新建立了楚国的政权,这么大的功劳,应当称王。"这些话正合陈胜的心意,于是他就自立为王,国号"张楚"。

陈涉世家
陈涉败亡

陈胜王凡六月。已为王,王陈。其故人尝与庸耕者闻之,之陈,扣宫门曰:"吾欲见涉。"宫门令欲缚之。自辩数,乃置,不肯为通。陈王出,遮道而呼涉①。陈王闻之,乃召见,载与俱归。入宫,见殿屋帷帐,客曰:"夥颐!涉之为王沉沉者②!"楚人谓多为夥,故天下传之,"夥涉为王③"由陈涉始。客出入愈益发舒,言陈王故情。或说陈王曰:"客愚无知,颛(zhuān)妄言④,轻威。"陈王斩之。诸陈王故人皆自引去,由是无亲陈王者。陈王以朱房为中正,胡武为司过,主司群臣⑤。诸将徇地,至,令之不是者,系而罪之,以苛察为忠。其所不善者,弗下吏,辄自治之。陈王信用之。诸将以其故不亲附,此其所以败也。

---

① **遮道**:拦路。遮,拦阻。
② **夥颐**:惊叹声。**沉沉者**:富丽深邃的样子。
③ **夥涉为王**:意即"草头王""痞子称王"。**夥涉**:被人"夥颐"过的陈涉。
④ **颛**:通"专",专门。

⑤ **中正**：官名，主管考核官吏，确定官吏的升降。**司过**：似后来的监察御史，掌纠察过失。司，通"伺"，窥视，暗中观察。

译

陈胜称王前后总共六个月。当他刚刚为王建都陈郡的时候，他的一位旧日一道扛活的老伙伴闻讯前来看他。这个人到了陈郡，叩着宫门说："我要见陈涉！"守门的值勤官见这人如此无礼，就要把他绑起来。这个人费了许多口舌说明自己是陈涉的老朋友，值勤官才饶了他，但不给他向里通报。这时正好陈王出来了，于是这个人就过去拦着车子大声呼叫陈涉。陈王听见叫声，停车叫他过来，一看是老相识，于是叫他上车，一同回到宫里。这个人一看宫里的殿堂陈设，就惊讶地大嚷道："夥（颐）！陈涉你这个王当得可真阔啊！"楚国方言惊讶地称"多"叫"夥"。后来人们之所以把那些草头王们称为"夥涉为王"，就是从这个故事开始的。这个人在宫里宫外说话越来越随便，有时还讲一些陈王旧日的不体面的事，于是有人劝陈王说："您的那位客人愚昧无知，专门胡说八道，降低您的威信。"陈王自己也早就不高兴，于是下令把他杀掉了。陈王的其他老熟人们一见如此都悄悄地离去了，从此没有人再来亲近陈王。陈王用朱房做中正官，用胡武为司过官，专管探听臣僚们的过失。将领们出去开辟地盘回来，谁要是不听从朱房、胡武的命令，朱房、胡武就把谁关起来治罪。他们以对别人的吹毛求疵来向陈王表示忠心。凡是他们不喜欢的人，他们根本不通过司法官吏，而是自己随意治他们的罪。陈王偏偏就信用这种人。由于这种缘故，各位将领与陈王越来越疏远。这就是陈王所以失败的原因。

评

  《陈涉世家》是司马迁为陈涉所领导的整支农民反秦起义军所立的传记，它系统、全面地描写了这支起义军由发动起义、蓬勃发展、战绩辉煌到最后失败的全过程，是我国第一场伟大农民战争的忠实记录，诸如起义的原因、发动的过程、义军的威力以及早期农民战争的种种弱点与其失败的历史教训无不包含其中。在这里，我们选取了其中的《大泽乡起义》与《陈涉败亡》两段。

  在《大泽乡起义》一节里，司马迁热情赞颂了陈涉的胸有大志、敢做敢为，而且又有精湛的谋略、细密的安排，说明一个失业的农民能干出如此惊天动地的事业不是偶然的。陈涉的生死观、陈涉的才智，以及陈涉所发动的这场起义的深刻影响，都使司马迁激动、敬佩不已。他在《太史公自序》中说"桀纣失其道而汤武作，周失其道而《春秋》作，秦失其道而陈涉发迹"，竟然把陈涉列在了商汤、周武王、孔子这种大圣人的行列，其评价之高也是出众而绝伦的。

  陈涉失败的教训可以总结许多条，但在《陈涉败亡》一节里，司马迁只具体描写了陈涉的骄奢蜕化与脱离群众两方面。看起来像是不周全，但这两条却在陈涉以后两千多年的历次农民起义中反复出现，说明这两条的确是非常重要的。

留侯世家
佐刘灭秦

留侯张良者，其先韩人也①。大父开地，相韩昭侯、宣惠王、襄哀王②。父平，相釐（xī）王、悼惠王③。悼惠王二十三年，平卒④。卒二十岁，秦灭韩⑤。良年少，未宦事韩⑥。韩破，良家僮三百人，弟死不葬，悉以家财求客刺秦王，为韩报仇，以大父、父五世相韩故。

良尝学礼淮阳⑦。东见仓海君⑧，得力士，为铁椎（chuí）重百二十斤。秦皇帝东游，良与客狙击秦皇帝博浪沙中⑨，误中副车。秦皇帝大怒，大索天下，求贼甚急，为张良故也。良乃更名姓，亡匿下邳⑩。

良尝闲从容步游下邳圯（yí）上⑪。有一老父，衣褐，至良所，直堕其履圯下，顾谓良曰："孺子，下取履！"良愕然，欲殴之。为其老，强忍，下取履。父曰："履我！"良业为取履，因长跪履之。父以足受，笑而去。良殊大惊，随目之。父去里所，复还，曰："孺子可教矣。后五日平明，与我会此。"良因怪之，跪曰："诺。"五日平明，良往，父已先在，怒曰："与老人期，后，何也？"去，曰："后五日早会。"五日鸡鸣，良往，父又先在，复怒曰："后，何也？"去，曰："后五日复早来。"五日，良夜未半往。有顷，父亦来，喜曰："当如是。"出一编书，曰："读此则为王者师矣。后十年兴，十三年孺子见我济北，谷城山下黄石即我矣⑫。"遂去，无他言，不复见。旦日视其书，乃《太公兵法》

也[13]。良因异之，常习诵读之。

后十年，陈涉等起兵[14]，良亦聚少年百余人，景驹自立为楚假王[15]，在留。良欲往从之，道遇沛公[16]。沛公将数千人，略地下邳西，遂属焉。沛公拜良为厩（jiù）将。良数以《太公兵法》说沛公，沛公善之，常用其策。良为他人言，皆不省（xǐng）。良曰："沛公殆（dài）天授[17]。"故遂从之，不去见景驹。

及沛公之薛，见项梁[18]。项梁立楚怀王[19]，良乃说项梁曰："君已立楚后，而韩诸公子横阳君成贤[20]，可立为王，益树党。"项梁使良求韩成，立以为韩王。以良为韩申徒[21]，与韩王将千余人西略韩地，得数城，秦辄复取之，往来为游兵颍川[22]。

沛公之从洛阳南出轘辕，良引兵从沛公，下韩十余城，击破杨熊军[23]。沛公乃令韩王成留守阳翟，与良俱南，攻下宛，西入武关[24]。沛公欲以兵二万人击秦峣下军[25]，良说曰："秦兵尚强，未可轻。臣闻其将屠者子，贾（gǔ）竖易动以利。愿沛公且留壁，使人先行，为五万人具食，益为张旗帜诸山上，为疑兵，令郦食其（yì jī）持重宝啖（dàn）秦将[26]。"秦将果叛，欲连和俱西袭咸阳[27]。沛公欲听之，良曰："此独其将欲叛耳，恐士卒不从。不从必危，不如因其懈击之。"沛公乃引兵击秦军，大破之。逐北至蓝田，再战，秦兵竟败。遂至咸阳，秦王子婴降沛公[28]。

沛公入秦宫，宫室、帷帐、狗马、重宝、妇女以千数，意欲留居之。樊哙谏沛公出舍[29]，沛公不听。良曰："夫秦为无道，故沛公得至此。夫为天下除残贼，宜缟素为资。今始入秦，即安其乐，此所谓'助桀为虐'。且'忠言逆耳利于行，毒药苦口利于病'，愿沛公听樊哙言。"沛公乃还军霸上[30]。

注

① **留侯**：张良的封号。留，秦县名，县治在今江苏沛县东南。**韩**：战国初期三分晋国而建立起来的国家，初建都于阳翟（今河南禹州市），后迁都于新郑（今河南新郑市）。

② **大父**：祖父。**韩昭侯**：韩国国君，前362—前333年在位。**宣惠王**：昭侯之子，前332—前312年在位。**襄哀王**：宣惠王之子，前311—前296年在位。

③ **釐王**：襄哀王之子，前295—前273年在位。**悼惠王**：一作桓惠王，釐王之子，前272—前239年在位。

④ **悼惠王二十三年**：前250年。

⑤ **秦灭韩**：事在韩王安九年（前230年）。

⑥ **宦事**：为官做事。"宦"一作"尝"。

⑦ **淮阳**：今河南省淮阳县及周围一带地区。秦时为陈郡，治陈县（即今淮阳县）。汉高帝置淮阳国，为同姓九国之一，都于陈（今淮阳县）。

⑧ **仓海君**：秦时秽貊国的君长。秽貊国后来归汉，为苍海郡，在朝鲜的中部。

⑨ **博浪沙**：古地名，在今河南省原阳县境内。

⑩ **下邳**：秦县名，县治在今江苏睢宁西北。

⑪ **圯**：桥，下邳人称桥为"圯"。

⑫ **济北**：秦郡名，郡治博阳，在今山东泰安市东南。**谷城山**：也称黄山，在今山东平阴县西南，当时属济北郡。

⑬ **《太公兵法》**：太公，姜子牙，西周的开国功臣，佐武王灭纣，事见《齐太公世家》。但现存的《太公兵法》是战国人所假托。

⑭ **后十年**：秦二世元年（前209年）。

⑮ **景驹**：战国时的楚王之后裔。前208年，陈涉被秦将章邯破杀后，义军将领曾拥立景驹为楚王。

⑯ **沛公**：即刘邦，刘邦于秦二世元年九月起事，攻下沛县，遂为沛县县长，人称"沛公"。

⑰ **殆**：近乎，差不多是。

⑱ **薛**：秦县名，县治在今山东滕州市东南。**项梁**：项羽的叔父。秦二世元年九月，与项羽起兵会稽，次年四月，击杀景驹，占领薛地。

⑲ **楚怀王**：战国楚王之后代，名心。项梁起兵后从民间找出立以为王。

⑳ **横阳君成**：韩国诸侯的公子，名成，在韩时曾被封横阳君。

㉑ **申徒**：即司徒，职同丞相。

㉒ **颍川**：秦郡名，郡治在阳翟（今河南禹州市），战国时属韩国。

㉓ **轘辕**：山名，在今河南偃师市东南。杨熊，秦朝将领，时驻军于大梁（开封）之西。

㉔ **宛**：秦县名，治在今河南省南阳市。**武关**：在今陕西省丹凤县东南，是陕西西南部地区与河南西南部之间的交通要道。

㉕ **峣下军**：峣，峣关，旧址在今陕西省商州市西北，因临峣山得名。

㉖ **郦食其**：刘邦的谋士，以口才著称。

㉗ **咸阳**：秦朝都城，在今陕西咸阳市东北，西安市之正北。

㉘ **秦王子婴**：秦二世兄子。秦二世三年（前207年）八月，赵高迫秦二世胡亥自杀而立子婴为秦王。子婴即位后诛赵高。子婴为秦王四十六日，刘邦入咸阳，时为前206年十月。

㉙ **樊哙**：刘邦的开国功臣，吕后的妹夫。

㉚ **霸上**：古地名，在今西安市东，因其地处霸水西岸而得名。

译

　　留侯张良，他的祖先是韩国人。祖父张开地，曾在韩昭侯、宣惠王、襄哀王三朝当过宰相。父亲张平，又在韩釐王、悼惠王两朝任宰相。悼惠王二十三年，张平逝世。又过了二十年，韩国被秦国所灭。张良年岁小，没有赶上在韩国做官。韩国灭亡后，张良家里还很富，有奴仆三百多人。但当他弟弟死时，在葬礼上他却一切从俭，而省着全部财产，都用来寻求刺客，准备刺死秦始皇，为韩国报仇。因为他的祖父和父亲曾在韩国相继做过五朝的宰相。

　　张良曾经到淮阳学过礼，又到辽东拜访过仓海君。在辽东物色到了一个大力士，此人手持一个重达一百二十斤的大铁锤。当秦始皇往东方巡游时，张良同这个大力士在博浪沙中对秦始皇进行了突然袭击。结果错打了副车，没伤着秦始皇。秦始皇大怒，下令全国搜查，一定要捉到这个刺客。这就是张良他们干的。于是张良只好改名换姓，逃到了下邳隐藏起来。

　　这期间，张良闲着无事曾有一次随便在下邳的桥上散步，这时有一个穿着粗麻布短衣的老人走到张良跟前，故意把自己的鞋子甩到了桥下，转头对张良说："小伙子，下去把鞋给我捡上来！"张良猛吃一惊，本想打他。一看他这么大年纪了，就强压着怒火，下去把鞋捡了上来。老人把脚一伸说："给我穿上！"张良心想既然已经给他捡上来了，那就给他穿吧。于是就跪下身去给老人穿好了鞋。老人伸着脚等张良给他穿好鞋后，才满意地笑着走了。张良目送着老人的背影，心里很吃惊。那位老人走出去一里来地，又转身回来了，他对张良说："小伙子，你很有培养前途。五天后的黎明，你我在这儿会面。"张良越发觉得奇怪了,很恭敬地回答说:"好的。"到了第五天的蒙蒙亮,张良到桥头去了,结果一看老人早已先在那里等了好久了。老人生气地对张良说:"同老人约会,为什么这样迟到?"说完回身就走,并说:"再过五天早点来。"这回到了第五天,刚鸡叫,张良就来到了桥头,结果老人又先在那里等着了。老人更生气地说:"又迟到了,怎么搞的?"说完回头便走,并说:"再过五天,记着要早点来。"这回第五天,还不到半夜,张良就到桥头去了。过了一会儿,老人来了,高兴地说:"本来就应当这样!"于是拿出一编竹简交给张良说:"好好地通读这部书,就可以成为帝王之师了。再过十年,将有王者兴起。再过十三年,你我将在济北见面,那时你如果在谷城山下见到一块黄石头,那就是我。"说完就走了,没有再说别的话,从此也没有再见过这个人。等到天亮,张良一看这部书,原来是《太公兵法》。于是张良惊奇地把它视为珍宝,经常地研究记诵。

十年过后,陈涉等人果然起兵了。于是张良也趁机纠集起了一百多人,起来反秦。这时,景驹立为代理楚王,驻兵留县,张良想去投奔他,结果半道上遇见了刘邦。这时,刘邦正带着几千人开辟地盘,来到了下邳城西,于是张良就归了刘邦。刘邦让张良给他当厩将,管理战马。这期间,张良常给刘邦讲《太公兵法》。刘邦很高兴,经常采纳他的主张。说来也怪,这些话张良也对别人讲过,但那些人却总是不开窍。张良佩服地说:"沛公的智慧,大概是老天爷赐给他的。"因而就跟上了刘邦,不再去找景驹了。

等刘邦到了薛县,见了项梁,这时项梁已经拥立了楚怀王。于是张良就劝项梁说:"您已经拥立了楚国的后代为王,而韩国的后代横阳君韩成也很贤明,也可以立他为王,这样楚国也多一个盟友。"于是项梁就派张良去找来了公子韩成,立他为韩王,让张良给他做宰相。张良和韩成率领着一千多人西行开辟韩地。开始攻占了几个城邑，但很快地又被秦军夺回去了。他们只好在颍川一带来回打游击。

等到刘邦从洛阳出镮辕关南下时，张良又引兵与刘邦会合了，他跟着刘邦一连攻下了韩地的十多个城池，又打败了秦朝杨熊的军队。于是刘邦就派韩成留守阳翟，而让张良跟着他一道南进，攻下了宛县，接着向西挺进，攻入了武关。这时刘邦想用两万人强攻镇守崤关的秦朝军队。张良说："目前秦军的战斗力还很强，不能轻敌！但我听说镇守崤关的将领是一个屠户的儿子。商人都唯利是图，我们可以用财宝引诱他。您可以先坚守营地，而派出一部分人先到前边去放出消息，说是要为五万人准备粮食，同时在四周的山头上多树旗帜，虚张声势，迷惑敌人。而后派郦食其带着奇珍异宝去关上贿赂秦国的守将。"几方面的工作一做，秦将果然中计，答应了掉转矛头和刘邦一起袭击咸阳。刘邦正要同意，张良说："这还只是那个受贿赂的将军想造反，他的部下还不一定听他的呢！如果他的部下不听，那就要坏事。不如趁着他们思想松懈，对他们发起突然进攻。"刘邦同意，于是引兵突袭崤关，秦军无备，崤关失守了。接着刘邦乘胜追击到蓝田，与秦军再战，秦军彻底瓦解。刘邦胜利地进入了咸阳，秦王子婴向刘邦投降了。

刘邦进入了秦王宫，宫室里声色犬马、奇珍异宝不计其数，单是美女就有几千人。刘邦一看，就想住在里头不走了。樊哙一再劝他到外面住，刘邦不听。张良说："正因为秦朝荒淫无道，所以您今天才能打到这里。既然我们是为天下除害，那就应该以俭朴为本。现在才刚刚打进了秦京，您就想要过他们昏君的那种享乐日子，这就叫'助桀为虐'。俗话说：'忠言逆耳利于行，良药苦口利于病'，希望您接受樊哙的劝告。"于是刘邦退出皇宫，回军到霸上驻扎。

留侯世家
佐汉灭楚

项羽至鸿门下,欲击沛公,项伯乃夜驰入沛公军①,私见张良,欲与俱去。良曰:"臣为韩王送沛公,今事有急,亡去不义。"乃具以语沛公。沛公大惊,曰:"为将奈何?"良曰:"沛公诚欲背项羽邪?"沛公曰:"鲰(zōu)生教我距关无内诸侯②,秦地可尽王,故听之。"良曰:"沛公自度能却项羽乎?"沛公默然良久,曰:"固不能也。今为奈何?"良乃固要项伯,项伯见沛公。沛公与饮为寿,结宾婚。令项伯具言沛公不敢背项羽,所以拒关者,备他盗也。及见项羽后解,语在《项羽》事中。

汉元年正月,沛公为汉王,王巴、蜀③。汉王赐良金百溢④,珠二斗,良具以献项伯。汉王亦因令良厚遗项伯,使请汉中地⑤。项王乃许之,遂得汉中地。汉王之国,良送至褒中⑥,遣良归韩。良因说汉王曰:"王何不烧绝所过栈(zhàn)道,示天下无还心,以固项王意。"乃使良还,行烧绝栈道。

良至韩,韩王成以良从汉王故,项王不遣成之国,从与俱东。良说项王曰:"汉王烧绝栈道,无还心矣。"乃以齐王田荣反书告项王⑦。项王以此无西忧汉心,而发兵北击刘。

项王竟不肯遣韩王,乃以为侯,又杀之彭城⑧。良亡,间行归汉王,汉王亦已还定三秦矣[9]。复以良为成信侯，从东击楚[10]。至彭城，汉败而还[11]。至下邑[12]，汉王下马踞鞍而问曰："吾欲捐关以东等弃之[13]，谁可与共功者？"良进曰："九江王黥布[14]，楚枭将，与项王有隙；彭越与齐王田荣反梁地[15]，此两人可急使；而汉王之将独韩信可属大事[16]，当一面。即欲捐之，捐之此三人，则楚可破也。"汉王乃遣随何说九江王布[17]，而使人连彭越。及魏王豹反，使韩信将兵击之，因举燕、代、齐、赵[18]。然卒破楚者，此三人力也。

张良多病，未尝特将也，常为画策臣，时时从汉王。

汉六年正月[19]，封功臣。良未尝有战斗功，高帝曰："运筹策帷帐中，决胜千里外，子房功也。自择齐三万户。"良曰："始臣起下邳，与上会留，此天以臣授陛下。陛下用臣计，幸而时中，臣愿封留足矣，不敢当三万户。"乃封张良为留侯，与萧何等俱封[20]。

注

① **鸿门**：古地名，在今陕西西安市东北。**项伯**：项羽之族叔，旧时张良曾对之有恩。

② **鲰（zōu）生**：骂人语，犹言"竖子""小子"。**内**：通"纳"。

③ **汉元年**：前206年。**巴、蜀**：二郡名，巴郡治所在今重庆市嘉陵江北岸。蜀郡治所在今成都市。

④ **溢**：通"镒"，重量单位，一镒为二十四两；一说一镒为二十两。

⑤ **汉中**：秦郡名，郡治南郑，即今陕西省汉中市。

⑥ **褒中**：古邑名，古代褒国的都城，在今陕西省勉县东，离南郑已经不远。

⑦ **田荣**：战国时齐国诸侯的后裔，陈涉起义后，田荣与其堂兄田儋起兵

于齐地。田儋战死后，田荣又立田儋之子田市为齐王。因与项氏有矛盾，未随项羽入关，故项羽恨田荣，遂改封随之入关的田都为齐王，而封田市于胶东。田荣不平，故倡言反项羽。

⑧ **彭城**：项羽西楚霸王的都城，即今江苏徐州市。

⑨ **三秦**：泛指关中地区。项羽分封时将关中一分为三，封秦朝降将章邯为雍王，都废丘（今陕西兴平市东南）；司马欣为塞王，都栎阳（今陕西西安市北）；董翳为翟王，都高奴（今陕西延安市东北延河北岸）。

⑩ **从东击楚**：事在汉二年（前205年）四月。时刘邦夺得三秦，势力大振，各国纷纷归附，于是刘邦率五十六万人乘项羽东伐田荣之机，一举攻入彭城。

⑪ **汉败而还**：项羽得知彭城失守，乃星夜从齐地驰还，三万人大破刘邦之五十六万，刘邦狼狈西逃。

⑫ **下邑**：秦县名，县治在今安徽砀山县。

⑬ **关以东**：指函谷关以东，包括今河南、河北、山东、江苏、湖北等一大片地区。

⑭ **黥布**：原名英布，因受过黥刑，故时人称为黥布，项羽手下的猛将，号"当阳君"。项羽封之为九江王；都六（今安徽六安北）。

⑮ **彭越**：原为巨野泽中群盗，陈涉起义后，彭越亦率众起事。由于未随项羽入关，故未得封王。田荣倡反项，赐彭越将军印，彭越遂反于梁地。**梁地**：约当今之河南东北部一带地区，战国时属于魏国，魏都大梁，故也称为梁国。

⑯ **韩信**：刘邦的将领，见《淮阴侯列传》。

⑰ **随何**：刘邦的谋士，以口辩著称。

⑱ **魏王豹**：战国时魏国诸侯的后裔，被项羽封西魏王，都平阳（今山西临汾西南）。刘邦攻彭城时，魏豹亦随之而往；刘邦失败魏豹又归国反汉。韩信将兵击之。韩信攻灭魏豹在汉二年八月。**举燕、代、齐、赵**：韩信攻取的顺序应为代、赵、燕、齐。代，陈余的封国，都城在今河北省蔚县东北；赵，是陈余拥立的赵王歇的国名，都襄国（今河北省邢台市）；燕，臧荼受项羽分封而建立的诸侯国名，都蓟（今北京市西南）；齐，是田儋、田荣建立的诸侯国，都临淄（今山东淄博）。韩信灭赵在汉三年（前204年），灭齐在汉四年（前203年）。

⑲ **汉六年**：前201年。

⑳ **萧何**：刘邦的开国功臣，为刘邦丞相。

译

项羽的军队来到鸿门后，想要进击刘邦。项羽的叔叔项伯连夜跑到刘邦兵营去见张良，想要叫着张良一同逃跑。张良说："我是受韩王之托跟着沛公打到这里的，今天沛公有了危险，我一个人逃跑了，这太不仗义。"于是进去把项伯的话一一地告诉了刘邦。刘邦一听，吃惊地说："这可怎么办好呢？"张良说："您当初是真想背叛项羽吗？"刘邦说："有个姓鲰的小子教我把住关口，不让诸侯们进来，他说那样，秦国的地盘就可以全部归我称王。所以我听了他的话。"张良说："您自己估量，您能够打退项羽吗？"刘邦沉默了好一会儿才说："当然不可能啦，现在咱该怎么办呢？"于是张良便把项伯请进来，让他与刘邦相见。刘邦给他敬酒，并与他结成了儿女亲家。刘邦请项伯给项羽带话说他根本没有叛变项羽的意思。至于派人守关，那是为了防备土匪的骚扰。后来刘邦又亲自见到了项羽，问题才得以解决。这些事详细记述在《项羽本纪》中。

汉高祖元年正月，刘邦被封为汉王，统管巴、蜀地区。刘邦赏给张良黄金百镒、宝珠二斗。张良把这些全部转送给了项伯。刘邦又通过张良厚赠项伯，让项伯帮他向项羽请求汉中地区。项羽答应了，于是刘邦又获得了汉中一带。刘邦要到他的封地去了，张良送他们到褒中，刘邦才让张良回到韩国去。张良临别前对刘邦说："您不如把刚才走的这条栈道烧掉，这可以向人们表示您没有再打回去的想法，可以哄得项羽对您放心。"于是刘邦就让张良在回去的路上边走边烧，整个栈道遂被烧光了。

张良回到韩国时，韩国已经发生变化。因为韩成当初让张良跟了刘邦，所以项羽怀恨，不派韩成回韩国，而是带着他一道回了彭城。张良到了彭城对项羽说："刘邦自己烧毁了栈道，这说明他没有打回来的意思了。"接着又把齐王田荣起兵倒项的檄文送给了项羽，于是项羽便不再防备刘邦，而专心致志地引兵北上去攻打齐国了。

项羽最终也没有让韩成去韩国，先是把他降位为侯，后来又在彭城把他杀了。张良闻风逃走，抄小路又西去投奔了刘邦。而刘邦这时已经卷土重来，收复了关中。刘邦封张良为成信侯，让他跟着一道东征项羽。刘邦开始乘虚占领了彭城，后来又被项羽回师打败。当他们西逃到下邑时，刘邦下马坐着马鞍子休息，他问人们："如果我豁着把函谷关以东的地盘都分给他们，谁可以帮我一道破楚立功？"张良进前一步说："九江王黥布，是项羽的猛将，现在正和项羽闹矛盾；彭越和齐王田荣相勾结，正在梁地坚持倒项。这两个人可以迅速利用。在您的部下里还有一个韩信，这个人可以委派重任，让他去独当一面。假如您真能把地盘拿出来分给他们三个，那么项羽就肯定可以被您打败。"于是刘邦就派了随何去劝说九江王黥布，又派了其他人去联合彭越。等到魏王豹反水抗汉时，刘邦又派了韩信前去征讨，接着韩信平定了燕、代、齐、赵等国的大片地区。刘邦最终所以能够打败项羽就是靠着这三个人的力量。

张良体弱多病，没有领兵独当一面，他只是作为一个筹谋划策的人物，经常跟在刘邦身边。

汉高祖六年正月，分封开国功臣。张良没有带兵打仗独当一面的功绩，刘邦说："决策于大帐中，制胜于千里外，这就是张良的功劳。你可以在齐地自己选择三万户作封邑。"张良说："当初我自己在下邳起兵，到留县遇上了您，这是老天爷把我交给您的。您采纳了我的意见，有的也的确让我给蒙上了。现在我只要一个留县就够了，不敢领受这三万户的厚赏。"于是刘邦便封张良为留侯，与萧何等人一起受封。

留侯世家
明哲保身

上欲废太子，立戚夫人子赵王如意①。大臣多谏争，未能得坚决者也。吕后恐，不知所为。人或谓吕后曰："留侯善画计策，上信用之。"吕后乃使建成侯吕泽劫留侯②，曰："君常为上谋臣，今上欲易太子，君安得高枕而卧乎？"留侯曰："始上数在困急之中，幸用臣策。今天下安定，以爱欲易太子，骨肉之间，虽臣等百余人何益！"吕泽强要曰："为我画计。"留侯曰："此难以口舌争也。顾上有不能致者，天下有四人。四人者年老矣，皆以为上慢侮人，故逃匿山中，义不为汉臣。然上高此四人。今公诚能无爱金玉璧帛，令太子为书，卑辞安车，因使辩士固请，宜来。来，以为客，时时从入朝，令上见之，则必异而问之。问之，上知此四人贤，则一助也。"于是吕后令吕泽使人奉太子书，卑辞厚礼，迎此四人。四人至，客建成侯所。

汉十一年，黥布反③，上病，欲使太子将，往击之。四人相谓曰："凡来者，将以存太子。太子将兵，事危矣。"乃说建成侯曰："太子将兵，有功则位不益太子；无功还，则从此受祸矣。且太子所与俱诸将，皆尝与上定天下枭将也，今使太子将之，此无异使羊将狼也，皆不肯为尽力，其无功必矣。臣闻'母爱者子抱'，今戚夫人日夜侍御，赵王如意常抱居前，上曰'终不使不肖子居爱子之上'，明乎其代太子位必矣。

君何不急请吕后承间为上泣言：'黥布，天下猛将也，善用兵，今诸将皆陛下故等夷，乃令太子将此属，无异使羊将狼，莫肯为用。且使布闻之，则鼓行而西耳。上虽病，强载辎车④，卧而护之，诸将不敢不尽力。上虽苦，为妻子自强。'"于是吕泽立夜见吕后，吕后承间为上泣涕而言，如四人意。上曰："吾惟竖子固不足遣，而公自行耳⑤。"于是上自将兵而东，群臣居守，皆送至霸上。留侯病，自强起，至曲邮⑥，见上曰："臣宜从，病甚。楚人剽（piāo）疾，愿上无与楚人争锋。"因说上曰："令太子为将军，监关中兵。"上曰："子房虽病，强卧而傅太子。"是时叔孙通为太傅，留侯行少傅事⑦。

汉十二年⑧，上从击破布军归，疾益甚，愈欲易太子。留侯谏，不听，因疾不视事。叔孙太傅称说引古今，以死争太子。上详许之，犹欲易之。及燕⑨，置酒，太子侍。四人从太子，年皆八十有余，须眉皓白，衣冠甚伟。上怪之，问曰："彼何为者？"四人前对，各言名姓，曰东园公，甪（lù）里先生，绮里季，夏黄公。上乃大惊，曰："吾求公数岁，公避逃我，今公何自从吾儿游乎？"四人皆曰："陛下轻士善骂，臣等义不受辱，故恐而亡匿。窃闻太子为人仁孝，恭敬爱士，天下莫不延颈欲为太子死者，故臣等来耳。"上曰："烦公幸卒调护太子。"

四人为寿已毕，趋去⑩。上目送之，召戚夫人指示四人者曰："我欲易之，彼四人辅之，羽翼已成，难动矣。吕后真而主矣。"戚夫人泣，上曰："为我楚舞，吾为若楚歌⑪。"歌曰："鸿鹄（hú）高飞，一举千里。羽翮（hé）已就，横绝四海。横绝四海，当可奈何！虽有矰缴（zēng zhuó）⑫，尚安所施！"歌数阕，戚夫人嘘唏流涕，上起去，罢酒。竟不易太子者，留侯本招此四人之力也。

留侯从上击代，出奇计马邑下⑬，及立萧何相国，所与上从容言天下事甚众，非天下所以存亡，故不著。留侯乃称曰："家世相韩，及韩灭，不爱万金之资，为韩报仇强秦，天下振动。今以三寸舌为帝者师，封万户，位列侯，此布衣之极，于良足矣。愿弃人间事，欲从赤松子游耳⑭。"乃学辟谷，道引轻身⑮。会高帝崩⑯，吕后德留侯，乃强食之，曰："人生一世间，如白驹过隙，何至自苦如此乎！"留侯不得已，强听而食。

后八年卒⑰，谥为文成侯。

子房始所见下邳圯上老父与《太公书》者，后十三年从高帝过济北，果见谷城山下黄石，取而葆祠之。留侯死，并葬黄石。每上冢伏腊⑱，祠黄石。

注

① **太子**：指刘盈，即后来的汉惠帝。吕后所生。**戚夫人**：刘邦的宠妃。**赵王如意**：名如意，后被封赵王。

② **建成侯吕泽**：应作"建成侯吕释之"。吕泽是"周吕侯"，两人都是吕后之兄。

③ **汉十一年**：前196年。**黥布反**：黥布原属项羽，后归刘邦，被封淮南王，都寿春。刘邦杀韩信彭越后，黥布恐惧而反。

④ **辎车**：一种有篷帷的车，可供伤病者坐卧。

⑤ **而公**：你老子，刘邦习用的骂人语。有时也用"乃公"。而，尔。

⑥ **曲邮**：地名，在今陕西西安市东北。

⑦ **叔孙通**：当时有名的儒生，事见《刘敬叔孙通列传》。**太傅**：指太子太傅。与下文"少傅"都是太子的辅导官。**行**：代理。

⑧ **汉十二年**：前195年。

⑨ **燕**：这里通"宴"。

⑩趋：小步疾走，这是臣子在君父面前行走的一种礼节姿势。

⑪若：你。

⑫矰缴：泛指射具。矰，一种射鸟的短箭。缴，系在箭后的丝绳。

⑬击代：指讨伐叛汉的代相陈豨。事在高祖十年（前197年）。马邑：汉县名，即今山西朔州市。

⑭赤松子：传说中的仙人。

⑮辟谷：方士术语，据说人练习运气到一定程度就可以不吃食物。道引轻身：道引，同"导引"，也是一种练气方法，据说人修炼到一定程度就可以飞起来。

⑯高帝崩：事在前195年。

⑰后八年：当为"九年"。留侯卒于吕后二年（前186年）。

⑱伏腊：夏天伏日与冬季腊月的祭祀。

译

刘邦想废掉太子刘盈，另立戚夫人所生的儿子赵王如意。很多大臣劝阻，但都始终没能彻底改变刘邦的态度。吕后很害怕，不知如何是好。这时有人提醒吕后说："张良善于出谋划策，皇上一贯信任他。"于是吕后就派建成侯吕泽去胁迫张良说："您经常为皇上出谋划策，现在皇上想要更换太子，您怎么能躺在屋里睡大觉不闻不问？"张良说："当初皇上曾多次处于危急之中，所以他能采纳我的意见；现在天下已经安定了，他是出于个人的感情，想换太子，这是人家家庭内部的事情，对于这种事情，即使有一百个张良也没有用。"吕泽强逼着说："无论如何您必须给想个办法。"张良说："这种事，空口劝说是不行的。皇上有四个一直想请而至今请不到的人，这四个人年纪都大了，他们讨厌皇上的傲慢无礼，宁愿逃到深山里躲起来，也不愿做汉朝的子民。但是皇上还一直对这四个人很崇敬。现在您如果能够不吝惜金银财宝，多多地带着礼物，让太子写上一封信，言词要谦恭，派一个会说话的人，让他赶着一辆舒适的车子去请他们，我估计他们是会来的。如果来了，叫他们充当太子的宾客，经常跟随太子上朝，故意让皇上看到他们。这样皇上感到奇怪，就会问他们。一问是他们，皇上知道他们德高望重。这对太子将是一种很大的帮助。"于是吕后就让吕泽派人带着厚礼和太子的书信，谦恭地去请这四个人。四人请来后，先住在建成侯吕泽的家里。

汉高祖十一年，黥布起兵造反，刘邦当时有病，想让太子率兵前去征讨。四个人彼此商量道："我们之所以到这里来，就是为了保护太子。如果今天让太子领兵出征，那事情就很危险了。"于是四人去找吕泽说："太子领兵出征，即使有了功劳，也不会给太子带来什么好处。假如无功而回，那就要从此遭殃了。而且太子所统领的那些将领，都是过去同皇上一道打天下的猛将。现在让太子去统领他们，这简直就是让一只羊去统领一群狼，谁也不会替太子尽力，这样去了是绝对不会获得成功的。俗话说：'爱哪个母亲，就抱那个母亲所生的孩子。'现在戚夫人整天围着皇上转，赵王如意常常被抱放在皇帝面前，皇上常说：'我无论如何不会让那不成器的小子坐在我这个心爱的儿子的上头。'很明显赵王如意要取代太子是肯定无疑的。你为什么还不赶快请吕后找机会向皇上哭诉，就说：'黥布是天下有名的将领，很会用兵，而咱们的这些将领，又都和您是同一辈的。如果让太子去统领他们，简直就是让羊去统领狼，没有人会听他使唤。这要叫黥布一知道，那他就会毫无顾忌地向西长驱直入了。您现在虽然有病，但最好还是坚持一下，即使躺在一辆篷车里不动，只要您在，他们就谁也不敢不尽力。您虽然吃些苦，为了老婆孩子，就再硬撑一回吧。'"吕泽听罢，当夜就把四个人的意思告诉了吕后。吕后赶紧找机会按着四个人的意思对刘邦哭诉了一遍。刘邦一听说："我也早就琢磨着这个小子不中用，还是老子自己去吧！"于是刘邦亲自率军东征了。留守京都的大臣们都送行到霸上。张良正有病，但也挣扎着来到曲邮。张良对刘邦说："我本来应随您一道去，但因病重不可能了，楚地人迅猛剽悍，希望您不要同黥布的军队正面硬拼。"并乘机又说："应该任命太子为统帅，让他留守后方，监督节制关中的所有军队。"刘邦答应了，说："您虽有病，也请您勉为其难替我照顾太子吧！"因为当时叔孙通已经是太傅，所以刘邦命张良代理少傅的职务。

汉高祖十二年，刘邦从打败黥布的前线回来后，病情越来越重了，想更换太子的心情也越来越急迫了。张良劝说无效因而推说有病，不问政事。叔孙通在刘邦面前称古道今地引征了许多历史教训，甚至要用最后一死来劝阻刘邦。刘邦假意答应，而心里仍是想要换太子。这时正好宫廷里有宴会，酒席已经排开，太子在一旁侍候，而四位老人便跟随在太子身后。四个人的年纪都在八十开外，须发皆白，衣帽伟丽。刘邦觉得奇怪，便问太子："他们几个是什么人？"于是四个人过去各报自己的姓名，是：东园公、甪里先生、绮里季、夏黄公。刘邦一听大吃一惊，说："我找你们好几年，你们老是避而不见，今天你们为什么来和我儿子混在一起呢？"四人说："您生性傲慢动不动就骂人，我们决不受您的侮辱，所以离您远远的。后来我们听说皇太子忠孝仁慈，礼贤下士，普天下没有一个人不愿意为他效死，所以我们就来了。"刘邦说："那就多劳你们，请你们始终如一地照护他吧。"

于是四个人一齐向刘邦敬酒，而后一齐退去。刘邦望着他们，指着他们退去的身影对戚夫人说:"我想废太子,可是那四个人保护他,他的翅膀已经长成,不能再动了。看来吕后真是你的主子!"戚夫人听着不由得泪如雨下。刘邦又说:"你为我跳个楚地的风俗舞吧,我来伴你唱楚歌。"说罢刘邦唱道:"鸿鹄展翅高飞,一飞横空千里。翅膀已经长硬,任凭东西南北。任凭东西南北,谁能对它奈何!纵有强弓硬弩,也将徒劳无益!"他反复地唱了好几遍。戚夫人抽抽噎噎,涕泪横流。于是刘邦怏怏地离席而去,宴会就此结束。刘邦之所以最终没能废掉太子,就是由于张良出主意,请来了这四个人的结果。

张良曾经跟随刘邦去讨伐代国,在马邑为刘邦出过奇计。后来刘邦任萧何当相国,也是听从张良劝告的结果。此外他与刘邦谈过的事情还有很多,但那些不是关系国家存亡的根本问题,所以这里就不一一记述了。张良自己说:"我们家世世代代在韩国当丞相,韩国被灭亡后,我为了给韩国向秦朝报仇曾不吝惜万贯家财,闹得天下震动。现在我靠着三寸不烂之舌,当了帝王的老师,被封为万户侯。作为一个平民来说,这已经到达顶点,我的愿望已经满足了!我愿意抛弃人世间的一切事情,想跟着赤松子去当神仙。"于是他就学着不吃粮食,意想平地飞升。等至刘邦死后,吕后回想从前,感激张良的恩德,就去强迫他吃东西,并劝他说:"人活在世上,就像白马驰过墙缝一样短暂,为什么要这样自讨苦吃呢!"张良不得已,又勉强恢复了吃饭。

又过了八年,张良死了。朝廷谥之为"文成侯"。他的儿子张不疑继承了留侯的爵位。

当初,张良在下邳桥头遇到的送给他《太公兵法》的那位老人,十三年以后,张良跟着刘邦经过济北,果然在谷城山下见到了一块黄石头。张良就把它带回包好供了起来。后来张良死时，人们就把这块黄石头同留侯埋在了一起。每逢夏、冬两季人们给张良扫墓时，同时也祭祀那块黄石头。

评

《留侯世家》是刘邦开国功臣张良的传记。张良与萧何、韩信是被后人所称的"汉三杰"。这里我们选了《佐刘灭秦》《佐汉灭楚》《明哲保身》三个故事。张良是我国历史上第一个专门以"摇羽毛扇"的"谋士"出现于读者面前的人物，他没有军功，也没有具体的行政职务，只以高级幕僚的身份在刘邦身边出谋划策、拾遗补缺，但他实际所起的作用却是极其重要的。刘邦曾说："运筹策帷帐之中，决胜于千里之外，吾不如子房。"后代有些敬佩张良的人更说他"其才如管仲"，"其人品在伊、吕之间"，"汉以下唯诸葛孔明略相伯仲"。张良是一个熟读"黄老"之书，既能高瞻远瞩总观全局，又能把握时机当机立断的人。他懂得什么时候该隐忍、该韬晦，也知道什么时候该狠心、该出击。他就是靠着这种本领协助刘邦打败了秦朝，又协助刘邦打败了项羽，其功勋的确无与伦比。张良还极其懂得搞人际关系，尤其是他与刘邦的关系。他始终带着一种清高淡泊、与世无争的样子，因而在刘邦建国之后，韩信、彭越、黥布等大将都被杀了；甚至连萧何、樊哙这种刘邦的铁杆亲信也被下狱，几乎难逃魔掌，而只有张良始终深得刘邦之信任。张良是聪明人，难道他不知道所谓"赤松子"、所谓"辟谷"、"道引轻身"都是骗人的把戏吗？他当然知道。但是刘邦建国之初那些刘邦、吕后与功臣的矛盾，刘邦与吕后的矛盾，刘氏家族与吕氏家族的矛盾等，千头万绪，太尖锐、太复杂了，到处都是地雷、旋涡、陷阱，稍不留神就将断送性命。所以聪明的张良才做出了这种装傻、装病，不表态、不建言、能躲就躲的样子。其内心也是很苦的。所以我们与其责怪张良后期的表现，不如责怪张良所处的那种险恶的政治环境。但愿随着历史的发展、社会的进步，这种险恶的政治环境能逐渐消除。

绛侯周勃世家

周亚夫军细柳

　　条侯亚夫自未侯为河内守时，许负相之①，曰："君后三岁而侯，侯八岁为将相，持国秉②，贵重矣，於人臣无两；其后九岁而君饿死。"亚夫笑曰："臣之兄已代父侯矣，有如卒，子当代，亚夫何说侯乎③？然既已贵如负言，又何说饿死？指示我④。"许负指其口曰："有从理入口，此饿死法也⑤。"居三岁，其兄绛侯胜之有罪，孝文帝择绛侯子贤者，皆推亚夫，乃封亚夫为条侯，续绛侯后⑥。

　　文帝之后六年，匈奴大入边⑦。乃以宗正刘礼为将军，军霸上⑧；祝兹侯徐厉为将军，军棘门⑨；以河内守亚夫为将军，军细柳；以备胡⑩。上自劳军。至霸上及棘门军，直驰入，将以下骑送迎⑪。已而之细柳军，军士吏被甲，锐兵刃，彀（gòu）弓弩，持满⑫。天子先驱至⑬，不得入。先驱曰："天子且至！"军门都尉曰⑭："将军令曰：'军中闻将军令，不闻天子之诏。'"居无何，上至，又不得入。於是上乃使使持节诏将军⑮："吾欲入劳军。"亚夫乃传言开壁门⑯。壁门士吏谓从属车骑曰："将军约，军中不得驱驰。"於是天子乃按辔（pèi）徐行⑰。至营，将军亚夫持兵揖曰："介胄之士不拜⑱，请以军礼见。"天子为动，改容式车⑲。使人称谢："皇帝敬劳将军。"成礼而去。既出军门，群臣皆惊。文帝曰："嗟乎，此真将军矣！曩（nǎng）者霸上、棘门军⑳，若儿戏耳，其将固可袭而虏也。至於亚夫，可得而犯邪！"称善者久之。月馀，三军皆罢，乃拜亚夫为中尉[21]。

孝文且崩时，诫太子曰："即有缓急[22]，周亚夫真可任将兵。"文帝崩，拜亚夫为车骑将军[23]。

注

① **条侯亚夫**：周亚夫，周勃之次子，被封为条侯（封地条县，在今河北省景县南）。**为河内守时**：指文帝十五年（前165年）。河内守，河内郡的郡守。河内，汉郡名，郡治怀县（今河南省武陟西南）。**许负**：秦末汉初时的相面者。

② **持国秉**：秉，同"柄"。

③ **臣之兄**：指周勃的长子周胜之，袭其父爵为绛侯。**何说**：犹言"何因""何由"。

④ **指示我**：指着我的面相讲给我听。

⑤ **从理**：竖纹。从，通"纵"。**饿死法**：法，也称"法令"，指口边的纹理。古人相面，说竖纹入口是饿死的征象。

⑥ **居三岁**：文帝后元二年，前162年。**绛侯胜之有罪**：指杀人犯法。**孝文帝**：刘邦之子，前179—前157年在位。

⑦ **文帝之后六年**：前158年。**匈奴**：古族名，战国及秦、汉时期活动于今内蒙古及蒙古国一带。

⑧ **宗正刘礼**：宗正，主管皇族事务的朝官名。刘礼，刘邦弟刘交之少子。**霸上**：古地名，在当时的长安城东南，今西安市城东，因其地处霸水西岸高原上而得名。

⑨ **祝兹侯徐厉**：据《惠景间侯者年表》徐厉为"松兹侯"。**棘门**：古地名，

在当时的长安城西北,今陕西省咸阳市东北。

⑩ **细柳**:古地名,在当时的长安城西,今陕西省咸阳市西南的渭河北岸。

⑪ **将以下骑送迎**:按:此处应作"将以下,下骑迎送",始可与下文"其将固可袭而虏也"相应。

⑫ **彀弓弩**:即所谓箭上弦。彀,张也。**持满**:把弓拉圆。

⑬ **先驱**:也称"前驱",帝王车驾前面的开路先锋。

⑭ **军门都尉**:把守营门的都尉。都尉的级别相当于校尉。

⑮ **节**:皇帝使者外出时所持的信物,有旌节、旄节、符节等多种。

⑯ **壁门**:营门。

⑰ **按辔**:勒着缰绳,使车马徐行。辔,牲口的笼头。

⑱ **介胄之士**:全副披挂的军人。介,铠甲。胄,头盔。

⑲ **式车**:把头伏在车前的横木(轼)上,这是古人为向某人某事表示敬意而做出的一种姿态。式,通"轼"。

⑳ **曩**:昔,前者。

㉑ **中尉**:主管京城治安的武官,后来改称执金吾。

㉒ **太子**:即日后的汉景帝,名启。**缓急**:偏义复词,即指急,紧急。

㉓ **文帝崩**:事在文帝后元七年,前157年。**车骑将军**:将军的名号,仅低于大将军和骠骑将军。

译

周亚夫在其任河内太守还没有被封侯的时候,当时的有名相者许负曾经给他相面说:"您在三年之后将要被封侯,封侯八年之后要做将相,掌握国家大权,那时您的地位将贵重到极点,在人臣中独一无二。但是再过九年您将被饿死。"周亚夫听了一笑说:"我的长兄已接替了父亲的侯爵，日后他死了也将由他的儿子接替，我又怎么轮得上封侯呢？再说日后我真像你所说的被封侯拜相，我又怎么会饿死呢？请你指着我的面相给我说说。"于是许负指着周亚夫的嘴说："你嘴角上有一条竖纹进入嘴里，这就是一种饿死的面相。"过了三年，周亚夫的哥哥周胜之果然因为杀人犯罪爵位被废。汉文帝要在周勃的儿子中找一个贤明的来接替，大家都推举周亚夫。于是汉文帝就封周亚夫为条侯，让他承继绛侯周勃的香火。

汉文帝后元六年，匈奴人大举入侵汉朝的北部边境。汉文帝派中正刘礼为将军，率军驻防于霸上；派祝兹侯徐厉为将军，率军驻防于棘门；派河内太守周亚夫为将军，率军驻防于细柳，以防备匈奴人突袭京城。有一天，汉文帝亲自去慰劳军队。当他到达霸上和棘门两座军营时，两处都是毫无阻拦地让汉文帝的车驾侍从长驱而入，以将军为首的所有人等都下马俯伏迎送。接着汉文帝又来到了细柳。只见军营门前的士兵一个个都披甲戴盔，刀出鞘，箭上弦。当皇帝的车驾先驱到达军营门时，门前的卫兵拦住了他们。先驱说："皇帝马上就要到来。"把守营门的都尉说："将军命令我们：'军营中只能听将军的命令，不能听皇帝的圣旨。'"过了不久，汉文帝的车驾来到军营门前，卫队仍是拦着不准入内。汉文帝只好派使者手执符节进去通知周亚夫说："皇帝要入营慰劳官兵。"周亚夫接到诏令后，这才传令打开军营大门。守卫又对皇帝的侍从们说："将军规定，营中不许车马飞跑。"于是汉文帝让侍从们一律勒住缰绳，缓步前进。当文帝到达军营时，将军周亚夫手持兵器迎过来作了一个揖说："我是一个武士，只能以军礼参见皇上。"汉文帝很受感动，他严肃地俯在车前的横木上向官兵们敬礼，并让人向周亚夫传呼道："皇帝谨向将军致以亲切的问候。"就这样，直到结束了全部慰劳仪式才起驾离去。汉文帝出了周亚夫的军营,跟随皇帝的群臣和侍卫们都还一个个惊魂未定。汉文帝赞叹地说:"这才是真正的将军!像刚才去过的霸上和棘门,那里简直就是儿戏,那里的主将完全可以被化装的敌人所偷袭、所俘虏;至于像周亚夫,谁能侵犯得了呢!"这件事被汉文帝一直念叨了好几天。一个月后,随着匈奴人的威胁解除,三支驻军也全部撤去。于是汉文帝改拜周亚夫为中尉以维持首都的治安。

汉文帝临死前,告诫太子说:"如果日后国家有了紧急情况,周亚夫是可以信任、可以统兵的。"汉文帝死后,周亚夫被任命为车骑将军。

绛侯周勃世家
周亚夫平吴楚之乱

孝景三年,吴楚反①。亚夫以中尉为太尉②,东击吴楚。因自请上曰:"楚兵剽轻,难与争锋;愿以梁委之③,绝其粮道,乃可制。"上许之。

太尉既会兵荥阳④,吴方攻梁,梁急,请救。太尉引兵东北走昌邑,深壁而守⑤。梁日使使请太尉,太尉守便宜,不肯往。梁上书言景帝,景帝使使诏救梁。太尉不奉诏,坚壁不出,而使轻骑兵弓高侯等绝吴楚兵后食道⑥。吴兵乏粮,饥,数欲挑战,终不出。夜,军中惊,内相攻击扰乱,至於太尉帐下。太尉终卧不起。顷之,复定。后吴奔壁东南陬(zōu)⑦,太尉使备西北;已而其精兵果奔西北,不得入。吴兵既饿,乃引而去。太尉出精兵追击,大破之。吴王濞弃其军,而与壮士数千人亡走,保於江南丹徒⑧。汉兵因乘胜,遂尽虏之,降其兵,购吴王千金。月馀,越人斩吴王头以告。凡相攻守三月,而吴楚破平。於是诸将乃以太尉计谋为是。由此梁孝王与太尉有郤⑨。

注

① **孝景三年:** 前154年。**吴楚反:** 吴、楚等七国发动叛乱。为首者是吴王刘濞(都广陵,今扬州市)与楚王刘戊(都彭城,今徐州市),二人皆刘邦之侄。其余有胶东王刘雄渠(都即墨,今山东平度市东南)、

胶西王刘卬（都高密，今山东高密市西南）、济南王刘辟光（都东平陵，今山东章丘市西）、赵王刘遂（都邯郸，今河北邯郸市）、菑川王刘贤（都剧，今山东昌乐县西北），也都是刘邦子弟的后代，史称"七国之乱"。

② **太尉**：国家的最高军事长官，地位与丞相相同。

③ **梁**：景帝之胞弟刘武的封国，国都睢阳（在今河南商丘市南）。吴、楚叛军杀向长安，梁国首当其冲。

④ **荥阳**：汉县名，县治在今河南省荥阳市东北。

⑤ **昌邑**：汉县名，县治在今山东省金乡西北，处于睢阳东北方的二百里外。**深壁而守**：深沟高垒地据之以守。

⑥ **弓高侯**：韩颓当，刘邦功臣韩王信之子。

⑦ **陬**：角落。

⑧ **丹徒**：汉县名，县治在今江苏省镇江市东南。当时随同刘濞造反的少数民族东瓯人驻兵于此，故刘濞逃奔来归。

⑨ **有郤**：有矛盾，有过节。郤，通"隙"。

译

景帝三年，吴王刘濞伙同楚王刘戊等一起举兵造反。周亚夫从中尉临时被拜为太尉，受命东出迎击吴楚叛军。出发前他向汉景帝请求说："楚地的军队一向剽悍迅猛，我们不能同他们硬拼。我们可以推出梁国让他们攻击，以消耗叛军的锐气，而我们则抄后路去切断他们的粮道，只有这样才有可能战胜他们。"汉景帝答应了周亚夫的请求。

周亚夫把朝廷的各路军队集结在荥阳。这时吴国军队正在进攻梁国，梁国形势危急，梁王请求周亚夫出兵援救。周亚夫置之不理，他把军队带到了睢阳东北的昌邑县，在那里深沟高垒，坚守不出。梁王天天派人向周亚夫求援，周亚夫占据着有利的地形就是按兵不动。梁王上书向景帝告状，景帝下令让周亚夫出兵救梁。周亚夫拒不执行诏令，仍是坚守不出，而暗中派高弓侯韩颓当等率轻骑兵切断了吴楚军队后方的运输线。吴国军队的粮草供应不上，士兵们开始饿肚子。吴军几次向周亚夫挑战，但周亚夫始终坚守阵地不出。一天夜里，周亚夫的营中忽然骚乱，乱兵几乎都闹到了周亚夫的帐下。但周亚夫始终镇静地躺在床上不起来。过了一会儿，营中又平静下来。后来吴兵突然向周亚夫营寨的东南角发起攻击，周亚夫立即命令要注意防备西北角。不一会儿吴国的精锐部队果然开始了对西北角的猛攻，只因周亚夫有备所以吴兵未能攻入。最后因为吴国军队已经绝粮，于是只好撤退。这时周亚夫立即派精兵追击，吴军大败。吴王刘濞无奈只好抛弃了大部队只带着几千名壮士逃到了丹徒县东瓯人的兵营。汉兵乘胜追击，全部俘虏、招降了吴国的军队，同时悬出千金之赏购买吴王刘濞的人头。一个月后，在丹徒驻扎的东瓯人杀了吴王，把人头送来向周亚夫报告了。这次周亚夫与叛军作战，前后共用了三个月，吴、楚几国就被削平了。这时将领们才认识到周亚夫当初的计谋是正确的。但也正是在这次平叛中，梁孝王同周亚夫结下了仇怨。

绛侯周勃世家

周亚夫之死

归,复置太尉官①。五岁,迁为丞相,景帝甚重之。景帝废栗太子②,丞相固争之,不得。景帝由此疏之。而梁孝王每朝,常与太后言条侯之短。

窦太后曰:"皇后兄王信可侯也③。"景帝让曰:"始南皮、章武侯先帝不侯④,及臣即位乃侯之。信未得封也。"窦太后曰:"人主各以时行耳。自窦长君在时,竟不得侯,死后乃其子彭祖顾得侯,吾甚恨之⑤。帝趣侯信也⑥!"景帝曰:"请得与丞相议之。"丞相议之⑦,亚夫曰:"高皇帝约'非刘氏不得王,非有功不得侯,不如约,天下共击之'。今信虽皇后兄,无功;侯之,非约也。"景帝默然而止。

其后匈奴王唯徐卢等五人降,景帝欲侯之以劝后⑧。丞相亚夫曰:"彼背其主降陛下,陛下侯之,则何以责人臣不守节者乎?"景帝曰:"丞相议不可用。"乃悉封唯徐卢等为列侯⑨,亚夫因谢病。景帝中三年,以病免相⑩。

顷之,景帝居禁中⑪,召条侯,赐食。独置大胾(zì),无切肉,又不置箸⑫。条侯心不平,顾谓尚席取箸⑬。景帝视而笑曰:"此不足君所乎?"条侯免冠谢。上起,条侯因趋出⑭。景帝以目送之,曰:"此怏怏者非少主臣也⑮!"

居无何，条侯子为父买工官尚方甲楯（dùn）五百被（pī）可以葬者，取庸苦之[16]，不予钱。庸知其盗买县官器，怒而上变告子[17]，事连污条侯。书既闻上，上下吏。吏簿责条侯[18]，条侯不对。景帝骂之曰："吾不用也。"召诣（yì）廷尉[19]。廷尉责曰："君侯欲反邪？"亚夫曰："臣所买器，乃葬器也，何谓反邪？"吏曰："君侯纵不反地上，即欲反地下耳！"吏侵之益急。初，吏捕条侯，条侯欲自杀，夫人止之，以故不得死，遂入廷尉。因不食五日，呕血而死，国除[20]。

注

① **复置太尉官**：汉初之太尉官，时置时废。景帝即位时无太尉官，吴楚造反，周亚夫率军往讨，临时授以此职，至归，乃又正式设置此官。

② **栗太子**：名荣，以其母姓栗，故史称"栗太子"。栗姬性妒，在嫔妃中处境孤立，景帝姊长公主刘嫖与景帝妃王夫人共同倾陷之。景帝七年（前150年），栗太子被废，栗姬也愤郁而死。

③ **窦太后**：孝景帝与梁孝王的生母。**王信**：汉景帝王夫人之兄。王夫人挤倒栗姬后，遂被景帝立为皇后，所生子即日后之武帝刘彻。

④ **南皮、章武侯**：南皮侯为窦彭祖，窦太后兄窦长君之子，因其父早死，故封其子为侯；章武侯为窦广国，窦太后之弟。刘邦最初曾规定"非有军功者不得封侯"，自吕后大封诸吕为侯、为王始，后之诸帝遂依例封外戚为侯。

⑤ **吾甚恨之**：恨，遗憾，后悔。

⑥ **趣**：通"促"，迅即。

⑦ **丞相议之**：按：四字应是衍文，《汉书》削此四字。

⑧ **唯徐卢**：原匈奴王，于景帝中元三年（前147年）冬，率其众降汉。

劝：鼓励。

⑨ **悉封唯徐卢等为列侯**：唯徐卢被封为容城侯，仆阳为易侯，范代为范阳侯，邯郸为翕侯，卢他之为亚谷侯，于军为安陵侯，其赐为桓侯，共七人。

⑩ **景帝中三年**：即中元三年，前147年。**以病免相**：实际以屡忤上意而遭免职。

⑪ **禁中**：即宫中，以其门阁有禁，非侍御之臣不得入内，故云。

⑫ **大胾**：大块的肉。**箸**：筷子。

⑬ **尚席**：官名，主管为皇帝安排酒席。尚，主管。

⑭ **趋出**：趋，小步疾走，这是臣下在君父面前行走的一种特殊步态。

⑮ **怏怏**：犹言"悻悻"，内心不平、不满的样子。

⑯ **工官尚方**：犹言"尚方工官"，主管为皇家制造器物的部门，其长官曰上方令。**甲楯**：楯，同"盾"。**五百被**：犹言"五百套"。被，套，计数单位。**庸**：通"佣"，雇工。

⑰ **县官**：指天子，亦用为"国家"之义。**上变**：变，也叫"变事"，告发谋反事件的文书。

⑱ **簿责**：尚未逮治，派吏持簿至其家验问，是一种宽大优容的表现。

⑲ **召诣廷尉**：诣，到。廷尉，官名，主管全国刑狱。

⑳ **国除**：意即撤销了条侯的建制与封邑。

译

周亚夫回朝后，朝廷又恢复了前已废除的太尉官。周亚夫任太尉五年转迁为丞相，汉景帝很重用他。汉景帝要废除栗太子，周亚夫极力劝阻却未能成功，而汉景帝则从此对他逐渐疏远。梁孝王每次来长安朝见太后时也常在太后面前说他的坏话。

有一次窦太后对汉景帝说:"皇后的哥哥王信应该封侯。"汉景帝拒绝说:"南皮侯、章武侯都没有在先帝时期封侯,是到我即位后才封的;王信是我辈亲戚,在我手上不能封他。"太后说:"做主子的理应根据各自的情况办事,我大哥窦长君在世时未能封侯,他的儿子窦彭祖后来虽然封了侯,但我对这事一直感到遗憾。你还是赶快封王信为侯吧。"汉景帝说:"让我跟丞相商量一下。"当汉景帝与丞相商量这件事时,周亚夫说:"当年高皇帝曾有规定,'不是刘家子弟不能封王,没有功劳的人不能封侯。谁不遵守这个规定,全国一起讨伐他'。现在王信虽然是皇后的哥哥,但他没有功劳,封他为侯是违背高皇帝的规定的。"汉景帝听了没再说话,这事也就作罢了。

后来匈奴王唯徐卢等五人归降了汉朝,汉景帝准备封他们为侯,想以此来吸引别的匈奴人也来投降。周亚夫说:"他们这些人都是背叛了自己的主子来归降您的,您封他们为侯,以后我们还怎么要求我们自己的那些对主子不忠的人呢!"汉景帝说:"丞相的意见不能采用。"于是自作主张把唯徐卢等五人全都封为列侯。周亚夫对此不满,借故称病请假。汉景帝中元三年,周亚夫遂因"病"被罢免了丞相职务。

过后不久,汉景帝召周亚夫入宫,设宴招待他,但桌上只摆着一大块肉,既没有切成小块,又没有放筷子。周亚夫心里不高兴,他回头叫主管筵席的官员去拿筷子。这时汉景帝看着周亚夫冷笑说:"你还对此不满意吗?"周亚夫一听只好脱帽请罪。这时汉景帝已经生气地站起来了,周亚夫见此情景,遂躬身快步出门而去。汉景帝盯着他的背影说:"这个心怀不满的家伙,不是将来少年皇帝能够支使的人!"

不久,周亚夫的儿子为周亚夫向专为宫廷服务的制造厂买了五百套作殉葬用的铠甲和兵器。由于虐待雇工，不给人家工钱，而雇工们知道这是偷着买了皇家使用的陪葬物品，于是上书告发了周亚夫的儿子，事情牵连到了周亚夫。汉景帝看过控告信后，把这个案件交给有关的法吏去办理。法吏拿着簿书到周亚夫家验问，周亚夫不理他。汉景帝听说后生气地骂道："我也用不着叫你对簿了。"于是下令叫周亚夫到廷尉那里去受审。廷尉责问周亚夫说："君侯你想造反吗？"周亚夫说："我买的那些东西都是殉葬品，怎么能说是造反呢？"旁边的小吏们说："即使您不是想在人间造反，也是想到地下去造反！"接着他们就越来越厉害地迫害周亚夫。本来当狱吏去逮捕周亚夫时，周亚夫就想自杀，由于他的夫人劝阻他，所以才没有死，才到了廷尉这里。在狱中周亚夫五日拒不进食，最后吐血而死，封国就随之被废除。

评

《绛侯周勃世家》是刘邦的开国功臣周勃与其子周亚夫的合传。周勃是平民出身，跟着刘邦起义反秦，又跟着刘邦打败项羽，因军功被封为绛侯，在刘邦建国初期平定北方的叛乱，与刘邦死后在诛诸吕以维护刘氏正统上都有巨大功勋。但是由于功劳太大、威望太高，而使汉景帝不舒服，以致被下狱、罢官，终至抑郁而死。

周亚夫在文帝时就已经表现了突出的军事才能，在景帝时期因平定吴楚七国之乱的功勋而晋位丞相，位极人臣。但也是由于功劳太大、威望太高而遭到汉景帝的猜忌，再加以周亚夫为人耿直、刚烈不阿，在阻封皇帝妻兄与匈奴叛归者为侯上与汉景帝顶牛，于是被汉景帝强加罪名，下狱而死。周氏父子都对刘家的功勋巨大，而遭祸的原因又都是出于莫须有，这是使司马迁以及后代的读者所深为感慨的。我们这里只选了有关周亚夫的几个故事，《周亚夫军细柳》可以说是最生动、最精彩，在古往今来描写大将军营的气派上是少有其比的；但由于司马迁的兴之所至，过为渲染夸张，遂使其中所写的某些场面几乎不能令人相信。在《周亚夫平吴楚之乱》中，周亚夫故意消耗梁国，坐收渔人之利，最后既能灭掉吴楚，又同时使梁国大为削弱，这是周亚夫出兵前与汉景帝谋划好的。但得益者是汉景帝，受梁孝王与窦太后的攻击、嫉恨而最后倒霉的却是周亚夫。《周亚夫之死》一节，可以见到汉景帝的阴险残忍，显示了封建社会高层官场的许多带有规律性的东西，可以使人举一反三。

孙子吴起列传

孙武练女兵

孙子武者,齐人也。以兵法见于吴王阖庐①。阖庐曰:"子之十三篇,吾尽观之矣,可以小试勒兵乎?"对曰:"可。"阖庐曰:"可试以妇人乎?"曰:"可。"于是许之,出宫中美女,得百八十人。孙子分为二队,以王之宠姬二人各为队长,皆令持戟。令之曰:"汝知而心与左右手背乎?"妇人曰:"知之。"孙子曰:"前,则视心;左,视左手;右,视右手;后,即视背。"妇人曰:"诺。"约束既布,乃设铁钺(yuè)②,即三令五申之。于是鼓之右,妇人大笑。孙子曰:"约束不明,申令不熟,将之罪也。"复三令五申,而鼓之左,妇人复大笑。孙子曰:"约束不明,申令不熟,将之罪也;既已明而不如法者,吏士之罪也。"乃欲斩左右队长。吴王从台上观,见且斩爱姬,大骇。趣使使下令曰③:"寡人已知将军能用兵矣。寡人非此二姬,食不甘味,愿勿斩也。"孙子曰:"臣既已受命为将,将在军,君命有所不受。"遂斩队长二人以徇。用其次为队长,于是复鼓之,妇人左右前后跪起皆中规矩绳墨④,无敢出声。于是孙子使使报王曰:"兵既整齐,王可试下观之,唯王所欲用之,虽赴水火犹可也。"吴王曰:"将军罢休就舍,寡人不愿下观。"孙子曰:"王徒好其言,不能用其实。"于是阖庐知孙子能用兵,卒以为将。西破强楚,入郢⑤,北威齐晋,显名诸侯,孙子与有力焉。

注

① **阖庐**：名光，春秋末期的吴国国君，前514—前496年在位，为春秋"五霸"之一。

② **铁钺**：即"斧钺"，古时军中用以惩治犯令者的刑具。铁，同"斧"。钺，大斧。

③ **趣**：通"促"，急也。

④ **规矩绳墨**：皆匠人所用的仪器，规以取圆，矩以取方，绳墨以取直。这里用以代指章程规定。

⑤ **西破强楚，入郢**：事在鲁定公四年，吴王阖庐九年，前506年。详见《伍子胥列传》。郢是楚国国都，在今湖北省荆州市江陵区西北。

译

孙子名武，是齐国人，因精通兵法而往见吴王阖庐。阖庐说："你写的《孙子兵法》十三篇，我都看了，写得好。但是你能为我表演一下实际用兵吗？"孙武说："可以。"阖庐说："能用妇女来试一试吗？"孙武说："可以。"于是阖庐在宫中选了一百八十名美女，孙武把她们分为两队，让吴王的两个宠姬当队长，叫宫女们都手执长戟。孙武问她们："你们都知道自己的心口、左右手、后背在什么地方吗？"宫女们说："知道。"孙武说："等会我发令'向前'，你们就朝着你们心口所对的方向前进；我说'向左'，你们就向着左手的方向转；我说'向右'，你们就朝右手的方向转；我说'向后'，你们就转身过来。能做到吗？"宫女们都说："能。"孙武布置完毕，就把军中的刑具斧、钺等摆了出来，同时又反复讲了几遍。说罢，孙武击鼓使之向右，宫女们都大笑起来。孙武说:"这一次没做好,是我还没讲清楚,这是我的责任。"于是,他把刚才宣布过的又讲了几遍,而后击鼓使之向左,宫女们仍是嬉笑不动。孙武严肃地说:"要领讲得不明白,军法讲得不清楚,这是将军的责任;如果这些都已经讲清楚了,而动作不合规定,这就是士兵的责任了。"于是准备处决两个队长。正在台上观看的吴王一见孙武要斩他的爱姬,大惊失色,赶紧派人下来对孙武说:"我已经知道您善于用兵了。至于这两个女子,你就给我留下吧,没有她们,我连饭都吃不下去。"孙武说:"我已经接受命令当了您的将军,将军在行伍之中,可以不接受君王的命令。"说罢硬是把两个宠姬杀了,还把她们的人头叫大家看了一遍。接着,又重新选派了两个队长,继续操练。这次大家都随着孙武的鼓点,该前该后该左该右该跪该起,一切都谨遵规矩,没有人敢做声。于是孙武派人报告吴王说:"队伍已经操练整齐,大王可以下来看看,现在您怎么命令她们都可以,就是叫她们去赴汤蹈火,也毫无问题了。"吴王不高兴地说:"将军回去休息吧,我不想下去看了。"孙武说:"大王就是喜好书面上的文章,而不能把它付之于实践。"但是通过这一次,阖庐还是知道孙武善于用兵了,终于请孙武做了吴国的大将,让他带兵西破强楚,攻入了楚国的郢都;又挥师北上,威震齐、晋。吴王阖庐所以能够显名于诸侯,成为一代霸主,孙武是出了力的。

孙子吴起列传

孙膑破杀庞涓

孙武既死,后百余岁有孙膑①。膑生阿(ē)鄄(juàn)之间②。膑亦孙武之后世子孙也。孙膑尝与庞涓俱学兵法。庞涓既事魏,得为惠王将军③,而自以为能不及孙膑,乃阴使召孙膑。膑至,庞涓恐其贤于己,疾之,则以法刑断其两足而黥(qíng)之,欲隐勿见。

齐使者如梁④,孙膑以刑徒阴见,说齐使。齐使以为奇,窃载与之齐。齐将田忌善而客待之。忌数与齐诸公子驰逐重射。孙子见其马足不甚相远,马有上、中、下辈。于是孙子谓田忌曰:"君弟重射,臣能令君胜。"田忌信然之,与王及诸公子逐射千金。及临质,孙子曰:"今以君之下驷与彼上驷⑤,取君上驷与彼中驷,取君中驷与彼下驷。"既驰三辈毕,而田忌一不胜而再胜,卒得王千金。于是忌进孙子于威王⑥。威王问兵法,遂以为师。

其后魏伐赵,赵急,请救于齐。齐威王欲将孙膑,膑辞谢曰:"刑余之人不可。"于是乃以田忌为将,而孙子为师,居辎车中,坐为计谋。田忌欲引兵之赵,孙子曰:"夫解杂乱纷纠者不控卷⑦,救斗者不搏撠,批亢捣虚⑧,形格势禁,则自为解耳。今梁赵相攻,轻兵锐卒必竭于外,老弱罢于内。君不若引兵疾走大梁⑨,据其街路,冲其方虚,彼必释赵而自救。是我一举解赵之围而收弊于魏也。"田忌从之,魏果去邯郸,与齐战于桂陵⑩，大破梁军。

后十三岁，魏与赵攻韩，韩告急于齐，齐使田忌将而往，直走大梁。魏将庞涓闻之，去韩而归，齐军既已过而西矣。孙子谓田忌曰："彼三晋之兵素悍勇而轻齐⑪，齐号为怯，善战者因其势而利导之。兵法，百里而趣利者蹶上将⑫，五十里而趣利者军半至。使齐军入魏地为十万灶，明日为五万灶，又明日为三万灶。"庞涓行三日，大喜，曰："我固知齐军怯，入吾地三日，士卒亡者过半矣。"乃弃其步军，与其轻锐倍日并行逐之。孙子度其行，暮当至马陵⑬。马陵道陕⑭，而旁多阻隘，可伏兵。乃斫大树白而书之曰："庞涓死于此树之下。"于是令齐军善射者万弩，夹道而伏，期曰："暮见火举而俱发。"庞涓果夜至斫木下，见白书，乃钻火烛之。读其书未毕，齐军万弩俱发，魏军大乱相失。庞涓自知智穷兵败，乃自刭（jīng），曰："遂成竖子之名！"齐因乘胜尽破其军，虏魏太子申以归⑮。孙膑以此名显天下，世传其兵法⑯。

注

① **孙膑**：古代称挖去膝盖骨的刑罚叫膑，孙子因受此刑，故以"膑"字名之。

② **阿**：也称东阿，在今山东省阳谷县东北。**鄄**：即鄄城，在今山东省鄄城县北。

③ **惠王**：名䓨，战国中期魏国国君，前369—前319年在位。

④ **梁**：即指魏，因当时魏国的都城已迁到大梁（今河南省开封市），故人们也称魏国、魏王为"梁国""梁王"。

⑤ **下驷**：下等马。驷，原指一车四马，后来也用以即指马。

⑥ **威王**：名田因齐，战国中期的齐国国君，前356—前320年在位。

⑦ **卷**：同"拳"。

⑧ **亢**：同"吭"，咽喉。一说，亢，强也，盛也。

⑨ **大梁**：即今河南开封市，后来魏国迁都于此。

⑩ **桂陵**：古地名，在今河南省长垣西南，当时属魏。齐魏桂陵之役在齐威王四年，魏惠王十七年，公元前353年。

⑪ **三晋之兵**：指魏军。因魏与韩、赵皆分晋而建国，故时人多称魏为"三晋"或"晋"。

⑫ **趣**：同"趋"，奔赴。

⑬ **马陵**：古地名，在今山东省范县西南，当时属齐。

⑭ **陕**：同"狭"。

⑮ **虏魏太子申以归**：按：齐魏马陵之战在齐威王十六年，魏惠王二十九年，公元前341年。

⑯ **世传其兵法**：按：《孙膑兵法》于六朝以来不见于世，人多疑史公此结有误。1972年于山东临沂银雀山汉墓中发现此书，1975年此书公开出版。

译

孙武死后一百多年，又出了一个孙膑。孙膑生于阿邑、鄄邑之间，是孙武的后代。孙膑曾与庞涓一道学习兵法。后来庞涓在魏国做了魏惠王的将军，他知道自己的才能比不上孙膑，就派人悄悄地把孙膑召到魏国来。孙膑来到大梁后，庞涓忌恨他，怕他超过自己，于是就编造罪名，诬蔑孙膑犯法，处以膑刑（去掉两腿的膝盖骨），同时在他的脸上刺了字，想以此让他永无出头之日。

后来，齐国的使者来到了魏国，孙膑以一个罪犯的身份，悄悄求见了齐国使者，同齐国使者进行了交谈。使者觉得孙膑是位奇才，就把他藏在马车里，偷偷带到了齐国。齐国的大将田忌很喜欢孙膑，待他很好。田忌经常与宗室的公子们赛马赌钱。孙膑看着田忌家的马与对方的马实力差不多，都可以分为上、中、下三等。于是孙膑对田忌说："下回赛马，你可以尽管下大赌注，我包你能赢。"田忌相信孙膑，于是便约齐王和诸公子们赛马，并下了千金的赌注。临到比赛时，孙膑对田忌说："您用您的下等马跟他们的上等马比赛，用您的上等马对付他们的中等马，用您的中等马对付他们的下等马。"就这样，三场比赛过后，田忌一负二胜，赢了齐王千金。于是，田忌把孙膑推荐给了齐威王。齐威王和他谈论了一回兵法，很佩服，随即尊孙膑为军师。

后来，魏国出兵攻打赵国，赵国形势危急，派人到齐国求援。齐威王想派孙膑率军援赵，孙膑推辞说："我是受过刑的人，不宜充当主将。"于是齐王就派田忌为主将，而请孙膑给他当军师，让他坐在一辆有篷盖的车里，为田忌出谋献策。田忌打算引兵直奔被围的赵国，孙膑说："一团乱丝只能慢慢地解，不能乱扯乱揪；给人拉架，只能从旁劝解，不能挥拳抡臂地加到里头去掺和。如果给它来个避实就虚，那么形势就会立刻发生变化，问题也就迎刃而解了。现在魏国出兵攻打赵国，他们的精锐部队都到外面去了，国内留下的都是一些老弱病残。您不如领兵奔袭魏国的国都大梁，占据他们的交通要地，攻击他们守备空虚的地方，这样魏军就必然要撤兵回来自救。这一来，我们便一举两得，既为赵国解了围，又叫魏军疲于奔命。"田忌采纳了这个方略，魏军果然放弃了赵都邯郸，回师自救，而田忌在桂陵截击魏军，把魏军打得落花流水。

十三年以后，魏又与赵联合攻韩，韩国向齐国告急。齐王又让田忌为将带兵救韩，田忌率兵直扑大梁。魏将庞涓闻讯后，急急从韩国撤兵，赶回魏国东境阻击齐军，可是这时齐军已经越过边境突向魏国腹地了。孙膑对田忌说："魏国人以剽悍勇猛著称，他们素来瞧不起齐国人，认为齐兵胆子小。善于作战的人就是要将计就计，因势利导。兵法上不是说过：每日行军百里赶去和敌人争利的，就要折损自己的上将；每日行军五十里赶去和敌人争利的，也会减员一半。我军进入魏境的头一天，在营地上安排给十万人做饭的炉灶，到第二天安排给五万人做饭的炉灶，第三天只安排给三万人做饭的炉灶。"田忌同意，就这么办了。庞涓追了三天，他高兴地说："我早就知道齐国人是胆小鬼，进入我国境内才三天，开小差的就超过一半了。"于是，他下令甩掉步兵，只带着一支轻装的骑兵昼夜兼程地追赶齐军。到了这一天，孙膑估算着到天黑时，魏军可以赶到马陵。马陵这个地方的道路狭窄，两旁地势险要，可以埋下伏兵。于是孙膑叫人把路边的一棵大树削去树皮，在露出白木头的地方写了"庞涓死于此树下"几个大字。然后调集了万余名善射的齐兵埋伏在山路两旁，告诉他们："天黑以后，只要看见有人点火把，你们就一起放箭。"当天夜里，庞涓果然带兵进入了马陵道，来到那棵大树下，他见树上仿佛写着什么，于是叫人点起火把来照看，结果树上的字还没看完，两旁伏兵就万箭齐发，魏军一下子乱成一团。庞涓知道大势已去，自己没有任何办法，只好拔剑自杀了。临死前他又恨又气地说："这一下可成就了孙膑这小子的名声！"齐军乘胜追击，彻底打败了魏军，并俘虏了魏国太子申而归。从此孙膑名扬天下，他写的兵法也在世上广为流传。

孙子吴起列传
吴起变法

吴起者,卫人也①,好用兵。尝学于曾子②,事鲁君。齐人攻鲁,鲁欲将吴起,吴起取齐女为妻,而鲁疑之。吴起于是欲就名,遂杀其妻,以明不与齐也。鲁卒以为将。将而攻齐,大破之。

鲁人或恶吴起曰:"起之为人,猜忍人也。其少时,家累千金,游仕不遂,遂破其家。乡党笑之③,吴起杀其谤己者三十余人,而东出卫郭门,与其母诀,啮臂而盟曰:'起不为卿相,不复入卫。'遂事曾子。居顷之,其母死,起终不归。曾子薄之,而与起绝。起乃之鲁,学兵法以事鲁君。鲁君疑之,起杀妻以求将。夫鲁小国,而有战胜之名,则诸侯图鲁矣。且鲁卫兄弟之国也④,而君用起,则是弃卫。"鲁君疑之,谢吴起。

吴起于是闻魏文侯贤⑤,欲事之。文侯问李克曰⑥:"吴起何如人哉?"李克曰:"起贪而好色,然用兵司马穰苴(ráng jū)不能过也⑦。"于是魏文侯以为将,击秦,拔五城。

起之为将,与士卒最下者同衣食。卧不设席,行不骑乘,亲裹赢粮,与士卒分劳苦。卒有病疽(jū)者,起为吮(shǔn)之。卒母闻而哭之。人曰:"子卒也,而将军自吮其疽,何哭为?"母曰:"非然也。往年吴公吮其父,其父战不旋踵,遂死于敌。吴公今又吮其子,妾不知其死所矣。是以哭之。"

文侯以吴起善用兵，廉平，尽能得士心，乃以为西河守[8]，以拒秦、韩。

魏文侯既卒，起事其子武侯[9]。武侯浮西河而下[10]，中流，顾而谓吴起曰："美哉乎山河之固，此魏国之宝也！"起对曰："在德不在险。昔三苗氏左洞庭[11]，右彭蠡[12]，德义不修，禹灭之。夏桀之居[13]，左河济[14]，右泰华[15]，伊阙在其南[16]，羊肠在其北[17]，修政不仁，汤放之。殷纣之国[18]，左孟门[19]，右太行[20]，常山在其北[21]，大河经其南，修政不德，武王杀之。由此观之，在德不在险。若君不修德，舟中之人尽为敌国也。"武侯曰："善。"

吴起为西河守，甚有声名。魏置相，相田文[22]。

田文既死，公叔为相[23]，尚魏公主，而害吴起。公叔之仆曰："起易去也。"公叔曰："奈何？"其仆曰："吴起为人节廉而自喜名也。君因先与武侯言曰：'夫吴起贤人也，而侯之国小，又与强秦壤界，臣窃恐起之无留心也。'武侯即曰：'奈何？'君因谓武侯曰：'试延以公主，起有留心则必受之，无留心则必辞矣。以此卜之。'君因召吴起而与归，即令公主怒而轻君。吴起见公主之贱君也，则必辞。"于是吴起见公主之贱魏相，果辞魏武侯，武侯疑之而弗信也。吴起惧得罪，遂去，即之楚。

楚悼王素闻起贤[24]，至则相楚。明法审令，捐不急之官，废公族疏远者，以抚养战斗之士。要在强兵，破驰说之言从横者。于是南平百越[25]，北并陈蔡，却三晋，西伐秦。诸侯患楚之强，故楚之贵戚尽欲害吴起。及悼王死[26]，宗室大臣作乱而攻吴起，吴起走之王尸而伏之。击起之徒因射刺吴起，并中悼王。悼王既葬，太子立[27]，乃使令尹尽诛射吴起而并中王尸者，坐射起而夷宗死者七十余家。

注
---

① **卫**：西周初年建立的诸侯国名，始封之君为武王之弟康叔，国都朝歌（今河南省淇县）。春秋时曾先后迁都到楚丘（河南滑县）和帝丘（今河南濮阳市）。战国时期为魏国附庸。

② **曾子**：名参，春秋末期鲁国人。孔子的学生。

③ **乡党**：古时基层的居民单位，五百家为一党。两万五千家为一乡。故乡党时常用为乡邻、乡亲之义。

④ **鲁卫兄弟之国**：鲁国国君是周公姬旦的后代，卫国国君是康叔姬封的后代，姬旦与姬封是亲兄弟，所以称鲁卫是兄弟之国。

⑤ **魏文侯**：名斯，战国初期魏国的国君，前445—前396年在位，是当时最有作为的诸侯。

⑥ **李克**：即李悝，魏国名臣，曾协助魏文侯实行了许多新的经济政策，使魏国得以富强。

⑦ **司马穰苴**：春秋后期齐国名将，景公时人。事迹见《司马穰苴列传》。

⑧ **西河守**：西河郡的郡守。西河郡约当今陕西东部黄河西岸地区，当时属魏。

⑨ **武侯**：名击，文侯之子，前395—前370年在位。

⑩ **西河**：时人用以称今山西与陕西交界的那段黄河。

⑪ **三苗氏**：古代传说中的南方部族。**洞庭**：指洞庭湖，在今湖南省北部。

⑫ **彭蠡**：指彭蠡泽，即今江西省北部的鄱阳湖。古人通常称西边为右，东边为左，此以人之南向而言。今三苗北向而抗舜、禹，自北方而称三苗，故谓其左（西）洞庭而右（东）彭蠡。

⑬ **夏桀**：夏朝末代帝王，被商汤打败，流放而死。

⑭ **河济**：古地名，在今河南省温县东，其地为黄河与济水的分流处，故名。

⑮ **泰华**：即华山，在今陕西省华阴市南。

⑯ **伊阙**：山名，又名龙门山，在今河南省洛阳市南。因两山相对如门，伊水流其间，故名。

⑰ **羊肠**：指羊肠坂，太行山上的通道，以其萦曲如羊肠，故名，在今山西省晋城市南。

⑱ **殷纣**：商朝末代帝王，都于朝歌（今河南省淇县）。后被武王打败，自焚而死。

⑲ **孟门**：古隘道名，在今河南省辉县市西。

⑳ **太行**：山名，盘踞于今山西省东南部与河南、河北交界处。

㉑ **常山**：即恒山，在今河北省曲阳西北与山西接壤处。

㉒ **田文**：魏国贵族，《吕氏春秋》作"商文"，与齐国孟尝君田文不是一人。

㉓ **公叔**：韩国贵族，时为魏相。亦有曰，即魏国将领公叔座。

㉔ **楚悼王**：名疑，前401—前381年在位。

㉕ **百越**：也作"百粤"，统称当时居住在今福建、广东、广西一带的少数民族，因其种族繁多，故称百越。

㉖ **悼王死**：事在前381年。

㉗ **太子**：名臧，即后日的楚肃王，前380—前370年在位。

译

吴起是卫国人，自幼喜欢兵法，曾跟着曾子学习，后来在鲁国做事。有一次，齐国起兵攻鲁，鲁君想让吴起为将，但由于吴起的妻子是齐国人，所以鲁君对他有疑心。吴起为追求功名，就回家把妻子杀了，以此来表明自己与齐国毫不相干。鲁君终于让他当了大将，派他率兵迎敌，最后打败了齐军。

可是鲁国有人讨厌吴起，就说："吴起为人残忍。少年时他家中本来很富裕，就是因为到处活动找官做，才把家产折腾光了。乡里人笑话他，他竟把这些乡亲杀死了三十多人。当他离开卫国在国都东门与母亲告别时，他咬破手臂发誓说：'要是当不上大官就再不回来。'于是就求学于曾子。不久，他母亲死了，吴起因自己没有做官就不回家办丧事，为此曾子很鄙视他，和他断绝了关系。这以后他才来到鲁国，学了些兵法在鲁国做事。为了换取鲁君的信任，竟杀妻以谋取大将的官职。咱们鲁国是小国，小国落个打败大国的虚名，就会引起别国的不安，也就会招来麻烦。何况鲁、卫又是兄弟之国，我们国家重用他，肯定就要得罪卫国。"鲁君听了这些议论也产生了疑虑，于是就把吴起辞退了。

吴起听说魏文侯是个贤明的国君，就来到魏国，请求为魏国做事。魏文侯问李克说："吴起这人怎么样？"李克说："吴起贪名好女色，但要说用兵打仗，就是司马穰苴也比不过他。"于是魏文侯就任用吴起为将，吴起带兵攻秦，一连夺取了秦国的五座城池。

吴起当将军时，和最下等的士兵吃一样的饭，穿一样的衣裳。睡觉不铺褥子，行军时不骑马坐车，还亲自背粮食，与士兵同甘共苦。有一个士兵长了痈疮，吴起亲自用嘴把他疮里的脓吸了出来。这个士兵的母亲听说后，不由得哭起来了。旁人问她："你的儿子是个小兵，人家将军亲自为他吸脓，你哭什么呢？"这位母亲说："你不知道，以前吴将军也这样替孩子他爹吸过疮，因此孩子他爹就感动得勇往直前，连头都不回地战死在沙场上。如今吴将军又替我的孩子吸疮了，我不知道这孩子将来又会战死在什么地方,所以我才哭了。"

魏文侯因为吴起善用兵,而且又不爱钱财,待人公平,能够得到士兵们的真心拥戴,于是就任命他为西河郡长官,以防备秦、韩两国的入侵。

魏文侯死后,吴起又接着为魏武侯做事。一次,魏武侯与吴起等人一同乘船,沿着黄河漂流而下。中途,魏武侯环顾四周对吴起说:"多么壮丽险要的山川形势啊!这可是我们魏国的宝物。"吴起对武侯说:"国家的强固在于实行德政,而不在于地势的险要。昔日三苗氏立国,西倚洞庭湖,东靠鄱阳湖,够险要了吧;可是由于他们不讲德义,结果让大禹把它灭了。夏桀的都城,东有黄河、济水,西有华山,南有伊阙山,北有太行山的羊肠坂,但是由于他为政不仁,结果还是被商汤打败,自己也被流放了。商纣王的国都,东有孟门山,西有太行山,北有恒山,南有黄河,可是由于他不实行德政,最后还是被周武王给杀了。由此看来,国家的巩固,是在于德政而不在天险。如果您要是不实行德政,这船上坐的都将变成您的敌人。"魏武侯听了,敬佩地说:"好!"

吴起在担任西河长官时,声望很高,而魏国设立丞相,却选用了贵族田文。

田文死后,公叔接任为相,公叔娶的是魏国的公主,他一向忌恨吴起。公叔的仆从对公叔说:"要想撵走吴起是很容易的。"公叔问:"你有什么办法呢?"仆从说:"吴起是个有气性、爱名声的人。您可以先去对武侯说:'吴起是一个能人,而您的国家是比较小的,又紧挨着强大的秦国,我担心吴起不会长久地留在魏国。'这时武侯如果问您:'那怎么办呢?'您就对武侯说:'可以用给公主招亲的办法来试试他,他要是想长期留在魏国,他就会接受这门亲事;要是他不打算长期留下去,他就一定会推辞,这样您就可以试探出他的想法了。'然后立刻请吴起到您家里做客,让您家的公主当着吴起的面对您发脾气,藐视您。吴起见公主这样轻视您,必然会拒绝武侯的提亲了。"果然,吴起一见公叔之妻对公叔的蔑视,就委婉地谢绝了魏武侯的招亲。而魏武侯从此对吴起有了疑心,不再信任他了。吴起害怕这样下去迟早要倒霉,于是就离开魏国到楚国去了。

楚悼王早就知道吴起的才干,所以吴起一到,就让他当了楚国的丞相。吴起执政后,制定了明确的法令,而且切实地付诸实行,他裁减了无关紧要的官员,废除了那些与王室疏远的家族的特权,提高士兵的生活待遇。他的主要宗旨是在于加强军事实力,而坚决排斥那些到处奔走游说、大讲合纵连横的人。于是楚国的实力大增,向南平定了百越,向北兼并了陈、蔡,打退了韩、魏等国的侵扰,还几次出兵伐秦。各国都对楚国的强大感到不安,而楚国的旧贵族们更是很早就想杀吴起。等到楚悼王一死,这些人便趁机发动叛乱,他们追杀吴起,吴起逃到了楚悼王停尸的地方,趴在楚悼王的尸体旁。这帮追杀吴起的人在射刺吴起时,楚悼王的尸体上也中了不少箭。等到安葬完楚悼王,太子立为新君后,命令令尹把追杀吴起时连带伤害了悼王尸体的叛乱分子一齐斩首,前后被灭族的约有七十多家。

评

《孙子吴起列传》是孙武、孙膑、吴起三个兵家人物的合传。孙武是春秋后期人,相传是《孙子兵法》十三篇的作者。司马迁在本文中写了他求见吴王阖闾,在吴王阖闾面前训练女兵的故事。说法离奇,可信的程度较差。此外在《吴太伯世家》《伍子胥列传》中,也提到了孙武与伍子胥佐阖闾伐楚入郢的事情，但《左传》中叙吴楚之战无孙武其人，则《史记》之叙孙武如此，确实存在可疑之点。

孙膑是战国中期齐国人，与庞涓同师学兵法。庞涓先在魏国为将，受到重用，他担心日后孙膑出山超过他，故而骗孙膑到齐，断了他的双腿。孙膑逃到齐国，成为齐国军师，在桂陵之战中初破魏军，使齐国地位大大提高；其后十三年又破魏军于马陵，杀庞涓，虏魏太子申，从此魏国的霸权衰落，而齐国上升到了霸主地位，孙膑的功劳是很大的。作品赞扬了孙膑"避实就虚""进兵减灶"的谋略，与其忍辱发愤、报仇立功的事迹；而其马陵道一节，又设身处地，绘形绘声，极尽夸张虚构之能事，具有很高的文学性与动人的戏剧效果。

吴起是战国初期的军事家与政治改革家，其在鲁、在魏都有突出的军事业绩。但吴起是一个很倒霉的人，他有的是才干，到哪里都能立功；但立功后跟着就是受诽谤、受排挤。吴起最后到了楚国，帮着楚悼王实行变法，卓有成效，使楚国一度大为富强。但也正是因此而遭到了国内外一切反对势力的共同仇恨，于是当楚悼王一死，反对派立刻发动政变而将吴起杀害了。吴起的变法大约要比商鞅变法早六十多年，如果吴起在楚国的变法得以胜利，那战国时代的历史就应该是另一种写法了。吴起是一个悲剧人物，理应受到人们的同情，但司马迁出于自身的痛苦经历，而在描写吴起、商鞅、晁错等一系列法家人物的时候不由得流露了一种厌恶情绪，这是不太公平的。

商君列传
商君变法强秦

商君者，卫之诸庶孽公子也①，名鞅，姓公孙氏，其祖本姬姓也。鞅少好刑名之学②，事魏相公叔座为中庶子③。公孙座知其贤，未及进。会座病，魏惠王亲往问病④，曰："公叔病有如不可讳，将奈社稷何？"公叔曰："座之中庶子公孙鞅，年虽少，有奇才，愿王举国而听之。"王嘿然⑤。王且去，座屏人言曰："王即不听用鞅⑥，必杀之，无令出境。"王许诺而去。公叔座召鞅谢曰："今者王问可以为相者，我言若⑦，王色不许我。我方先君后臣，因谓王即弗用鞅，当杀之。王许我。汝可疾去矣，且见禽。"鞅曰："彼王不能用君之言任臣，又安能用君之言杀臣乎？"卒不去。惠王既去，而谓左右曰："公叔病甚，悲乎，欲令寡人以国听公孙鞅也，岂不悖哉！"

公叔既死，公孙鞅闻秦孝公下令国中求贤者，将修穆公之业，东复侵地，乃遂西入秦，因孝公宠臣景监以求见孝公⑧。

孝公既见卫鞅，语事良久，孝公时时睡，弗听。罢而孝公怒景监曰："子之客妄人耳，安足用邪！"景监以让卫鞅，卫鞅曰："吾说公以帝道⑨，其志不开悟矣。后五日，复求见鞅。"鞅复见孝公，益愈，然而未中旨。罢而孝公复让景监，景监亦让鞅。鞅曰："吾说公以王道而未入也⑩。请复见鞅。"鞅复见孝公，孝公善之而未用也。罢而去。孝公谓景监曰："汝客善，可与语矣。"鞅曰："吾说公以霸道⑪，其意欲用之矣，诚复见我，我知之矣。"卫鞅复见孝公。公与语，不自知膝之前于席也。语数日不厌。景监曰："子何以中吾君？吾君之欢甚也。"鞅曰："吾说君以帝王之道比三代⑫，而君曰：'久远，吾不能待。且贤君者，各及其身显名天下，安能邑邑待数十百年以成帝王乎⑬？'故吾以强国之术说君，君大悦之耳。然亦难以比德于殷、周矣。"

孝公既用卫鞅，鞅欲变法⑭，恐天下议己。卫鞅曰："疑行无名，疑事无功。且夫有高人之行者，固见非于世；有独知之虑者，必见敖于民⑮。愚者暗于成事，知者见于未萌。民不可与虑始而可与乐成⑯。论至德者不和于俗，成大功者不谋于众。是以圣人苟可以强国，不法其故；苟可以利民，不循其礼。"孝公曰："善。"甘龙曰："不然。圣人不易民而教，知者不变法而治。因民而教，不劳而成功；缘法而治者，吏习而民安之。"卫鞅曰："龙之所言，世俗之言也。常人安于故俗，学者溺于所闻。以此两者居官守法可也，非所与论于法之外也。三代不同礼而王，五伯不同法而霸。智者作法，愚者制焉；贤者更礼，不肖者拘焉。"杜挚曰："利不百，不变法；功不十，不易器。法古无过，循礼无邪。"卫鞅曰："治世不一道，便国不法古。故汤、武不循古而王，夏、殷不易礼而亡⑰。反古者不可非，而循礼者不足多。"孝公曰："善。"以卫鞅为左庶长⑱，卒定变法之令。

令民为什伍，而相牧司连坐。不告奸者腰斩，告奸者与斩敌首同赏，匿奸者与降敌同罚。民有二男以上不分异者，倍其赋。有军功者，各以率受上爵；为私斗者，各以轻重被刑大小。僇力本业，耕织致粟帛多者复其身⑲。事末利及怠而贫者，举以为收孥⑳。宗室非有军功论，不得为属籍㉑。明尊卑爵秩等级，各以差次名田宅，臣妾衣服以家次。有功者显荣，无功者虽富无所芬华。

令既具，未布，恐民之不信，已乃立三丈之木于国都市南门，募民有能徙置北门者予十金㉒。民怪之，莫敢徙。复曰"能徙者予五十金"。有一人徙之，辄予五十金，以明不欺。卒下令。

令行于民期年㉓，秦民之国都言初令之不便者以千数。于是太子犯法。卫鞅曰："法之不行，自上犯之。"将法太子。太子，君嗣也，不可施刑，刑其傅公子虔，黥其师公孙贾㉔。明日，秦人皆趋令㉕。行之十年，秦民大悦，道不拾遗，山无盗贼，家给人足。民勇于公战，怯于私斗，乡邑大治。

注

① **商君**：商鞅的号，因其封地在商（今陕西省商州市东南）、於（yú）（今河南省内乡县东），故以此为称。**卫**：西周初期建立的诸侯国，首封之君为武王之弟康叔。春秋以来逐渐衰落，至战国时期已成为魏国的附庸，"都城"在今河南省濮阳市西南。**庶孽公子**：国君的一般妃嫔所生的孩子，与嫡子之称"正根"者相对而言。也单称"庶子"或"孽子"。

② **刑名之学**：即所谓"名"家的学问。该派学说主张"循名责实"，故称"名家"。又因该学派的主张与法家相通，故古人亦称法家为"刑名"。

③ **公叔座**：姓公叔，名座，魏王的宗室，故以"公叔"为姓。**中庶子**：官名，为大夫掌管家事。

④ **魏惠王**：名䓨，前369—前319年在位。因其将魏国都城由安邑（今山西夏县西北）迁到了大梁，故历史上也称之为"梁惠王"。

⑤**嘿然**：同"默然"。嘿，通"默"。

⑥**屏人**：屏，通"摒"，支开。**即不听用鞅**：即，若，假如。

⑦**我言若**：若，你。

⑧**秦孝公**：名渠梁，前361—前338年在位。秦国原都雍（今陕西凤翔南），献公时东迁于栎阳（今陕西高陵县东北），孝公时遂迁至咸阳（今咸阳市东北）。**穆公**：春秋时期的秦国诸侯，名任好，前659—前621年在位。为春秋时代秦国诸侯之最有作为者。**景监**：姓景的太监。

⑨**帝道**：五帝的治国之道。司马迁称"五帝"为黄帝、颛顼、帝喾、尧、舜，是儒家心目中最理想的帝王。

⑩**王道**：三王的治国之道。"三王"指禹、商汤、周文王与周武王，儒家称之为以仁政治国的帝王。

⑪**霸道**：春秋五霸的治国之道，即以武力征服。"五霸"指齐桓公、晋文公、楚庄王、吴王阖庐、越王勾践。

⑫**三代**：指夏、商、周三朝。

⑬**邑邑**：通"悒悒"，闷闷不乐的样子。

⑭**鞅欲变法**："鞅"字衍文，应削。欲变法者乃孝公，商鞅何得挑头儿。

⑮**见敖于民**：敖，通"謷"，议论，诋毁。

⑯**民不可与虑始而可与乐成**：此意亦见于《滑稽列传》中西门豹语。

⑰**夏、殷**：指夏朝、商朝的末代国君夏桀与殷纣。

⑱**左庶长**：秦国的爵位名，为自下而上的第十等。秦爵共二十级，由下而上的顺序是：一，公士；二，上造；三，簪袅；四，不更；五，大夫；六，官大夫；七，公大夫；八，公乘；九，五大夫；十，左庶长；十一，右庶长；十二，左更；十三，中更；十四，右更；十五，少上造；十六，大上造；十七，驷马庶长；十八，大庶长；十九，

关内侯；二十，彻侯。

⑲ **僇力**：努力，合力。僇，通"戮"。**本业**：农业，当时统治者带有偏见地称工商业为"末业"。**复其身**：复，免除赋税徭役。

⑳ **收孥**：将其本人与其家小一律没为官奴。

㉑ **论**：铨评，谓评功晋爵。**属籍**：诸侯宗室的谱牒，即享受特权的名册。

㉒ **市南门**：市场的南门。**十金**：十镒金，古时称一镒为"一金"。镒是重量单位，一镒为二十两，也有曰二十四两。

㉓ **期年**：周年。

㉔ **刑其傅公子虔**：傅，与下文"师"皆太子的辅导官，即后世所谓"太子太师""太子太傅"之类。据记载，当时商鞅是割了公子虔的鼻子（劓），在公孙贾的脸上刺了字（黥）。

㉕ **趋**：趋附，服从。

译

商君是卫国国君的旁支后代，名鞅，姓公孙，他的祖先和魏的国君一样，都姓姬。

公孙鞅年轻时喜好刑名之学，在魏国丞相公叔座手下当侍从官中庶子。公叔座知道他有才干，但还没有来得及向国王推荐，就病倒了。有一天魏惠王亲自来公叔座家探问病情，问公叔座说："您的病万一有个三长两短，咱们国家事情该怎么办？"公叔座说："我的侍从公孙鞅虽然年轻，但有奇才，大王可以把国家大事托付给他。"魏惠王听了没有说话。等到魏惠王要走了，公叔座支开周围的人对魏惠王单独说："大王如果不愿听我的推荐任用公孙鞅，那就把他杀掉，不能让他到别的国家去。"魏惠王答应了。魏惠王走后，公叔座立刻派人把公孙鞅找来，告诉他说："今天大王向我问起以后谁能做魏国的丞相，我推举了你。但我看大王的意思是不想听我的话。我的原则是先忠于国君，后忠于朋友，所以我当时又对大王说，如果您不用公孙鞅，那就把他杀掉。大王已经答应了我，你马上离开魏国，不然就要被他杀掉了。"公孙鞅说："既然大王不能听您的话重用我，又怎能听您的话杀我呢？"于是他哪里也没去。再说魏惠王，他一离开公叔座家，就对左右的人说："公叔座真是病得糊涂了，叫人伤心！他竟然想让我把国家大事都托付给公孙鞅，这不是荒唐吗！"

公叔座死后，公孙鞅听说秦孝公在秦国下令招贤，以求重新光大秦缪公的事业，向东收复被三晋夺去的领土，于是他西下入秦，通过秦国的宠臣景监见到了秦孝公。

公孙鞅对秦孝公谈了好久，谈得秦孝公直打瞌睡，根本听不进去。待公孙鞅走后，秦孝公斥责景监说："你介绍来的公孙鞅简直是一个愚妄之人，这种人怎么能用呢！"景监出来就用秦孝公的话责备公孙鞅。公孙鞅说："我当时是拿了五帝治国的办法来开导他的，看来他对这个不能领悟。希望你在五天之后，再向孝公引见我。"公孙鞅第二次见到孝公后，情况比上次略好一点，但还是不能让人满意。事后秦孝公又斥责景监，景监又去责备公孙鞅。公孙鞅说："这次我是拿了三王治国的办法来开导他，他还是听不进去，请你再引见我。"于是公孙鞅第三次见到了秦孝公，这次交谈之后，秦孝公对他的言论已经有所肯定，有所称赞了，只是还没有充分听取。这次过后，秦孝公对景监说："你这位客人不错，我可以跟他再谈谈了。"公孙鞅说："这回我是拿了五霸治理国家的办法来开导他的，看他的意思是想采用了。如果他能够再接见我，我知道该进一步和他说什么了。"于是公孙鞅第四次见到了秦孝公。

这一次秦孝公和公孙鞅谈话，不知不觉地他的膝盖总是向着公孙鞅的座位凑拢，一连听他说了几天都没有听够。事后景监问公孙鞅："你是拿什么打动了我们的国君？我们的国君和你谈话后高兴极了。"公孙鞅说："我先是拿五帝三王治国的办法开导他，希望他能把秦国治理得可以和夏、商、周三代相比，可是你们的国君说：'用这种办法太慢了，作为一个贤君，应该在他的当代就能扬名天下，我怎么能慢慢腾腾地到几十年以至上百年后再成帝成王呢？'所以我后来只能用富国强兵的办法来劝说他，结果这些使他非常喜欢。但是这样做，秦国也就不可能再达到殷朝、周朝那样的道德水平了。"

秦孝公任用公孙鞅后，想在秦国实行变法，但害怕天下人议论自己。公孙鞅说："修养操行如果犹豫不定就不能成名，办事情如果犹豫不定就不能成功。一个人的操行如果出类拔萃，就肯定要遭到一般人的攻击；一个人的见解如果特别独到，就必然要受到一般人的诋毁。愚昧的人当别人把事情都办成了，他还在那里迷惑不解；而聪明人则不用等问题发生，就早已经预见到了。对于老百姓，不能在办事前和他们商量，只能在办成后和他们共享成果。讲究最高道德的和一般世俗的人是不能合群的，要干大事的人不能去征求芸芸众生的意见。圣人只要是能使国家富强，就不必去效法古代的典章；只要是能使百姓得利，就不必遵循旧时的礼教。"秦孝公说："讲得好。"甘龙说："不对。圣人在教育人的时候从不改变人们旧有的风俗习惯，聪明人在治理国家的时候从不改变国家原有的法度。按照人们旧有的习俗来进行教育，就能不费劲地获得成功；遵照原有的制度来治理国家，就不仅能让官吏们顺手，而且百姓们也能够相安无事。"公孙鞅说："甘龙所说的这一套，都是些最世俗的话。庸人们总是安于一套旧的习俗，书呆子们总是迷信书本的条文。按照甘龙所说的那两条奉公守法地维持旧秩序是可以的，但不可能和他讨论法制以外的事情。夏、商、周三代都称王，但他们奉行的礼教不同；五伯都是霸主，但执行的法度也不完全一样。法度是聪明人制定的，而愚蠢的人只知道遵行；礼教是有才干的人改立的，而一些无能的人则只能接受约束。"杜挚说："见不到百倍的好处，不能变法；看不准十倍的功效，不能更换旧的器物。按古代的章程做，就绝不会错；按旧的礼法走，就绝不会邪。"公孙鞅说："治理天下的办法是不一样的，我们要的是方便有利，而不是为了仿效古人。商汤和周武王都没有遵循古法而成就了王业，夏桀和殷纣倒是没有改变旧礼而结果亡了国。可见改变古法的人不能否定，而遵循旧礼的人不值得赞扬。"秦孝公说："讲得好。"于是任命公孙鞅为左庶长，并确定了变法的条令。

新法把秦民五家编为一"伍"，十家编为一"什"；让他们互相监督，一家出事，其他各家都要受牵连。知道坏人而不告发的要被腰斩，出首告发坏人的与杀掉一个敌人的奖赏相同，藏匿坏人的与投降敌人的人受同样的惩罚。一家有两个以上的成年男人而不分开过的，要加倍地交纳赋税。立有军功的人，可以根据规定加官晋爵；为私仇而打架斗殴的，要根据情节轻重给以惩罚。鼓励农民发展农业，对于那些在耕田织布方面作出了成绩的，可以免除他们的劳役。对于从事经商或由于懒惰而变穷的，把他们降为奴隶。国君的宗族凡是没有军功可以论叙的，把他们从贵族谱牒上开除出去。严格按照爵位的尊卑划分等级，让人们按照等级的高低来占有不同的田宅。私家的奴婢穿什么样的衣服都要随着主人的地位而定。有军功的人才能显贵荣华，没有军功的人即使有钱，也没有社会地位。

新法已经订好，还没有公布，公孙鞅担心百姓们怀疑政府说话是否算数，于是就在国都市场的南门立了一根三丈长的杆子，告诉百姓们谁能把它扛到市场的北门，就赏给他十镒金子。百姓们开始觉得奇怪，没人敢动。于是公孙鞅又对人们说："谁能把它扛到北门，赏给他五十镒金子。"这时出来一个人把它扛到了北门，公孙鞅立即赏给了他五十镒金子，以表明政府说话算数。接着就颁布了新法。

在推行新法的第一年里，秦国有上千人跑到首都来反映新法不好。甚至连秦孝公的太子也犯了法。公孙鞅说："法令之所以行不通，关键就在于上头有人破坏。"于是他准备依法处置太子。但太子是国家未来的继承人，不能对他施刑，于是就处罚了太子的太傅公子虔，给太子的太师公孙贾脸上刺了字。结果第二天，秦国人就都按着新法办了。到新法实行后的第十年，秦国的百姓们就变得十分喜欢新法了，这时道上掉了东西没人捡，山里头没有盗贼，家家户户都过得很富裕。人们都勇于为国从军，而不敢为私仇殴斗，乡村城镇到处一片太平。

评

商鞅是战国时代的杰出改革家，其思想见解之敏锐，其辩说之准确有力，其主张之具体可行，皆见于《商君书》。司马迁写《商君列传》增加了商鞅在魏国不被用时的先知先觉，为日后商鞅在秦国的大有作为做了铺垫。商鞅驳倒顽固派，为进一步申明信义所采用悬赏移木，在《战国策》中是吴起之所为，史公借用在了商鞅身上。秦孝公坚定不移、始终如一地支持商鞅，为商鞅做坚强后盾，是商鞅变法成功的决定性因素之一，后代许多变法之所以失败关键就在于缺少这一条。商鞅变法的成效异常显著，司马迁为之作了非常鲜明的提示。秦孝公死后，由于反对派的作乱，商鞅被杀害了。但因为商鞅所推行的法令已经实行了二十年，已经深入人心，不可能再改，于是"商鞅变法"取得了彻底胜利。商鞅可以说是我国古代第一个"舍身求法"的悲剧英雄。商鞅活着被反对派所憎恨，商鞅死后被反对派所诋毁，生活在西汉时代的司马迁能第一个把商鞅从千口一词的辱骂中提出来为之立传，这是司马迁进步历史观与其求实精神的伟大胜利。我们这里选取了《商君列传》的前半段，即《商君变法强秦》一节。

樗里子甘茂列传
甘茂取宜阳

甘茂者，下蔡人也①。事下蔡史举先生②，学百家之术。因张仪、樗（chū）里子而求见秦惠王③。王见而说之，使将，而佐魏章略定汉中地④。

惠王卒，武王立。张仪、魏章去⑤，东之魏。蜀侯辉、相壮反⑥，秦使甘茂定蜀。还，而以甘茂为左丞相，以樗里子为右丞相。

秦武王三年，谓甘茂曰："寡人欲容车通三川⑦，以窥周室，而寡人死不朽矣。"甘茂曰："请之魏，约以伐韩，而令向寿辅行⑧。"甘茂至，谓向寿曰："子归，言之于王曰'魏听臣矣，然愿王勿伐'。事成，尽以为子功。"向寿归，以告王，王迎甘茂于息壤⑨。甘茂至，王问其故。对曰："宜阳，大县也，上党、南阳积之久矣⑩。名曰县，其实郡也。今王倍数险⑪，行千里攻之，难。昔曾参之处费⑫，鲁人有与曾参同姓名者杀人，人告其母曰'曾参杀人'，其母织自若也。顷之，一人又告之曰'曾参杀人'，其母尚织自若也。顷又一人告之曰'曾参杀人'，其母投杼下机，逾墙而走。夫以曾参之贤与其母信之也，三人疑之，其母惧焉。今臣之贤不若曾参，王之信臣又不如曾参之母信曾参也，疑臣者非特三人，臣恐大王之投杼也。始张仪西并巴蜀之地，北开西河之外，南取上庸⑬，天下不以多张子而以贤先王。魏文侯令乐羊将而攻中山⑭,三年而拔之。乐羊返而论功,文侯示之谤书一箧(qiè)。乐羊再拜稽首曰:'此非臣之功也,主君之力也。'今臣,羁旅之臣也。樗里子、公孙奭(shì)二人者挟韩而议之⑮,王必听之,是王欺魏王而臣受公仲侈之怨也⑯。"王曰:"寡人不听也,请与子盟。"卒使丞相甘茂将兵伐宜阳。五月而不拔,樗里子、公孙奭果争之。武王召甘茂,欲罢兵。甘茂曰:"息壤在彼。"王曰:"有之。"因大悉起兵,使甘茂击之。斩首六万,遂拔宜阳。

注

① **下蔡**:古邑名,故址即今安徽省凤台县。

② **史举先生**:战国中期学者,据说曾隐居上蔡(今河南上蔡西南)为监门。

③ **樗里子**:姓嬴名疾,秦惠王的异母兄弟,滑稽多智,号称"智囊"。

④ **汉中**:原为楚地,后被秦惠王攻取,置汉中郡,郡治即今陕西汉中市。
魏章:秦将,身世不详。

⑤ **张仪**:战国时著名纵横家,以连横学说事秦,对秦国的发展起过重要作用,惠王时为相,武王元年,以谗毁去秦奔魏,死于魏。

⑥ **蜀侯辉、相壮反**:秦惠王后元九年(前316年)秦灭蜀,以原蜀王通为侯,使秦人陈壮相蜀。"辉"当为"通"之误。

⑦ **三川**:指今洛阳一带,因其地有洛水、伊水、黄河三条河流而名。**容车**:只能过去一辆车的小道。也有人说是丧葬时运载死者衣冠及画像之车。

⑧ **向寿**:秦国大臣,秦昭王母族亲戚。

⑨ **息壤**:秦邑名,具体位置不详,当在咸阳之东。

⑩ **宜阳**：在今河南省宜阳县西，时属韩国。**上党**：地名，约当今山西长治、高平一带，时为韩地。**南阳**：地名，约当今河南孟县、济源一带，或曰即今河南省南阳地区。

⑪ **倍**：通"背"，跨越。

⑫ **曾参**：春秋时人，孔子的学生。**费**：地名，在今山东费县西南。

⑬ **并巴蜀**：巴，今四川东部与重庆一带地区；蜀，今四川中西部。秦取巴、蜀在惠王后元九年（前316年）。**西河之外**：指今陕西绥德、榆林、米脂一带。**上庸**：古县名，治在今湖北竹山县西南。

⑭ **魏文侯**：名斯，战国初魏国国君，前445—前396年在位。**乐羊**：魏国将军。**中山**：战国前期鲜虞族建立的国名，都城即今河北定州市，后为魏所灭。

⑮ **公孙奭**：秦国贵族，也作"公孙赫"。

⑯ **公仲侈**：韩国宰相，《战国策》作"公仲朋"。

译

甘茂是下蔡人，曾经跟着下蔡的史举先生学习诸子百家的著作。后来在张仪和樗里子的引荐下，见到了秦惠王。秦惠王很喜欢他，让他做了将军，协助魏章一起平定了汉中地区。

惠王死后，武王即位，张仪、魏章都相继离开秦国，到东方的魏国去了。这时正遇上蜀侯𪸩和蜀相壮发动叛乱，于是秦王就派甘茂前去稳定局势。事成回来后，甘茂被任为左丞相，右丞相由樗里子担任。

秦武王三年，秦王对甘茂说："我什么时候能打通一条小道乘车到三川一带去看看周国的形势，那时我死也瞑目了。"甘茂说："请让我去魏国，约它们一起伐韩。请您叫向寿陪我一道去。"甘茂刚到魏国，对向寿说:"您现在就回去对秦王说:'魏国已经听从甘茂的话了,但是甘茂希望大王不要发兵攻打韩国。'您就这样去说,将来事情办成后,功劳全归您。"向寿回到秦国,把甘茂的话禀告了秦王,秦王一听立即亲自来到息壤让甘茂前来相见。甘茂来到后,秦王问他为什么变卦,甘茂说:"宜阳是韩国的大城,上党和南阳的物资长期以来都贮藏在那里,它名义上是个县城,实际上相当于一个郡。现在您想跨过许多险要的地段,千里跋涉去攻打它,那是很难的。当初曾参家在费县,鲁国有个和曾参同名的人杀了人,有人跑来对曾参的母亲说:'你儿子曾参杀人了'。他母亲听了继续织布不止。过了一会儿,又有一个人来对她说:'你儿子曾参杀人了。'她还是照常织布,不理他。过了一会儿,又有一个人来对她说:'你儿子曾参杀人了。'曾参的母亲一听扔下了梭子,跳墙就跑。像曾参那样的品质,有母亲对儿子的信任,结果三个人的谣言还是把他的母亲吓成了那样。现在我的品质比不上曾参,大王相信我的程度也比不上曾参母亲对她儿子的信任,而怀疑我给我造谣言的人又绝不止三个,我是害怕有朝一日您也会像曾参母亲那样吓得扔掉织梭跳墙就跑。当初张仪向西吞并了巴蜀,向北开拓了西河以外,向南夺取了上庸,秦国人不是称赞张仪的才干而是歌颂先王的英明。魏文侯派乐羊带兵攻打中山国,三年后把中山灭掉了。当乐羊胜利回朝论功行赏的时候,魏文侯给他拿出了一箱子毁谤他的书信。乐羊一看深有感慨地对文侯说:'灭掉中山不是我的功劳,完全是靠大王的威力。'我现在只不过是一个来自异乡的客人,如果樗里子和公孙奭这两个人站在韩国的立场上一发议论,您肯定就会听信他们而改变主意,这样一来您就欺骗了魏王,而我也将要受到韩相公仲侈的怨恨。"秦王说:"我决不会听他们的话,我可以和你立下誓约!"就这样,秦王派甘茂领兵去攻打韩国的宜阳了。待至连续攻了五个月还没有攻下时，樗里子和公孙奭果然出来拦阻了。秦武王召见甘茂，想叫他撤兵。甘茂说："当初我们在息壤立下的誓词不是还在那里吗？"秦王说："是的。"于是就增派大兵，让甘茂领着去攻打宜阳。结果杀死韩军六万人，占领了宜阳。

樗里子甘茂列传
甘罗为上卿

甘罗者,甘茂孙也。茂既死后,甘罗年十二,事秦相文信侯吕不韦①。秦始皇帝使刚成君蔡泽于燕,三年而燕王喜使太子丹入质于秦②。秦使张唐往相燕,欲与燕共伐赵以广河间之地③。张唐谓文信侯曰:"臣尝为秦昭王伐赵,赵怨臣,曰:'得唐者与百里之地。'今之燕必经赵,臣不可以行。"文信侯不快,未有以强也。甘罗曰:"君侯何不快之甚也?"文信侯曰:"吾令刚成君蔡泽事燕三年,燕太子丹已入质矣,吾自请张卿相燕而不肯行。"甘罗曰:"臣请行之。"文信侯叱曰:"去!我身自请之而不肯,汝焉能行之?"甘罗曰:"大项橐(tuó)生七岁为孔子师④。今臣生十二岁于兹矣,君其试臣,何遽叱乎?"于是甘罗见张卿曰:"卿之功孰与武安君⑤?"卿曰:"武安君南挫强楚,北威燕赵,战胜攻取,破城堕邑,不知其数,臣之功不如也。"甘罗曰:"应侯之用于秦也⑥,孰与文信侯专?"张卿曰:"应侯不如文信侯专。"甘罗曰:"卿明知其不如文信侯专与?"曰:"知之。"甘罗曰:"应侯欲攻赵,武安君难之,去咸阳七里而立死于杜邮⑦。今文信侯自请卿相燕而不肯行,臣不知卿所死处矣。"张唐曰:"请因孺子行。"令装治行。

行有日,甘罗谓文信侯曰:"借臣车五乘,请为张唐先报赵。"文信侯乃入言之于始皇曰:"昔甘茂之孙甘罗,年少耳,然名家之子孙,诸侯皆闻之。今者张唐欲称疾不肯行，甘罗说而行之。今愿先报赵，请许遣之。"始皇召见，使甘罗于赵。赵襄王郊迎甘罗⑧。甘罗说赵王曰："王闻燕太子丹入质秦欤？"曰："闻之。"曰："闻张唐相燕欤？"曰："闻之。""燕太子丹入秦者，燕不欺秦也。张唐相燕者，秦不欺燕也。燕、秦不相欺者，伐赵，危矣。燕、秦不相欺无异故，欲攻赵而广河间。王不如赍（jī）臣五城以广河间，请归燕太子，与强赵攻弱燕。"赵王立自割五城以广河间。秦归燕太子。赵攻燕，得上谷三十城⑨，令秦有十一。

甘罗还报秦，乃封甘罗以为上卿，复以始甘茂田宅赐之。

注

① **吕不韦**：原为韩国商人，因佐助庄襄王入立，得为秦相，封文信侯。

② **蔡泽**：原燕人，后入秦继范雎为相，号刚成君。**燕王喜**：燕孝王之子，前254—前222年在位。**太子丹**：燕王喜之子，名丹，先在赵国当人质，后又入秦为质。

③ **张唐**：秦国将领。**河间**：当时赵国巨鹿郡的郡治所在地，在今河北献县东南。

④ **项橐**：据说孔子曾向他学过什么，身世不详。**大项橐**：是对项橐的一种尊称。

⑤ **武安君**：即白起，秦国名将，以功封武安君。事见《白起王翦列传》。

⑥ **应侯**：范雎，原魏人，后入秦为相，被封为应侯，事见《范雎蔡泽列传》。

⑦ **死于杜邮**：秦王命白起为将攻赵邯郸，白起不听，被免为士伍，迁之

阴密，出咸阳西门十里，至杜邮（亭驿名），秦王赐剑令其自裁。

⑧ **赵襄王**：名偃，孝成王之子，前244—前236年在位。

⑨ **上谷**：燕郡名，约当今之河北宣化、怀来等地区。

译

甘罗是甘茂的孙子，甘茂死的时候，甘罗才十二岁，在秦国丞相文信侯吕不韦门下做事。

三年前，秦始皇派刚成君蔡泽去燕国当宰相，三年后，燕王喜终于把燕太子丹派到秦国来做人质了。这时秦国又打算派张唐到燕国去做宰相，以便和燕国共同伐赵以扩大秦国在河间一带的地盘。张唐对吕不韦说："我在昭王时代曾率兵打过赵国，所以赵国特别恨我，他们说：'谁要是能抓到张唐，就赏给他百里见方的领地。'从秦国去燕国必须经过赵国，所以我不能去。"吕不韦为此很不高兴，但又不好硬逼迫他。这时甘罗见了问道："侯爷为什么这样不高兴呢？"吕不韦说："我们让蔡泽到燕国去做宰相已经三年了，燕太子丹也已经来到了我们这里当人质，现在我想换张唐到燕国去做宰相，他不肯去。"甘罗说："让我来打发他去。"吕不韦呵叱他说："去！我自己请他都不行，你怎么能让他去？"甘罗说："过去项橐七岁就能做孔子的老师，我现在都已经十二岁了，您可以让我去试试，干吗一听就呵叱我呢？"于是甘罗就去找张唐说："您的功劳和武安君白起比谁大？"张唐说："武安君向南打败了强楚，向北威震燕赵，他战必胜，攻必取，一生不知屠灭了多少城邑，我的功劳当然不如他。"甘罗又问："过去的应侯范雎和今天的文信侯吕不韦比，在秦国谁更专权？"张唐说："应侯赶不上文信侯。"甘罗说："您真的知道应侯不如文信侯更有权力吗？"张唐说："知道。"甘罗说："应侯想要攻打赵国，武安君表示不愿去，结果刚离开咸阳七里路就在杜邮被赐死了。今天文信侯亲自请您去做燕国的宰相而您居然不愿去，我不知道您将死在什么地方。"张唐一听吓得立刻说："冲着你这话，我一定去。"于是叫人赶紧收拾行装准备出发。

待至张唐出发的日期一定，甘罗对吕不韦说："请让我带着五辆车，先去替张唐对赵国说一下。"于是吕不韦就进宫对秦王说："甘茂有个孙子叫甘罗，年纪虽然不大，但却不愧是个名家子弟，各国诸侯都知道他。前几天张唐想借口生病不肯到燕国去，结果被甘罗一说他就去了。现在甘罗想先去向赵国说一声，请您答应他。"秦始皇立即召见了甘罗，并派他出使赵国。赵襄王一听秦国的使者来了，赶紧到郊外迎接。甘罗对赵王说："您听说燕太子丹到秦国做人质这件事了吗？"赵王说："已经听说了。"甘罗说："您也听说张唐要去燕国做宰相这个消息了吗？"赵王说："也听到了。"甘罗说："燕太子丹到秦国做人质，这表明了燕国不欺骗秦国。张唐去燕国做宰相，又表明秦国不欺骗燕国。燕国和秦国这么互相信任，如果一旦联合起来攻打赵国，那赵国不就危险了吗？燕国和秦国为什么要达到这种'互不相欺'呢？目的就是打赵国以扩大河间一带的地盘。您不如主动答应给秦国五座城，让秦国在河间的地盘有所扩大，而我回去请秦王把燕太子丹放回去，而后让秦国和赵国联合起来一起去攻打弱小的燕国。"赵王一听立刻割给了秦国五座城，而秦国也随即放回了燕太子。接着赵国攻打燕国，夺得了上谷一带的三十多座城池，给了秦国十一座。

甘罗回来向秦王报告了这件事，秦王就封甘罗为上卿，并把原先甘茂的那些土地宅舍也都赐给了甘罗。

评

　　《樗里子甘茂列传》是秦国谋士樗里疾与秦国名将甘茂二人的合传。樗里疾是秦惠王之异母弟，人称"智囊"；甘茂原是蔡国人，后入秦为将。二人皆历仕惠王、武王、昭王，尤其于武王世分别任左、右丞相，对秦国的发展有重要贡献。我们这里选了《甘茂取宜阳》与《甘罗为上卿》两段故事。

　　《甘茂取宜阳》阐明了一个任将必须相信、必须专一，而后才可能责其成功的道理。甘茂深知帝王的身边人多嘴杂，帝王很容易出尔反尔、朝令夕改，从而使外面的大将不但办不成事，还得落一身是非。因此他在与韩国开战前，预先就和秦武王订下了一份中途不得改变主意的盟书。当战事一开，五花八门的说法纷至沓来，秦武王跟着要变的时候，甘茂说："盟约在您身边放着！"于是不顾一切地猛烈进攻，宜阳遂被占领，秦武王通三川的愿望得以实现。而与此相反的事件历史上屡屡发生，从而使进展本来顺利的事情败于垂成，如林则徐禁烟就是一个很好的例子。

　　《樗里子甘茂列传》的最后附带说到了甘茂的孙子甘罗在秦始皇时十二岁任秦上卿的故事。很生动，但可信程度较差。因为很有名，我们还是选了。

白起王翦列传

白起坑赵卒

白起者，郿人也，善用兵，事秦昭王①。

昭王十三年，而白起为左庶长，将而击韩之新城②。其明年，白起为左更，攻韩、魏于伊阙，斩首二十四万，又虏其将公孙喜，拔五城③。起迁为国尉，涉河取韩安邑以东，到乾河④。明年，白起为大良造⑤。攻魏，拔之，取城小大六十一。明年，起与客卿错攻垣城，拔之⑥。后五年，白起攻赵，拔光狼城⑦。后七年，白起攻楚，拔鄢、邓五城⑧。其明年，攻楚，拔郢，烧夷陵，遂东至竟陵⑨。楚王亡去郢，东走徙陈⑩。秦以郢为南郡。白起迁为武安君。武安君因取楚，定巫、黔中郡⑪。昭王三十四年，白起攻魏，拔华阳，走芒卯，而虏三晋将，斩首十三万⑫。与赵将贾偃战，沉其卒二万人于河中。昭王四十三年，白起攻韩陉城⑬，拔五城，斩首五万。四十四年，白起攻南阳太行道，绝之⑭。

四十五年，伐韩之野王。野王降秦⑮，上党道绝。其守冯亭与民谋曰："郑道已绝⑯，韩必不可得为民。秦兵日进，韩不能应，不如以上党归赵。赵若受我，秦怒，必攻赵。赵被兵，必亲韩。韩赵为一，则可以当秦。"因使人报赵。赵孝成王与平阳君、平原君计之⑰。平阳君曰："不如勿受。受之，祸大于所得。"平原君曰："无故得一郡，受之便。"赵受之，因封冯亭为华阳君⑱。

四十七年，秦使左庶长王龁（hé）攻韩[19]，取上党。上党民走赵。赵军长平[20]，以按据上党民。四月，龁因攻赵。赵使廉颇将[21]。赵军士卒犯秦斥兵，秦斥兵斩赵裨将茄。六月，陷赵军，取二鄣四尉。七月，赵军筑垒壁而守之。秦又攻其垒，取二尉，败其阵，夺西垒壁。廉颇坚壁以待秦，秦数挑战，赵兵不出。赵王数以为让。而秦相应侯又使人行千金于赵为反间[22]，曰："秦之所恶，独畏马服子赵括将耳[23]，廉颇易与，且降矣。"赵王既怒廉颇军多失亡，军数败，又反坚壁不敢战，而又闻秦反间之言，因使赵括代廉颇将以击秦。秦闻马服子将，乃阴使武安君白起为上将军，而王龁为尉裨将，令军中有敢泄武安君将者斩。赵括至，则出兵击秦军。秦军详败而走，张二奇兵以劫之。赵军逐胜，追造秦壁。壁坚拒不得入，而秦奇兵二万五千人绝赵军后，又一军五千骑绝赵壁间，赵军分而为二，粮道绝。而秦出轻兵击之。赵战不利，因筑壁坚守，以待救至。秦王闻赵食道绝，王自之河内[24]，赐民爵各一级，发年十五以上悉诣长平，遮绝赵救及粮食。

至九月，赵卒不得食四十六日，皆内阴相杀食。来攻秦垒，欲出。为四队，四五复之，不能出。其将军赵括出锐卒自搏战，秦军射杀赵括。括军败，卒四十万人降武安君。武安君计曰："前秦已拔上党，上党民不乐为秦而归赵。赵卒反复，非尽杀之，恐为乱。"乃挟诈而尽坑杀之，遗其小者二百四十人归赵。前后斩首虏四十五万人。赵人大震。

注

① **郿**：秦县名，县治在今陕西眉县东北。**秦昭王**：名则，惠文王之子，武王之弟，前306—前251年在位。

② **左庶长**：秦爵位名，为第十级。**新城**：战国韩地名，在今河南伊川县

西南。

③ **左更**：秦爵二十级的第十二级。**伊阙**：山谷名，也称龙门，在今洛阳市南，因伊水自两山之间流过而得名。**公孙喜**：本魏将，此战为魏韩两国合兵，而公孙喜为主将。

④ **国尉**：即后来的"太尉"，国家最高军事长官。**安邑**：原为魏国都城，在今山西夏县西北。**乾河**：也称教水，在今山西垣曲县东，自北向南注入黄河。

⑤ **大良造**：秦爵的第十六级。

⑥ **客卿错**：即司马错，秦国名将，司马迁的祖先，后取巴蜀有功。**垣城**：魏邑，在今山西垣曲东南。

⑦ **光狼城**：赵邑，在今山西高平市西。

⑧ **鄢**：楚邑名，在今湖北宜城东南。**邓**：楚邑名，在今湖北襄阳市北。按：《秦本纪》《六国年表》载，白起拔鄢、邓二城在秦昭王二十八年（前279年），与本传记事不同，疑本传有误。

⑨ **郢**：楚国都城，在今湖北荆州市江陵城北。**夷陵**：战国楚邑，是楚国先王陵墓所在地，在今湖北宜昌市东南。**竟陵**：楚邑名，在今湖北潜江市西北。按：秦拔郢当在秦昭王二十九年（前279年）。

⑩ **陈**：楚邑名，后期楚都，在今河南淮阳县。

⑪ **巫**：楚郡名，郡治在今重庆市巫山县北。**黔中郡**：楚郡名，郡治临沅，即今湖南常德市。按：秦取巫、黔中在昭王三十年（前277年）。

⑫ **华阳**：韩邑名，在今河南密县东北。**芒卯**：魏将。按：此战为韩魏两国合兵。

⑬ **陉城**：韩地名，故城在今山西曲沃西北。

⑭ **南阳太行道**：南阳，韩国地区名，相当于今河南北部太行山以南、黄

河以北的部分地区。太行道，即太行山上的羊肠坂，指今山西晋城市南翻越太行山与河南郑州一带相通的山道。

⑮ **野王**：韩邑名，即今河南省沁阳市。

⑯ **郑道**：联络新郑的通道，当时韩的国都是新郑。

⑰ **赵孝成王**：赵惠文王之子，名丹，前265—前245年在位。**平阳君**：赵豹，惠文王之弟，孝成王之叔。封地平阳，在今河北省临漳县西南。**平原君**：赵胜，惠文王同父异母弟，孝成王之叔。

⑱ **华阳君**：华阳，赵地名，即常山，在今石家庄东北。

⑲ **王龁**：秦著名将领。

⑳ **长平**：古城名，故址在今山西省高平市西北。

㉑ **廉颇**：赵国名将。

㉒ **应侯**：即范雎，时为秦相。

㉓ **马服子赵括**：马服的儿子赵括。马服是赵奢的封号，称马服君。赵奢为赵名将，曾大破秦兵于阏与。赵括则以熟悉兵法而知名，但为纸上谈兵。

㉔ **河内**：即野王一带，后秦置河内郡。

译

白起是陕西郿县人，很会用兵，在秦昭王驾下供职。

昭王十三年，白起为左庶长，曾带兵攻打韩国的新城。第二年，白起升为左更，率兵在伊阙与韩魏联军作战，杀死了敌兵二十四万，活捉了魏将公孙喜，占领了五座城池。白起因功又被升为国尉。接着他又指挥秦军渡过黄河，夺取了安邑以东直到乾河一带的韩国大片土地。转过年来，白起做了大良造，领兵进攻魏国，攻克了大小城邑六十一个。第二年，白起又和客卿司马错一起打下了垣城。五年后，白起又攻打赵国，夺取了赵国的光狼城。又过了七年，白起攻打楚国，攻下了鄢、邓等五座城池。第二年，再次攻楚，占领了楚国的郢都，烧毁了楚国祖先的陵墓，并长驱东下，一直打到了竟陵。楚王被迫离开郢都，向东逃难，把国都迁到陈邑。而秦国就把郢都变成了它的南郡，白起因此被封为武安君。接着白起又连续作战，占领了楚国西部的巫山和黔中两个郡。昭王三十四年，白起伐魏，攻克了华阳，赶走了芒卯，俘虏了赵、魏两国的一些将领，杀死敌兵十三万。接着又打败了赵将贾偃，把赵国的两万多降兵扔进了黄河。昭王四十三年，白起首先进攻韩国的陉城，接着一连夺取了韩国的五座城镇，杀死敌兵五万人。四十四年，白起攻占了韩国南阳的太行山路，截断了太行山的交通。

　　四十五年，白起攻打韩国的野王郡，野王投降了秦国，从而使韩国的上党地区与其都城新郑断绝了联系。这时上党郡的郡守冯亭和当地的人们商量说："现在我们与国都新郑的交通已被掐断，韩国已经不能再管我们了。秦兵现在一天天逼进，韩国无法接应我们，我们上党地区不如投奔赵国。赵国假如接纳了我们，秦国一定会发怒伐赵。赵国受到攻击，一定会和韩国联合。到那时韩国和赵国团结一致，就可以抵抗秦国了。"议罢就赶紧派人向赵国报告了这个意向。赵孝成王与平阳君、平原君一起商讨。平阳君说："还是不要接受的好，如果接受了，恐怕大祸临头得不偿失。"平原君说："白白地得到一个郡，还是接受为好！"于是赵王决定接受了，封冯亭为华阳君。

　　四十七年，秦王派左庶长王龁进攻韩国，占领了上党。上党的军民都向赵国逃跑。这时赵国的军队驻扎在长平，成为上党军民的依靠。四月，王龁向赵国展开进攻，当时赵国是派廉颇在指挥长平的军队。赵军和秦国的侦察部队一交锋，就被秦国的侦察部队杀掉了一个副将。六月，秦军攻破了赵国的防线，夺去了两个城堡，抓去了四个校尉。七月，赵军在加筑工事坚守防线的过程中，又遭到了秦军的攻击，被捉去了两个校尉，阵线又被攻破，西部的一部分堡垒被秦兵占领。于是廉颇命令赵军坚守阵地，不再出战，以等待时机。秦军多次挑战，赵军一概不应。赵王多次派人指责廉颇。而秦国宰相应侯范雎也趁机派人带着千金到赵国行使反间计，他们说："秦国人最怕的就是赵奢的儿子赵括一个，至于廉颇，那是容易对付的，他马上就要投降了。"赵王本来就对廉颇损兵折将、屡次失败，以及他坚壁固守不敢出战的情形不满意，现在又听到秦国散布的流言，便立刻派赵括去代替廉颇。秦国一听赵括做了赵军的主帅，就暗中换了武安君白起做上将军，而让王龁改任副将，并命令全军谁敢泄漏白起为主将的消息，谁就要被杀头。赵括一到长平，就立即出兵与秦军作战。秦国的军队假装失败逃跑，暗中却派了两支奇兵准备截断赵军的后路。这时赵军乘胜猛追，一直追到了秦军的工事前面。秦军的工事非常坚固，赵军攻不进去，这时秦国预先埋伏的两万五千人已经截断了赵军的退路，另一支五千人的骑兵又插入了赵军的营垒，把赵军截为两段，赵国的粮道也不通了。接着秦军就派小部队对赵军不断出击，赵军连连失利，最后只好坚守工事，等待救兵。秦王一听赵军的运输线已经断绝，于是就亲临河内，下令给百姓们每人提高一级，征调国内十五岁以上男子全去长平，以断绝赵国对长平的一切援救和粮草供应。

到九月时，赵国的军营里已经绝粮四十六天了，士兵们以至于到了暗中互相残杀吃人肉的地步。他们实在无法再等了，只好又改为对秦军出击，想要突围。赵括把赵卒分为四队，轮番向外突了四五回，结果都被打了回去。最后赵括带着一部分精锐部队亲自出战，结果被秦军射死了，于是赵军大败，四十多万人都投降了白起。白起考虑道："前者秦军夺取上党时，上党的军民们就不愿意归顺秦国而归了赵国，赵国人也是反复无常的，要不全部杀了他们，恐怕日后还要闹乱子。"于是就设计把他们全都活埋了，只留下了其中的二百四十个小孩子让他们回去向赵国报讯。这一仗前后共杀死赵人四十五万，使赵国举国为之震惊。

白起王翦列传

王翦灭楚

王翦者，频阳东乡人也。少而好兵，事秦始皇①。始皇十一年，翦将攻赵阏与，破之，拔九城②。十八年，翦将攻赵。岁余，遂拔赵，赵王降，尽定赵地为郡。明年，燕使荆轲为贼于秦③，秦王使王翦攻燕。燕王喜走辽东，翦遂定燕蓟而还④。秦使翦子王贲击荆⑤，荆兵败。还击魏，魏王降，遂定魏地。

秦始皇既灭三晋，走燕王，而数破荆师。秦将李信者，年少壮勇，尝以兵数千逐燕太子丹至于衍水中⑥，卒破得丹，始皇以为贤勇。于是始皇问李信："吾欲攻取荆，于将军度用几何人而足？"李信曰："不过用二十万人。"始皇问王翦，王翦曰："非六十万人不可。"始皇曰："王将军老矣，何怯也！李将军果势壮勇，其言是也。"遂使李信及蒙恬将二十万南伐荆⑦。王翦言不用，因谢病，归老于频阳。李信攻平与，蒙恬攻寝，大破荆军⑧。于是引兵而西，与蒙恬会城父⑨。荆人因随之，三日三夜不顿舍，大破李信军，入两壁，杀七都尉，秦军走。

始皇闻之，大怒，自驰如频阳，见谢王翦曰："寡人以不用将军计，李信果辱秦军。今闻荆兵日进而西，将军虽病，独忍弃寡人乎！"王翦谢曰："老臣罢病悖乱，唯大王更择贤将。"始皇谢曰："已矣，将军勿复言！"王翦曰："大王必不得已用臣，非六十万人不可。"始皇曰：

"为听将军计耳。"于是王翦将兵六十万人,始皇自送至灞上⑩。王翦行,请美田宅园池甚众。始皇曰:"将军行矣,何忧贫乎?"王翦曰:"为大王将,有功终不得封侯,故及大王之向臣,臣亦及时以请园池为子孙业耳。"始皇大笑。王翦既至关⑪,使使还请善田者五辈。或曰:"将军之乞贷,亦已甚矣。"王翦曰:"不然。夫秦王怚而不信人⑫。今空秦国甲士而专委于我,我不多请田宅为子孙业以自坚,顾令秦王坐而疑我邪?"

王翦果代李信击荆。荆闻王翦益军而来,乃悉国中兵以拒秦。王翦至,坚壁而守之,不肯战。荆兵数出挑战,终不出。王翦日休士洗沐而善饮食抚循之,亲与士卒同食。久之,王翦使人问:"军中戏乎?"对曰:"方投石超距。"于是王翦曰:"士卒可用矣。"荆数挑战而秦不出,乃引而东。翦因举兵追之,令壮士击,大破荆军。至蕲南,杀其将军项燕,荆兵遂败走⑬。秦因乘胜略定荆地城邑。岁馀,虏荆王负刍⑭,竟平荆地为郡县。因南征百越之君⑮。

注

① **频阳**:秦县名,县治在今陕西富平县东北。**秦始皇**:名政,庄襄王之子。

② **阏与**:古邑名,战国韩地,后属赵。在今山西和顺县。

③ **荆轲**:卫人,游燕,受燕太子丹之遣,入秦刺杀秦始皇,未成。事在秦王政二十年(前227年)。

④ **燕王喜**:燕国末代君主,太子丹之父,前254—前222年在位。**辽东**:燕郡名,郡治在今辽阳市。**燕蓟**:燕国首都蓟城,即今北京市。

⑤ **荆**:即楚国,以楚国最早建国于荆山,故称。

⑥ **李信**:汉将李广的先人,秦国名将。**衍水**:即今流经本溪、辽阳的太

子河。太子丹乃燕王喜受秦逼迫派使者所杀，非李信所生俘。

⑦ **蒙恬**：秦将蒙骜之孙，蒙武之子。

⑧ **平与**：即"平舆"，楚邑名，在今河南省平舆县西北。**寝**：也叫寝丘，古邑名，在今河南沈丘东南。

⑨ **城父**：楚邑名，在今河南襄城西南。

⑩ **灞上**：在今西安市东灞水西侧，后刘邦进关驻兵于此。

⑪ **既至关**：关，指函谷关。

⑫ **怚**：同"粗"。

⑬ **蕲南**：蕲邑南。蕲，楚邑名，秦置县，在今安徽宿州市南。**项燕**：楚国最后一员名将，项羽的祖父。

⑭ **荆王负刍**：负刍，楚国最后一位国君。负刍被俘在秦王政二十四年（前223年）。

⑮ **百越**：指浙江、福建、广东、广西、越南北部、湖南南部的众多少数民族。

译

　　王翦是频阳东乡人，从小就喜欢兵法，是秦始皇手下的大将。始皇十一年，王翦领兵攻克了赵国的阏与，接着又一连夺得了九座城池。十八年，王翦又率兵伐赵，经过一年多，攻下了赵国的首都邯郸，赵王投降，赵地被全部平定，成了秦国的郡县。第二年，燕国派荆轲入秦行刺，秦王大怒，派王翦立刻起兵攻燕。燕王喜逃到了辽东，燕国的首都蓟城一带被王翦全部平定。这时秦王又派了王翦的儿子王贲率兵攻楚，打败了楚兵后，又回兵攻魏，魏王宣告投降，魏国被全部平定。

　　秦始皇消灭了韩、赵、魏三国，赶走了燕王喜，又一连气地打败了楚国的军队。这时秦国的将领中有一个叫李信的，此人年轻勇敢，曾带领着几千人到辽东的衍水捉来燕太子丹，秦始皇很喜欢他的勇敢能干。于是始皇问李信说："我想消灭楚国，你看得用多少人？"李信说："顶多二十万。"始皇又问王翦，王翦说："没有六十万人是不行的。"始皇说："王将军大概是因为老了，不然为什么这么胆小呢？李将军确实勇敢，看来他的话是对的。"于是遂派李信和蒙恬领着二十万人前往伐楚。王翦则因为自己的意见不被采纳，于是就以有病为借口，回老家频阳休养去了。李信率军攻平与，蒙恬率军攻寝丘，都打败了楚军。接着李信又攻破了鄢郢，而后引兵西下，准备去城父与蒙恬会师。这时楚军尾随在后，一口气不休息地追了三天三夜，最后大破李信军，攻入了李信的两座大营，杀死了他的七个都尉，打得秦军大败而回。

　　秦始皇一听李信失败的消息，非常生气，立刻自己乘车赶到了频阳，向王翦道歉说："我后悔当初没有采用您的意见，结果叫李信毁了我们的军队。现在楚兵正一天天地向西逼进，您尽管身体不好，但是能够忍心撇开我们不管吗？"王翦说："我现在是又病又糊涂，大王还是另请高明吧！"秦始皇诚恳地说："好了，将军不能再推辞了。"王翦说："如果大王一定非要我去，那就还是非得六十万人不可！"秦始皇说："一切都听您的。"于是王翦领着六十万人出发了，秦始皇亲自送他到灞上。王翦出发前一连向秦始皇要了许多好房子好地好园林。秦始皇说："我看可以啦，难道您还担心今后受穷吗？"王翦说："做大王的将领，即使立了功也不能封侯，所以还是及早趁着大王信任的时候，多为子孙后代要一点东西。"说得秦始皇哈哈大笑。从出咸阳到函谷关这期间王翦又一连五次派人回去向秦始皇要好地。于是就有人劝道："您这种无止无休地讨要，也太过分了！"王翦说："不是这个意思。咱们这大王又粗暴又好怀疑人，现在他把全国的军队都交给了我，我要是不说为子孙向他要房子要地，那岂不让他担心、怀疑我吗？"

于是王翦就去代替李信和楚国作战了。楚国听说王翦又带着更多的秦军来了，于是就发动了国家的全部力量来进行抵抗。王翦与楚军相遇后，只顾坚守工事，不与楚兵交战。楚军一连几次地向秦军挑战，王翦始终不应。而秦军内部则每天都让大家休息、洗澡、好吃好喝，王翦本人也和士兵们一同进餐，就这样过了好久。有一天王翦派人到下面去看看士兵们在做什么游戏，去的人回来说："正在扔石头，跳远。"王翦说："这些士兵可以投入战斗了。"楚国人见经过多次挑战而秦军死活不应，于是就领着军队向东方转移了。王翦一看立即发兵追赶，同时选派了军中的一部分勇士首先冲入了敌阵，结果楚军大败。接着王翦又乘胜追到了蕲邑城南，杀死了楚国的名将项燕，打得楚军望风而逃。王翦则趁着胜利形势继续平定楚国的地盘，一年后，活捉了楚王负刍，把整个楚国都变成了秦国的郡县。接着又挥兵南下讨伐南方的少数民族。

评

白起、王翦都是秦国的名将，在秦国吞并东方六国的战争中立下了丰功伟绩。白起是秦昭王前期人，与秦昭王的舅舅穰侯是一对黄金搭档。白起曾为秦破韩、破魏、破楚，使楚国离开郢都，东北迁到陈邑，国势大削；而对赵国的长平一役，消灭赵军四十五万，赵国从此一蹶不振，也从而使东方诸国失去赵国屏蔽，更加难以支撑。但由于白起此时已没有了穰侯作为靠山，故而长平决胜后很快地就被范雎谗杀了，这是战国时期最杰出的将领所遭到的最不公正的待遇，也是秦昭王执政五十多年中的最大的败笔。我们这里选了《白起坑赵卒》一节，通过这个事件我们可以大致窥见秦灭六国的战争是何等惨烈。

王翦是秦王政所赖以最后消灭六国、一统天下的最杰出的将领,其始终坚请以六十万众灭楚一事,雍容磊落,气度超凡;而秦王的见错立改,登门谢过,也表现得极为感人。

孟尝君列传

鸡鸣狗盗

孟尝君在薛^①，招致诸侯宾客及亡人有罪者，皆归孟尝君。孟尝君舍业厚遇之，以故倾天下之士。食客数千人，无贵贱一与文等。孟尝君待客坐语，而屏风后常有侍史^②，主记君所与客语，问亲戚居处。客去，孟尝君已使使存问^③，献遗其亲戚。孟尝君曾待客夜食，有一人蔽火光。客怒，以饭不等，辍食辞去。孟尝君起，自持其饭比之。客惭，自刭。士以此多归孟尝君。孟尝君客无所择，皆善遇之。人人各自以为孟尝君亲己。

秦昭王闻其贤，乃先使泾阳君为质于齐^④，以求见孟尝君。孟尝君将入秦，宾客莫欲其行，谏，不听。苏代谓曰^⑤："今旦代从外来，见木禺人与土禺人相与语^⑥。木禺人曰：'天雨，子将败矣。'土禺人曰：'我生于土，败则归土。今天雨，流子而行，未知所止息也。'今秦，虎狼之国也，而君欲往，如有不得还，君得无为土禺人所笑乎？"孟尝君乃止。

齐湣王二十五年^⑦，复卒使孟尝君入秦，昭王即以孟尝君为秦相。人或说秦昭王曰："孟尝君贤，而又齐族也，今相秦，必先齐而后秦，秦其危矣。"于是秦昭王乃止。囚孟尝君，谋欲杀之。孟尝君使人抵昭王幸姬求解。幸姬曰："妾愿得君狐白裘。"此时孟尝君有一狐白裘，直千金，天下无双，入秦献之昭王，更无他裘。孟尝君患之，遍问客，莫能对。最下坐有能为狗盗者，曰："臣能得狐白裘。"乃夜为狗，以入秦宫臧（zàng）中⑧，取所献狐白裘至，以献秦王幸姬。幸姬为言昭王，昭王释孟尝君。孟尝君得出，即驰去，更封传（zhuàn）⑨，变名姓以出关。夜半至函谷关⑩。秦昭王后悔出孟尝君，求之，已去，即使人驰传逐之⑪。孟尝君至关，关法鸡鸣而出客。孟尝君恐追至，客之居下坐者有能为鸡鸣，而鸡齐鸣，遂发传出⑫。出如食顷，秦追果至关，已后孟尝君出，乃还。始孟尝君列此二人于宾客，宾客尽羞之，及孟尝君有秦难，卒此二人拔之。自是之后，客皆服。

注

① **孟尝君**：姓田名文，齐国王的宗族，以养士闻名，"孟尝君"是其封号。**薛**：齐邑名，在今山东滕州市南，孟尝君的封地。

② **侍史**：书记官。

③ **存问**：慰问。存，安慰。

④ **秦昭王**：名则，前306—前251年在位。**泾阳君**：名市（fú），秦昭王的同母弟，泾阳君是其封号。

⑤ **苏代**：当时著名的纵横家，司马迁认为是苏秦之弟，可能不对。

⑥ **木禺**：同"木偶"。禺，通"偶"。**土禺**：同"土偶"。

⑦ **齐湣王二十五年**：按：司马迁谱列齐国诸侯纪年多有错误，此处应作齐湣王二年，前299年。

⑧ **宫臧**：同"宫藏"，宫廷中的仓库。

⑨ **封传**：犹如今之所谓"护照""通行证"。

⑩ **函谷关**：秦国东部边界的关塞，在今河南灵宝市东北。

⑪ **驰传逐之**：此处的"传"指驿车。国家在官道设驿站，驿站备有车马，供来往的官吏们因公使用。

⑫ **发传**：交验通行证。发，出示。

译

孟尝君在薛邑的时候，招揽了许多来自各国的宾客以及各种犯罪逃亡的人。因为他能够拿出自己的家产来好好招待这些人，所以使得天下各地的人都跑来归附他。在他家里吃饭的人经常有好几千，孟尝君对待他们不分贵贱，大家一律平等。孟尝君在接待客人谈话的时候，屏风后面经常有个人在那里记录，负责记下他们的谈话内容，以及这些客人家有何人，住在何处。因而每当客人刚刚离开，孟尝君就已经派人到他们家里去慰问，给他们的亲属送去东西了。有一次，孟尝君在夜间招待客人吃饭，其中有一个人背着火光躲在黑影里吃，于是另一个客人就生气了，他怀疑大家吃的东西不一样，便推碗而去。孟尝君立刻站起来，端着自己手里的饭碗去和他比，这位客人看了之后觉得惭愧，立刻自杀了。从此士人来投孟尝君的就更多了。而孟尝君则不分好歹，对他们一律好好接待。这些被接待的人们，谁都认为孟尝君对他特别好。

秦昭王听说孟尝君有才干，就派了泾阳君来到齐国做人质，他是想用这个办法骗得孟尝君也到秦国去。孟尝君果然动心要去了。他手下的那些宾客们都不愿让他去，大家纷纷劝阻，孟尝君执意不听。这时苏代过来对他说："今天早上我从外面回来，看到了一个木偶和一个泥胎在那里谈话。木偶对泥胎说：'天快下雨了，天一下雨你就得瘫掉。'泥胎对木偶说：'我是泥做的，瘫掉之后仍是回到泥里。可是你呢？天一下雨，雨水就要把你冲走，那你就不知道要被冲到哪里去了。'如今的秦国，像虎狼一样凶狠，可是您还非要到他们那里去，万一您回不来，那还不落个被泥胎所讥笑吗？"孟尝君一听，这才决定不去了。

到齐湣王二十五年，齐国还是派孟尝君去了秦国，秦昭王一见，立即任命他做了秦国的宰相。这时有人对秦昭王说："孟尝君有才干，又是齐王的本家，今天您让他当秦国的宰相，肯定他是先为齐国打算然后才为秦国打算的，这样一来秦国就有危险了。"秦昭王一听，就改变了主意，把孟尝君关了起来，准备杀死他。孟尝君只好派人到秦昭王的一个宠姬那里去求救。这个宠姬说："我希望得到您那件白狐狸皮做的大衣。"当时孟尝君的确有一件白狐狸皮做的大衣，价值千金，普天下找不出第二件，可是他一到秦国就已经把它送给了秦昭王，现在手上再没有什么可送了。孟尝君很为此事伤脑筋，他问遍了身边的宾客，没有一个能想得出什么办法。这时一个坐在最下位的专会偷鸡摸狗的宾客出来说："我有办法弄到白狐狸皮大衣。"于是他在夜间像狗一样地钻进了秦国宫中的仓库，偷回了孟尝君送给秦昭王的那件皮大衣，让孟尝君把它送给了秦昭王的宠姬。这样，宠姬在秦昭王面前替孟尝君一说好话，秦昭王就把孟尝君释放了。孟尝君一被释放，就赶紧逃走，他们自己伪造了通行证，改名换姓，准备混出关去。他们在半夜时来到了函谷关。这时秦昭王已经后悔放孟尝君走了，当他再派人去找，发现孟尝君已经走了，于是秦昭王马上派人坐着驿车去追。孟尝君来到函谷关下，按照守关的规定，是要等鸡叫才能开门放行的。孟尝君正在害怕追兵来到而没有办法，这时他的下等客人中有一个会学鸡叫的，他就学着鸡一叫，顿时周围的鸡也都叫了起来，城门大开，孟尝君等交验了护照，就被放出关去了。等到他们过关后大约一顿饭的工夫，秦昭王派的人果然追到了关下。但是他们已经太晚，只好空手回去。当初孟尝君收留这两个鸡鸣狗盗的客人时，其他宾客们都觉得和他们在一起是一种耻辱，等到孟尝君这次在秦国遇到危险，全靠着这两个人救了他，这以后，宾客们才都对他们服气了。

孟尝君列传

冯骥客孟尝君

初，冯骥闻孟尝君好客，蹑跷（juē）而见之①。孟尝君曰："先生远辱，何以教文也？"冯骥曰："闻君好士，以贫身归于君。"孟尝君置传舍十日②，孟尝君问传舍长曰："客何所为？"答曰："冯先生甚贫，犹有一剑耳，又蒯缑③。弹其剑而歌曰：'长铗归来乎，食无鱼！'"孟尝君迁之幸舍④，食有鱼矣。五日，又问传舍长。答曰："客复弹剑而歌曰：'长铗归来乎，出无舆！'"孟尝君迁之代舍⑤，出入乘舆车矣。五日，孟尝君复问传舍长。舍长答曰："先生又尝弹剑而歌曰：'长铗归来乎，无以为家！'"孟尝君不悦。

居期年⑥，冯骥无所言。孟尝君时相齐，封万户于薛。其食客三千人，邑入不足以奉客。使人出钱于薛，岁余不入，贷钱者多不能与其息，客奉将不给。孟尝君忧之，问左右："何人可使收债于薛者？"传舍长曰："代舍客冯公形容状貌甚辩⑦，长者，无他伎能，宜可令收债。"孟尝君乃进冯骥而请之曰："宾客不知文不肖，幸临文者三千余人，邑人不足以奉宾客，故出息钱于薛⑧。薛岁不入⑨，民颇不与其息。今客食恐不给，愿先生责之⑩。"冯骥曰："诺。"辞行，至薛，召取孟尝君钱者皆会，得息钱十万。乃多酿酒，买肥牛，召诸取钱者，能与息者皆来，不能与息者亦来，皆持取钱之券书合之⑪。齐为会，日杀牛置酒。酒酣，乃持券如前合之，能与息者，与为期⑫；贫不能与息者，取其券而烧之。曰："孟尝君所以贷钱者，为民之无者以为本业也；所以求息者，为无以奉客也。今富给者以要期，贫穷者燔券书以捐之。诸君强饮食。有君如此，岂可负哉！"坐者皆起，再拜。

孟尝君闻冯谖烧券书，怒而使使召谖。谖至，孟尝君曰："文食客三千人，故贷钱于薛。文奉邑少，而民尚多不以时与其息，客食恐不足，故请先生收责之。闻先生得钱，即以多具牛酒而烧券书，何？"冯谖曰："然。不多具牛酒即不能毕会，无以知其有余不足。有余者，为要期。不足者，虽守而责之十年，息愈多，急，即以逃亡自捐之，若急⑬，终无以偿。上则为君好利不爱士民，下则有离上抵负之名，非所以厉士民彰君声也⑭。焚无用虚债之券，捐不可得之虚计，令薛民亲君而彰君之善声也，君有何疑焉！"孟尝君乃拊手而谢之⑮。

齐王惑于秦、楚之毁⑯，以为孟尝君名高其主而擅齐国之权，遂废孟尝君。诸客见孟尝君废，皆去。冯谖曰："借臣车一乘⑰，可以入秦者，必令君重于国而奉邑益广，可乎？"孟尝君乃约车币而遣之⑱。冯谖乃西说秦王曰："天下之游士冯轼结靷西入秦者⑲，无不欲强秦而弱齐；冯轼结靷东入齐者，无不欲强齐而弱秦。此雄雌之国也，势不两立为雄，雄者得天下矣。"秦王跽而问之曰⑳："何以使秦无为雌而可？"冯谖曰："王亦知齐之废孟尝君乎？"秦王曰："闻之。"冯谖曰："使齐重于天下者，孟尝君也。今齐王以毁废之，其心怨，必背齐；背齐入秦，则齐国之情，人事之诚，尽委之秦，齐地可得也，岂直为雄也㉑！君急使使载币阴迎孟尝君，不可失时也。如有齐觉悟，复用孟尝君，则雌雄之所在未可知也。"秦王大悦，乃遣车十乘黄金百镒以迎孟尝君㉒。冯谖辞以先行，至齐，说齐王曰："天下之游士冯轼结靷东入齐者，无不欲强齐而弱秦者；冯轼结靷西入秦者，无不欲强秦而弱齐者。夫秦齐雄雌之国，秦强则齐弱矣，此势不两雄。今臣窃闻秦遣使车十乘载黄金百镒以迎孟尝君。孟尝君不西则已，西入相秦则天下归之，秦为雄而齐为雌，雌则临淄、即墨危矣㉓。王何不先秦使之未到，复孟尝君，而益与之邑以谢之？孟尝君必喜而受之。秦虽强国，岂可以请人相而迎之哉！折秦之谋，而绝其霸强之略。"齐王曰："善。"乃使人至境候秦使㉔。秦使车适入齐境，使还驰告之，王召孟尝君而复其相位，而与其故邑之地，又益以千户。秦之使者闻孟尝君复相齐，还车而去矣。

自齐王毁废孟尝君，诸客皆去，后召而复之，冯驩迎之。未到㉕，孟尝君太息叹曰："文常好客，遇客无所敢失，食客三千有余人，先生所知也。客见文一日废，皆背文而去，莫顾文者。今赖先生得复其位，客亦有何面目复见文乎？如复见文者，必唾其面而大辱之。"冯驩结辔下拜㉖。孟尝君下车接之，曰："先生为客谢乎㉗？"冯驩曰："非为客谢也，为君之言失。夫物有必至，事有固然，君知之乎？"孟尝君曰："愚不知所谓也。"曰："生者必有死，物之必至也；富贵多士，贫贱寡友，事之固然也。君独不见夫趣市朝者乎㉘？明旦，侧肩争门而入；日暮之后，过市朝者掉臂而不顾。非好朝而恶暮，所期物忘其中㉙。今君失位，宾客皆去，不足以怨士而徒绝宾客之路。愿君遇客如故。"孟尝君再拜曰："敬从命矣。闻先生之言，敢不奉教焉。"

---

① 跻：通"屣"，草鞋。
② 传舍：驿馆，客馆。这里指普通客馆。
③ 蒯缑：用草绳缠绕剑柄。缑，缠绕剑柄的丝绳。

④ **幸舍**：此处指中等客馆。

⑤ **代舍**：此处指上等客馆。

⑥ **期年**：周年，对头一年。

⑦ **状貌甚辩**：辩，分明，伟丽出众的样子。

⑧ **出息钱**：即放债，为取利息者也。

⑨ **岁不入**：农业收成不好。岁，年景，收成。

⑩ **责**：催讨。

⑪ **券书**：契约，即今所谓"合同"。

⑫ **为期**：约定一个时间。

⑬ **自捐之**：自己豁免了债务。**若急**：此二字衍文，应削。

⑭ **离上抵负**：意即背叛主子，违法犯罪。负，罪。**厉**：磨炼，提高。

⑮ **拊手**：拍手，醒悟赞赏的样子。

⑯ **秦、楚之毁**：秦、楚诸国对孟尝君的诽谤、离间。

⑰ **一乘**：犹言一辆，古称一车四马曰乘。

⑱ **约车币**：整备车马礼物。币，礼品，通常指璧、帛等。

⑲ **冯轼结靷**：意即乘车而行。冯，读 píng，通"凭"。凭借，依靠。轼，车箱前面的横木，乘车者累时可以冯轼稍息。靷，车套，牲口拉车的引绳。

⑳ **跽**：挺身跪起。古人跪坐席上，遇有警觉或为表示敬意时则挺身跪起。

㉑ **岂直**：岂只。直，只，特。

㉒ **百镒**：镒，重量单位。一镒等于二十两，也有说二十四两。

㉓ **临淄**：齐国的都城，在今山东淄博市之临淄区。**即墨**：战国齐邑，在今山东平度市东南。

㉔ **候**：窥视。

㉕ **未到**：指未到齐国都城。

㉖ **结辔**：盘起缰绳。辔，缰绳。

㉗ **为客谢**：谢，赔礼，说情。

㉘ **趣市朝**：赶集。趣，通"趋"，往。

㉙ **忘**：通"亡"，无。

译

　　当初，冯骥听说孟尝君好客，于是就穿着一双草鞋去见他了。孟尝君说："先生大老远地来到这里，准备给我什么指教呢？"冯骥说："就是因为听说您好客，所以就来了。"于是孟尝君就把他安置在了一个普通的客馆里。过了十天，孟尝君问客馆的总管说："冯骥在做些什么？"总管说："冯骥非常穷，只有一把剑，剑柄缠着一些草绳子。他每天在弹着剑唱歌，说：'长剑哪，我们还是走吧，这里连鱼都没的吃'！"孟尝君听罢就让总管把冯骥升到了中等的客馆里，让他每顿饭都有鱼吃。又过了五天，孟尝君又向总管问冯骥的情况，总管说："冯骥还在那里弹着剑唱歌，说：'长剑哪，我们还是走吧，这里出门连个车也没有'！"孟尝君听罢就让总管把他安置到了上等的客馆里，让他进进出出都有了车子坐。又过了五天，孟尝君又问总管，总管说："冯骥还在那里弹着剑唱歌，说：'长剑哪，我们还是走吧，住在这里连个养家的钱也没有'！"孟尝君听了心里不大高兴。

　　过了一年，在这一年里冯骥什么动静也没有。这时孟尝君正是齐国的宰相，齐王把一个有着万户人家的薛邑给了他做封地。孟尝君当时有门客三千人，光靠这块封地的税收是养活不了这些人的。于是他就让人给他在薛县放了许多债，可是一年过去了，什么也没有得到，借钱的都不肯交利息，养客的费用眼看就要接不上了。孟尝君很着急，他问身边的人们说："谁可以帮我到薛县去收债呢？"客馆总管说："上等客馆里的那个冯先生相貌出众，而且像个厚道人，这个人没有什么别的本事，让他去收债我看还是可以的。"于是孟尝君就把冯骥找了来，对他说："诸位客人不嫌我没出息，到我这里来的有三千多人，我封地上的那点收入不够奉养这些宾客，所以我在薛县放了一些钱。可是近年来薛县的收成不好，百姓们不少人都不交利息。现在宾客们的吃用眼看要接不上了，所以我想请你帮着去那里催讨一下。"冯骥说："好的。"于是他辞别了孟尝君，很快地来到了薛邑。冯骥召集凡是借了孟尝君家钱的人都来开会，一共得到了十万钱的利息。随后冯骥又买来了许多美酒、肥牛，然后告诉那些借钱的人们，能还利息的人们要来，不能还利息的也要来，大家都要带着借券来当场核对一下。等到大家到齐后，就杀牛摆酒，请大家开怀畅饮。在大家正喝得起劲时，冯骥拿出了借券和大家一一地进行核对，能够交利息的，和他约定一个交钱的日期；贫穷无力交息的，就干脆把他们的借券烧掉了。冯骥说："孟尝君之所以要放这些钱，是为了给无法生活的人提供一点谋生的本钱；他之所以要大家交一点利息，那是因为他缺少奉养宾客的用度。现在凡是家庭富裕的都约定了还钱的日期；家里贫穷无力偿还的，我都已经烧了他们的借据。请大家多保重。有这么好的主子，难道我们还忍心背叛他吗？"于是席上的人们都站了起来，一再地叩头致谢。

孟尝君听了冯骥烧借据的消息，立刻生气地派人去把冯骥叫了回来。冯骥一到，孟尝君就说："因为我家里有三千客人要吃饭，所以我才在薛邑放债。我封地的收入不多，借钱的人又不按时交利息，我连养客的伙食都怕开不出来了，所以才请你去讨要。可是我听说你收债后，买了许多牛、酒，还把一些债券都烧了，你这么干是为什么呢？"冯骥说："不错。不多准备一些牛酒，他们就不会都来，也就没有办法知道他们谁是富裕的谁是穷困的。对于那些富裕的，可以和他们定一个交利息的日期；对于那些穷困的，即使你拿着债券向他讨要十年也仍是要不到。利息越滚越多，逼急了，他们来个一逃了事，反正叫您什么也得不到。这样从上头说您要落个只知贪图私利而不知爱护百姓的名声，从下头说也让百姓们落个背叛主子逃避债务的罪名，这恐怕不是教育提高子民、给自己扬名的好办法。现在我们烧掉那些有名无实的债券，送掉那些无法收上来的徒有虚名的钱财，使薛邑的百姓们忠于您，给您扬名，这有什么不好呢？"孟尝君一听，拍手称绝，立即向冯骥表示感谢。

　　后来齐王听信了秦国和楚国的挑拨，认为孟尝君的名声比自己还大，而且又独揽着齐国的大权，于是就罢掉了孟尝君的职务，没收了孟尝君的封地。孟尝君门下那些宾客们一见孟尝君被废，都纷纷离他而去。这时冯骥对孟尝君说："您给我一辆车子，让我到秦国去，我一定想法让您重新受到齐国的重视并且还能让您的封地更有增加，您看好不好？"孟尝君一听，立即给他套好车子，让他带上礼物出发了。冯骥到了秦国对秦王说："所有说客凡是急急忙忙坐着车子赶到秦国来的，没有一个不是想叫秦国强大而使齐国削弱；凡是急急忙忙坐着车子跑到齐国去的，没有一个不是想让齐国强大而使秦国削弱。秦国和齐国是两个不分雌雄、不能并立的国家，谁要是称了雄，谁就可以拥有天下。"秦王一听，立即长跪问道："您有什么办法使秦国能够成为雄而不成为雌呢？"冯骥说："大王听说齐国罢免孟尝君的事了吗？"秦王说："已经听说了。"冯骥说："能使齐国受到各国尊重的，关键是有孟尝君。可是现在齐王听信挑拨，把孟尝君罢免了，孟尝君心里不高兴，一定想离开齐国；如果他能离开齐国到秦国来，那么齐国的国家形势、人际思想也就跟着一齐带到秦国来了，到那时连齐国的土地都可以夺过来，岂只是称雄呢？您应该赶快派人拉着聘礼去悄悄地接他，不要错过这个大好时机。否则齐王一觉悟，一恢复孟尝君的原职，那么今后谁雌谁雄就又没办法预料了。"秦王一听很高兴，立刻派出了十辆车子带着黄金百镒去迎接孟尝君。冯谖向秦王请求自己先走一步。他赶紧回到了齐国，对齐王说："所有说客坐着车子跑到齐国来的，没有一个不是想叫齐国强大而叫秦国削弱；所有说客坐着车子到秦国去的，没有一个不是想叫秦国强大而叫齐国削弱。秦国和齐国是两个难分雌雄的国家，如果秦国一强大，那齐国就肯定要衰弱，这是不可能并立称雄的。现在我听说秦国已经派了十辆车子载着黄金百镒来迎孟尝君了。孟尝君不去秦国则已，如果他一去秦国，就肯定会当秦国的宰相，天下各国也就都会去归附秦国，到那时，秦国就称了雄，而我们也就降成了雌，一旦我们成了雌，那临淄、即墨就危险了。您为什么不趁着秦国的使者未到，赶紧把孟尝君官复原职，再多封给他一些领地，向他表示歉意呢？您如果这么一做，孟尝君肯定就会高兴地接受了。秦国即使强大，难道他还能把人家的宰相请了去吗？只有这样才能挫败秦国的阴谋，打掉它称霸天下的计划。"齐王说："好。"于是就派人到西部边境上去探听是不是真有秦国的使者到来，结果正碰上秦国的使者刚刚入境，齐国使者赶紧跑回临淄向齐王报告，齐王赶紧请回了孟尝君，给他恢复了宰相的职务，而且在除了还给他旧有的封地以外，还又多给他增加了一千户。秦国的使者听说孟尝君又官复原职，只好掉转车头回去了。

自从齐王听信挑拨废掉了孟尝君，孟尝君原有的门客就全都一哄而走了。等到齐王又下令请孟尝君回来，这时只有冯谖一个人去接他。当他们快要回到齐国京城的时候,孟尝君深有感慨地说:"我平生一贯好客,我对待客人从来不敢有什么失礼,我门下的食客最多的时候达到三千多人,这是你所知道的。可是他们一旦看到我被废,就立刻全都离我而去,没有一个顾恋我。现在我完全是靠着你才得以官复原职,他们那些人还有什么脸面来见我呢?如果他们谁要再来找我,我一定向他的脸上吐唾沫,好好地羞辱他一下。"冯骧一听立即盘好缰绳,下车来给孟尝君磕了一个头。孟尝君赶紧下车拦住,说:"你是为那些家伙们求情吗?"冯骧说:"不是的,是因为你刚才的话说错了。世界上的万事万物为什么会成为这样,都有它一定的道理,您明白吗?"孟尝君说:"我不知道你说的是什么意思。"冯骧说:"凡是有生命的东西最后都得死掉,这是必然的。一个人,富贵的时候朋友多,贫贱的时候朋友少,这也是一定的。您没有见过那些赶集的人吗?早晨天刚亮时,大家都侧着膀子往市门里挤;等到日落天黑,在市场门口路过的人们甩着膀子走过连头都不回,这并不是因为他们喜欢早晨的集市而讨厌傍晚的集市,而是因为他们想买的东西那里已经没有了。由此可见,在您失掉了宰相职位的时候,宾客们都一哄而去,那是很自然的,没有必要怨恨他们,否则会白白地得罪一些人。希望您还像过去一样地对待他们。"孟尝君听罢向冯骧致谢说:"愿意遵命。有您这番话,我怎敢不照办呢!"

评

孟尝君姓田名文,是战国后期齐国诸侯的宗室,宣王、湣王时执掌过齐政。与平原君、信陵君之执掌国政、忠于自己国家不同,孟尝君具有当时游士的性质,他不仅先后曾去魏国、秦国当过宰相,甚至他为了私利竟不惜伙同其他国家将齐国颠覆。孟尝君以养客闻名,他养客的目的也完全是用于谋取私利。《孟尝君列传》整篇就是记载了孟尝君的几个宾客在关键时刻如何为孟尝君效力，帮助孟尝君化险为夷、获得功利的过程。我们这里选取了《鸡鸣狗盗》与《冯骧客孟尝君》两个故事。"鸡鸣""狗盗"是两个一向不被人看得起的小人物，但却在关键时刻帮孟尝君解了燃眉之急，表现了司马迁重视下层、歌颂下层人的民主思想，与《游侠列传》及《平原君虞卿列传》里的毛遂的故事有相通之处。冯骧的思想境界虽然不算很高，但他忠于其主、感恩图报，与那些趋炎附势、翻脸不认人的势利之徒恰成对照，司马迁对此是赞赏的。这与《赵世家》中的程婴、公孙杵臼以及《刺客列传》里的豫让等精神相通。冯骧在为孟尝君"焚券"以收买人心上表现了超凡的见识；在利用外部势力以帮助孟尝君官复原职上表现了其活动能力的高超。冯骧在战国游士中可以称得上是佼佼者。

平原君虞卿列传

毛遂自荐

　　秦之围邯郸,赵使平原君求救,合从(zòng)于楚①,约与食客门下有勇力文武备具者二十人偕。平原君曰:"使文能取胜,则善矣。文不能取胜,则歃(shà)血于华屋之下②,必得定从而还。士不外索,取于食客门下足矣。"得十九人,余无可取者,无以满二十人。门下有毛遂者,前,自赞于平原君曰③:"遂闻君将合从于楚,约与食客门下二十人偕,不外索。今少一人,愿君即以遂备员而行矣。"平原君曰:"先生处胜之门下几年于此矣?"毛遂曰:"三年于此矣。"平原君曰:"夫贤士之处世也,譬若锥之处囊中,其末立见。今先生处胜之门下三年于此矣,左右未有所称诵,胜未有所闻,是先生无所有也。先生不能,先生留。"毛遂曰:"臣乃今日请处囊中耳。使遂早得处囊中,乃颖脱而出④,非特其末见而已。"平原君竟与毛遂偕。十九人相与目笑之而未发也。

　　毛遂比至楚,与十九人论议,十九人皆服。平原君与楚合从,言其利害,日出而言之,日中不决。十九人谓毛遂曰:"先生上。"毛遂按剑历阶而上,谓平原君曰:"从之利害,两言而决耳。今日出而言从,日中不决,何也?"楚王谓平原君曰:"客何为者也?"平原君曰:"是胜之舍人也⑤。"楚王叱曰:"胡不下!吾乃与而君言⑥,汝何为者也!"毛遂按剑而前曰:"王之所以叱遂者,以楚国之众也。今十步之内,王不得恃楚国之众也，王之命悬于遂手。吾君在前，叱者何也？且遂闻汤以七十里之地王天下，文王以百里之壤而臣诸侯⑦，岂其士卒众多哉！诚能据其势而奋其威。今楚地方五千里，持戟百万，此霸王之资也。以楚之强，天下弗能当。白起，小竖子耳，率数万之众，兴师以与楚战，一战而举鄢、郢，再战而烧夷陵，三战而辱王之先人⑧。此百世之怨，而赵之所羞，而王弗知恶焉。合从者为楚，非为赵也。吾君在前，叱者何也？"楚王曰："唯唯，诚若先生之言，谨奉社稷而以从。"毛遂曰："从定乎？"楚王曰："定矣。"毛遂谓楚王之左右曰："取鸡狗马之血来。"毛遂奉铜盘而跪进之楚王曰："王当歃血而定从，次者吾君，次者遂。"遂定从于殿上。毛遂左手持盘血而右手招十九人曰："公相与歃此血于堂下。公等录录，所谓因人成事者也。"

平原君已定从而归，归至于赵，曰："胜不敢复相士。胜相士多者千人，寡者百数，自以为不失天下之士，今乃于毛先生而失之也。毛先生一至楚，而使赵重于九鼎大吕⑨。毛先生以三寸之舌，强于百万之师。胜不敢复相士。"遂以为上客。

注

① **秦之围邯郸**：事在秦昭王四十八至五十年，赵孝成王七至九年，前259—257年。秦将白起大破赵军于长平后，次年进围邯郸，过程参见《白起王翦列传》《廉颇蔺相如列传》《魏公子列传》。邯郸，赵国都城，即今河北省邯郸市。**平原君**：赵惠文王之弟，赵孝成王之叔，此时为赵相。参见《平原君虞卿列传》。**合从**：订立军事联盟。**楚**：诸侯国名，此时的楚国已由郢迁都于今河南之淮阳县。

② **歃血**：将某种动物的血抹在自己嘴上，这是古人发誓时好做的一种

姿态。

③ **赞**：告，说明。

④ **颖**：原指禾穗的芒尖，这里指锥子头。

⑤ **舍人**：寄居于官僚贵族门下，为之充任某种役使的人，即食客、清客之类。

⑥ **而君**：而，你，你的。

⑦ **汤**：商朝的开国帝王，灭掉夏桀而建立商朝，参见《殷本纪》。**文王**：姬昌，武王之父。武王灭纣后建立周朝，但因武王伐纣是以文王的名义进行的，故后人也往往将灭纣称王之事加于文王。参见《周本纪》。

⑧ **白起**：秦国名将，曾为秦昭王大破楚、魏、韩、赵等国，参见《白起王翦列传》。**鄢、郢**：鄢是楚国都邑名，在今湖北省宜城东南。郢是楚国的旧都，在今湖北省荆州市江陵区西北。**夷陵**：楚邑名，在今湖北省宜昌市东南，楚王祖先的坟墓埋在这里。

⑨ **九鼎**：相传为夏禹所铸，后来被历代王朝视为传国之宝，参见《楚世家》之《庄王问鼎》。

译

秦军包围了赵国首都邯郸，赵王派平原君去楚国求救，与楚国建立抗秦联盟。平原君想从自己的门客中挑选二十个文武兼备的人作为随员。他说："如果能用和平的方式完成任务，当然是最好不过了；万一不能用和平的方式解决问题，那也一定要用武力强迫楚王在朝廷上与我们签订盟约，总之是一定要完成任务才能回来。这些随员用不着到别处去找，我门下的宾客就足够用了。"结果只挑到了十九个，没法凑满二十个。这时，有个叫毛遂的自己出来对平原君说："我听说您要去和楚国订立盟约，想从您的门下宾客中挑选二十个随员，不再向外面去找，而现在还缺一个，我希望您把我添在里头，人数一够咱可以就马上出发了。"平原君说："您到我家几年了？"毛遂说："三年了。"平原君说："一个有本事的人活在世界上，就好像一把锥子装在口装里，锥子尖总是会露出来。您在我这里都已经三年了，大家居然没有对您说过一句赞美的话，我也没有听说过您有什么才干，说明您的确没有什么本领。您不能去，您还是留在家里吧！"毛遂说："我是今天才请求您把我装进口袋的！您要是早就把我装进口袋，那我必然整个锥子头都会出来，岂只是露出一个锥子尖呢？"平原君无法，只好带上他一起出发了。其余的十九个人都用一种鄙夷的眼光互相看着笑，只是没有笑出声罢了。

等到毛遂等到达了楚国，十九个人经过一路上与毛遂的不断谈论，他们对毛遂已经心服了。轮到平原君与楚王谈判结盟的时候，平原君反复向楚王申说楚赵联盟的好处，从太阳刚出一直说到正午楚王仍未接受。这时十九个人就对毛遂说："毛先生您去！"于是毛遂就手按剑柄一步一级地迅速走上了大殿，向平原君说："合纵抗秦的必要性两句话就可以说清，今天从早上说起，现在已经中午还定不了，这是为什么？"楚王转脸问平原君："这个人是干什么的？"平原君说："他是我的一个门客。"楚王勃然大怒，说："还不给我滚下去！我是在和你的主人讲话，你来干什么？"毛遂手按剑柄跨前一步说："大王所以敢于这么呵斥我，是仗恃着楚国的人多。可是现在十步之内，您是倚靠不上楚国的人多的。您的命就攥在我的手里。我的主人就在跟前，您怎么能这样呵斥我呢？再说，当初商汤凭着七十里的地盘，就灭夏桀统一了天下；周文王凭着百里的地盘，就灭掉了殷纣使天下诸侯臣服，他们是靠的人多吗？他们都是能够把握住当时的形势而趁机发挥他们的威力。现在楚国有五千里见方的地盘，有上百万的军队，这是成为霸主的资本。按楚国目前这种强大，它应该天下无敌，可是就凭白起这么个小子，领着几万人来和楚国作战，一下子攻克了鄢陵、郢都，又一下子烧毁了夷陵，再一下子连楚国的先王都受到了侮辱。这是一百辈子也报不完的仇，连我们赵国都为你们感到羞耻，可是您自己居然不知道痛恨。联盟抗秦主要的是为了你们楚国，而不是为了我们赵国。我的主人就在跟前，您对我呵斥什么？"楚王赶紧说："好，好，确实像你所说，我愿意拿我们整个国家和你们建立联盟。"毛遂说："您决定了吗？"楚王说："决定了。"毛遂立即招呼楚王身边的人说："赶紧拿鸡、狗、马的血来。"毛遂手捧盛着鸡、狗、马血的铜盘先是跪送到楚王面前，说："请大王第一个歃血，其次是我的主人，再次是我。"就这样在大殿上完成了订盟仪式。而后毛遂左手端着铜盘，右手招呼下面的那十九个人说："你们也都在下面歃血，算是参加订盟。你们真是些平庸透顶，专门靠别人吃现成饭的家伙！"

平原君与楚国订盟后回到赵国，对人们说："我再也不敢说我能够识别人了。我识别过的人多则上千，少说也有几百，我总以为不会漏掉有本事的人了，谁想这回却漏掉了毛先生。毛先生一到楚国，使我们赵国的地位比九鼎、大吕都还要尊贵。毛先生的舌头比百万军队还要厉害。我再也不敢说我能识别人了。"从此毛遂就成了平原君门下的贵客。

平原君虞卿列传

李同战死

　　平原君既返赵，楚使春申君将兵赴救赵，魏信陵君亦矫夺晋鄙军往救赵①，皆未至。秦急围邯郸，邯郸急，且降，平原君甚患之。邯郸传（zhuàn）舍吏子李同说平原君曰②："君不忧赵亡邪？"平原君曰："赵亡则胜为虏，何为不忧乎？"李同曰："邯郸之民，炊骨易子而食③，可谓急矣，而君之后宫以百数，婢妾被绮縠（hú），余粱肉，而民褐衣不完，糟糠不厌④。民困兵尽，或剡（yǎn）木为矛矢，而君器物钟磬自若⑤。使秦破赵，君安得有此？使赵得全，君何患无有？今君诚能令夫人以下编于士卒之间，分功而作，家之所有尽散以飨（xiǎng）士，士方其危苦之时，易德耳。"于是平原君从之，得敢死之士三千人。李同遂与三千人赴秦军，秦军为之却三十里。亦会楚、魏救至，秦兵遂罢，邯郸复存。李同战死，封其父为李侯⑥。

注

① **春申君**：姓黄名歇，以养士闻名的楚国贵族，此时为楚相。**信陵君**：名无忌，以养士闻名的魏国贵族，魏安釐王之弟。**矫夺晋鄙军**：晋鄙，魏将。信陵君用侯嬴之谋窃兵符诈夺晋鄙军，率以救赵事，见《魏公子列传》。

② **传舍**：驿馆，宾馆。**李同**：应作"李谈"，司马迁避其父讳改称"李同"。
③ **炊骨易子而食**：语出《左传》宣公十五年，时楚长期围宋，宋人称城内"易子而食，析骨以爨"。
④ **绮縠**：绮，细绫；縠，绉纱，皆精细珍贵的丝织品。**褐衣**：粗布短衣。**厌**：通"餍"，饱，足。
⑤ **钟磬**：皆乐器名，古代贵族鸣钟奏乐而食。
⑥ **李侯**：侯爵，封地在李，今河南省温县西南故李城。

译

　　平原君回到赵国后，楚国就派春申君带领军队来援救赵国，魏国的信陵君也假传王命夺取了晋鄙所统率的军队赶来救助赵国，但是他们都还没有到达。这时秦国的军队对邯郸加紧攻击，邯郸很快就要失守，平原君很着急。这时邯郸驿馆小吏的儿子李同对平原君说："您不担心赵国灭亡吗？"平原君说："赵国灭亡我就会成为俘虏，我怎么不担心呢？"李同说："现在邯郸的老百姓已经艰难到了拿人骨头当柴烧和互相交换着吃小孩的地步，已经穷困到极点了，可是您的家里光是妇女姬妾就有上百人，您家里的丫头仆人都穿着绫罗绸缎，都有吃不完的好菜好饭，而百姓们却连件完整的粗布短衣都没有，连糟糠都吃不上。士兵们连武器都没有，只好拿着刀削的棍子作战，可是您家中各种宝物各种乐器却仍和从前一样，件件不缺。如果让秦国灭了赵国，您还能够占有这些东西吗？反之，如果赵国得到了保全，您还用担心缺少这些东西吗？现在您要是能把您夫人以下的全家人都编入军队，让他们与别人一样地分担各种劳务，把您家里的全部财产都拿出来犒赏军队，处在危难关头的人们，是最容易取得他们感戴的。"于是平原君立刻按李同的意见办了，他们组成了一支三千人的敢死队。李同就带着这三千人猛烈地攻击秦军，秦军被迫后退了三十里，正好这时楚国和魏国的救兵到了，秦军遂只好撤走，邯郸得到了保全。李同在战斗中牺牲了，他的父亲被赵国封为李侯。

评

《平原君虞卿列传》是平原君赵胜与赵国名臣虞卿二人的合传，二人的眼光智慧虽有不同，但都忠心耿耿于赵国。我们这里选取了与平原君有关的两个故事，《毛遂自荐》与《李同战死》。

赵国被秦军大破于长平，损兵折将共四十五万，不久，秦兵又进而包围了赵国的都城邯郸。赵国危在旦夕，派平原君率代表团到楚国求救。平原君选随员差一人，毛遂自荐，开始时平原君不想要，众人也瞧不起，但结果却是多亏毛遂在关键时刻起了作用，得以签订盟约而还。故事显然有许多夸张，我们取其大意可也。楚国已答应救赵，但援军尚未到达，秦兵加紧攻击，邯郸即将陷落。这时又一个小人物李同挺身而出，他劝说平原君献出全部家资以犒军，编全家男女于士伍与赵国军民同生死，而后李同率领一支敢死队猛烈冲击秦军，给秦军的锋芒以重挫，赢得了时间，等待了楚、魏两国援军的到来。司马迁通过这两个故事突出地表现了下层人物的优秀品质与卓越才干，与《孟尝君传》之歌颂"鸡鸣狗盗"用意相同；同时作品也表现了平原君在国家利益面前不计个人私利与其从谏如流的精神。

魏公子列传
谦请侯嬴

魏公子无忌者，魏昭王少子而魏安釐（xī）王异母弟也①。昭王薨（hōng），安釐王即位，封公子为信陵君②。是时范雎亡魏相秦③，以怨魏齐故，秦兵围大梁，破魏华阳下军，走芒卯④。魏王及公子患之。

公子为人仁而下士，士无贤不肖皆谦而礼交之，不敢以其富贵骄士。士以此方数千里争往归之，致食客三千人。当是时，诸侯以公子贤，多客，不敢加兵谋魏十馀年。

公子与魏王博⑤，而北境传举烽，言"赵寇至，且入界"。魏王释博，欲召大臣谋。公子止王曰："赵王田猎耳⑥，非为寇也。"复博如故。王恐，心不在博。居顷，复从北方来传言曰："赵王猎耳，非为寇也。"魏王大惊，曰："公子何以知之？"公子曰："臣之客有能探得赵王阴事者，赵王所为，客辄以报臣，臣以此知之。"是后魏王畏公子之贤能，不敢任公子以国政。

魏有隐士曰侯嬴，年七十，家贫，为大梁夷门监者⑦。公子闻之，往请，欲厚遗之。不肯受，曰："臣修身洁行数十年，终不以监门困故而受公子财。"公子于是乃置酒大会宾客。坐定，公子从车骑，虚左，自迎夷门侯生。侯生摄弊衣冠⑧，直上载公子上坐，不让，欲以观公子。公子执辔（pèi）愈恭。侯生又谓公子曰："臣有客在市屠中，愿枉车骑过之。"公子引车入市，侯生下见其客朱亥，俾倪（pì nì）⑨，故久立与其客语，微察公子。公子颜色愈和。当是时，魏将相宗室宾客满堂，待公子举酒。市人皆观公子执辔，从骑皆窃骂侯生。侯生视公子色终不变，乃谢客就车。至家，公子引侯生坐上坐，遍赞宾客⑩，宾客皆惊。酒酣，公子起，为寿侯生前。侯生因谓公子曰："今日嬴之为公子亦足矣。嬴乃夷门抱关者也，而公子亲枉车骑，自迎嬴于众人广坐之中，不宜有所过，今公子故过之。然嬴欲就公子之名，故久立公子车骑市中，过客以观公子，公子愈恭。市人皆以嬴为小人，而以公子为长者能下士也。"于是罢酒，侯生遂为上客。

侯生谓公子曰："臣所过屠者朱亥，此子贤者，世莫能知，故隐屠间耳。"公子往数请之，朱亥故不复谢，公子怪之。

注

① **魏昭王**：名遫，前295—前277年在位。**魏安釐王**：名圉（yǔ），前276—前243年在位。
② **信陵**：古邑名，在今河南宁陵西。
③ **范雎**：字叔，魏人，因遭须贾诬陷，逃至秦国，改名张禄，为秦昭王相。参见《范雎蔡泽列传》。
④ **大梁**：魏国都城，即今河南开封市。**华阳**：地名，在今河南密县。**芒卯**：魏国将领。
⑤ **博**：古代的一种棋戏。
⑥ **赵王**：赵孝成王，名丹，惠文王之子，前265—前245年在位。
⑦ **夷门**：大梁城之东门。
⑧ **摄**：整顿、整理。

⑨ **俾倪**：同"睥睨"，偷眼斜视。
⑩ **赞**：介绍。

译

魏公子无忌是魏昭王的小儿子，魏安釐王的同父异母兄弟。魏昭王去世后，魏安釐王继位，封魏公子为信陵君。当时魏国的逃臣范雎正在秦国当丞相，因为他怨恨魏国的丞相魏齐，因而曾派兵一度包围了魏国的大梁，接着又击败了驻守在华阳的魏国军队，打跑了魏将芒卯。魏王和魏公子对这种形势很感忧虑。

魏公子为人厚道而又谦虚，无论是有才干的还是没才干的，只要到他门下他都以礼相待，从不因自己的地位高贵而待人傲慢。因此纵横几千里内的游士们都争先恐后地投奔他，归到他门下的食客有三千多人。当时，因为魏公子贤明，而且门下又有很多能干的食客，所以各国诸侯十几年都不敢出兵来碰魏国。

有一次，魏公子正和魏王下棋，这时从北部边境突然传来报警烽火，说是："赵国向我们进攻了，敌军很快就要进入我们的国境。"魏王赶紧推开棋盘，要召集大臣们开会商议。魏公子劝止魏王说："那是赵王出来打猎，不是侵犯我国。"说完仍接着下棋。但魏王害怕，心思不在棋上。过不多时，又有消息从北边传来说："是赵王打猎，不是侵犯我国。"魏王很惊讶，问魏公子："你怎么事先就知道呢？"魏公子说："我的宾客中有人能掌握赵王的秘密，赵王有什么活动，我的宾客都能及时向我报告，因此我对赵王的活动很清楚。"从这件事情以后，魏王开始害怕魏公子的才能，不敢把国家大事交给他。

魏国有个隐士叫侯嬴，已经七十岁了，家境贫穷，在大梁的夷门看城门。魏公子听说这个人后,亲自去拜访他,想要送给他一些东西。但侯嬴不要,他说:"我保持清高廉洁已经几十年了,绝不能因为看城门受穷而接受您的东西。"魏公子一看不行,于是就举办了一个盛大的宴会。等客人们就坐以后,魏公子就带着车马随从,空着车子左边的上座,亲自到夷门去接侯嬴。侯嬴整理了一下自己的破衣冠,径直地上去就坐了车子左边的尊位,一点儿也不谦让,他想看看魏公子的态度如何。只见魏公子抓着缰绳,非常谦虚。侯嬴上车后又对魏公子说:"我有一个朋友在市场上的肉店里,麻烦你的车子绕个弯带我过去看看他。"魏公子二话没说,赶着车子来到市场。侯嬴从车上下来找到了他的朋友朱亥,两人故意说个不休,同时侯嬴斜着眼睛观察魏公子。只见魏公子的神态比刚才显得还要平静温和。当时,在魏公子的家里,满堂将相宗室一流的贵宾,都在等着公子回来宴会开始。而市场上的人们却正在惊奇地看着魏公子在给一个什么人牵着缰绳,这时魏公子的那些随从们早已经在偷偷地大骂侯嬴了。侯嬴见魏公子的态度始终没有变化,这才辞别了朱亥,重新上车,来到魏公子府中。魏公子请侯嬴坐到上座,把宾客们一一地向侯嬴作了介绍,宾客们见状都很吃惊。当大家饮酒饮到了最痛快的时候,魏公子又站起身来,恭恭敬敬地到侯嬴面前敬酒。侯嬴这时对魏公子说:"今天我也够难为公子了。我不过是夷门的一个守门人,而公子竟能屈尊地赶着车子,把我接到了这大庭广众里来,有些地方不是公子该去的,可是公子居然也去了。我当时是为了成就公子的好名声,所以才故意让公子带着车马在市场上罚站。当时来来往往的人都看公子,而公子显得越来越谦逊。这样就可以让整个市场的人们都骂我是小人,而称赞公子为人厚道,礼贤下士。"于是大家尽欢而散,侯嬴从此成了魏公子家里的上宾。

侯嬴对魏公子说："前天我所拜访的那个屠户朱亥，是个贤人，因为没有人了解他，所以他才隐居在屠户里。"魏公子听说后一连几次地去拜访他，而朱亥却故意地一次也不回拜，魏公子很奇怪。

魏公子列传
窃符救赵

魏安釐王二十年，秦昭王已破赵长平军，又进兵围邯郸①。公子姊为赵惠文王弟平原君夫人②，数遗（wèi）魏王及公子书，请救于魏。魏王使将军晋鄙将十万众救赵。秦王使使者告魏王曰："吾攻赵旦暮且下，而诸侯敢救者，已拔赵，必移兵先击之。"魏王恐，使人止晋鄙，留军壁邺③，名为救赵，实持两端以观望。平原君使者冠盖相属于魏，让魏公子曰④："胜所以自附为婚姻者，以公子之高义，为能急人之困。今邯郸旦暮降秦而魏救不至，安在公子能急人之困也！且公子纵轻胜，弃之降秦，独不怜公子姊邪？"公子患之，数请魏王，及宾客辩士说王万端。魏王畏秦，终不听公子。公子自度终不能得之于王，计不独生而令赵亡，乃请宾客，约车骑百馀乘，欲以客往赴秦军，与赵俱死。

行过夷门，见侯生，具告所以欲死秦军状。辞决而行，侯生曰："公子勉之矣，老臣不能从。"公子行数里，心不快，曰："吾所以待侯生者备矣，天下莫不闻。今吾且死而侯生曾无一言半辞送我，我岂有所失哉？"复引车还，问侯生。侯生笑曰："臣固知公子之还也。"曰："公子喜士，名闻天下。今有难，无他端而欲赴秦军，譬若以肉投馁（něi）虎，何功之有哉？尚安事客？然公子遇臣厚，公子往而臣不送，以是知公子恨之复返也。"公子再拜，因问。侯生乃屏人间语，曰："嬴闻晋鄙之兵符常在王卧内[5],而如姬最幸,出入王卧内,力能窃之。嬴闻如姬父为人所杀,如姬资之三年,自王以下欲求报其父仇,莫能得。如姬为公子泣,公子使客斩其仇头,敬进如姬。如姬之欲为公子死无所辞,顾未有路耳。公子诚一开口请如姬,如姬必许诺,则得虎符夺晋鄙军,北救赵而西却秦,此五霸之伐也[6]。"公子从其计,请如姬。如姬果盗晋鄙兵符与公子。

公子行,侯生曰:"将在外,主令有所不受[7],以便国家。公子即合符,而晋鄙不授公子兵而复请之,事必危矣。臣客屠者朱亥可与俱,此人力士。晋鄙听,大善;不听,可使击之。"于是公子泣。侯生曰:"公子畏死耶?何泣也?"公子曰:"晋鄙嚄唶(huò zé)宿将[8],往恐不听,必当杀之,是以泣耳,岂畏死哉?"于是公子请朱亥。朱亥笑曰:"臣乃市井鼓刀屠者,而公子亲数存之[9],所以不报谢者,以为小礼无所用。今公子有急,此乃臣效命之秋也。"遂与公子俱。公子过谢侯生,侯生曰:"臣宜从,老不能。请数公子行日,以至晋鄙军之日,北乡自刭[10],以送公子。"公子遂行。

至邺,矫魏王令代晋鄙。晋鄙合符,疑之,举手视公子曰[11]:"今吾拥十万之众,屯于境上,国之重任,今单车来代之[12],何如哉?"欲无听。朱亥袖四十斤铁椎(chuí),椎杀晋鄙,公子遂将晋鄙军。勒兵下令军中曰:"父子俱在军中,父归;兄弟俱在军中,兄归;独子无兄弟,归养。"得选兵八万人,进兵击秦军。秦军解去,遂救邯郸,存赵。赵王及平原君自迎公子于界,平原君负韊(lán)矢为公子先引[13]。赵王再拜曰:"自古贤人未有及公子者也。"当此之时,平原君不敢自比于人。公子与侯生决,至军,侯生果北乡自刭。

注

① **魏安釐王二十年**：相当于赵孝成王九年，秦昭王五十年，前 257 年。**秦昭王**：名则，前 306—前 251 年在位。**破赵长平军**：事在秦昭王四十七年、赵孝成王六年，前 260 年。是年秦将白起大破赵军于长平，坑杀赵卒四十五万。见《白起王翦列传》。**长平**：古城名，在今山西省高平市西北。

② **赵惠文王**：孝成王之父，前 298—前 266 年在位。

③ **邺**：魏县名，在今河北省临漳县西南。

④ **让**：指责，责备。

⑤ **兵符**：调兵的信物，以竹木或金属制成，分作两半，帝王与将军各执其一，帝王有新的命令下达时，令宣令使者持之以为证验。

⑥ **五霸之伐**：正义而又无敌的讨伐。五霸，指齐桓公、晋文公、楚庄王、吴王阖庐、越王勾践。或曰，伐，功业。五霸之伐，即春秋五霸一样的功业。

⑦ **将在外，主令有所不受**：语见《孙子·九变》，《司马穰苴列传》《绛侯周勃世家》亦曾引用此语。

⑧ **嚄唶**：犹言"叱咤"。**宿将**：老将。

⑨ **存**：慰问，关照。

⑩ **北乡自刭**：以此坚定魏公子杀晋鄙夺兵权的信念，与《刺客列传》田光之以死"激"荆轲性质正同。

⑪ **举手**：表示紧急的情态。《孔子世家》有"举袂"，与此略同；《后汉书·班超传》用"举手"以表现紧急，分明学此处。

⑫ **单车**：并非指一辆车，乃谓只有代之为将者而无宣读帝王命令之使

者。《陈丞相世家》写刘邦派周勃往代樊哙为将，而让陈平前往宣令事，可与此参照。

⑬ **负韊矢为公子先引**：取过客人所佩的箭袋自己背着，在前面为客人引路，是迎接贵客的一种表现，类似情景又见于《刺客列传》太子丹迎荆轲、《高祖本纪》太公迎刘邦。

译

魏安釐王二十年，秦昭王在长平大破赵军后，又进兵包围了赵国的首都邯郸。魏公子的姐姐是赵惠文王的弟弟平原君的夫人，平原君一连几次地给魏王和魏公子写信，向魏国求救。开始时魏王也曾派出了将军晋鄙率兵十万前往援救赵国。但后来秦王派使者来威胁魏王说："邯郸很快就要被我们攻下来了，哪个国家如果胆敢援救赵国，等我们攻下邯郸后，就首先移兵打它。"魏王害怕，于是派人让晋鄙把军队停在了邺县，名义上是要救赵，实际上是观望动静，脚踩两只船。这时平原君告急的使者，一批批络绎不绝地来到魏国，平原君责备魏公子说："我当初之所以和你结为亲戚，不就是看你为人高尚，关键时刻能给人帮忙吗？如今邯郸很快就得投降秦国了，而魏国的救兵却迟迟不到，你的能给人帮忙表现在哪儿呢？再说，你即使不把我看在眼里，可以让我去给秦国当奴隶，难道你就不可怜你的姐姐吗？"魏公子很焦急，多次去向魏王请求，他周围的宾客辩士们也千方百计地劝说魏王。但魏王害怕秦国，无论如何也不答应。魏公子估计怎么也不能说服魏王了，而自己又不能眼看着赵国灭亡而自己活着，于是他就邀集了他的宾客家丁等，凑了一百多辆车，准备率领他们去跟秦军拼命，和赵国共存亡。

他临走时特意到夷门来见侯嬴，把自己如何准备去跟秦军拼命的想法向侯嬴说了一遍，说罢就要走，侯嬴说："公子好自为之吧，我不能随您去啦。"魏公子走出了几里地后，心里很不痛快，心想："我对待侯嬴应该说是不错了，天下没人不知道，可是今天我去拼命，侯嬴竟然连一句好话都没有对我说，莫不是我有什么事做得不对吗？"于是又率领车马回来，当魏公子再问侯嬴的时候，侯嬴笑着说："我就知道您会回来的。"他说："您喜欢招贤纳士，天下无人不知。可是今天有难了，您不想别的办法而只顾自己去和秦军拼命，这样做如同拿肥肉朝饿虎扔，有什么好处呢？照这样，那还养客做什么？您待我是天高地厚，您刚才说走我不送您，我知道您心里会起疑问而再回来的。"魏公子向侯嬴拜了两拜，接着向他请教。侯嬴支开了众人，和魏公子悄悄地说："我听说晋鄙的兵符就放在魏王的卧室内，在魏王的周围只有如姬最受宠幸，她可以自由地在魏王的卧室出出进进，她可以把这块兵符偷出来。我听说如姬的父亲是被人杀害的，当初如姬积恨三年，到处找人替父报仇而找不到。最后如姬向您哭诉，是您派人取来了她仇人的头，交给了如姬。如姬想报答您的恩情，是死也不怕的，只是没有机会罢了。现在您只要一开口，如姬肯定会答应，这样我们就可以拿到兵符，夺得晋鄙的兵权，而后率兵北救赵，西破秦，这不俨然是春秋五霸一样的讨伐吗？"魏公子接受了侯嬴的意见，请求如姬帮他盗取兵符，如姬果然把兵符给他偷了出来。

魏公子拿到兵符后又要出发，侯嬴说："大将带兵在外，君主的命令有时可以不接受，总的是以对国家有利为原则。您到晋鄙那里，即使兵符合上了，但如果晋鄙不把兵权交给您，他要是来个再请示，那事态就危险了。我的朋友屠户朱亥可以跟您一起去，他是个大力士。到时候晋鄙听话便罢；如果不听话，就让朱亥当场把他杀掉。"魏公子一听，不由得落下了眼泪。侯嬴说："公子是怕死吗？为什么哭啦？"魏公子说："晋鄙是一员叱咤风云的老将，我怕到时候他不答应，我们就得杀掉他，所以我落了泪，哪是怕死呢？"于是魏公子就去邀请朱亥。朱亥一听，欣然答应说："我是集市上一个卖肉的，而公子竟能够多次地来看望我，以前我之所以不回拜，那是认为讲这些小礼节没有用处。如今公子有了紧急需要，这正是我献身报效的时机。"于是跟着魏公子一同去了。魏公子最后来向侯嬴辞行，侯嬴说："我本该跟您一道去，但年纪太大，去不了啦。我计算着您的行程，当您到达晋鄙军队的那一天，我就向着北方自刎，以此来报答公子。"魏公子于是出发了。

魏公子到达邺县后，假传魏王的命令，要接管晋鄙的兵权。晋鄙与魏公子对证了兵符后，心有疑问，他惶惑地举手问魏公子说："我领十万大兵驻扎在边界线上，这是国家重任。现在你就这么简单地来接替我，是怎么回事呢？"想拒绝魏公子的命令。这时朱亥袖子里正藏着一只重四十斤的大铁锤，他冷不防一下就结果了晋鄙的性命。于是魏公子夺取了晋鄙的兵权。接着魏公子集合部队下命令说："父子俩都在军中的，父亲回去；兄弟俩都在军中的，兄长回去；独生子没有兄弟的，回去奉养父母。"这样整编后还剩下精兵八万人，于是进击秦军。秦军被迫撤退，邯郸终于得救，赵国得到了保全。赵王和平原君亲自到国境上来迎接魏公子，平原君亲自替魏公子背着箭袋，在前头引路。赵王对公子拜了两拜说："自古以来的贤人没有一个能比得上公子您。"到这时，平原君再也不敢和魏公子相比了。侯嬴等魏公子走后，估计魏公子已经到达晋鄙军队的时候，果然向着北方自杀了。

评

  魏公子名无忌，魏安釐王之弟，被封为信陵君。《魏公子列传》以魏公子窃符救赵一事为中心，表现了魏公子礼贤下士、尽力为国、一切以国家利益为重的高尚品质。然而也就是这样一个人物最后竟在遭毁谤与受怀疑下结束了悲惨的一生，司马迁对此是极为感慨的。我们这里选取了《谦请侯嬴》与《窃符救赵》两节，表现了魏公子为国养士，并在诸位宾客的帮助下完成了窃符救赵，打退秦军，挽救了赵国的危亡，同时也使魏国自身获得安定的过程。在战国时代所有以养士闻名的人物里，魏公子的人品最高；在司马迁所歌颂的士为知己者死的游士中，以侯嬴的人品为最高。他们都摆脱了个人的一般利益、一般恩怨，而是谘诹善道，以义相扶，共同以保卫国家、以维护正义为终极归宿。

乐毅列传

乐毅破齐

乐毅者,其先祖曰乐羊。乐羊为魏文侯将,伐取中山,魏文侯封乐羊以灵寿①。乐羊死,葬于灵寿,其后子孙因家焉。中山复国,至赵武灵王时,复灭中山②,而乐氏后有乐毅。

乐毅贤,好兵,赵人举之。及武灵王有沙丘之乱,乃去赵适魏③。闻燕以子之之乱而齐大败燕,燕昭王怨齐④,未尝一日而忘报齐也。燕国小,辟远,力不能制,于是屈身下士,先礼郭隗⑤,以招贤者。乐毅于是为魏昭王使于燕⑥,燕王以客礼待之。乐毅辞让,遂委质为臣,燕昭王以为亚卿。久之。

当是时,齐湣王强,南败楚相唐眛于重丘,西摧三晋于观津⑦,遂与三晋击秦,助赵灭中山,破宋⑧,广地千余里。与秦昭王争重为帝,已而复归之⑨。诸侯皆欲背秦而服于齐。湣王自矜,百姓弗堪。于是燕昭王问伐齐之事。乐毅对曰:"齐,霸国之余业也,地大人众,未易独攻也。王必欲伐之,莫如与赵及楚、魏。"于是使乐毅约赵惠文王,别使连楚、魏,令赵啖说秦以伐齐之利。诸侯害齐湣王之骄暴,皆争合从与燕伐齐。乐毅还报,燕昭王悉起兵,使乐毅为上将军。赵惠文王以相国印授乐毅。乐毅于是并护赵、楚、韩、魏、燕之兵以伐齐,破之济西⑩。诸侯兵罢归,而燕军乐毅独追,至于临菑⑪。齐湣王之败济西,亡走保于莒⑫。乐毅独留徇齐⑬，齐皆城守。乐毅攻入临菑，尽取齐宝财物祭器输之燕。燕昭王大说，亲至济上劳军，行赏飨士，封乐毅于昌国⑭，号为昌国君。于是燕昭王收齐卤获以归，而使乐毅复以兵平齐城之不下者。

乐毅留徇齐五岁，下齐七十余城，皆为郡县以属燕，唯独莒、即墨未服⑮。会燕昭王死，子立为燕惠王⑯。惠王自为太子时，尝不快于乐毅。及即位，齐之田单闻之⑰，乃纵反间于燕，曰："齐城不下者两城耳。然所以不早拔者，闻乐毅与燕新王有隙，欲连兵且留齐⑱，南面而王齐。齐之所患，唯恐他将之来。"于是燕惠王固已疑乐毅，得齐反间，乃使骑劫代将，而召乐毅。乐毅知燕惠王之不善代之。畏诛，遂西降赵。赵封乐毅于观津，号曰望诸君⑲。尊宠乐毅以警动于燕、齐。

注

① **魏文侯**：战国初时的魏国国君，前445—前396年在位。国都安邑（今山西夏县西北）。**中山**：战国初期兴起的鲜虞族建立的小国名，国都顾（即今河北省定州市），前406年被魏文侯所灭。**灵寿**：原为中山国的邑名，在今河北省灵寿县西北。

② **中山复国**：鲜虞人重新建立中山国，具体时间与过程不详，复国后的都城即灵寿。**赵武灵王**：战国中期的赵国国君，前325—前299年在位。赵国灭中山的时间《史记》中说法不一，此文曰"赵武灵王时"，《赵世家》则曰"惠文王三年（前296年）"，《六国表》与《田完世家》更曰"惠文王四年"。杨宽《战国史表》取惠文王三年说。

③ **沙丘之乱**：事在惠文王四年（前295年）。赵武灵王二十七年传国于少子何，即惠文王。惠文王四年，其兄赵章作乱，与惠文王争位，

兵败后逃至武灵王所居之沙丘宫（即今河北省广宗县西北之大平台）。赵相李兑率兵围沙丘，杀赵章，武灵王亦活活饿死。**去赵适魏**：此时之魏已迁都至大梁（今河南开封市）。

④ **子之之乱**：子之是燕王哙（前320—前312年在位）的相，子之玩弄阴谋，说要和燕王哙串演一场"禅让"与"推辞禅让"的戏，以提高君臣彼此的名声。结果燕王哙中计，子之篡权，国中大乱。齐宣王趁机伐燕，几乎将燕国灭掉。后来赵国出兵干涉，送公子职归国即位，即燕昭王。燕国始重新稳定。**燕昭王**：名职，前311—前279年在位。

⑤ **郭隗**：当时的游说之士。燕昭王欲招贤，郭隗以买千里马骨的故事劝其先从厚待自己开始，燕昭王从之，修黄金台，礼郭隗，于是乐毅、苏秦等皆云集燕国。

⑥ **魏昭王**：名遫，前295—前277年在位。

⑦ **齐湣王**：名地，宣王之子，前300—前284年在位。**重丘**：楚县名，在今河南泌阳县西北。齐破唐眜于重丘在齐宣王十九年，是时齐湣王已经即位，尚未改元。**三晋**：这里即指魏国。**观津**：应作"观泽"，在今河南省清丰县南。按：齐破魏于观泽在宣王三年（前317），非湣王时事，史公误记。

⑧ **与三晋击秦**：事在湣王三年（前298年），此"三晋"指韩、魏，无赵国。时齐与韩、魏击秦于函谷关。**助赵灭中山**：事在齐湣王五年，赵惠文王三年（前296年）。**破宋**：事在齐湣王十五年（前286年）。宋，西周初年建立的诸侯国，始封之君为纣王之兄微子启，长期都于今河南之商丘市，战国以来被韩、魏所逼，东迁于彭城（今徐州市），前后历七百余年，至此被齐湣王所灭。

⑨ **与秦昭王争重为帝**：事在齐湣王十三年、秦昭王十九年，前288年。时秦、齐约定，秦昭王称西帝，齐湣王称东帝。后来感到危机，遂各自取消。

⑩ **并护赵、楚、韩、魏、燕之兵**：按：此次随燕伐齐者有秦，无楚，楚乃助齐者也。史公误记。**破之济西**：事在燕昭王二十八年、齐湣王十七年，前284年。济西，古济水之西，即今山东之聊城、东阿、菏泽一带，当时属齐。

⑪ **临菑**：齐国都城，在今淄博市之临淄区。

⑫ **莒**：齐国南部的大城，即今山东省莒县。

⑬ **徇**：带兵巡行占地。

⑭ **昌国**：齐邑名，在今淄博市东南，当时被燕军占领。

⑮ **即墨**：齐国东部的大城，在今平度市东南。

⑯ **燕昭王死**：事在燕昭王三十三年，前279年。**燕惠王**：前278—前272年在位。

⑰ **田单**：齐国名将，其以火牛阵破燕、重建齐国事，见《田单列传》。

⑱ **连兵**：原指交兵，这里指保持战争状态。

⑲ **观津**：赵邑名，在今河北省武邑县东南。**望诸君**：封号名，取盼望其来临之意，犹周人之称吕尚为太公望也。

译

乐毅，他的先辈中有一位名叫乐羊。乐羊在魏文侯驾前当将军，为魏国伐取了中山国。因为有功，魏文侯把灵寿邑封给了他。乐羊死后，葬在了灵寿，他的子孙后代也就在那里住了下来。后来中山国又重新建立了国家，待至赵武灵王即位后，才又把中山灭掉了。在乐家的后代里出了一个乐毅。

乐毅很能干，喜好兵法，赵国人提拔他做了官。等到赵国发生了沙丘宫事变，武灵王被活活饿死后，乐毅遂离开了赵国到了魏国。乐毅在魏国听说了燕国因为子之的篡乱，而被齐国打得大败。燕昭王即位后，痛恨齐国，没有一天忘记过要向齐国报仇。但是由于燕国太小，而又地势偏僻，没有办法，于是燕昭王谦恭地礼贤下士，他首先特殊地优待了郭隗，不久乐毅就以魏昭王使者的身份到燕国来了，燕昭王用接待贵客的礼节接待了他。乐毅一方面表示不敢当，但也就留下来为燕国效力了。燕昭王封他为亚卿，一直过了好久。

这时在齐国正是齐湣王当权，国家很强大，他曾经向南在重丘打败了楚国的宰相唐昧，向西在观泽摧毁了赵、魏两国的联军，接着又联合韩、魏两国进攻秦国，又帮着赵国灭掉了中山，又灭掉了宋国，以至使齐国的地盘扩大了一千多里，接着齐湣王又和秦昭王比高低，各自改王称帝，后来由于某种原因只好又退下来仍是称王。这时东方各国都准备脱离秦国而归附于齐国。但是齐湣王骄傲自大，齐国的百姓都无法忍受他的统治。这时候燕昭王就问乐毅，能不能趁势攻打齐国。乐毅说："今天的齐国是昔日做过霸主的大国的后代，它土地广阔，人口众多，靠我们一个燕国单独地去攻打它，那是不可能的。您如果一定想要伐齐，最好是和赵国、魏国、楚国联合起来。"于是燕昭王就派乐毅去联合赵惠文王，同时又派了别的使臣分别到楚国和魏国去，接着又让赵国用联合伐齐的好处去劝说秦国也参加联盟。由于当时各国都正无法忍受齐湣王的骄横暴虐，所以都迅速地和燕国联合起来。乐毅回国报告情况后，燕昭王立即动员了全国的军队，任命乐毅为上将军。这时赵惠文王把赵国的相印也授予了乐毅。于是乐毅一并统领着赵、楚、韩、魏、燕五国的军队讨伐齐国，结果在济水以西打败了齐军的主力。在此以后其他几国的军队都相继撤回去了，而乐毅带领的燕军则渡过济水继续向东追杀。他们一直打到了齐国的首都临菑。齐湣王在济水西失败后，率众逃到了莒城固守。乐毅这时仍在齐国指挥燕军继续攻占那些还没有被占领的地盘，齐国的守军都逃进城去，坚守城池。乐毅攻下临菑后，把齐国的珍宝财物以及齐王祭祀用的礼器等都大车小车地往燕国拉。燕昭王十分高兴，他亲自到济水边上慰劳部队，犒赏士兵，并把昌国封给乐毅做领地，称乐毅为昌国君。而后燕昭王就带着那些从齐国掳掠缴获的东西回燕国去了，让乐毅留下来继续攻取齐国那些没被攻下的城邑。

乐毅留在齐国继续作战五年，攻下的城池共有七十多座，在这些攻下来的地方都设立了郡县，直接归燕国统辖，这时没有降服的就剩下莒和即墨两个城邑了。这时燕昭王死了，他的儿子燕惠王继位。燕惠王在他还是太子的时候，就对乐毅不满。等到他即位后，齐国的田单知道了他们之间的这种关系，就派人到燕国施行反间计，他们挑拨说："齐国没有被攻下来的就剩下两座城了，为什么这两座城不能及早地攻下来呢？听说是由于乐毅和燕国的新国王有矛盾，乐毅是故意留着这两个城，以保持两军仍在作战的局面，从而使他有理由继续留在齐国，好等待机会做齐国的国王。齐国现在所担心的就是怕燕国改派别的将领来。"燕惠王本来就已经怀疑乐毅了，再听到了齐国的这种挑拨，于是立即派了骑劫前去替换乐毅，而召乐毅回国。乐毅知道这是由于自己与燕惠王的关系不好而被撤换的，他怕回国被杀，于是就西行投奔了赵国。赵国把观津封给了乐毅，称他为望诸君。赵国所以如此尊敬宠爱乐毅，是为了借着乐毅的威名以威慑燕国和齐国。

评

　　战国时代的燕国既弱又偏僻，它既没有像魏国、齐国、秦国那样先后在中原称霸的光辉，也没有韩国、魏国、赵国那样在地理形势上的重要，所以在二百多年中一向不太受人重视，唯有燕昭王一鸣惊人；而燕昭王之所以能够一鸣惊人，就在于乐毅的率五国联军破齐。

　　燕昭王的父亲燕王哙统治燕国的时候，听信其宰相阴谋家子之的花言巧语，要和子之串演一出"禅让"与"辞让"的戏剧，以提高他们为"君"为"臣"的廉洁大公之名。不料想阴谋家假戏真做，当燕王哙一向子之"禅让"时，子之便接受了燕国的政权。结果引起燕国大乱，齐国乘机出兵伐燕，燕王哙及阴谋家子之皆死于战乱，整个燕国也差点被齐国灭掉。这时秦国、赵国出兵干预，立公子职为燕王，燕人反击齐军，齐军被迫撤去。

　　公子职（即燕昭王）即位后，招贤纳士，发奋图强，暗中立志一定要向齐国报仇。这时闻风来到燕国的人才很多，最重要的是苏秦和乐毅。燕昭王给苏秦的任务是到齐国去做奸细，在齐湣王身边长期潜伏，怂恿齐湣王四处伸手，以激化齐国与周边国家的矛盾；而乐毅的任务则是出使诸国，建立反齐诸国的统一战线。经过二十八年的奋斗，时机终于成熟，于是乐毅率领燕、赵、韩、魏、秦五国联军一举破齐兵于济西；接着乐毅又挥师东进，攻克临淄，齐湣王逃到莒县被杀，燕军占领了莒和即墨以外的齐国所有土地。燕国的这种胜利是自其建国以来七百多年所未曾有过的。遗憾的是燕昭王在这种时刻死去了，接着上台的是燕昭王的儿子燕惠王，这个人自其未上台时就与乐毅有矛盾。这时齐国的即墨守将田单见有机会可乘，便大肆挑拨燕惠王与乐毅的关系，于是乐毅被罢职，改用了骑劫。乐毅被罢职后，不敢回燕，逃到了赵国。于是田单用火牛阵大破燕军，趁势收复了全部失地，重建了齐国。

乐毅逃居赵国后，燕惠王害怕乐毅被赵国所用，危及燕国，于是倒打一耙地责备乐毅，乐毅为此悲愤地写了《报燕惠王书》以明心迹。这封信在文学史上很有名，而且对后来诸葛亮的《出师表》也很有影响。我们这里就选了乐毅为燕破齐至罢职后逃到赵国的一段故事，即《乐毅破齐》。

廉颇蔺相如列传
廉蔺将相和

　　廉颇者，赵之良将也。赵惠文王十六年[①]，廉颇为赵将伐齐，大破之，取阳晋[②]，拜为上卿，以勇气闻于诸侯。蔺相如者，赵人也。为赵宦者令缪（miào）贤舍人。

　　赵惠文王时，得楚和氏璧[③]。秦昭王闻之[④]，使人遗赵王书，愿以十五城请易璧。赵王与大将军廉颇诸大臣谋：欲予秦，秦城恐不可得，徒见欺；欲勿予，即患秦兵之来。计未定，求人可使报秦者，未得。宦者令缪贤曰："臣舍人蔺相如可使。"王问："何以知之？"对曰："臣尝有罪，窃计欲亡走燕，臣舍人相如止臣，曰：'君何以知燕王？'臣语曰：'臣尝从大王与燕王会境上，燕王私握臣手，曰"愿结友"。以此知之，故欲往。'相如谓臣曰：'夫赵强而燕弱，而君幸于赵王，故燕王欲结于君。今君乃亡赵走燕，燕畏赵，其势必不敢留君，而束君归赵矣。君不如肉袒伏斧质请罪，则幸得脱矣。'臣从其计，大王亦幸赦臣。臣窃以为其人勇士，有智谋，宜可使。"于是王召见，问蔺相如曰："秦王以十五城请易寡人之璧，可予不？"相如曰："秦强而赵弱，不可不许。"王曰："取吾璧，不予我城，奈何？"相如曰："秦以城求璧而赵不许，曲在赵。赵予璧而秦不予赵城，曲在秦。均之二策，宁许以负秦曲。"王曰："谁可使者？"相如曰："王必无人，臣愿奉璧往使。城入赵而璧留秦；城不入，臣请完璧归赵。"赵王于是遂遣相如奉璧西入秦。

秦王坐章台见相如⑤，相如奉璧奏秦王。秦王大喜，传以示美人及左右，左右皆呼万岁。相如视秦王无意偿赵城，乃前曰："璧有瑕，请指示王！"王授璧，相如因持璧却立，倚柱，怒发上冲冠，谓秦王曰："大王欲得璧，使人发书至赵王，赵王悉召群臣议，皆曰'秦贪，负其强，以空言求璧，偿城恐不可得'，议不欲予秦璧。臣以为布衣之交尚不相欺，况大国乎！且以一璧之故逆强秦之欢，不可。于是赵王乃斋戒五日，使臣奉璧，拜送书于庭。何者？严大国之威以修敬也。今臣至，大王见臣列观，礼节甚倨；得璧，传之美人，以戏弄臣。臣观大王无意偿赵王城邑，故臣复取璧。大王必欲急臣，臣头今与璧俱碎于柱矣！"相如持其璧睨柱，欲以击柱。秦王恐其破璧，乃辞谢固请，召有司案图，指从此以往十五都予赵。相如度秦王特以诈详为予赵城，实不可得，乃谓秦王曰："和氏璧，天下所共传宝也，赵王恐，不敢不献。赵王送璧时，斋戒五日，今大王亦宜斋戒五日，设九宾于廷⑥，臣乃敢上璧。"秦王度之，终不可强夺，遂许斋五日，舍相如广成传。相如度秦王虽斋，决负约不偿城，乃使其从者衣褐，怀其璧，从径道亡，归璧于赵。

秦王斋五日后，乃设九宾礼于廷，引赵使者蔺相如。相如至，谓秦王曰："秦自缪公以来二十余君，未尝有坚明约束者也。臣诚恐见欺于王而负赵，故令人持璧归，间至赵矣。且秦强而赵弱，大王遣一介之使至赵，赵立奉璧来。今以秦之强而先割十五都与赵，赵岂敢留璧而得罪于大王乎？臣知欺大王之罪当诛，臣请就汤镬（huò），惟大王与群臣孰计议之。"秦王与群臣相视而嘻。左右或欲引相如去，秦王因曰："今杀相如，终不能得璧也，而绝秦赵之欢，不如因而厚遇之，使归赵，赵王岂以一璧之故欺秦邪！"卒廷见相如，毕礼而归之。

相如既归，赵王以为贤大夫，使不辱于诸侯，拜相如为上大夫[7]。秦亦不以城予赵，赵亦终不予秦璧。

秦王使使者告赵王，欲与王为好会于西河外渑（miǎn）池[8]。赵王畏秦，欲毋行。廉颇、蔺相如计曰："王不行，示赵弱且怯也。"赵王遂行，相如从。廉颇送至境，与王诀曰："王行，度道里会遇之礼毕，还，不过三十日。三十日不还，则请立太子为王，以绝秦望。"王许之，遂与秦王会渑池。秦王饮酒酣，曰："寡人窃闻赵王好音，请奏瑟[9]。"赵王鼓瑟。秦御史前书曰[10]："某年月日，秦王与赵王会饮，令赵王鼓瑟。"蔺相如前曰："赵王窃闻秦王善为秦声，请奉盆缶秦王，以相娱乐。"秦王怒，不许。于是相如前进缶，因跪请秦王。秦王不肯击缶。相如曰："五步之内，相如请得以颈血溅大王矣！"左右欲刃相如，相如张目叱之，左右皆靡。于是秦王不怿，为一击缶。相如顾召赵御史书曰："某年月日，秦王为赵王击缶。"秦之群臣曰："请以赵十五城为秦王寿。"蔺相如亦曰："请以秦之咸阳为赵王寿。"秦王竟酒，终不能加胜于赵。赵亦盛设兵以待秦，秦不敢动。

既罢归国，以相如功大，拜为上卿，位在廉颇之右[11]。廉颇曰："我为赵将，有攻城野战之大功；而蔺相如徒以口舌为劳，而位居我上。且相如素贱人，吾羞，不忍为之下。"宣言曰："我见相如，必辱之。"相如闻，不肯与会。相如每朝时，常称病，不欲与廉颇争列。已而相如出，望见廉颇，相如引车避匿。于是舍人相与谏曰："臣所以去亲戚而事君者，徒慕君之高义也。今君与廉颇同列，廉君宣恶言而君畏匿之，恐惧殊甚，且庸人尚羞之，况于将相乎！臣等不肖，请辞去。"蔺相如固止之，曰："公之视廉将军孰与秦王？"曰："不若也。"相如曰："夫以秦王之威，而相如廷叱之，辱其群臣，相如虽驽，独畏廉将军哉？顾吾念之，强秦之所以不敢加兵于赵者，徒以吾两人在也。今两虎共斗，其势不俱生。吾所以为此者，以先国家之急而后私仇也。"廉颇闻之，肉袒负荆，因宾客至蔺相如门谢罪。曰："鄙贱之人，不知将军宽之至此也！"卒相与欢，为刎颈之交。

注

① **赵惠文王**：名何，武灵王之子，前298—前266年在位。

② **阳晋**：古邑名，在今山东省菏泽西北。

③ **和氏璧**：由楚人和氏所得的玉璞中理出的玉璧。

④ **秦昭王**：名则，秦始皇曾祖，前308—前251年在位。

⑤ **章台**：秦离宫中的台观名，旧址在今陕西省西安市西北的长安县故城。不在朝廷，而在离宫中接见别国来使，有对该国轻视的意思。

⑥ **设九宾于廷**：具体礼数不详，通常所说的在朝廷上设立九个傧相，依次地传呼使者上殿，恐非。

⑦ **贤大夫**：此"大夫"二字乃涉下文而衍，应削。**上大夫**：爵位名，是大夫中的最高一级，次于卿。

⑧ **西河外渑池**：渑池，地名，在今河南省渑池县西。当时赵、卫等国的人习惯地称这一带为西河外。秦赵渑池会在赵惠文王二十年（前279年）。

⑨ **请奏瑟**：请允许我进呈给您一张瑟。奏，进献。

⑩ **御史**：战国时职掌图书文籍者，位同后世的史官。与秦朝以后职掌纠弹的御史不同。

⑪ **右**：这里指上位。

译

　　廉颇是赵国的优秀将领。赵惠文王十六年,廉颇作为赵国的统帅领兵攻打齐国,大败齐军,占领了齐国的阳晋,回国后被封为上卿,凭着勇敢闻名天下。蔺相如也是赵国人,是赵国太监总管缪贤家里的门客。

　　赵惠文王在位的时候,得到了一块楚国的和氏璧。秦昭王知道后,就派人送信给赵王,表示愿意用十五座城来换取赵国的这块璧。赵王和廉颇等人一道商量:给秦国吧,又怕得不到秦国的城,自己白白受骗;不给秦国吧,又怕秦国派兵来打,主意定不下来。想找一个合适的人去回复秦国,一时又找不到。这时太监总管缪贤说:"可以让我那个门客蔺相如去。"赵王问道:"你怎么知道他能胜任此事?"缪贤说:"有一次我犯了罪,当时我想逃往燕国,这时我的门客蔺相如劝我说:'您怎么知道燕王会收留您呢?'我说:'有一次我跟随大王和燕王在边境上会晤,燕王曾私下握着我的手说"非常希望和你交个朋友"。由此我知道燕王会收留我,所以我打算去投他。'相如对我说:'当时赵国强大燕国弱小,而您又正是赵王的红人,所以燕王才想和您交朋友。现在您从赵国逃到燕国,燕国害怕赵国,在这种情况下他肯定不敢收留您,而是会把您捆起来送回赵国。您不如光着背,背着斧子板子去向大王请罪,那还说不定可以得到赦免。'我听从了他的劝告,而大王您也果真赦免了我。所以我认为蔺相如是个勇士,而且足智多谋,估计他应能胜任此事。"于是赵王召见了蔺相如,问他道:"秦王想用十五座城来换我的和氏璧,你看可不可以给他?"蔺相如说:"秦国强大,赵国弱小,不给不行。"赵王说:"如果秦王要了我的和氏璧,却不给我城,那怎么办呢?"蔺相如说:"秦王用城来换我们的璧,如果我们不答应,那理亏的是我们；如果我们给了他璧而他们不给我们城，那时理亏的就是他们了。比较这两种局面，我们宁可答应他落个被骗，也要叫他们把理亏的包袱背起来。"赵王说："好的，那么谁可以当这个使者？"蔺相如说："大王如果实在找不到合适的人，我可以带着璧前去。到那时他给我们城，我就给他们璧；他们不给我们城，我保证把和氏璧完好无损地带回来。"赵王一听，就决定派蔺相如带着和氏璧到秦国去了。

秦王在章台接见蔺相如，蔺相如双手捧着和氏璧献给了秦王。秦王非常高兴，他自己看完之后，又传给他的侍女以及身边的臣子们观看，大家都高呼万岁，向他祝贺。蔺相如等了半天，看着秦王没有给赵国城的意思，于是就走上前去对秦王说："大王没注意，璧上还有一个斑点，让我指给您看。"秦王把璧递给了蔺相如，蔺相如接过璧来，后退了几步，靠在一根柱子上。他怒发冲冠地对秦王说："您写信给我们的赵王，想要我们的和氏璧，赵王召集大臣们商量给还是不给。大家都说秦国贪婪得很，它是依恃着自己强大，想用空话来骗我们，它所说的十五座城恐怕是绝对得不到的。大家决议都说不给。但是我认为就连平民百姓之间的交往都互不欺骗，更何况是一个大国呢？再说因为一块小小的和氏璧闹得让一个大国不高兴，这是不好的。于是赵王先亲自沐浴斋戒了五天，然后派我捧璧前来，临行时走下殿来，亲自把我送到了院子里并向我行礼。为什么这样呢？不就是尊重你们是个大国，向你们表示敬意嘛。可是我到了秦国之后，您只在一个偏殿上接见我，表现得很傲慢；等您接到和氏璧后，又传给一群女人看，故意地耍弄我。我看您的意思是根本不打算给赵国城，所以我就想法把璧又骗了回来。您要是逼迫我，我就连头带璧一块撞碎在这根柱子上！"说着，他就举起璧来眼睛斜视着柱子，像是就要往柱子上撞的样子。秦王生怕他真的把璧撞碎，就一叠连声地向他表示歉意请他千万不要那样做，并让负责人拿出地图来察看，秦王指着地图说，从这里到这里这十五座城划给赵国吧。但蔺相如心里明白，秦王这只不过是在做做样子，实际上这城赵国是得不到的。于是他对秦王说："和氏璧是天下公认的宝贝，由于赵王害怕秦国，所以才不敢不送来。赵王决定把和氏璧送来的时候，曾经斋戒了五天，现在我请求大王也斋戒五天，然后设九宾于朝廷，那时我才可以把璧正式交给您。"秦王心里明白，在这个时候要想硬夺是不大可能的，于是就答应了也斋戒五天，他安排蔺相如在广成宾馆住了下来。蔺相如心想秦王尽管答应了斋戒，但最后仍然是要背约，不会给赵国城的，于是就派他的随从穿着粗布衣服，揣着和氏璧，抄小路把璧送回了赵国。

秦王斋戒了五天以后，举行隆重的接待仪式，在大殿上设立了九个傧相，而后使人带领着蔺相如进入了大殿。蔺相如进殿后，对秦王说："秦国自缪公以来的二十多个国君，都没有坚定明确地遵守过盟约。我实在是怕被您所骗而辜负了赵国，所以我已经派人带着和氏璧先走了，估计现在已经回到了赵国。话又说回来，秦国强大，赵国弱小，大王只要派一个小小的使臣到赵国，赵国立刻就会把璧送回来。凭着你们这样的强大，如果你们能够先把十五座城割让给赵国，赵国它敢不给您璧而故意得罪您吗？我知道我欺骗大王是罪该万死的，我现在甘愿下汤锅，请您和您的大臣们仔细考虑。"秦王和大臣们一听都惊得叫了起来，武士们过来就想把蔺相如拉去行刑，倒是秦王明智地说道："现在即使杀了蔺相如，也是得不到璧了，反倒弄坏了秦国和赵国的关系，不如还是好好地对待他，让他回去，难道赵王还会因为一块和氏璧而欺骗我们秦国吗？"于是就在大殿上按照礼节接见了蔺相如，典礼结束后就让蔺相如回国了。

蔺相如回国后，赵王认为他表现出色，在出使秦国的过程中维护了国家的尊严，因而封蔺相如为上大夫。结果事后，秦国没有给赵国城，赵国也没有给秦国璧，就这么不了了之。

接着秦王派人告诉赵王，想和赵王在西河外的渑池举行和平会谈。赵王害怕秦国，不想前去。廉颇和蔺相如商量说："大王如果不去，这就越发表现了我们的弱小怯懦。"赵王无奈只好去了，蔺相如跟着一道同行。廉颇送他们到国境线上，和赵王分别的时候说："大王此去，我估计连开会和路上的耽搁加起来，总共不会超过三十天。如果您三十天还回不来，那我就请求拥立太子为赵王，以断绝秦国扣留您当人质的幻想。"赵王同意了，于是西行和秦王在渑池进行了会晤。这天，宴会上，秦王在喝酒喝得起劲时对赵王说："我听说阁下擅长音乐，请允许我进给您一张瑟。"赵王无奈只好弹了一曲。这时秦国的史官就走出来侮辱性地一面念着一面在竹简上写道："某年某月某日，秦王和赵王一道饮酒时，秦王命令赵王鼓瑟。"蔺相如一听也立刻走出来说："我们赵王也听说秦王精通秦国的音乐，请允许我们给您献上一只缶，大家来乐一乐。"秦王生气了，不肯答应。这时蔺相如就从旁边的乐队里拿过一只缶，双手捧到了秦王面前，跪着请秦王敲。秦王还是不敲。蔺相如说道："咱俩现在离着不出五步，您要是再不敲，我这一腔热血立刻就要喷您一身。"这时秦王左右的卫士们想对蔺相如下手，只见蔺相如圆睁着双眼，大喝了一声，吓得秦王的卫士们都不敢动了。秦王无法，只好勉强地敲了一下。这时蔺相如立刻起来招呼着赵国的史官要他写下："某年某月某日，秦王为赵王击缶。"这时秦国的大臣们一齐喊道："请赵王用十五座城来为秦王作进贺之礼吧！"蔺相如也说："请秦王把你们的首都咸阳也拿来给赵王进贺。"结果一来一往，直到宴会结束，秦王始终没能压倒赵王。而这时赵国也因为后面有廉颇的大兵严阵以待，所以秦国始终没敢再动。

从渑池回来后，蔺相如因为功劳大，被封为上卿，地位在廉颇之上。廉颇在背后说："我是赵国的大将，有攻城野战的大功，而蔺相如只不过是靠着耍嘴皮，现在居然地位在我之上；而且蔺相如又是个出身低贱的人，我实在感到羞耻，没法待下去了。"于是扬言说："什么时候见了蔺相如，我一定要好好地羞辱他一番。"蔺相如听到廉颇这么说，就故意地躲着他，不愿和他见面。每到该去上朝的时候，蔺相如总是推说有病，不去和廉颇争位次的高低。后来蔺相如出门，远远地望见了廉颇，就立即赶着车子躲开了。这样一来，蔺相如的门客们都很不高兴，他们对蔺相如说："我们之所以抛家舍业地来跟随您，就是因为仰慕您的高尚人品。您和廉颇的职位是同一个等级，廉颇背后扬言要侮辱您，而您居然就躲了起来，怕得要命，这种事是连个普通人也都感到羞耻的，更何况是位居将相的人呢！我们没有出息，不得不请求离开您了。"蔺相如一听就拦住他们说："你们认为廉将军比秦王更厉害吗？"门客们说："当然比不上秦王厉害。"蔺相如说："可是尽管秦王有那样的威严，我还敢在大庭广众之中喝斥他，并羞辱他的那班大臣。我蔺相如尽管没出息，难道竟然偏偏地害怕一个廉将军吗？我所考虑的是，强秦之所以不敢进攻我们赵国，关键就因为有我们两个人在。现在如果我们两个人争执起来，那就如同二虎相争，肯定不能两全。我之所以对廉颇一再忍让，就是因为我要把国家利益放在前头，而把个人恩怨放在其次。"廉颇听到了这话，立刻袒露出胳膊，背着荆条，让一个门客带领着，到蔺相如的家来当面认错。廉颇说："我是个狭隘浅陋的人，实在不了解您的胸怀竟然宽广到了这样的地步！"从此两人相处得非常好，甚至成为生死之交。

廉颇蔺相如列传
赵奢破秦阏与

赵奢者，赵之田部吏也。收租税，而平原君家不肯出租，奢以法治之，杀平原君用事者九人。平原君怒，将杀奢。奢因说曰："君于赵为贵公子，今纵君家而不奉公则法削，法削则国弱，国弱则诸侯加兵，诸侯加兵是无赵也，君安得有此富乎？以君之贵，奉公如法则上下平，上下平则国强，国强则赵固，而君为贵戚，岂轻于天下邪？"平原君以为贤，言之于王。王用之治国赋，国赋大平，民富而府库实。

秦伐韩军于阏与①。王召廉颇而问曰："可救不？"对曰："道远险狭，难救。"又召乐乘而问焉②，乐乘对如廉颇言。又召问赵奢，奢对曰："其道远险狭，譬之犹两鼠斗于穴中，将勇者胜。"王乃令赵奢将，救之。

兵去邯郸三十里，而令军中曰："有以军事谏者死。"秦军军武安西③，秦军鼓噪勒兵，武安屋瓦尽振。军中候有一人言急救武安，赵奢立斩之。坚壁，留二十八日不行，复益增垒。秦间来入，赵奢善食而遣之。间以报秦将，秦将大喜曰："夫去国三十里而军不行，乃增垒，阏与非赵地也。"赵奢既已遣秦间，乃卷甲而趋之，二日一夜至，令善射者去阏与五十里而军。军垒成，秦人闻之，悉甲而至。军士许历请以军事谏，赵奢曰："内之。"许历曰："秦人不意赵师至此，其来气盛，将军必厚集其阵以待之。不然，必败。"赵奢曰："请受令。"许历曰："请受铁质之诛。"赵奢曰:"胥后令邯郸。"许历复请谏,曰:"先据北山上者胜,后至者败。"赵奢许诺,即发万人趋之。秦兵后至,争山不得上,赵奢纵兵击之,大破秦军。秦军解而走,遂解阏与之围而归。

赵惠文王赐奢号为马服君[④],以许历为国尉[⑤]。赵奢于是与廉颇、蔺相如同位。

注

① **秦伐韩军于阏与**:"韩"字应作"赵"。阏与,赵邑名,在今山西省和顺县。
② **乐乘**:乐毅的族人,先为燕将,伐赵,被廉颇所擒,后遂为赵将。
③ **武安**:赵邑,在今河北省武安市西南。
④ **马服君**:马服,山名,在邯郸西北。以马服山为赵奢的封号。
⑤ **国尉**:相当于后世的都尉、校尉,低于将军的军官。

译

赵奢原是赵国一个管征收田赋的官吏。有一次他去征收租税,而平原君家不肯交,于是赵奢就按照国家法律一连杀掉了平原君家的九个管家。平原君大怒,想要杀赵奢。赵奢对平原君说:"您是赵国的贵公子,现在我要是对你们家的人放任不管,不按照国家的法令办事,那国家的法令就要失效,国家的实力就要被削弱。而国力弱,诸侯各国就要来攻打我们,赵国要是完蛋了,你们家的富贵还保得住吗?反过来说,像您这样地位高贵的人,能带头奉公守法,那么全国上下也就都会奉公守法,大家都奉公守法,那么国家就会变得强大,国家强大,赵王的地位也就安稳了,那时您作为赵王的亲属,难道还怕被人轻视吗?"平原君一听,觉得赵奢很能干，就把他推荐给了赵王。赵王任命他主管全国的赋税，结果整个国家的赋税工作都搞得很好，百姓们都很富足，国家的仓库也充实了起来。

后来，秦国进攻驻扎在阏与的赵国军队。赵王找来廉颇问道："我们能不能救阏与的赵军？"廉颇说："路又远，道又狭，难得援救。"赵王又问乐乘，乐乘的回答和廉颇一样。赵王又问赵奢，赵奢说："路远道狭，在这种地方作战就如同两只老鼠在洞里打斗，哪方的主将勇敢哪方就能胜利。"于是赵王立即任命赵奢为统帅，率兵救援阏与。

赵军离开邯郸走了三十里就停了下来，赵奢对全军宣布说："谁敢给将军乱出主意，谁就将被处死。"这时秦国的军队就在武安的城西，秦军列好阵势，齐声呐喊声音之大，以至于连武安城里屋顶上的瓦都随之震动。赵奢部下有一个主管刺探敌情的军官劝赵奢赶紧移兵救援武安，赵奢马上把这个人杀掉了。接着赵奢增修工事，一直在那里驻扎了二十八天，没有前进一步，而且还在继续加固工事。有一个秦国的奸细混进赵奢的军营里来了，赵奢就故意地好好招待他并放他回去。这个奸细回去向秦将报告了情况后，秦将大喜，说："赵奢的军队刚离开邯郸三十里就不敢往前走了，只顾在那里加强工事，可以断定，阏与这块地方不会再属于赵国了。"再说赵奢，他在打发走了秦国的奸细后，就立刻命令全军把铠甲脱下来背着，急行军直奔阏与，结果只用了两天一夜就赶到了，赵奢抽调了一支善于射箭的队伍前进到离阏与五十里的地方扎下营寨，营盘刚刚扎好，秦军就知道了，他们立即全军猛扑过来。这时赵奢手下有一个名叫许历的出来请求发表一点有关作战的意见，赵奢说："让他进来。"许历说："秦军本来没有料到赵军会这么快地到达这里，现在它全军扑来，气势凶猛，您应该集中力量坚守阵地，不然就会失败。"赵奢说："愿意接受你的意见。"许历说："那下面就该按军令杀了我啦！"赵奢说："此事日后回到邯郸再议。"接着许历又提出建议说："谁能够先占领北山谁就能获得胜利，谁迟到谁就要失败。"赵奢同意，马上派出了一万人去抢占北山。不一会儿，秦国的军队也来了，但因山头已被赵军占领，秦军冲不上去，赵奢便下令对秦军猛烈出击，秦军抵抗不住，只好撤走了。于是赵奢解除了阏与之围，胜利班师回朝。

赵惠文王封赵奢为马服君，命许历为国尉。赵奢在国内的地位和廉颇、蔺相如在同一个等级。

廉颇蔺相如列传
李牧破匈奴

李牧者,赵之北边良将也。常居代、雁门[①],备匈奴。以便宜置吏,市租皆输入莫府[②],为士卒费。日击数牛飨(xiǎng)士,习射骑,谨烽火,多间谍,厚遇战士。为约曰:"匈奴即入盗,急入收保,有敢捕虏者斩。"匈奴每入,烽火谨,辄入收保,不敢战。如是数岁,亦不亡失。然匈奴以李牧为怯,虽赵边兵亦以为吾将怯。赵王让李牧,李牧如故。赵王怒。召之,使他人代将。

岁余,匈奴每来,出战。出战,数不利,失亡多,边不得田畜。复请李牧。牧杜门不出,固称疾。赵王乃复强起使将兵,牧曰:"王必用臣,臣如前,乃敢奉令。"王许之。

李牧至,如故约。匈奴数岁无所得,终以为怯。边士日得赏赐而不用,皆愿一战。于是乃具选车得千三百乘,选骑得万三千匹,百金之士五万人,彀(gòu)者十万人,悉勒习战。大纵畜牧、人民满野。匈奴小入,详北不胜[③],以数千人委之。单于闻之,大率众来入,李牧多为奇陈,张左右翼击之,大破杀匈奴十余万骑。灭襜褴(chān lán)[④],破东胡[⑤],降林胡[⑥],单于奔走。其后十余岁,匈奴不敢近赵边城。

赵悼襄王元年[⑦],廉颇既亡入魏,赵使李牧攻燕,拔武遂、方城。居二年,庞煖(xuān)破燕军[⑧],杀剧辛[⑨]。后七年,秦破杀赵将扈辄于武遂⑩,斩首十万。赵乃以李牧为大将军,击秦军于宜安⑪,大破秦军,走秦将桓齮(yǐ)。封李牧为武安君。居三年,秦攻番(pó)吾⑫,李牧击破秦军,南距韩、魏。

赵王迁七年⑬,秦使王翦攻赵⑭,赵使李牧、司马尚御之。秦多与赵王宠臣郭开金,为反间,言李牧、司马尚欲反。赵王乃使赵葱及齐将颜聚代李牧⑮。李牧不受命,赵使人微捕得李牧,斩之。废司马尚。后三月,王翦因急击赵,大破杀赵葱,虏赵王迁及其将颜聚,遂灭赵。

注

① **代、雁门**:赵国北部的两个郡名。代郡约当今大同以东的山西省东北部和河北省西北部地区。雁门郡约当今大同以西的山西北部地区。

② **莫府**:同"幕府",将军办公的篷帐,后用以代指将军的办事机构。

③ **详**:同"佯"。

④ **襜褴**:当时活动在代郡以北的少数民族。

⑤ **东胡**:当时活动在今辽宁西部、内蒙古东部一带的少数民族,大约与后来的乌桓、鲜卑同一种姓。

⑥ **林胡**:当时活动在内蒙古东胜一带的少数民族。

⑦ **赵悼襄王**:名偃,前244—前236年在位。

⑧ **庞煖**:赵将。

⑨ **剧辛**:赵人,后为燕将。

⑩ **武遂**:应作"武城",在今河北省磁县西南。

⑪ **宜安**:赵邑,在今河北省石家庄市藁城区西南。

⑫ **番吾**:赵邑,在今河北省磁县境内。

⑬ **赵王迁**:悼襄王偃之子,前235—前228年在位,最后被秦将王翦所虏。

⑭ **王翦**：秦国名将，协助秦始皇统一全国有大功，事见《白起王翦列传》。
⑮ **齐将颜聚**：原为齐将，后归赵国。

译

　　李牧，是赵国防守北部边疆的名将，曾长期地领兵驻守在代县、雁门一带，防备匈奴人的进攻。他在军队里常常是根据实际需要来任命自己手下的官员，从市场上收来的税金全归军部所有，作为士兵们的生活费用。他几乎每天都要杀几头牛来犒劳士兵，他训练士兵们骑马射箭，注意烽火的通信联络，选派了许多侦察人员去探听敌情，对士兵们非常爱护。李牧对全军宣布说："如果一旦有匈奴人来侵犯，我们就赶快退入城堡工事，谁要是敢出去捉敌人，就砍谁的头。"结果匈奴人每次来进犯时，由于有烽火台及时报警，部队能迅速地撤入城堡固守，决不出去迎战。所以在好几年内，赵军没有受到任何损失。但匈奴人还是认为李牧是胆小鬼，而且连赵国的边防部队也认为自己的将军是胆小鬼。于是赵王就派人去责备李牧，但李牧不管，还是像过去一样。赵王很生气，他派了别人去代替李牧，而让李牧回来了。

　　在这之后的一年里，匈奴人每次入侵，赵军总是要出去和它作战。而在作战的过程中，又总是失败的次数多，伤亡很大，以至于弄得在边疆地区都不能耕田放牧了。赵王无法，只好再请李牧出山，李牧关起大门不出来，推说自己有病。但赵王还是再三强请。李牧说："您如果非要任用我，就必须允许我还使用以前的老办法，只有这样我才能接受任命。"赵王答应了。

　　李牧到达边疆后，又把各种制度都恢复了过去的老样子，使得匈奴人一连好几年没有得到什么好处，但他们还是认为李牧是胆小鬼。李牧手下的士兵每天都能得到赏赐，但却无所事事，大家都希望打一仗。于是李牧精心挑选了一千三百辆战车，挑选了一万三千名骑兵，还有获过百金之赏的勇士五万人，能拉硬弓的射手十万人，他把他们组织起来经过训练之后，就故意地让人们出去放牧，弄得漫山遍野都是人。这时有小股的匈奴人来了，李牧就故意假装失败，扔给了他们几千人，单于一见如此，就率领着大队人马前来进犯了。这时李牧布置了许多灵活多变的阵式以迷惑敌人，而后派了两支部队从左右两翼包抄了过去，结果大破匈奴，杀死了匈奴人十多万。接着又灭掉了襜褴，打败了东胡，降服了林胡，匈奴单于也远远地逃走了。从此以后的十多年里，匈奴人再也不敢靠近赵国的边城。

赵悼襄王元年，廉颇被迫逃向了魏国后，赵国派李牧率军伐燕，夺取了燕国的武遂、方城二地。又过了两年，赵将庞煖又打败了燕国的军队，杀死了燕将剧辛。又过了七年，秦国在武遂大破赵军，杀死了赵将扈辄，杀死了赵国士兵十多万。赵王一看赶紧任命李牧为大将军率军进攻宜安，结果大破秦军，赶跑了秦将桓齮。李牧因此被封为武安君。三年后，秦军进攻赵国的番吾，被李牧击退，同时韩、魏两国从南面来的威胁，也被李牧解除了。

赵王迁七年，秦国派王翦进攻赵国，赵国派了李牧和司马尚前去迎敌。这时秦国派人给赵王的宠臣郭开送去了大批黄金，让他散布谣言，说李牧和司马尚想要造反。赵王信以为真，就派了赵葱和齐国来的颜聚去代替李牧。李牧不接受，于是赵王迁就派人去偷偷地抓住了李牧，把李牧杀掉了。同时罢免了司马尚。三个月后，王翦遂出兵猛攻赵国，大破赵军，杀死了赵葱，活捉了赵王迁及其将领颜聚，赵国便被消灭了。

评

　　《廉颇蔺相如列传》是战国时赵国名臣廉颇、蔺相如、赵奢、李牧四人的合传，也是赵国中晚期一段令人感慨的兴亡史。赵王能任用他们，赵国就能兴旺强盛；赵王不用他们，赵国就遭到惨败；迨至赵王迁自己杀掉了良将李牧，赵国也就随之灭亡了。这篇文章是饱含着司马迁的强烈感情的。我们这里选取了《廉蔺将相和》与《赵奢破秦阏与》《李牧破匈奴》三个故事。《廉蔺将相和》是两千多年以来在我国社会上流传最广、也是最感人的故事之一。在这个故事中作者歌颂了蔺相如为维护国家尊严对强秦所做的坚决斗争，对蔺相如在关键时刻能置个人生死于不顾的非凡勇敢与其有理、有力、有节的斗争策略，以及在处理与廉颇之间的同僚矛盾时所表现的顾全大局，和廉颇在蔺相如感召下的幡然悔悟、公开赔礼，都表现了由衷的敬佩。蔺相如与廉颇是《史记》中最光辉、最富有教育意义的人物形象。赵奢先是一位执法不避权贵的正直官吏，后为赵统兵破秦于阏与，使秦国遭受到惨重的失败，影响深远。李牧是赵国最后的一位良将，在西抗强秦、北御匈奴中功勋卓著。但赵王迁却在内部谗臣与外部反间的挑动下，自毁长城地将李牧杀掉了。这既使人对李牧的遭遇深抱不平，也对赵王迁的行为以及由此导致的赵国结局无限感慨，但宋高宗杀岳飞、明思宗杀袁崇焕，类似事件自古以来又何可计数呢！

田单列传

火牛阵破燕

田单者,齐诸田疏属也。湣王时①,单为临菑市掾(yuàn)②,不见知。及燕使乐毅伐破齐③,齐湣王出奔,已而保莒城④。燕师长驱平齐,而田单走安平⑤,令其宗人尽断其车轴末而傅铁笼。已而燕军攻安平,城坏,齐人走,争涂⑥,以轊(wèi)折车败,为燕所虏。唯田单宗人以铁笼故得脱,东保即墨⑦。燕既尽降齐城,唯独莒、即墨不下。

燕军闻齐王在莒,并兵攻之。淖齿既杀湣王于莒⑧,因坚守距燕军,数年不下。燕引兵东围即墨。即墨大夫出与战,败死。城中相与推田单,曰:"安平之战,田单宗人以铁笼得全,习兵。"立以为将军,以即墨距燕。

顷之,燕昭王卒⑨,惠王立⑩,与乐毅有隙。田单闻之,乃纵反间于燕,宣言曰:"齐王已死,城之不拔者二耳。乐毅畏诛而不敢归,以伐齐为名,实欲连兵南面而王齐。齐人未附,故且缓攻即墨以待其事。齐人所惧,唯恐他将之来,即墨残矣。"燕王以为然,使骑劫代乐毅。

乐毅因归赵。燕人士卒忿。而田单乃令城中人食必祭其先祖于庭,飞鸟悉翔舞城中下食。燕人怪之。田单因宣言曰:"神来下教我。"乃令城中人曰:"当有神人为我师。"有一卒曰:"臣可以为师乎?"因反走。田单乃起,引还,东乡坐⑪,师事之。卒曰:"臣欺君,诚无能也。"田单曰："子勿言也！"因师之。每出约束，必称神师。乃宣言曰："吾唯惧燕军之劓（yì）所得齐卒置之前行与我战，即墨败矣。"燕人闻之，如其言。城中人见齐诸降者尽劓，皆怒，坚守，唯恐见得。单又纵反间曰："吾惧燕人掘吾城外冢墓，僇（lù）[12]先人，可为寒心。"燕军尽掘垄墓，烧死人。即墨人从城上望见，皆涕泣，俱欲出战，怒自十倍。

田单知士卒之可用，乃身操版插[13]，与士卒分功[14]，妻妾编于行伍之间，尽散饮食飨士。令甲卒皆伏，使老弱女子乘城，遣使约降于燕，燕军皆呼万岁。田单又收民金得千溢[15]，令即墨富豪遗燕将，曰："即墨即降，愿无虏掠吾族家妻妾，令安堵[16]。"燕将大喜，许之。燕军由此益懈。

田单乃收城中得千余牛，为绛缯衣，画以五彩龙文，束兵刃于其角，而灌脂束苇于尾，烧其端。凿城数十穴，夜纵牛，壮士五千人随其后。牛尾热，怒而奔燕军，燕军夜大惊。牛尾炬火光明炫耀，燕军视之，皆龙文，所触尽死伤。五千人因衔枚击之，而城中鼓噪从之，老弱皆击铜器为声，声动天地。燕军大骇，败走。齐人遂夷杀其将骑劫。燕军扰乱奔走，齐人追亡逐北，所过城邑，皆畔燕而归。

田单兵日益多，乘胜，燕日败亡，卒至河上[17]，而齐七十余城皆复为齐。乃迎襄王于莒[18]，入临菑而听政。襄王封田单，号曰安平君。

注

① **湣王**：名地，宣王之子，前300—前284年在位。
② **临菑**：齐国都城，在今山东省淄博市的临淄区。
③ **乐毅伐破齐**：事在齐湣王十七年（前284年），可参看《乐毅列传》。
④ **莒城**：齐之大邑，即今山东省莒县。

⑤ **安平**：齐邑，在今山东省淄博市临淄区东北。

⑥ **涂**：通"途"，道路。

⑦ **即墨**：齐邑，在今山东省平度市东南。

⑧ **淖齿**：楚国将领，因率军救齐而为齐相，后欲据齐自立，遂杀齐湣王。

⑨ **燕昭王**：战国时期燕国最有作为的国君，前311—前279年在位。

⑩ **惠王**：昭王之子，前278—前272年在位。

⑪ **乡**：通"向"。

⑫ **僇**：同"戮"，辱也。

⑬ **版插**：建筑用具。筑墙时，用版夹土，以杵捣之。插，通"锸"，用以挖土。

⑭ **功**：通"工"，工程，工作。

⑮ **溢**：通"镒"，一镒为二十四两，或说二十两。

⑯ **安堵**：也作"按堵"，即安居，各居各位。

⑰ **河上**：黄河边上，约当今之德州、沧州一带，当时为齐国的西北边界。

⑱ **襄王**：名法章，湣王之子，前283—前265年在位。

译

田单是齐国田姓王室的远房亲族。齐湣王时，田单在临菑当市场管理员，没有人重视他。等到燕昭王派乐毅攻破了齐国，齐湣王逃出临菑，随后退到莒城据守。燕国军队长驱直入，扫平了齐国的许多城池，而田单家族逃到了安平。这时田单让他们的族人都把车轴过长的部分截掉并在两头套上铁箍。不久燕军进攻安平，城被攻破，百姓们出城逃难时，许多人由于车轴过长，在拥挤抢道互相冲撞中闹得轴断车毁，被燕军俘虏。只有田单家族的人因为车轴截短了且又套着铁箍，于是得以幸免，逃到了东边的即墨。后来燕军打下了齐国所有的城池，只剩下了莒和即墨两座孤城仍未陷落。

开始燕军听说齐湣王在莒城，就集中兵力进行攻打。这时楚国派来援救齐国的将军淖齿杀了齐湣王，率领莒城军民坚守抗燕，一直坚持了好几年。燕军见攻莒城不下，便移兵东围即墨。即墨的长官出城应战，兵败身死。这时城中军民一致推举田单领导大家守城。有人说："安平撤退时，田单家的人因为给车轴头包了铁箍而安全脱险，说明田单懂得军事。"于是大家便拥立田单做了将军，据守即墨，抵抗燕人。

过了不久，燕昭王逝世，燕惠王即位。燕惠王与乐毅早就有矛盾。田单听说这种情况后，就派人到燕国施行反间计，他们散布谣言说："齐湣王已经被杀死了，齐国城池没被攻下的只还有两座。现在乐毅是害怕回国被燕王杀掉，所以是以伐齐为名，故意留在齐国，他实际上是想集结军事力量在齐国称王。因为现在齐国人还不顺从他，所以他才放慢进攻以等待时机成熟。现在我们齐国人最怕的是燕王改派别的将领，如果一改派别的人来，即墨就完了。"燕王听着有道理，于是就派骑劫去代替了乐毅。

乐毅被免职后逃到了赵国，燕国军民都为乐毅被撤感到非常气愤。这时田单又命令城中居民在吃饭前必须先在庭院中摆设饭菜祭祀祖先，于是引来许多飞鸟在即墨上空盘旋，城外的燕国士兵看着觉得奇怪。这时田单又扬言说："很快将有神下来帮助我们。"他对城中军民说："很快将有神人下界来给我当老师。"这时有个小卒跟田单开玩笑说："我可以当您的老师吗？"说完转身就走。田单跑过去，把那个小卒拉回来，按着他面向东坐下，给他行礼称他为老师。小卒说："我是哄您玩的，我什么都不会！"田单说："您不必多说！"于是便公开拜那个小卒为神师。从此田单每发布什么命令，总要说这是神师的旨意。接着田单又派人出去散布说："我们最怕燕军削掉我们齐国俘虏的鼻子把他们放在队伍的前面来攻城，那样即墨就非垮不可！"燕人信以为真，削掉了齐国俘虏的鼻子。即墨城中的军民一见齐国投降的人都被割去了鼻子，于是非常愤怒，个个决心坚守，生怕当了俘虏也被削鼻子。田单接着又散布说："我们最怕燕国人挖掘我们的坟墓，侮辱我们祖先的尸骨，如果那样，我们就吓坏了。"燕人信以为真，随即把即墨人的祖坟统统掘开，把死人的骨头挖出来用火烧。即墨军民从城上望见这种情景都痛哭流涕，一个个怒火万丈，都要出城同燕军决一死战。

田单知道士兵们能够听从指挥了，于是又亲自手持锹镐与士兵们一道修筑防御工事，还把自己的妻妾也都编入军队里服役，把家里所有可吃的东西都拿出来犒劳士兵。又命令精锐部队都藏起来，专门让那些老弱和妇女们站到城上以麻痹敌人，并派人到燕军里去请求投降，燕军见此情景，都高兴得欢呼万岁！田单又从百姓们手中搜集起黄金千镒，让城中的一个富豪带着出去送给燕国将领，并假意说："即墨投降以后，请求你们不要抢夺我们家族的妻女，让她们过安定日子。"燕国将领很高兴，答应了他们的请求。于是燕国军队的戒备越来越松懈。

这时田单在城里搜集了一千多头牛，用红绸子把它们披挂起来，绸子上面画着五彩龙纹，牛角上绑着锐利的尖刀，把灌透油脂的芦苇扎在牛尾上，然后突然点火。田单命令士兵把城墙凿了几十道口子，乘黑夜把牛放了出去，并派了五千精兵跟在后面。芦苇着火烧了牛尾，牛便狂奔怒吼地冲向城外的燕军。燕军在睡梦中被惊醒，只见一个个庞然大物尾巴上燃着火，身上画着龙纹，碰着谁不是死便是伤。跟在牛后面的五千士兵口中衔枚一声不响地砍杀燕军，城里的百姓们用力敲击一切可以发出声音的东西并齐声呐喊，声音震天动地。燕军惊惶失措，溃败逃走。齐人顺势杀掉了燕将骑劫。燕军的一切都乱了套，只顾狼狈逃命。齐国人在后面穷追猛打，一路上所过的城池都纷纷背叛燕国归顺了田单。

田单的军队则日渐增多，乘胜追击，燕军则一天天溃退，最后田单向西北追到了黄河岸边，齐国的七十多座城池都被收复了。随后田单便到莒城把齐襄王迎回了临菑，主持了国政。齐襄王也封赏田单，称田单为安平君。

评

战国时期的田氏齐国以齐威王、齐宣王时最为强大，堪称霸主。齐宣王时期，燕国发生内乱，齐宣王乘机伐燕，差点将燕国灭掉。燕昭王即位后立志报仇，招贤纳士、艰苦奋斗了二十八年，终于派大将乐毅联合韩、赵、魏、秦共同伐齐，大破齐军于济西。这时在齐国当政的是齐湣王。齐湣王前期的齐国本来也是很强的，但由于燕昭王派了奸细苏秦来到齐国卧底，怂恿齐湣王对周边国家挑起战争，因而使许多国家都加入了燕国的反齐联盟。乐毅统领的五国联军破齐于济西后，其他国家都觉得"教训"齐国的目的已经达到，于是纷纷撤军；而燕国则渡过济水长驱东下，攻克齐国的都城临菑，并纵横扫荡，占领了齐国除莒县与即墨以外的全部国土，齐湣王也于动乱中被人所杀。在这千钧一发的关头，齐国的即墨守将田单抓紧时机一方面施行反间计，挑动着燕国新上台的燕惠王罢免了燕军的统帅乐毅，另一方面利用一切手段凝聚、鼓舞即墨军民的斗志，而麻痹、瓦解燕军的战斗力，最后突然用火牛阵冲击燕军，使燕军大败。齐军追奔逐北，遂全部收复失地，重建齐国。

即墨之战是中国古代最动人的出奇制胜的范例。田单的奇才奇智在这里得到了痛快淋漓的发挥，读后真让人心旷神怡。但我们也必须明白，田单之所以能如此出奇制胜，是因为他所进行的这场战争是正义的，是得到齐国广大人民的衷心拥护和全力支持的，这是我国古代最光辉、最彻底的人民战争。

鲁仲连邹阳列传

鲁仲连义不帝秦

鲁仲连者，齐人也。好奇伟俶傥之画策，而不肯仕宦任职，好持高节。游于赵。

赵孝成王时，而秦王使白起破赵长平之军前后四十馀万①，秦兵遂东围邯郸。赵王恐，诸侯之救兵莫敢击秦军。魏安釐王使将军晋鄙救赵，畏秦，止于荡阴不进②。魏王使客将军新垣衍间入邯郸，因平原君谓赵王曰③："秦所为急围赵者，前与齐湣（mǐn）王争强为帝，已而复归帝④；今齐已益弱，方今唯秦雄天下，此非必贪邯郸，其意欲复求为帝。赵诚发使尊秦昭王为帝，秦必喜，罢兵去。"平原君犹豫未有所决。

此时鲁仲连适游赵，会秦围赵，闻魏将欲令赵尊秦为帝，乃见平原君曰："事将奈何？"平原君曰："胜也何敢言事！前亡四十万之众于外，今又内围邯郸而不能去。魏王使客将军新垣衍令赵帝秦，今其人在是。胜也何敢言事⑤！"鲁仲连曰："吾始以君为天下之贤公子也，吾乃今然后知君非天下之贤公子也。梁客新垣衍安在⑥？吾请为君责而归之。"平原君曰："胜请为绍介而见之于先生。"平原君遂见新垣衍曰："东国有鲁仲连先生者，今其人在此，胜请为绍介，交之于将军。"新垣衍曰："吾闻鲁仲连先生，齐国之高士也。衍，人臣也，使事有职，吾不愿见鲁仲连先生。"平原君曰："胜既已泄之矣。"新垣衍许诺。

鲁连见新垣衍而无言。新垣衍曰："吾视居此围城之中者，皆有求于平原君者也；今吾观先生之玉貌，非有求于平原君者也，曷为久居此围城之中而不去？"鲁仲连曰："世以鲍焦为无从颂而死者[7]，皆非也。众人不知，则为一身。彼秦者，弃礼义而上首功之国也，权使其士，虏使其民。彼即肆然而为帝，过而为政于天下，则连有蹈东海而死耳，吾不忍为之民也。所为见将军者，欲以助赵也。"

新垣衍曰："先生助之将奈何？"鲁连曰："吾将使梁及燕助之，齐、楚则固助之矣[8]。"新垣衍曰："燕则吾请以从矣；若乃梁者，则吾乃梁人也，先生恶（wū）能使梁助之？"鲁连曰："梁未睹秦称帝之害故耳。使梁睹秦称帝之害，则必助赵矣。"

新垣衍曰："秦称帝之害何如？"鲁连曰："昔者齐威王尝为仁义矣，率天下诸侯而朝周[9]。周贫且微，诸侯莫朝，而齐独朝之。居岁馀，周烈王崩[10]，齐后往，周怒，赴于齐曰[11]：'天崩地坼，天子下席。东藩之臣因齐后至，则斮。'齐威王勃然怒曰：'叱嗟，而母婢也！'卒为天下笑。故生则朝周，死则叱之，诚不忍其求也。彼天子固然，其无足怪。"

新垣衍曰："先生独不见夫仆乎？十人而从一人者，宁力不胜而智不若邪？畏之也。"鲁仲连曰："呜呼！梁之比于秦若仆邪？"新垣衍曰："然。"鲁仲连曰："吾将使秦王烹醢（hǎi）梁王。"新垣衍怏然不悦，曰："噫嘻，亦太甚矣先生之言也！先生又恶能使秦王烹醢梁王？"鲁仲连曰："固也，吾将言之。昔者九侯、鄂侯、文王，纣之三公也[12]。九侯有子而好，献之于纣[13]，纣以为恶，醢九侯。鄂侯争之强，辩之疾，故脯鄂侯。文王闻之，喟然而叹，故拘之牖（yǒu）里之库百日[14]，欲令之死。曷为与人俱称王，卒就脯醢之地？齐湣王之鲁，夷维子为执策而从[15]，谓鲁人曰：'子将何以待吾君？'鲁人曰：'吾将以十太牢待子之君[16]。'

夷维子曰：'子安取礼而待吾君？彼吾君者，天子也。天子巡狩，诸侯辟舍，纳筦籥（guǎn yuè）⑰，摄衽抱机，视膳于堂下，天子已食，乃退而听朝也。'鲁人投其籥，不果纳。不得入于鲁，将之薛，假途于邹⑱。当是时，邹君死，湣王欲入吊，夷维子谓邹之孤曰：'天子吊，主人必将倍殡棺⑲，设北面于南方，然后天子南面吊也。'邹之群臣曰：'必若此，吾将伏剑而死。'固不敢入于邹。邹、鲁之臣，生则不得事养，死则不得赙襚（fù suì）⑳，然且欲行天子之礼于邹、鲁，邹、鲁之臣不果纳。今秦万乘之国也，梁亦万乘之国也。俱据万乘之国，各有称王之名，睹其一战而胜，欲从而帝之，是使三晋之大臣不如邹、鲁之仆妾也。且秦无已而帝，则且变易诸侯之大臣。彼将夺其所不肖而与其所贤，夺其所憎而与其所爱。彼又将使其子女谗妾为诸侯妃姬，处梁之宫。梁王安得晏然而已乎？而将军又何以得故宠乎？"

于是新垣衍起，再拜谢曰："始以先生为庸人，吾乃今日知先生为天下之士也。吾请出，不敢复言帝秦。"秦将闻之，为却军五十里。适会魏公子无忌夺晋鄙军以救赵㉑，击秦军，秦军遂引而去。

于是平原君欲封鲁连，鲁连辞让者三，终不肯受。平原君乃置酒，酒酣起前，以千金为鲁连寿。鲁连笑曰："所贵于天下之士者，为人排患释难解纷乱而无取也。即有取者，是商贾之事也，而连不忍为也。"遂辞平原君而去，终身不复见。

注

① **赵孝成王**：惠文王之子，名丹，前265—前245年在位。**秦王**：秦昭王，前306—前251年在位。**白起**：秦国名将，曾多次破楚，又大破赵军于长平（今山西省高平市西北），坑赵卒四十余万。

② **魏安釐王**：魏昭王之子，名圉，前276—前243年在位。**晋鄙**：魏国将军。**荡阴**：即今河南省汤阴县。

③ **平原君**：名胜，惠文王之弟，孝成王之叔，时为赵相，平原君是其封号。

④ **与齐湣王争强为帝**：齐湣王，宣王之子，前300—前284年在位。战国中后期，秦、齐两国势力最强，遂不满足于和其他诸侯一例称王。前288年，秦昭王与齐湣王相约改"王"称"帝"。秦为西帝，齐为东帝。后齐湣王听从苏秦的建议自去帝号，合纵抗秦，秦国孤立，被迫取消帝号。

⑤ **胜也何敢言事**：赵孝成王四年（前262年），秦国截断了韩国上党地区与其国都新郑之间的联系，韩不能守，弃之令降秦。但上党守将冯亭不愿降秦，而率其军民东降赵国。平原君以为不费力而得地，劝赵王许之。于是导致秦国攻赵，赵军大败于长平，又进而邯郸被围，故平原君有负疚感，自谓"不敢言事"。

⑥ **梁客**："梁"即指魏，因这时的魏国建都大梁（今河南开封），故魏国亦称梁国。

⑦ **鲍焦**：据说是春秋时的一位隐者，因不满当时政治而抱木饿死。**从颂**：同"从容"。

⑧ **燕**：燕国，国都蓟（今北京市），此时的燕王当为燕孝王。**楚**：楚国，此时的国都已迁至陈（今河南淮阳）。

⑨ **齐威王**：名因齐，前356—前320年在位。**周**：此时的周已很衰弱，是徒有其名的傀儡。齐威王时代的天子是周显王，前368—前321年在位，都于洛阳。

⑩ **周烈王崩**：按：此处叙事有误。周烈王名喜，前375—前369年在位，与齐威王不同时。或者应作"周显王"，周显王卒于前321年，当齐威王三十六年。

⑪ **赴于齐**：赴，同"讣"。

⑫ **九侯**：亦作"鬼侯"，商代一个少数民族部落首领，大约活动于今山西北部。**鄂侯**：鄂国（在今河南省沁阳市西北）的君主。**文王**：商末周族领袖，迁都于丰（今西安市西南），武王之父。**三公**：司徒、司马、司空，朝廷的最高官员。

⑬ **纣**：商纣王，商朝的末代君主，以残暴著称。

⑭ **牖里**：也写作"羑里"，古邑名，在今河南省汤阴县北。

⑮ **齐湣王之鲁**：事在齐湣王十七年（前284年），当时乐毅率燕军攻克临淄，齐湣王出逃，曾一度到鲁。鲁，西周初建立的诸侯国名，都曲阜，此时已濒临灭亡。**夷维子**：齐湣王的近臣，史失其名。

⑯ **十太牢**：当时献享诸侯应有的礼数。太牢，指牛、羊、豕各一头。

⑰ **筦籥**：钥匙。

⑱ **薛**：齐邑名，在山东滕州市南，当时为孟尝君封地。**邹**：春秋时的小国名，也写作"邾"，后迁都于绎（在今山东邹城市东南），此时已成为齐国的附庸。从曲阜往薛邑，中途须经过邹邑。

⑲ **倍**：同"背"，倒过来。

⑳ **赗禭**：送给丧家的礼物。

㉑ **魏公子无忌夺晋鄙军以救赵**：魏公子无忌，即信陵君，魏安釐王之弟。信陵君用侯嬴之计窃符矫夺晋鄙兵救赵事，在魏安釐王二十年（前257年），参见《魏公子列传》。

译

　　鲁仲连是齐国人。能帮人谋划奇妙的计策,但不愿做官任职,喜欢保持一种清高的姿态。他周游到了赵国。

　　赵孝成王在位时,秦昭王派大将白起在长平一举消灭了赵军四十多万人,不久秦兵又包围了赵国的都城邯郸。赵王固然害怕,连其他国家派来救赵的军队也不敢对秦军作战。魏安釐王已经派将军晋鄙率军救赵,但由于害怕秦国,中途又让晋鄙停在了荡阴县,不再前进。同时还派客座将军新垣衍潜入赵都邯郸,让他通过平原君的介绍对赵王说:"秦国之所以攻邯郸这么紧急,就是因为前一次与齐湣王争强称帝,称了几天又退回去了。如今齐国已经越来越弱,只有秦国天下无敌,秦国这次攻赵未必是想得到邯郸,其真正目的是还想称帝。赵国如能主动派使者去尊秦昭王为帝,秦昭王必然高兴,就会撤兵而去。"平原君心中犹豫,拿不定主意。

　　这时鲁仲连正周游到了赵国,正赶上秦兵包围邯郸,也听说魏将新垣衍来劝说赵王,让赵国尊秦为帝,于是去见平原君说:"事情你打算怎么办?"平原君说:"我现在还怎么敢说话?前不久赵国已经在外头损失了四十多万人,如今秦兵又围困邯郸,而无法令其退去。魏王派新垣衍来劝说赵国尊秦为帝,现在他就在这里。我现在还敢说什么呢?"鲁仲连说:"本来我以为你是当今天下的一位贤公子,通过今天这件事我才认识到你不是当今天下的贤公子。梁国的客人新垣衍在哪里?让我帮你谴责他,打发他滚回去。"平原君说:"那我就介绍他和您见面。"于是平原君去对新垣衍说:"东方齐国有位鲁仲连先生,他如今正在邯郸,我想介绍他和您认识。"新垣衍说:"我听说鲁仲连先生是齐国的高士,而我新垣衍是魏国的臣子，负有使命到此，我不想见鲁先生。"平原君说："我已经向他说过您。"新垣衍只好答应了。

鲁仲连见到新垣衍后好长时间没说话。新垣衍说："如今还留在这座围城之中的人，我看都是有求于平原君的；可是我看先生您的尊容，不像是有求于平原君的，您为什么还留在这座孤城里而不走呢？"鲁仲连说："许多人认为鲍焦不是从容而死，这些人的看法都是错误的。他们不理解鲍焦，便认为鲍焦是为了个人。那秦国，是个不讲礼义而专门重视杀敌立功的国家，它们靠着权诈来驾驭各级官僚士人，像使唤奴隶一样地使唤它的黎民百姓。这种国家的君主一旦悍然称帝，并进一步统治天下，那我鲁仲连宁可跳东海而死，我也决不甘心做他的子民。我之所以要见你，是告诉你我想帮助赵国。"

新垣衍说："你有什么办法帮助赵国？"鲁仲连说："我想让梁国、燕国帮助赵国，至于齐国、楚国本来就已经帮助赵国了。"新垣衍说："您说您能让燕国帮助赵国，这我姑且相信；至于梁国，我就是梁国人，您怎么能让梁国帮助赵国呢？"鲁仲连说："梁国是没有看到秦国称帝的厉害，所以它按兵不动；如果它看到了秦国称帝的厉害，就一定会帮助赵国了。"

新垣衍说："秦国称帝是怎么一种厉害？"鲁仲连说："当年齐威王曾倡导仁义，想率领各国诸侯往朝周天子。周国那时已经是既贫且弱，谁也不愿去朝拜它，而齐国自己去了。一年之后，周烈王死了，齐国没有及时地去参加葬礼，这时周国便气急败坏地给齐国发去讣告说：'现在山崩地裂，天子命丧，东部藩国的小臣田因齐如敢不按时到达参加丧礼，就把你剁成碎块。'齐威王一听勃然大怒，骂道：'去你妈的！你这个奴婢生的！'结果招得天下讥笑。为什么人活着的时候去朝拜他，死了之后就骂他呢？实在是受不了他们的那种苛求。但天子的派头嘛，这你就没法怪人家啦。"

新垣衍说："您没有见过仆人吗？十个仆人侍候一个主子，难道是力气、智慧不如吗？不是，是因为怕他。"鲁仲连说："噢！梁国和秦国的关系竟像仆人与主子吗？"新垣衍说："是的。"鲁仲连说："如果这样我将让秦王把你们梁王煮成肉酱。"新垣衍皱了一下眉头说："您这话也太过分了，您说您有什么办法让秦王把我们梁王煮成肉酱？"鲁仲连说："当然啦，我来给你说。当初九侯、鄂侯、文王，是殷纣王的'三公'，九侯有个女儿长得好，他把她献给了殷纣王。殷纣王认为不好，一发怒把九侯剁成了肉酱。鄂侯极力劝阻，极力为九侯分辩，纣王一怒又把鄂侯做成了肉干儿。文王听说后，只是伤心地叹息了一声，遂被纣王扣押在牖里的仓库里，扣押了一百天，想要把他弄死。本来和殷纣一样都是'王'，为什么让人家给剁成肉酱、做成肉干儿呢？齐湣王被人打败逃到鲁国，夷维子手执马鞭跟在身后，对鲁国人说：'你们将以何等礼节招待我们的国君？'鲁国人说：'我们将以十太牢的礼数敬待你们国君。'夷维子说：'你们这是从哪里学来的礼节？我们的国君是天子。天子巡游到哪个诸侯国，那个国家的诸侯就得让出自己住的房子，交出城门、宫门的钥匙，亲自掖起衣襟、端着托盘，站在下头侍候天子吃饭，直到天子用餐完毕，诸侯才能退下去处理自己国家的事务。'鲁国人一听，干脆关门上锁，没有让他们进来。齐湣王没能进入鲁国，便想改道去薛，中途向邹国借道。当时正赶上邹君新死，齐湣王想进城吊唁。夷维子对邹君的太子说：'天子给人吊唁，丧家必须把死者的棺木掉过方向，使之头朝北，以便接受天子坐北朝南的吊唁。'邹国的群臣一听，说：'如果非得这样，我们宁可伏剑自杀。'于是齐湣王也没能进入邹国。邹、鲁两个小国的臣民，其国君活着穷得得不到吃喝，死后也没人给送点陪葬，但要是有人想对他们摆天子的谱儿，他们尚且能坚决顶回去。现在秦是一个万乘之国，梁同样也是一个万乘之国。都是万乘之国，都有称王的名义，就因为看着它打了一两个胜仗，于是就想尊它为帝，这岂不说明梁国的大臣还不如邹、鲁小国的那些婢仆吗？况且秦国也决不会因为你尊它为帝就算完，它必将改换各诸侯国的执政大臣。必将撤掉他们认为不好的而换上他们所认为好的，罢免他们所讨厌的而任用他们所喜欢的。他们还将把大量秦国的女人派给各国诸侯做妃嫔，住在你们梁国的宫廷。这样，你们的梁王还能生活得那么悠闲自在吗？将军您又怎么保持您旧有的恩宠呢？"

新垣衍一听，起身再拜说："开始我把您当成了平凡人，通过今天的谈话，我才知道先生是天下少有的奇才。我请求回去，我再也不敢提尊秦为帝的事了。"秦将闻知这一消息，自动为之退兵五十里。刚好这时魏公子窃符夺得了晋鄙的兵权，率之救赵，进击秦军，秦军遂撤退而去。

事过之后，平原君欲封鲁仲连官爵，鲁仲连再三推辞，不肯接受。平原君设宴招待鲁仲连，喝到高兴时，平原君起身到鲁仲连跟前，以千金之礼为鲁仲连祝福致谢。鲁仲连笑着说："天下名士所以可贵，就在于他能为人排解危难而分文不取。如果办了事而有所取，那就成了商人做买卖，这是我鲁仲连所不能干的。"说罢遂辞平原君而去，从此再也没有露过面。

评

《鲁仲连邹阳列传》记述了战国时鲁仲连与汉初邹阳两个人物的事迹，我们这里只选取了《鲁仲连义不帝秦》的故事。本故事原见于《战国策·齐策》，司马迁就是在《战国策》原有文字的基础上稍加修改而成为《鲁仲连列传》。

赵国在公元前 260 年长平之战中痛失四十五万人之后，次年又被秦兵包围了邯郸。在赵国如此危急的情况下，魏王不仅不出兵救赵，反而派了新垣衍来给赵国施加压力，怂恿赵国尊秦为帝，实际上也就是劝赵国向秦国投降。在这紧急关头，齐国高士鲁仲连周游至此，他挺身而出，痛斥了新垣衍的投降主义论调，分析了尊秦为帝的危害，以深刻的道理和自己耿介的人格鼓舞了赵国和一切被秦国攻击的东方各国军民，为东方抗秦统一战线的形成奠定了基础。接着信陵君窃符夺得兵权，率魏军而至；春申君率楚军而至，其他诸国也声援赵国，而秦兵则连连失利，最后只好撤走，被困两年多的邯郸遂得解围。鲁仲连于此是有大功的，但他不居功、不受赏，事成之后又飘然而去。这种精神给后人的影响是巨大的，九百年后的大诗人李白满怀敬意地为此写道："齐有倜傥生，鲁连特高妙。明月出海底，一朝开光耀。却秦振英声，后世仰末照。意轻千金赠，顾向平原笑。吾亦澹荡人，拂衣可同调。"

屈原贾生列传
屈子沉江

屈原者,名平,楚之同姓也①。为楚怀王左徒②。博闻强志,明于治乱,娴(xián)于辞令。入则与王图议国事,以出号令;出则接遇宾客,应对诸侯。王甚任之。

上官大夫与之同列③,争宠而心害其能。怀王使屈原造为宪令,屈平属(zhǔ)草稿未定。上官大夫见而欲夺之,屈平不与。因谗之曰:"王使屈平为令,众莫不知,每一令出,平伐其功,曰以为'非我莫能为'也。"王怒而疏屈平。

屈平疾王听之不聪也,谗谄之蔽明也,邪曲之害公也,方正之不容也,故忧愁幽思而作《离骚》。离骚者,犹离忧也。夫天者,人之始也;父母者,人之本也。人穷则反本,故劳苦倦极,未尝不呼天也;疾痛惨怛(dá),未尝不呼父母也。屈平正道直行,竭忠尽智以事其君,谗人间(jiàn)之,可谓穷矣。信而见疑,忠而被谤,能无怨乎?屈平之作《离骚》,盖自怨生也。《国风》好色而不淫,《小雅》怨诽而不乱,若《离骚》者,可谓兼之矣。上称帝喾(kù)④,下道齐桓⑤,中述汤武⑥,以刺世事。明道德之广崇,治乱之条贯,靡不毕见。其文约,其辞微,其志洁,其行廉,其称文小而其指极大,举类迩而见义远。其志洁,故其称物芳。其行廉,故死而不容自疏。濯淖(zhuó nào)污泥之中,蝉蜕（tuì）于浊秽，以浮游尘埃之外，不获世之滋垢，皭（jiào）然泥而不滓者也[7]。推此志也，虽与日月争光可也。

屈平既绌[8]，其后秦欲伐齐，齐与楚从亲[9]，惠王患之[10]，乃令张仪详去秦[11]，厚币委质事楚[12]，曰："秦甚憎齐，齐与楚从亲，楚诚能绝齐，秦愿献商、於（wū）之地六百里[13]。"楚怀王贪而信张仪，遂绝齐，使使如秦受地。张仪诈之曰："仪与王约六里，不闻六百里。"楚使怒去，归告怀王。怀王怒，大兴师伐秦。秦发兵击之，大破楚师于丹、淅（xī）[14]，斩首八万，虏楚将屈匄（gài）[15]，遂取楚之汉中地[16]。怀王乃悉发国中兵以深入击秦，战于蓝田[17]。魏闻之，袭楚至邓[18]。楚兵惧，自秦归。而齐竟怒不救楚，楚大困。

明年，秦割汉中地与楚以和。楚王曰："不愿得地，愿得张仪而甘心焉。"张仪闻，乃曰："以一仪而当汉中地，臣请往如楚。"如楚，又因厚币用事者臣靳尚[19]，而设诡辩于怀王之宠姬郑袖。怀王竟听郑袖，复释去张仪[20]。是时屈平既疏，不复在位，使于齐，顾反，谏怀王曰："何不杀张仪？"怀王悔，追张仪，不及。

时秦昭王与楚婚[21]，欲与怀王会。怀王欲行，屈平曰："秦，虎狼之国，不可信，不如无行。"怀王稚子子兰劝王行："奈何绝秦欢！"怀王卒行。入武关[22]，秦伏兵绝其后，因留怀王，以求割地。怀王怒，不听。亡走赵，赵不内。复之秦，竟死于秦而归葬[23]。

长子顷襄王立[24]，以其弟子兰为令尹[25]。楚人既咎子兰以劝怀王入秦而不反也[26]。

屈平既嫉之，虽放流，睠顾楚国[27]，系心怀王，不忘欲反，冀幸君之一悟，俗之一改也。其存君兴国而欲反复之，一篇之中三致志焉。然终无可奈何，故不可以反，卒以此见怀王之终不悟也。人君无愚智贤不肖，莫不欲求忠以自为，举贤以自佐，然亡国破家相随属（zhǔ），而圣君治国累世而不见者，其所谓忠者不忠，而所谓贤者不贤也。怀王以不知忠臣之分，故内惑于郑袖，外欺于张仪，疏屈平而信上官大夫、令尹子兰。兵挫地削，亡其六郡，身客死于秦，为天下笑。此不知人之祸也。《易》曰："井渫（xiè）不食，为我心恻，可以汲。王明，并受其福[28]。"王之不明，岂足福哉！

令尹子兰闻之大怒，卒使上官大夫短屈原于顷襄王，顷襄王怒而迁之。

屈原至于江滨，被发行吟泽畔[29]。颜色憔悴，形容枯槁。渔父见而问之曰："子非三闾大夫欤[30]？何故而至此？"屈原曰："举世混浊而我独清，众人皆醉而我独醒，是以见放。"渔父曰："夫圣人者，不凝滞于物而能与世推移。举世混浊，何不随其流而扬其波？众人皆醉，何不铺（bǔ）其糟而啜其醨（lí）[31]？何故怀瑾握瑜而自令见放为？"屈原曰："吾闻之，新沐者必弹冠，新浴者必振衣，人又谁能以身之察察，受物之汶汶者乎！宁赴常流而葬乎江鱼腹中耳，又安能以皓皓之白而蒙世俗之温蠖（huò）乎！"

于是怀石遂自沉汨（mì）罗以死[32]。

注

① **楚之同姓**：楚国王族姓芈（mǐ）。屈原亦楚国先王之苗裔，其祖先屈瑕受封于屈（今湖北秭归县东），因以"屈"为姓。屈姓与昭姓、景姓同为楚国王系之大族。

② **楚怀王**：名槐，前328—前299年在位。**左徒**：官职名，相当于上大夫，地位仅次于令尹。楚国多以贵族近臣担任此职。

③ **上官大夫**：姓上官，史失其名。后文有"上官大夫、靳尚"，有人认为是一个人，恐非。

④ **帝喾**：相传为黄帝后人，"五帝"之一，号高辛氏。见《五帝本纪》。

⑤ **齐桓**：齐桓公，春秋时第一个有名的霸主，前685—前643年在位。

⑥ **汤武**："汤"指商代开国之君商汤；"武"指西周的开国之君武王，名发，周文王之子。

⑦ **皭**：洁白。

⑧ **绌**：通"黜"（chù），罢免，斥退。

⑨ **从亲**：合纵亲善。从，通"纵"。

⑩ **惠王**：指秦惠文王，名驷，前337—前311年在位。

⑪ **张仪**：战国时著名纵横家，以连横学说事秦，对秦国成就霸业起了重要作用。事见《张仪列传》。**详**：同"佯"，假意。

⑫ **质**：同"贽"，犹今之所谓"见面礼"。或谓"信物"。

⑬ **商、於**：古地区名，约今陕西商州市至河南内乡一带，当时属秦。

⑭ **丹、淅**：二水名，丹水源于商州市西北，东流入河南，在淅川县南与淅水汇合。淅水源于河南卢氏县界，南流，在淅川南合于丹水。

⑮ **虏楚将屈匄**：秦国俘获楚国大将屈匄，事在楚怀王十七年（前312年）。

⑯ **汉中**：地区名，约当今陕西省汉中市周围一带。

⑰ **蓝田**：秦县名，县治在今陕西省蓝田西。蓝田之战亦发生在怀王十七年（前312年）。

⑱ **邓**：古邑名，在今河南偃城县东南，当时属楚。

⑲ **靳尚**：楚人，与张仪有私交，后同张仪一起离楚，被魏臣张旄所杀。

⑳ **复释去张仪**：张仪至楚后，通过靳尚，使宠妃郑袖向楚王进说，楚王

又将张仪释放。

㉑ **秦昭王**：名则，前306—前251年在位。

㉒ **入武关**：事在怀王三十年（前299年）。武关，在今陕西省丹凤县东南，当时属秦。

㉓ **内**：通"纳"。**竟死于秦**：事在顷襄王三年（前296年）。

㉔ **顷襄王**：楚怀王长子，名横，前298—前263年在位。

㉕ **令尹**：楚官名，职同宰相。

㉖ **反**：通"返"。

㉗ **睠顾**：怀恋。睠，同"眷"。

㉘ **"井渫不食"五句**：见于《易经·井卦》爻辞。

㉙ **被**：通"披"。

㉚ **三闾大夫**：官名，略同汉代之宗正。掌管楚王室昭、屈、景三姓事务。

㉛ **餔**：通"哺"，吃。**糟**：酒滓。**歠**：吸，饮。**醨**：淡酒。

㉜ **汨罗**：水名，源于湖南省平江东，西流入洞庭湖。

译

屈原名平，是楚王的同姓。在楚怀王殿前任左徒。他学识渊博，记忆力强，精通国家治乱兴衰的道理，并善于外交辞令。他入朝就和楚王一道商议国家大事，拟定和发布各种政令，出朝则接待贤士与各国的使节。楚王非常看重他。

上官大夫与屈原的爵位相同，他忌妒屈原的才能，和屈原争宠。怀王让屈原起草一项法令，屈原已经写出了草稿尚未最后确定。上官大夫见到了想夺归己有，屈原不给他。于是上官大夫便在怀王面前中伤屈原说："大王叫屈原起草法令，这是大家都知道的，但法令颁布后，屈原总是夸耀自己,说这个法令除了他谁也起草不成。"于是楚王便生气地疏远了屈原。

屈原痛恨怀王偏听偏信,不分是非,痛恨谗佞小人蒙蔽楚王的视听,痛恨奸邪之徒的陷害公正,而端方正直的人不为世所容,于是他便忧愁苦闷地创作了《离骚》。所谓"离骚",就是指陷入苦闷。天是创造人的原始,父母是人出生的根本。人在遇到窘困危急时就会追本溯源,因此当人们劳苦困倦到极点时,总是喊"天";在疾病惨痛不能忍受时,总是要呼叫"父母"。屈原秉公执正,竭尽自己的忠诚和智慧去侍奉他的国君,结果遭到谗佞小人的离间,这可以说是困苦之极了。守信义的人被猜疑,忠直的人受诽谤,怎不使人怨愤呢?屈原创作《离骚》,就是为了发泄内心的怨愤。《国风》虽写了男女之爱但不过分,《小雅》虽有怨愤之情但没有作乱之心,像《离骚》这部作品,可以说是兼有《国风》和《小雅》的优长。《离骚》向上追溯到帝喾,向下讲到齐桓公,中间说到了商汤、周武王的事情,他是想用来讽刺现实。其中有阐明古代帝王道德崇高的,也有讲述国家政治兴衰条理的,一切应有尽有。文章简练,涵义深远,志趣高洁,行为廉正,文章的辞语简约但含义极其广大,文章所举的事例虽近在眼前,但它寄托的思想却非常深远。由于屈原志趣高洁,因此他就喜欢说鲜花香草;由于他行为廉正,所以他到死也不容许自己离开楚国。身处污泥浊水之中,却能像蝉脱掉外壳一样,超升于尘埃之外,不沾染世俗的污垢,能皎洁地出淤泥而不染。屈原的这种思想气节,说它能与日月争光是不过分的。

屈原被贬退之后,秦国想攻打齐国,当时齐国和楚国有联盟,秦惠王担心楚国干预,于是便让张仪假意辞去了秦国的职位,带着丰厚的礼物去投靠楚国。张仪对楚王说:"秦国非常憎恨齐国,但齐国和你们有联盟,如果你们能和齐国绝交,秦国愿意割给你商、於一带的六百里地盘。"楚怀王贪心,相信了张仪的话,就和齐国绝交了,而后派使者到秦国去接受割让的土地。这时张仪狡赖说:"我当初和楚王说的是'六里',没说过'六百里'。"楚国的使臣很生气,回去报告了怀王。怀王怒不可遏,大举兴师讨伐秦国。秦国发兵迎战,大败楚军于丹水和淅水之间,楚国牺牲了八万人,楚国的大将屈匄被秦兵俘获,整个汉中地区都被秦人占去。怀王不甘心,又调集全国的兵力深入秦地,与秦兵会战于蓝田。魏国见楚国内部空虚,便趁机出兵袭击楚国,一直打到邓县。楚怀王害怕了,只好从秦国撤回。这时齐国因为恼怒楚怀王撕毁条约所以不出兵救楚,使得楚国处于非常狼狈的境地。

第二年,秦国表示愿意归还汉中地区同楚国讲和。楚王说:"我不想要汉中地,只想得到张仪杀了他解恨。"张仪听说后,便对秦王说:"用我一个张仪就能换得汉中大片土地,我请求到楚国去。"张仪到了楚国,先用厚礼贿赂了当权的靳尚,随后又编造了一套诡诈的辞令挑动楚王的宠姬郑袖去向楚王进说。楚王听信郑袖,结果又把张仪放走了。这时屈平已经被疏远,不在朝廷中任职,而是奉命出使到齐国去了。屈平回来后,问楚王说:"为什么不杀张仪?"这时怀王也后悔了,再派人去追张仪,已经追不上了。

后来新即位的秦昭王同楚国结成了姻亲,他请楚王去秦国会谈。怀王想去,屈原劝阻说:"秦国像虎狼一样凶暴,不可轻信,不如不去好。"这时怀王的小儿子子兰怂恿怀王前去,他说:"怎么能拒绝秦国的友好邀请呢!"于是怀王便出发了。楚怀王一进入武关,秦国的伏兵立即截断了楚王的后路,把他扣了起来。秦国向楚怀王要求割地,怀王生气不答应。后来怀王曾一度借机逃到了赵国,赵国不敢接纳。于是只好又回到了秦国，最后便死在了那里，死后尸体才被运了回来。

怀王的大儿子顷襄王即位后，任用他的弟弟子兰为令尹。但楚国人却对子兰不满，因为当初是他劝怀王到秦国去，以致使楚怀王没能活着回来。

屈原痛恨子兰等人，他虽然被放逐在外，但仍念念不忘楚国的前途，记挂着怀王的安危。他始终期望着能返回朝廷为国尽忠，希望君王有一天能够觉悟，国家的风俗能得到改变。他这种辅佐君王振兴楚国，想挽狂澜于既倒的心愿，在作品中一再表露。然而到头来都无可奈何，以至于怀王死在秦国，这一切都表明楚怀王根本不觉悟。作为一个君主，无论愚蠢的还是聪明的，总是希望做臣子的忠心效力，想起用一些有才干的人来辅佐自己，然而亡国破家的事实却一件接着一件，而真正的圣明君主与康乐太平的社会却多少世代也见不到一个。其原因就在于他们所谓的"忠臣"实际上并不忠，他们所谓的"贤人"实际上并不贤。楚怀王就是因为不知道什么是忠臣，所以内受郑袖的迷惑，外受张仪的欺骗，疏远屈平而宠信上官大夫与令尹子兰，到头来军事上受挫败，领土被侵割，丢掉了六个郡，自己也被扣留而死于秦国，被天下人所耻笑。这不都是由于分不出忠贞与奸佞而招致的灾祸吗？《易经》说："我已经把井淘干净了，但仍无人饮用，真叫人伤心。这井水是可以汲用的。一个国家的君王如果圣明，那么大家都可以共享幸福。"如果这个君王不贤明，还有什么幸福可言呢！

令尹子兰听说屈原对他不满，很恼怒，便又唆使上官大夫在顷襄王面前说屈原的坏话，顷襄王一怒把屈原放到了更远的地方。

屈原流落到了湘江边上，披头散发地在江边边走边吟。他脸色憔悴，形体瘦削。一位渔翁见到他这种情景就问道:"您不是三闾大夫吗?为什么弄到这种地步?"屈原说:"整个国家都污浊而我独自清白,大家都醉醺醺而我独自清醒,于是我就被放逐了。"渔翁说:"一个聪明人,就不应该活得太拘泥而应该能随时代的变化而变化。整个国家都污浊,你何不随波逐流,推波助澜呢?大家都醉醺醺,你何不也既喝酒又吃糟呢?您何必死死地坚守那份'节操'而被放逐呢?"屈原说:"我听说,刚洗过头的人一定要掸掸帽子上的灰尘,刚洗了澡的人一定要抖抖衣服上的尘土。谁愿意让自己干净的身子,去沾染外界的污浊呢!我宁肯投入滚滚的江流,葬身鱼腹,怎么能让自己晶莹洁白的品格蒙受世俗的污垢呢!"

于是,他抱着石头投入汨罗江中自杀了。

评

《屈原贾生列传》是战国时楚国屈原与汉代贾谊二人的合传,司马迁之所以要把两个不同时代的人物合写在一篇,是由于司马迁认为他们都忠心为国,才能卓越,但又都不受重用,遭到排挤,结局悲惨;同时又由于屈原写过《离骚》、贾谊写过《吊屈原》,二人又都喜欢写作辞赋。屈原的确是受排挤,最后沉江,是悲剧人物;但贾谊少年得志,进言多得采纳,为长沙王太傅也不是贬官,司马迁为贾谊鸣不平未必得当,班固、苏轼早都发表过评论。我们这里只选了《屈子沉江》一节。

屈原既有政治眼光,又有文学才干,是历代少有的两者兼具的人物。但他一生屡被小人所谗,被昏君所放,这是令人深感悲哀的。又由于屈原身为楚王宗室,爱家爱国,不能像其他游士脱身远举,引他方势力以反噬自己之家邦，于是只有一死殉国。类似屈原这种思想、气节的人物，整个战国时代实属少有，司马迁对屈原非常敬慕，对其悲惨遭遇是极其同情的。作品夹叙夹议，感慨唏嘘，是《史记》中抒情性最强的篇章之一。

刺客列传
荆轲刺秦王

荆轲者,卫人也。其先乃齐人,徙于卫,卫人谓之庆卿;而之燕,燕人谓之荆卿。

荆卿好读书击剑,以术说卫元君①,卫元君不用。其后秦伐魏,置东郡,徙卫元君之支属于野王②。荆轲尝游过榆次③,与盖聂论剑。盖聂怒而目之,荆轲出。人或言复召荆卿,盖聂曰:"曩(nǎng)者吾与论剑,有不称(chèn)者,吾目之。试往,是宜去,不敢留。"使使往之主人,荆卿则已驾而去榆次矣。使者还报,盖聂曰:"固去也,吾曩者目摄之。"

荆轲游于邯郸④,鲁勾践与荆轲博,争道,鲁勾践怒而叱之,荆轲嘿而逃去⑤,遂不复会。

荆轲既至燕,爱燕之狗屠及善击筑者高渐离⑥。荆轲嗜酒,日与狗屠及高渐离饮于燕市。酒酣以往,高渐离击筑,荆轲和而歌于市中,相乐也。已而相泣,旁若无人者。荆轲虽游于酒人乎,然其为人沉深好书,其所游诸侯,尽与其贤豪长者相结。其之燕,燕之处士田光先生亦善待之,知其非庸人也。

居顷之,会燕太子丹质秦亡归燕⑦。燕太子丹者,故尝质于赵,而秦王政生于赵⑧,其少时与丹欢。及政立为秦王,而丹质于秦。秦王之遇燕太子丹不善，故丹怨而亡归。归而求为报秦王者，国小，力不能。其后秦日出兵山东⑨，以伐齐、楚、三晋，稍蚕食诸侯，且至于燕。燕君臣皆恐祸之至。太子丹患之，问其傅鞠武。武对曰："秦地遍天下，威胁韩、魏、赵氏。北有甘泉、谷口之固，南有泾、渭之沃，擅巴、汉之饶⑩，右陇、蜀之山，左关、崤（xiáo）之险⑪，民众而士厉，兵革有余。意有所出，则长城之南，易水以北⑫，未有所定也。奈何以见陵之怨，欲批其逆鳞哉⑬！"丹曰："然则何由？"对曰："请入图之。"

居有间，秦将樊於期（wū jī）得罪于秦王，亡之燕。太子受而舍之。鞠武谏曰："不可。夫以秦王之暴，而积怒于燕，足为寒心；又况闻樊将军之所在乎？是谓'委肉当饿虎之蹊'也，祸必不振矣！虽有管、晏⑭，不能为之谋也。愿太子疾遣樊将军入匈奴以灭口。请西约三晋，南连齐、楚，北购于单于（chán yú）⑮，其后乃可图也。"太子曰："太傅之计，旷日弥久，心惛然，恐不能须臾。且非独于此也，夫樊将军穷困于天下，归身于丹，丹终不以迫于强秦而弃所哀怜之交，置之匈奴。是固丹命卒之时也，愿太傅更虑之。"

鞠武曰："夫行危欲求安，造祸而求福，计浅而怨深，连结一人之后交，不顾国家之大害，此所谓资怨而助祸矣。夫以鸿毛燎于炉炭之上，必无事矣。且以雕鸷之秦，行怨暴之怒，岂足道哉！燕有田光先生，其为人智深而勇沉，可与谋。"太子曰："愿因太傅而得交于田先生，可乎？"鞠武曰："敬诺。"

出见田先生，道："太子愿图国事于先生也。"田光曰："敬奉教。"乃造焉。太子逢迎，却行为导，跪而蔽（fú）席⑯。田光坐定，左右无人，太子避席而请曰："燕、秦不两立，愿先生留意也。"田光曰："臣闻骐骥盛壮之时，一日而驰千里；至其衰老，驽马先之。今太子闻光盛壮之时，不知臣精已消亡矣。虽然，光不敢以图国事，所善荆卿可使也。"太子曰："愿因先生得结交于荆卿，可乎？"田光曰："敬诺。"即起趋出。太子送至门，戒曰："丹所报、先生所言者，国之大事也，愿先生勿泄也！"田光俯而笑曰："诺。"

偻（lóu）行见荆卿曰："光与子相善，燕国莫不知。今太子闻光壮盛之时，不知吾形已不逮也。幸而教之曰：'燕、秦不两立，愿先生留意也。'光窃不自外，言足下于太子也。愿足下过太子于宫。"荆轲曰："谨奉教。"田光曰："吾闻之：'长者为行，不使人疑之。'今太子告光曰：'所言者，国之大事也，愿先生勿泄。'是太子疑光也。夫为行而使人疑之，非节侠也。"欲自杀以激荆卿，曰："愿足下急过太子，言光已死，明不言也。"因遂自刎而死。

荆轲遂见太子，言田光已死，致光之言。太子再拜而跪，膝行流涕，有顷而后言曰："丹所以诫田先生毋言者，欲以成大事之谋也。今田先生以死明不言，岂丹之心哉！"荆轲坐定，太子避席顿首曰："田先生不知丹之不肖，使得至前，敢有所道，此天之所以哀燕而不弃其孤也。今秦有贪利之心，而欲不可足也。非尽天下之地，臣海内之王者，其意不厌。今秦已虏韩王[17]，尽纳其地；又举兵南伐楚，北临赵。王翦将数十万之众距漳、邺[18]，而李信出太原、云中[19]，赵不能支秦，必入臣；入臣，则祸至燕。燕小弱，数困于兵，今计举国不足以当秦。诸侯服秦，莫敢合从。丹之私计，愚以为诚得天下之勇士使于秦，窥以重利，秦王贪，其势必得所愿矣。诚得劫秦王，使悉反诸侯侵地，若曹沫之与齐桓公，则大善矣；则不可，因而刺杀之。彼秦大将擅兵于外，而内有乱，则君臣相疑，以其间，诸侯得合从，其破秦必矣。此丹之上愿，而不知所委命，唯荆卿留意焉！"

久之，荆轲曰："此国之大事也，臣驽下，恐不足任使。"太子前，顿首，固请毋让，然后许诺。于是尊荆卿为上卿，舍上舍。太子日造门下，供太牢具[20]，异物间进，车骑美女恣荆轲所欲，以顺适其意。

久之，荆轲未有行意。秦将王翦破赵，虏赵王[21]，尽收入其地。进兵北略地，至燕南界。太子丹恐惧，乃请荆轲曰："秦兵旦暮渡易水，则虽欲长侍足下，岂可得哉！"荆轲曰："微太子言，臣愿谒之。今行而毋信，则秦未可亲也。夫樊将军，秦王购之金千斤，邑万家，诚得樊将军首与燕督亢之地图[22]，奉献秦王，秦王必说见臣，臣乃得有以报。"太子曰："樊将军穷困来归丹，丹不忍以己之私而伤长者之意，愿足下更虑之。"

荆轲知太子不忍，乃遂私见樊於期，曰："秦之遇将军可谓深矣，父母宗族皆为戮没。今闻购将军首金千斤，邑万家，将奈何？"於期仰天太息流涕，曰："於期每念之，常痛于骨髓，顾计不知所出耳！"荆轲曰："今有一言可以解燕国之患，报将军之仇者，何如？"於期乃前曰："为之奈何？"荆轲曰："愿得将军之首，以献秦王，秦王必喜而见臣，臣左手把其袖，右手揕（zhèn）其匈，然则将军之仇报，而燕见陵之愧除矣。将军岂有意乎？"樊於期偏袒扼腕而进曰："此臣之日夜切齿腐心也[23]，乃今得闻教！"遂自刭。

太子闻之，驰往，伏尸而哭，极哀。既已不可奈何，乃遂盛樊於期首函封之。于是太子豫求天下之利匕首，得赵人徐夫人匕首，取之百金。使工以药淬（cuì）之，以试人，血濡缕，人无不立死者。乃装为遣荆卿。燕国有勇士秦舞阳，年十三杀人，人不敢忤视。乃令秦舞阳为副。

荆轲有所待，欲与俱。其人居远，未来，而为治行。顷之，未发，太子迟之，疑其改悔，乃复请曰："日已尽矣，荆卿岂有意哉？丹请得先遣秦舞阳。"荆轲怒，叱太子曰："何太子之遣！往而不返者，竖子也。且提一匕首入不测之强秦，仆所以留者，待吾客与俱。今太子迟之，请辞决矣！"遂发。

太子及宾客知其事者，皆白衣冠以送之。至易水之上，既祖[24]，取道，高渐离击筑，荆轲和而歌，为变徵（zhǐ）之声[25]，士皆垂泪涕泣。又前而为歌曰："风萧萧兮易水寒，壮士一去兮不复还！"复为羽声慷慨[26]，士皆瞋目，发尽上指冠。于是荆轲就车而去，终已不顾。

遂至秦，持千金之资币物，厚遗秦王宠臣中庶子蒙嘉[27]。嘉为先言于秦王，曰："燕王诚振怖大王之威，不敢举兵以逆军吏，愿举国为内臣，比诸侯之列，给贡职如郡县，而得奉守先王之宗庙。恐惧不敢自陈，谨斩樊於期之头，及献燕督亢之地图，函封，燕王拜送于庭，使使以闻大王。唯大王命之。"

秦王闻之，大喜。乃朝服，设九宾，见燕使者咸阳宫[28]。荆轲奉樊於期头函，而秦舞阳奉地图匣，以次进。至陛，秦舞阳色变振恐。群臣怪之。荆轲顾笑舞阳，前谢曰："北蕃蛮夷之鄙人，未尝见天子，故振慑。愿大王少假借之，使得毕使于前。"秦王谓轲曰："取舞阳所持地图。"轲既取图奏之。秦王发图，图穷而匕首见。因左手把秦王之袖，而右手持匕首揕之。未至身，秦王惊，自引而起，袖绝。拔剑，剑长，操其室。时惶急，剑坚，故不可立拔。荆轲逐秦王，秦王环柱而走。群臣皆愕，卒起不意，尽失其度。而秦法，群臣侍殿上者，不得持尺寸之兵；诸郎中执兵[29]，皆陈殿下，非有诏召，不得上。方急时，不及召下兵，以故荆轲乃逐秦王。而卒惶急，无以击轲，而以手共搏之。是时，侍医夏无且以其所奉药囊提荆轲也。

秦王方环柱走，卒惶急，不知所为，左右乃曰："王负剑！"负剑，遂拔，以击荆轲，断其左股，荆轲废。乃引其匕首以掷秦王，不中，中铜柱。秦王复击轲，轲被八创。轲自知事不就，倚柱而笑，箕倨以骂曰："事所以不成者，以欲生劫之，必得约契以报太子也。"于是左右既前杀轲。秦王不怡者良久。已而论功赏群臣及当坐者各有差，而赐夏无且黄金二百镒，曰："无且爱我，乃以药囊提荆轲也。"

于是秦王大怒，益发兵诣（yì）赵，诏王翦军以伐燕，十月而拔蓟城[30]。燕王喜、太子丹等尽率其精兵，东保于辽东[31]。秦将李信追击燕王急，代王嘉乃遗燕王喜书曰[32]："秦所以尤追燕急者，以太子丹故也。今王诚杀丹献之秦王，秦王必解，而社稷幸得血食[33]。"其后李信追丹，丹匿衍水中[34]，燕王乃使使斩太子丹，欲献之秦。秦复进兵攻之。后五年[35]，秦卒灭燕，虏燕王喜。

其明年，秦并天下，立号为皇帝。

注

① **卫元君**：卫国国君，前251—前230年在位。此时卫国已为魏国附庸，卫元君为魏王之婿，故魏仍使其居濮阳而称"君"。

② **东郡**：秦郡名，郡治濮阳（今河南濮阳县西南）。前242年，秦伐魏后所置。**野王**：邑名，原属韩，后为秦所取，即今河南沁阳市。

③ **榆次**：战国时赵邑，即今山西省榆次市。

④ **邯郸**：战国时赵国的都城，即今河北省邯郸市。

⑤ **博**：古代的一种棋戏。**嘿而逃去**：嘿，通"默"。

⑥ **筑**：一种乐器，似琴有弦，以竹击之。

⑦ **燕太子丹质秦亡归燕**：事在秦王政十五年（前232年）。太子丹，燕王喜（前254—前222年在位）之子，名丹。

⑧ **秦王政生于赵**：秦王政即为后来的秦始皇，其父公孙异人，为质于赵，娶赵女生秦王政。

⑨ **山东**：崤山（今河南灵宝市东南）以东，泛指今河南、河北、山东等所有秦国以东的地区。

⑩ **甘泉**：山名，在今陕西淳化县西北。**谷口**：泾水出山的山口，在今陕西礼泉县东北。**泾、渭**：二水名，泾水自宁夏流来，在西安东北汇入渭水。渭水自甘肃流来，经关中东入黄河。**巴**：秦郡名，约当今之重庆至宜宾一带。**汉**：指秦汉中郡，约当今陕西南部的汉中市一带。

⑪ **关**：函谷关（在今河南灵宝市东北）。**崤**：崤山（在灵宝市东南）。

⑫ **易水**：发源于今河北省易县，东流入大清河，当时是燕国的南境。**长城**：这里指燕国的长城，西起今张家口，经赤峰、铁岭后南折，经抚顺、丹东，进入朝鲜境内，当时是燕国的北境。

⑬ **批其逆鳞**：意即惹其发怒。相传龙的颈下有"逆鳞"，一被触动就要吃人。

⑭ **管、晏**：管仲、晏婴，都是春秋时齐国的谋臣。

⑮ **匈奴**：战国后期强大起来的北方民族名。**单于**：匈奴君长的称号。

⑯ **蔽席**：蔽，此处通"拂"，拂拭。蔽席，揩拭座席，礼节性的动作。

⑰ **秦已虏韩王**：事在秦王政十七年（前230年），是年秦灭韩，虏韩王安，在韩地设颍川郡。

⑱ **王翦**：秦国名将，在灭赵、灭楚中建有大功。**漳、邺**：漳水、邺城。漳水流经今河北省与河南省交界处；邺城旧址在今河北省临漳县西南。

⑲ **李信**：秦国将领，汉李广的祖先。**太原**：秦郡名，原属赵，秦王政二年（前245年）被秦占领。**云中**：郡名，郡治在今内蒙古托克托县东北，原属赵，秦王政十三年（前234年）被秦所占。

⑳ **太牢具**：牛、羊、豕三牲皆备的筵席，古代待客的最高礼数。

㉑ **虏赵王**：事在秦王政十九年（前228年）。赵王，指悼襄王之子赵迁，前235—前228年在位。

㉒ **督亢之地**：约当今河北之涿州、定兴、固安等一带，为当时燕国的富饶区。

㉓ **偏袒扼腕**：古人发誓时做出的一种姿态。**切齿腐心**：腐，应作"拊"，捶。

㉔ **既祖**：祖，祭祀路神。

㉕ **变徵之声**：古代乐律分宫、商、角、变徵、徵、羽、变宫七调。变徵相当于现在的 F 调，此调韵味苍凉悲婉。

㉖ **羽声**：相当于今之 A 调，此调韵味激昂慷慨。

㉗ **中庶子**：太子的属官，主管宫中及诸吏嫡子、庶子的支系谱牒。

㉘ **设九宾**：一种接见贵宾的大礼。**咸阳宫**：秦国当时的主要宫殿，极其雄伟壮丽。

㉙ **郎中**：皇帝的侍从人员。

㉚ **十月**：秦王政二十一年（前226年）之十月。**蓟城**：当时燕国都城，即今北京市。

㉛ **辽东**：燕郡名，约当今之辽宁省大凌河以东地区。

㉜ **代王嘉**：即赵公子嘉，悼襄王的嫡长子。赵灭，公子嘉逃至代地，被赵国残余势力立为代王。在位六年（前227—前222年），被秦所灭。

㉝ **血食**：指享受祭祀，因祭祀要用牛、羊、豕三牲。

㉞ **衍水**：在辽东，具体方位不详。

㉟ **后五年**：秦王政二十五年（前222年）。

译

荆轲是卫国人。他的先辈本是齐国人，后来荆轲搬到了卫国，卫国人叫他庆卿；后来荆轲到了燕国，燕国人又叫他荆卿。

荆卿喜欢读书、击剑，曾以治国之术劝说过卫元君，卫元君没有采用。后来秦国东攻魏国，在新占领的地区设立了东郡，把魏国的附庸君主卫元君和他的支属迁到了野王。荆轲离乡飘游到了赵国的榆次，和盖聂谈论剑术。盖聂瞪了荆轲一眼，荆轲没说话出门走了。有人问盖聂是不是去把荆轲找回来，盖聂说："刚才我和他谈论剑术，有些地方他说得不对，我瞪了他一眼。你去看看吧，我估计他可能离开榆次了，他不会留在这里。"结果派人去到荆轲居住的房东那里一问，荆轲果然已经赶着车子离开了榆次。派去的人回来向盖聂一说，盖聂说："本来我就估计他已经走了，因为我刚才瞪了他一眼。"

接着荆轲又到了邯郸，和鲁勾践一起下棋，因为两个人争执该当谁走，鲁勾践对荆轲生气地呵斥了一声，荆轲又是二话没说悄悄地走了，两个人从此再没有见面。

荆轲来到燕国后，和燕国一个杀狗的屠户及一位擅长击筑的高渐离感情很好。荆轲喜欢饮酒，天天和那个屠户及高渐离在燕国的市场上痛饮。等到喝得劲头上来，高渐离就击筑为声，荆轲就和着筑声引吭高唱，三个人以此为乐。待至唱了一会儿，忽然又转为相对落泪，简直就像周围没有别人一样。荆轲虽然是好跟那班酒徒混在一起，但他的为人却深沉稳重，而且喜欢念书；他不论到哪个国家，总是跟那些有威望有才干的人物交朋友。他到了燕国后，燕国的在野名人田光也对他很好，知道他不是平庸之辈。

没过多久，在秦国当人质的太子丹从秦国逃回来了。太子丹原来曾在赵国当人质，当时秦王政出生在赵国，小时候和太子丹很要好。等到他回国当了秦王之后，太子丹又到秦国来当人质，这时秦王政对待太子丹很不好，于是太子丹恨恨地逃了回来。回国后太子丹就想寻找机会向秦王报仇，但由于燕国弱小，自己没有力量。后来秦国又接连不断出兵东下，攻打齐国、楚国和韩、赵、魏三国，逐渐地向东蚕食各国的领土，眼看着就要吃到燕国的头上来了，燕国的君臣们都很害怕这种灾难的降临。太子丹很担心，向他的老师鞠武请教。鞠武说："秦国的土地遍天下，威胁着韩国、魏国和赵国。秦国北有甘泉、谷口的坚固要塞，南有泾水、渭水灌溉的肥沃土壤，并拥有巴郡、汉中的富饶资源，西有陇山、岷山，东有函谷关、崤山，他们人多兵强，武器充裕。只要他们的心眼对我们一动，那么这长城以南、易水以北的燕国就无法安生了。您何必为受了一点欺侮去触怒他呢！"太子丹说："那我们有什么办法吗？"鞠武说："让我再好好地考虑考虑。"

又过了一段时间，秦国的将领樊於期因为得罪秦王逃到了燕国，太子丹收留他，让他住了下来。鞠武劝阻说："不能留他。凭着秦王的残暴和他素日对我们燕国的怒气，就已经够让人胆战心寒的了，何况再让他知道樊将军又到了我们这里呢？这就叫作'把肉往饿虎经过的道上扔'，灾难必然是没救了！到那时即使有管仲、晏婴那样的谋臣也不可能再替您拿出主意。所以希望您赶紧打发樊将军去匈奴，以消除秦国进攻我们的借口。然后我们向西联合韩、赵、魏三国，向南联合齐国、楚国，再向北联合匈奴王，只有这样，我们才可能考虑如何与秦国作战。"太子丹说："照您的计划，将不知拖到何年何月，现在我的心里昏昏然，恐怕等不了多久了。再说樊将军是在走投无路的情况下来投奔我的，我无论如何不能因为惧怕秦国而抛弃一位可怜的朋友，把他扔到匈奴去。也许现在已经到了我该死的时候了，希望您替我想想别的办法。"

鞠武说："一边在故意冒险一边又求太平，一边在制造祸端一边又求福分，不作深谋远虑却又不断地激怒敌人，为了一个新来的朋友，竟然不顾国家的大害，这就是俗话所说的自己在加快灾难的降临。这就如同把一根鸿毛放在炉火上烧，肯定是一下子就完了。让雕鸷一样凶猛的秦国来向我们发泄他那积蓄已久的怒气，那还用得着说什么吗？我们国家有位田光先生，这个人有深智大勇，您可以找他商量商量。"太子丹说："我希望通过你的引见认识田先生，你看行吗？"鞠武说："可以。"

于是鞠武出去找到田光说："太子希望见你和你商量国家大事。"田光说："遵命。"于是他就到太子那里去了。太子丹迎到了门外，而后在前面倒退着为田光引路，进屋后又跪下去用袖子为田光掸了掸坐席。待至田光坐定，左右的人们退出后，太子丹又离开坐席，尊敬地向田光请教说："燕国和秦国是势不两立的，请先生关心我们当前的形势。"田光说："一匹骏马在它健壮的时候，一天能跑一千里，可是到它老了的时候，连一匹劣马也能跑到它的前头。太子您听说我能干，那是我年轻时候的事，却不知我现在的精力已经不行了。但尽管我现在已经不能再和您一道筹划大事，而我的朋友荆卿却可以给您派用场。"太子丹说："我想通过您的介绍认识荆卿，您看行吗？"田光说："遵命。"说完起身出门。太子丹送到了门口，嘱咐田光说："刚才我对您说的话，以及您所说的事情，可都是国家大事，希望您不要泄露。"田光低头笑道："当然。"

田光立刻弯着腰去找到了荆卿，说："咱们两个人的关系好，燕国无人不知。可是太子光知道我年轻时的本事，而不知道我现在的身体已经不顶用了。他对我说：'燕国和秦国是势不两立的，希望您关心我们现在的局势。'当时我不见外，就把你推荐给太子了。希望你迅速进宫见他。"荆轲说："愿意遵命。"田光又说："俗话说：'一个有德性的人办事，不应该让别人怀疑。'刚才太子曾嘱咐我说：'我们所说的话可都是国家大事，希望您不要泄露。'这说明太子对我不放心。一个人办事如果让别人不放心，那就不能算是好汉。"其实他是想用自己的死来激励荆轲下决心，于是就对荆轲说："请你赶紧到太子那里去，就说我已经死了，我是为了让他知道我不会泄露国家机密。"说罢遂自刎而死。

于是荆轲立即去拜见太子，对太子说田光已经死了，并且把田光临死前说的话对太子丹说了一遍。太子丹拜了两拜，跪在地上流着眼泪，过了好一会儿才说出话来。他说："我当时之所以嘱咐田先生，是为了保证大事的成功。如今田先生竟然为了表明不泄露机密而自杀了，这哪里是我的本意呢！"荆轲坐定以后，太子丹又离开坐席，对荆轲叩头说："田先生不认为我没出息，让我能到您面前，向您表达我的心事，这真是老天爷可怜我们燕国而不想抛弃燕国的后代啊。如今秦国贪婪得很，他们的欲望是永远不能满足的。他们不把所有的国家全部消灭，不把各国的国王都变成他的奴仆，是不会死心的。现在他们已经俘虏了韩王，吞并了韩国的土地；又发兵向南征伐楚国，向北逼近赵国。王翦率领着几十万人已经到达了赵国南境的漳水、邺城；而李信又从云中、太原出兵向赵国进击，赵国抵抗不住，必然要向秦国投降。赵国一投降，接着灾祸就会要降临到我们燕国了。我们燕国弱小，又多次遭受战争的破坏，现在估计一下，即使动员起整个国家的力量也抵挡不了秦国。现在各国都怕秦国，谁也不敢再与我们联合。按我个人的想法，如果能找到一位勇士，派他到秦国去，我们可以拿重利去引诱秦王，秦王贪心大，必然能让我们找到接近他的机会。这样我们一旦劫持了他，逼他交还侵占诸侯们的土地，就像当年曹沫劫持齐桓公那样，这是最理想的结果；假如劫持不成，那就乘机把他杀掉。秦国的大将都领兵在外，国内一旦出现动乱，他们君臣间必然会相互猜疑，乘这个机会我们东方各国联合起来，就肯定可以打败秦国了。这是我最高的愿望，只是不知道该把这个任务托付给谁，请您多留意！"

过了好一会儿，荆轲说："这可是国家的大事，我本事不高，恐怕承担不起。"太子丹上前叩头，坚请他不要推辞，荆轲答应了。于是太子丹尊荆轲为上卿，让他住进最高级的客馆。太子丹每天都到那里向他问候，给他送去牛、羊、猪三者俱备的最高级的食品，此外还不时地给他送去各种奇珍异宝，至于其他车马、美女等，更是敞着口地让荆轲尽情享用，总之一切都顺着他的心。

过了一段时间，荆轲还没有动身的意思，这时秦将王翦已经灭掉了赵国，俘虏了赵王，吞并了赵国的全部土地。接着大兵北进，来到了燕国的南部边界。太子丹害怕了，他过去对荆轲说："秦兵很快就要渡过易水了，即使我愿意老是这样地伺候您，但又怎么办得到呢！"荆轲说："即使您不说，我也早想去向您请示了。现在就是我到了秦国，因为没有让他们信任的东西，那还是无法接近秦王的。秦国逃来的樊将军，现在秦王正用千金万户的重赏来捉拿他。如果我们能带着樊将军的人头和我国督亢地区的地图，去献给秦王，秦王必然会高兴地接见我，到那时我才能有为您效力的机会。"太子丹说："樊将军因为走投无路来投奔我，我不忍用自己的事情去伤人家的心，请您还是另想别的办法。"

荆轲知道太子不忍心，于是就背着太子自己去找樊於期。他对樊於期说："秦国对待您可以说是残酷到极点了，您的父母宗族都被秦王杀尽了,现在他们还用千金和万户的重赏来收买您的人头,您准备怎么办呢?"樊於期仰天长叹,两泪交流地说:"我每逢想到这件事,都是伤心得连骨髓也发疼,只是想不出什么办法!"荆轲说:"如今有一个法子既可以解除燕国的祸患,又可以为您报得大仇,您想听吗?"樊於期凑近一步说:"有什么办法?"荆轲说:"我希望得到您的人头,我拿着它去见秦王,秦王一听必然高兴地接见我,到那时,我左手抓住他的袖子,右手持匕首直刺他的胸膛,这样既可以为您报了大仇,又可以为燕国洗去受欺凌的耻辱,您有这种意思吗?"樊於期一听立即解衣露出了一只膀子,一只手掐着另一只手的腕子,凑近荆轲说:"这正是我日夜咬牙捶胸所希望的事情,今天才从你这里听到!"说罢立刻刎颈自杀了。

太子丹一听这个消息,赶紧飞车前往,趴在樊於期的身上放声大哭,哭得非常悲痛。但无论如何人是死了,于是就把樊於期的人头装在匣子里用封条封上。太子丹事先已经在各地物色锋利的匕首,后来从赵国徐夫人那里得到了一把,太子丹花了百金把它买过来,又让工匠把它用毒药蘸过,用这把匕首试着刺人,只要擦破一点皮,流出仅能渗湿一根布丝的那么一点血,人就无不立死。太子丹把这些东西都为荆轲收拾停当。燕国有个勇士叫秦舞阳,早在十三岁时就敢杀人,周围的人们谁都不敢对视他的眼睛。太子丹就把他找来,安排他给荆轲当助手。

这时荆轲好像是还在等什么人,说是非要那个人来了才一块走。而这个人又离这里很远,还没来,荆轲倒是已经为他收拾好了行装。又过了一阵,荆轲还不动身,太子丹不耐烦了,他怕荆轲变卦,于是就去催促说:"已经没有时间了,您还有去的意思吗?不然我们就先让秦舞阳一个人去。"荆轲一听,生气地对太子丹喝斥道:"用得着您这么催我吗?如果一去回不来,那就是个窝囊废。再说就拿着这么一把匕首去那个变化莫测的秦国行刺，不好好准备怎么能行呢？我之所以还不走，是在等我的一个朋友一块去。您现在嫌我拖延，那我就马上告辞！"于是动身出发了。

这时太子丹以及宾客们知道这件事的，都穿着白衣服，戴着白帽子，来给荆轲送行。他们来到了易水河边，祭过了路神，把车子摆在了西去的路上，这时高渐离击筑，荆轲和着筑声引吭高歌，歌声先是用苍凉悲婉的变徵音调，送行的人们听着一个个都流下了眼泪。接着荆轲又上前唱道："风萧萧兮易水寒，壮士一去兮不复还！"随后乐队又把曲调变成了激昂慷慨的羽调，这时在场的人们听了都一个个激动得瞪起了眼睛，竖起了头发。荆轲唱罢回身上车扬鞭西驰而去，再也没有回头。

荆轲来到秦国，先用价值千金的礼物买通了秦王的宠臣中庶子蒙嘉。蒙嘉受礼后把他们向秦王介绍说："燕王出于惧怕大王的雄威，已经不敢再兴兵抵抗我国的军队，他们愿意带着整个国家投降我们，给我们做臣仆，等同于我们秦国内部的一个小封君，和我们国内的郡县一样给中央进贡，只求让他们保存着他们先王的宗庙不致被毁。由于燕王害怕大王，不敢自己来说，所以先派人带着樊於期的人头和燕国督亢地区的地图来见您。当他们把人头、地图装进匣子，使臣动身来秦的时候，燕王还亲自走到院子里对着使臣叩头跪拜，嘱咐他的使者来对您好好地讲一讲，现在就等您的指示了。"

秦王一听非常高兴，于是换上礼服立即升殿，殿前排列着九个傧相，用了极其隆重的礼节在咸阳宫接见燕国的使者。荆轲捧着樊於期的人头盒子走在前面，秦舞阳捧着地图匣跟在后面，两人依次进了宫门。刚走到台阶下，秦舞阳就已经吓得面无人色。秦王的群臣看此光景，觉得很奇怪。这时荆轲回过头来笑看着秦舞阳，替他向秦王打圆场说："生活在北部蛮夷的小人，从来没有见过天子的威仪，所以一见就害怕了。希望大王能宽恕他，让他能够完成这次出使的任务。"秦王对荆轲说："把他手里的地图拿过来。"于是荆轲就从秦舞阳手里拿过地图送到了秦王面前。秦王接过地图，慢慢地把图卷展开，待至地图展到最后，卷藏在里边的匕首就露出来了。这时荆轲左手抓住了秦王的袖子，右手抄起匕首向着秦王刺去。匕首还没有刺到身上，秦王吓得站起来往后一扯，袖子被挣断了。接着秦王伸手拔剑，但是佩剑太长，仓促间拔不出来，只是着急地手里抓着剑鞘。由于太紧张、太着急，所以佩剑也就更像是焊住了一样，怎么拔也拔不出来。秦王无法，只好围着柱子乱转，荆轲在后面急急追赶。由于事情来得太突然，所以殿上的群臣先是吓得一愣，而后就全都急得乱了套。当时秦国的法律规定，凡是在殿上站着的群臣不允许携带任何兵器，而所有手持兵器的卫士们只能列队站在台阶下，没有秦王的命令，谁也不能上来。而秦王由于当时正急着对付荆轲，所以来不及招呼下面的卫士，这就给了荆轲追赶秦王的时间。由于事情来得仓促，殿上的群臣没有任何办法拦阻荆轲，只好空手和荆轲搏斗。这时有个侍候秦王的医生叫夏无且，他用手里的药包向着荆轲打了一下。

这时秦王还在围着柱子乱跑，正不知道该怎么办，只听左右有人对他喊道："大王可以把佩剑推到背后去拔！"秦王一听醒悟了，他把佩剑向后一推，从背后拔了出来。秦王先是砍断了荆轲的左腿，荆轲瘫倒在地，这时荆轲把他手中的匕首狠狠地向着秦王投去，结果又没有投中，而是投在了一根铜柱上。秦王转身猛地又砍荆轲，这时荆轲已经八处受伤了。荆轲知道事情已经不能成功，于是就靠着柱子放声大笑，他伸着两腿，高傲地望着秦王骂道："今天的事情之所以没有成功，是因为开始我想捉活的，想逼着你和我们签订条约，以此来回报燕太子。"接着秦王左右的人们过去把荆轲杀掉了。而秦王则为了这事一直过了好久还在闷闷不乐。等到事情过去以后，秦王根据当时的功劳，对有功的进行了不同的奖赏，对有罪的也给予了不同的惩罚。秦王特别赏赐给夏无且黄金二百镒，说："夏无且是爱我的，当时他用药包打过荆轲。"

荆轲行刺这件事更激起了秦王的愤怒，他立即增派部队到赵国去，命令王翦率军北进伐燕。当年十月，攻下了燕国的国都蓟城。燕王喜和太子丹率领着燕国的有生力量，退到了燕国东北部的辽东地区。秦国的将领李信对燕王喜追赶得很急，这时赵国的残余势力代王嘉给燕王喜写信说："秦军之所以追你追得特别急，是因为你儿子太子丹的缘故。你如果能自己杀死太子丹，把他交给秦王，秦王必然会解除对你的追击，这样你的国家或许就能得到保存。"后来李信追赶太子丹，太子丹逃到了衍水上，燕王喜派人把太子丹杀了，他想把他献给秦国，结果秦国不听，仍是照样进兵。又过了五年，秦国终于灭掉了燕国，俘虏了燕王喜。

灭燕后的第二年，秦国统一了天下，秦王政改号称为皇帝。

评

《刺客列传》共写了曹沫、专诸、豫让、聂政、荆轲五个人的故事，曹沫的事情经不住考据，前人多不相信是事实。其他四个，人们没有异议。从今天的观点看来，曹沫与荆轲的故事社会意义较大，不论其本人的动机如何，其行为客观上都是和一个"国家"的利益联系在一起的，而且涉及了作为一个小国，如何维护自己的尊严、如何抵御外侮、救亡图存的问题。荆轲的做法是在燕国已经注定要灭亡的情势下所采取的一种不得已的最后选择，是一种死里求生。如果我们能够看准他们所处的那种特定的历史条件，我想人们也就不会再去苛刻地评论他们的行动该与不该了。专诸、豫让、聂政三个人都表现了一种"士为知己者死"的精神,这点和《赵世家》所写的程婴与公孙杵臼是一样的,都是司马迁所表彰的。三个人中司马迁特别钟情于豫让,而豫让的信条是"义不为二心",这就和苏秦奉燕国主子之命去骗取齐国主子的信任,最后帮着燕国颠覆齐国的做法相反了。这里表现了司马迁对理想道德的痴迷,也反映了他对现实黑暗官场的憎恶。

李斯列传
佐秦一统

　　李斯者，楚上蔡人也①。年少时，为郡小吏，见吏舍厕中鼠食不洁，近人犬，数惊恐之。斯入仓，观仓中鼠，食积粟，居大庑（wǔ）之下②，不见人犬之忧。于是李斯乃叹曰："人之贤不肖譬如鼠矣，在所自处耳！"

　　乃从荀卿学帝王之术③。学已成，度楚王不足事，而六国皆弱，无可为建功者，欲西入秦。辞于荀卿曰："斯闻得时无怠，今万乘方争时，游者主事。今秦王欲吞天下，称帝而治，此布衣驰骛之时而游说者之秋也。处卑贱之位而计不为者，此禽鹿视肉，人面而能强行者耳。故诟莫大于卑贱，而悲莫甚于穷困。久处卑贱之位，困苦之地，非世而恶（wù）利，自托于无为，此非士之情也。故斯将西说秦王矣。"

　　至秦，会庄襄王卒④，李斯乃求为秦相文信侯吕不韦舍人⑤。不韦贤之，任以为郎。李斯因以得说，说秦王曰："胥人者，去其几也。成大功者，在因瑕衅而遂忍之。昔者秦穆公之霸⑥，终不东并六国者，何也？诸侯尚众，周德未衰，故五伯迭兴⑦，更尊周室。自秦孝公以来，周室卑微，诸侯相兼，关东为六国，秦之乘胜役诸侯，盖六世矣⑧。今诸侯服秦，譬若郡县。夫以秦之强，大王之贤，由灶上骚（sǎo）除⑨，足以灭诸侯，成帝业，为天下一统，此万世之一时也。今怠而不急就，诸侯复强，相聚约从，虽有黄帝之贤⑩，不能并也。"秦王乃拜斯为长史⑪，听其计，阴遣谋士赍持金玉以游说诸侯。诸侯名士可下以财者，厚遗（wèi）结之；不肯者，利剑刺之。离其君臣之计，秦王乃使其良将随其后。秦王拜斯为客卿⑫。

会韩人郑国来间秦，以作注溉渠⑬，已而觉。秦宗室大臣皆言秦王曰："诸侯人来事秦者，大抵为其主游间于秦耳，请一切逐客。"李斯议亦在逐中。斯乃上书⑭。

秦王乃除逐客之令，复李斯官，卒用其计谋。官至廷尉⑮。二十余年，竟并天下，尊主为皇帝，以斯为丞相。夷郡县城，销其兵刃，示不复用。使秦无尺土之封，不立子弟为王、功臣为诸侯者，使后无战攻之患。

注

① **上蔡**：战国时楚县名，在今河南省上蔡县西南。

② **大庑**：即大屋。庑，大屋。

③ **荀卿**：名况，即通常所说的荀子（约前313—前238年），战国后期儒家学派的代表人物。

④ **庄襄王**：名子楚，秦始皇之父，前249—前247年在位。

⑤ **文信侯吕不韦**：吕不韦原是大商人。子楚之所以能成为秦王多亏了吕不韦的协助，故庄襄王即位后任吕不韦为丞相，封文信侯。**舍人**：寄身于贵族、权要门下的一种半仆半宾的人员，与"食客"相似。

⑥ **秦穆公**：名任好，春秋前期秦国国君，是春秋五霸之一，前659—前621年在位。

⑦ **五伯**：即五霸，指齐桓公、晋文公、楚庄王、吴王阖庐、越王勾践。

⑧ **秦孝公**：名渠梁，前361—前338年在位，曾任用商鞅变法，使秦国

迅速强大。**关东为六国**：指函谷关以东的燕、齐、楚、赵、韩、魏。
六世：指秦孝公、惠文王、武王、昭王、孝文王、庄襄王。

⑨ **由灶上骚除**：由，通"犹"。骚除，扫除。
⑩ **约从**：联盟合纵。从，通"纵"。**黄帝**：传说中的上古帝王，因黄帝曾打败过炎帝、蚩尤，故又被说成兵家的祖师。
⑪ **长史**：官名，设于丞相、大将军府中，为诸史之长，权位崇重。
⑫ **客卿**：他国人为此国君主充当高级幕僚而享受卿的待遇者的称呼。
⑬ **韩人郑国**：韩国的水利工程师名叫"郑国"。韩国为阻止秦国东侵，派郑国赴秦，倡修水利工程，以消耗秦国人力物力。**注溉渠**：即后世所说的"郑国渠"，它沟通关中的泾、洛二水，是我国著名的水利工程之一。
⑭ **斯乃上书**：即上《谏逐客书》，内容是向秦王指出其下令逐客的错误。
⑮ **廷尉**：官名，九卿之一，主管司法的最高长官。

译

李斯是楚国上蔡人。年轻时，在上蔡郡里当小吏，看见吏舍厕所中的老鼠，吃的是肮脏的粪便，又接近人和狗，经常受惊吓。后来他到了粮仓，看见粮仓里的老鼠，吃的是好粮食，住的是大屋子，又不受人和狗的惊扰。于是李斯就感慨地说："一个人有没有出息，就像这老鼠一样，在于能不能给自己找到一个好的地方！"

于是他便去跟随荀况学习五帝三王治理天下的学问。学业完成以后，他看着楚王不值得为之效力，而其他几个东方国家又都很弱小，没有一个可以让他去建功立业的，于是便决心要到西边的秦国去。他向荀况告辞说："我听说一个人如果遇到时机，那就一定不要放过。如今正是各国诸侯互相争雄的时候，善于游说的人掌握着各国的权柄。现在秦王想要吞并天下，称帝以统治诸侯，这正是出身不高而才华出众的人大展身手的好时机。一个人生活在卑贱的处境中而不能够趁机进取，那就像禽兽一样视肉而食，外表一副人样，却只能苟且活着而已。人生没有比处境卑贱更可耻的，没有比穷困更令人悲哀的了。一个人长期处于卑贱困苦的境地，还要反对世俗，厌恶名利，把自己打扮成与世无争的样子，那不是人的真实思想。现在我要西去游说秦王。"

李斯到了秦国，正碰上庄襄王去世，于是他便去拜见了秦国丞相文信侯吕不韦，请求给他做门客。吕不韦看李斯有才，就推荐他在秦王跟前当了郎官。这就使得李斯有了游说秦王的机会。他对秦王说："一个人总是等待，那就要失去有利时机；能成大功的人，关键就在于抓住机会狠下决心。当年秦穆公一度称霸，但最终没能吞并东方各国，什么原因呢？就因为当时诸侯国还比较多，周王朝的威望也还未衰落，所以当时的几个霸主先后兴起，都打着尊奉周天子的旗号。自秦孝公以来，周天子的权势已经衰落，各诸侯国互相兼并，最后函谷关以东只剩下六个国家，而秦国乘势奴役东方，到如今已经六代了。现在东方诸国对秦国屈服，就像秦国的一个郡县。以秦国今天的强大和大王的贤明，要想消灭各国，统一天下，成就帝业，那就像打扫锅台上的尘土轻而易举，这是万世难得的良机。现在如果错过机会，让各国再强大起来，联盟合纵，到那时即便有黄帝的贤明，也不能吞并它们了。"于是，秦王拜李斯为长史，听从他的计策，暗中派出许多谋士携带着大批黄金珠宝去游说东方各国。对于东方各国那些有声望的人物，能够用财宝收买的，就不惜重金，加以收买；对那些不肯接受财物的，就把他们杀掉。先设法挑拨离间各国君臣之间的关系，随后秦王便派出良将精兵加以征讨。就这样，李斯很快地被秦王任命为客卿。

　　正在这期间韩国派了一个名叫郑国的水利工程人员，来秦国做奸细。郑国为秦国修造一条工程浩大的水渠，目的是消耗秦国的人力物力。不久，郑国的阴谋被发觉了。于是，秦国的王族大臣对秦王说："东方各国到秦国来的人员，差不多都是替他们的主子来当奸细的，请大王把他们一律轰走。"李斯这时也列在了被驱逐的名单之内。于是李斯给秦王上书，指出了这种一概逐客的错误。

　　秦王一看，立即收回了逐客的命令，恢复了李斯的官职，采用了他的计谋。后来李斯升到了廷尉。又过了二十多年，秦国终于统一了天下，秦王成了皇帝，李斯也当了丞相。接着他们拆除了东方各郡县的城堡，销毁了旧六国的一切兵器，表示今后永远不再打仗了。秦朝统一后，再也不搞任何分封，再也不立秦王的子弟和功臣为王为侯，为的是日后不再出现战争。

李斯列传
卖身投靠

始皇三十七年十月,行出游会稽(kuài jī),并海上,北抵琅邪[①]。丞相斯、中车府令赵高兼行符玺令事[②],皆从。始皇有二十余子,长子扶苏以数直谏上,上使监兵上郡,蒙恬为将[③]。少子胡亥爱,请从,上许之。余子莫从。

其年七月,始皇帝至沙丘[④],病甚,令赵高为书赐公子扶苏曰:"以兵属蒙恬,与丧会咸阳而葬。"书已封,未授使者,始皇崩。书及玺皆在赵高所,独子胡亥、丞相李斯、赵高及幸宦者五六人知始皇崩,余群臣皆莫知也。李斯以为上在外崩,无真太子,故秘之。置始皇居辒辌(wēn liáng)车中[⑤],百官奏事上食如故,宦者辄从辒辌车中可诸奏事。

赵高因留所赐扶苏玺书,谓丞相斯曰:"上崩,赐长子书,与丧会咸阳而立为嗣。书未行,今上崩,未有知者也。所赐长子书及符玺皆在胡亥所,定太子在君侯与高之口耳。事将何如?"斯曰:"安得亡国之言!此非人臣所当议也!"高曰:"君侯自料能孰与蒙恬?功高孰与蒙恬?谋远不失孰与蒙恬?无怨于天下孰与蒙恬?长子旧而信之孰与蒙恬?"斯曰:"此五者皆不及蒙恬,而君责之何深也?"高曰:"皇帝二十余子,皆君之所知。长子刚毅而武勇,信人而奋士,即位必用蒙恬为丞相,君侯终不怀通侯之印归于乡里,明矣。高受诏教习胡亥,使学以法事数年矣，未尝见过失。慈仁笃厚，轻财重士，辩于心而讷于口，尽礼敬士，秦之诸子未有及此者，可以为嗣。君计而定之。"斯曰："吾闻晋易太子，三世不安[6]；齐桓兄弟争位，身死为戮[7]；纣杀亲戚，不听谏者，国为丘墟，遂危社稷[8]。三者逆天，宗庙不血食。斯其犹人哉，安足为谋！"高曰："上下合同，可以长久；中外若一，事无表里。君听臣之计，即长有封侯，世世称孤，必有乔松之寿，孔、墨之智[9]。今释此而不从，祸及子孙，足以为寒心。善者因祸为福，君何处焉？"斯乃仰天而叹，垂泪太息曰："嗟呼！独遭乱世，既以不能死，安托命哉！"于是斯乃听高。高乃报胡亥曰："臣请奉太子之明命以报丞相，丞相斯敢不奉令！"

于是乃相与谋，诈为受始皇诏丞相，立子胡亥为太子。更为书赐长子扶苏曰："朕巡天下，祷祠名山诸神以延寿命。今扶苏与将军蒙恬将师数十万以屯边，十有余年矣，不能进而前，士卒多耗，无尺寸之功，乃反数上书直言诽谤我所为，以不得罢归为太子，日夜怨望。扶苏为人子不孝，其赐剑以自裁！将军恬与扶苏居外，不匡正，宜知其谋。为人臣不忠，其赐死，以兵属裨将王离[10]。"封其书以皇帝玺，遣胡亥客奉书赐扶苏于上郡。

使者至，发书，扶苏泣，入内舍，欲自杀。蒙恬止扶苏曰："陛下居外，未立太子，使臣将三十万众守边，公子为监，此天下重任也。今一使者来，即自杀，安知其非诈？请复请，复请而后死，未暮也。"使者数趣（cù）之[11]。扶苏为人仁，谓蒙恬曰："父而赐子死，尚安复请！"即自杀。蒙恬不肯死，使者即以属吏，系于阳周[12]。

使者还报，胡亥、斯、高大喜。至咸阳，发丧，太子立为二世皇帝。以赵高为郎中令[13]，常侍中用事。

注

① **始皇三十七年**：前210年。**会稽**：山名，在今浙江绍兴市南。**琅邪**：秦郡名，郡治在今山东省胶南市东南，临海处有琅邪台。

② **中车府令赵高兼行符玺令事**：中车府令，官名，为皇帝掌管车驾。行，兼任。符玺令，为帝王掌管印信的官员。

③ **上郡**：秦郡名，郡治肤施（今陕西榆林市东南）。**蒙恬**：秦朝的著名将领，蒙骜之孙，蒙武之子。

④ **沙丘**：古地名，在今河北省广宗县西北，其地有战国时赵国的离宫，即沙丘宫，赵武灵王曾饿死于此。

⑤ **辒辌车**：可供人卧睡的车子，有窗户，闭之则温，开之则凉。

⑥ **晋易太子，三世不安**：晋献公（前676—前651年在位）因宠骊姬而废太子申生，另立骊姬子奚齐，嘱大夫荀息辅之。献公死，奚齐立，大夫里克不服，乃杀之。荀息又立骊姬娣之子悼子，里克又杀之，而迎逃居秦国的公子夷吾为君，是为惠公。惠公立十四年死，其子圉立，为怀公。秦人又送公子重耳回国，重耳杀怀公而自立，是为文公。此后晋国始安。

⑦ **齐桓兄弟争位，身死为戮**：齐襄公（前697—前686年在位）淫昏，被其堂弟公孙无知所杀，齐人又杀公孙无知。时襄公异母弟公子纠在鲁，公子小白在莒。公子纠派人截杀公子小白，未成。小白抢先回国即位，是为桓公。随后又发兵败鲁，杀了公子纠。按：此事也可解作齐桓公晚年，几个儿子争位，将齐桓公围困起来，活活饿死。

⑧ **纣杀亲戚，不听谏者**：商纣王昏乱，其叔父比干谏之，被剖心；其弟箕子谏之，被囚禁。殷商最终为周武王所灭。

⑨ **乔松**：王子乔、赤松子，古代传说中的神仙。**孔、墨**：指孔丘和墨翟，春秋时的著名学者。

⑩ **裨将**：副将。**王离**：秦国名将王翦之子，后来被项羽杀于钜鹿。

⑪ **趣**：通"促"。

⑫ **阳周**：秦县名，在今陕西省子长县西北。

⑬ **郎中令**：官名，九卿之一，掌管皇宫禁卫及有关宫中事务。

译

秦始皇三十七年十月，始皇帝出巡到会稽，然后沿着海边北上，抵达琅邪。这时丞相李斯、中车府令兼符玺令赵高都跟随在左右。始皇帝有二十多个儿子，长子扶苏因为多次给始皇帝提过意见，被始皇帝派到驻扎在上郡的蒙恬的军队中去做监军。始皇帝的小儿子胡亥一向受到始皇帝的宠爱，只有他被允许跟在始皇帝身边，其他的儿子们都没能跟从。

也就在这一年的七月，始皇帝行至沙丘时病倒了，病得很厉害。他让赵高写信给公子扶苏，让他把军队交给蒙恬，赶紧回咸阳，准备迎接这里的灵车，而后安葬。书信封好了，还没交给使者送走，始皇帝就去世了。书信和皇帝的印玺都在赵高手里。当时只有公子胡亥、李斯、赵高和五六个亲信的宦官知道始皇帝去世，其余百官都还不知道。李斯觉得皇帝死在外边，又没有正式确立的太子，所以就把消息封锁起来。他们把始皇帝的尸体安放在一辆既保暖又通风的车子里，百官凡有事情须请示，以及厨子上供饮食，都照常进行，他派了一个宦官坐在里面答应外边的问话。

这时赵高扣留了始皇帝给扶苏的书信，对李斯说："皇上去世前曾写给长子扶苏一封信，让他到咸阳去迎接灵车，治办丧事，而后立他为接班人。信还没发走,如今皇上死了,还没有人知道。给扶苏的信和皇帝的符玺都在胡亥手里,究竟立谁为太子,全在你我一句话。你看怎么办?"李斯说:"你怎么能说出这种祸国殃民的话!这种事不是我们当臣子的所该议论的!"赵高说:"你自己想想,你的才能比得过蒙恬吗?你的功劳比得过蒙恬吗?你的谋略比得过蒙恬吗?你的得人心比得过蒙恬吗?你与扶苏的交情和扶苏对你的信任,比得过蒙恬吗?"李斯说:"这五方面我都比不了蒙恬,但是你为什么这么严厉地提出这些呢?"赵高说:"始皇帝有二十多个儿子,对他们你都是了解的。长子刚毅而勇敢,能接纳人并能发挥人的才能,如果他当了皇帝,必然任蒙恬为丞相,到那时你是不可能保全性命,以列侯的身份回老家的,这一条再清楚不过了。我曾经受命教导胡亥读书,帮他学习法律好几年了,我从未见过他有什么过失。胡亥仁慈厚道,轻财物而重人才,内心聪慧而不善于言辞,礼贤下士,始皇帝的其他公子没有一个能比得过他,可以立他来接班,希望你能考虑考虑,确定下来!"李斯说:"昔日晋国由于改换太子,三世不得安宁;齐桓公的几个儿子争位,闹得齐桓公活活饿死;商纣王杀害亲属,不听劝告,京城变为废墟,闹得国破家亡。这三伙都是违背了天道,以至于闹得灭绝无后。我还是个人哪,怎能打那种坏主意?"赵高说:"只要上下同心,就可以长治久安,只要内外如一,那就什么事情都能办成。你只要听我的话,我就能保证你世世代代地封侯称孤,能像王子乔、赤松子那么长寿,并能像孔子、墨子那样以智慧闻名;如果放弃机会不跟我干,那么灾祸立即就会殃及你和你的儿孙,其后果是叫人心寒的。作为一个聪明人要能够转祸为福,现在就看你打算怎么办了。"李斯听后仰天长叹,流着泪叹气说:"唉!独独碰上这么个混乱的当口,我既然不能效忠而死,那还能去依靠谁呢?"于是李斯对赵高俯首听命了。赵高立刻回报胡亥说:"我把您的意思通知了丞相,丞相哪敢不唯您之命是听!"

于是他们几个人就商量好,诈称丞相李斯接受了始皇帝的诏书,立公子胡亥为太子。又另伪造了一封信给长子扶苏说:"我巡行天下,祭祀名山与天地诸神以求延长寿命。我让你和蒙恬率兵几十万驻守边关,十多年了,竟然没有任何进取,白白损失许多士卒,而没有得来尺寸之地;你还多次上书,诽谤我的所作所为,埋怨我不能及早调你回京当太子。扶苏作为儿子这是不孝,现赐剑令其自杀!将军蒙恬与扶苏一道在外,不能及时纠正他的过失,知道他的阴谋而不报告,作为一个大臣这是不忠,也同时赐死,把你的兵权交给副将王离。"他们装好书信,盖上始皇帝的印玺,派了胡亥的门客把它送往上郡。

使者到了上郡,扶苏打开诏书一看,立刻泪如泉涌,他走进内屋,就要自杀。蒙恬拦阻他说:"陛下巡游在外,事先并没有立谁为太子。他派我率兵三十万镇守边疆,让您来此监军,这都是国家的重任。现在突然派一个使者前来传话,您就自杀,谁能断定其中没有诡诈?请您再请示一下,问明白了再死也不算晚。"但"使者"却再三催促扶苏照办。扶苏为人忠厚,对蒙恬说:"父亲赐儿子死,还用得着再请示吗?"于是就自杀了。蒙恬不肯死,使者便把他交给专人看管,把他囚禁在阳周县。

使者回来一报告,胡亥、李斯、赵高大喜。他们立即回到咸阳,办理了丧事。立胡亥做了二世皇帝。而赵高被任为郎中令,经常侍奉在皇帝左右,一切事情由他说了算。

李斯列传

临死悲鸣

初，赵高为郎中令，所杀及报私怨众多，恐大臣入朝奏事毁恶（wù）之，乃说二世曰："天子所以贵者，但以闻声，群臣莫得见其面，故号曰'朕'。且陛下富于春秋①，未必尽通诸事，今坐朝廷，谴举有不当者，则见短于大臣，非所以示神明于天下也。且陛下深拱禁中，与臣及侍中习法者待事，事来有以揆（kuí）之。如此则大臣不敢奏疑事，天下称圣主矣。"二世用其计，乃不坐朝廷见大臣，居禁中。赵高常侍中用事，事皆决于赵高。

高闻李斯以为言，乃见丞相曰："关东群盗多，今上急益发徭治阿房（páng）宫②，聚狗马无用之物。臣欲谏，为位贱。此真君侯之事，君何不谏？"李斯曰："固也，吾欲言之久矣。今时上不坐朝廷，上居深宫，吾有所言者，不可传也，欲见无间。"赵高谓曰："君诚能谏，请为君候上间语君③。"于是赵高待二世方燕乐④，妇女居前，使人告丞相："上方间，可奏事。"丞相至宫门上谒⑤，如此者三。二世怒曰："吾常多闲日，丞相不来。吾方燕私，丞相辄来请事。丞相岂少我哉？且固我哉⑥？"赵高因曰："如此殆矣！夫沙丘之谋，丞相与焉。今陛下已立为帝，而丞相贵不益，此其意亦望裂地而王矣。且陛下不问臣，臣不敢言。丞相长男李由为三川守，楚盗陈胜等皆丞相傍县之子⑦，以故楚盗公行,过三川,城守不肯击。高闻其文书相往来,未得其审,故未敢以闻。且丞相居外,权重于陛下。"二世以为然。欲案丞相,恐其不审,乃使人验三川守与盗通状。李斯闻之。

是时,二世在甘泉,方作觳抵优俳之观[8],李斯不得见,因上书言赵高之短[9]。二世已前信赵高,恐李斯杀之,乃私告赵高。高曰:"丞相所患者独高,高已死,丞相即欲为田常所为[10]。"于是二世曰:"其以李斯属郎中令!"

二世乃使高案丞相狱,治罪,责斯与子由谋反状,皆收捕宗族宾客。赵高治斯,榜掠千余,不胜痛,自诬服。斯所以不死者,自负其辩,有功,实无反心,幸得上书自陈,幸二世之寤而赦之。李斯乃从狱中上书[11]。书上,赵高使吏弃去不奏,曰:"囚安得上书!"

赵高使其客十余辈诈为御史、谒者、侍中[12],更往复讯斯。斯更以其实对,辄使人复榜之。后二世使人验斯,斯以为如前,终不敢更言,辞服。奏当上,二世喜曰:"微赵君,几为丞相所卖。"及二世所使案三川之守至,则项梁已击杀之[13]。使者来,会丞相下吏,赵高皆妄为反辞。

二世二年七月,具斯五刑[14],论腰斩咸阳市。斯出狱,与其中子俱执,顾谓其中子曰:"吾欲与若复牵黄犬俱出上蔡东门逐狡兔,岂可得乎!"遂父子相哭,而夷三族。

注

① **富于春秋**:指年轻。
② **阿房宫**:秦始皇在世时开始兴建的一座巨大宫殿,二世即位,又继续建造,后来被项羽烧毁。
③ **候上间**:候,窥伺。间,空闲。

④ **燕乐**：安闲的享乐。

⑤ **上谒**：递上求见名帖。谒，有如今之名片。

⑥ **少我**：藐视我。**固我**：鄙视我。固，陋，以之为鄙陋。

⑦ **三川**：秦郡名，郡治在今河南洛阳市东北。**傍县**：相邻之县。李斯为上蔡人，陈涉为阳城（今河南省方城东）人，阳城在上蔡之西，二县相邻。

⑧ **甘泉**：离宫名，在今陕西淳化县西北。**觳抵**：同"角抵"，古代的摔跤表演。

⑨ **上书言赵高之短**：在信中李斯指斥赵高之奸，说他有子罕、田常一样的危险。

⑩ **田常**：春秋末齐国的权臣，弑齐简公，为其子孙篡夺齐国奠定了基础。

⑪ **上书**：此书中罗列他一生为秦国所做的七大贡献。

⑫ **御史**：官名，属御史大夫统管，掌监察弹劾。**谒者**：官名，属郎中令统管，掌傧相、赞礼及收发传达。**侍中**：皇帝的侍从官员。

⑬ **项梁已击杀之**：项梁击杀李由在秦二世二年八月。

⑭ **二世二年**：前208年。**具斯五刑**：这里即指判李斯以死刑。古代的"五刑"指墨（刺字）、劓（割鼻）、剕（断腿）、宫（去势）、大辟（断头）。

译

赵高当郎中令以来，杀人报私仇太多，怕大臣们在秦二世面前揭发他，便对秦二世说："天子所以尊贵，就在于他只能让人听见他的声音，而见不到他的面孔，所以天子才自称'朕'。再加上您的岁数不大，许多事情未必都懂，如果你坐在朝廷上，处置问题一不当，就会被大臣们看不起，这就不能向天下显示您的英明伟大了。因此您还是深居宫中，常与我和几个通晓法令的人在一起，等候大臣把文件报上来，我们一道商量着处理。这样，大臣就不敢报不真实的情况，这样天下人也就会称颂您的英明伟大了。"秦二世一听很同意，于是就不再上朝面见群臣，整天在宫中不出来，而赵高也经常在宫中办公，国家一切大事都取决于赵高。

　　赵高听说李斯想劝劝秦二世，便故意地去见李斯说："函谷关以东已经盗贼四起，而皇上还在急着越来越多地征发劳役修建阿房宫，搜刮一些狗马等无用的玩物。我早想劝劝皇上，但我的地位太低贱了，这是您的职责范围里的事，为什么不去劝劝呢？"李斯说："是啊，我早就想说了，但如今皇上不上朝，天天坐在宫里，我有些想说的事情也不能让别人转达，而我自己又没有机会见到皇上。"赵高说："您要真想劝谏，我可以帮您留心，一旦见到皇上有空隙，我就立刻告诉您。"于是赵高就专门找了一个秦二世与女人狎乐的工夫，派人去通知李斯说："皇上现在正有空，您可以前去奏事。"于是李斯立刻就到宫门求见，这样一连好几次。秦二世生气地说："我平时空闲的时候，丞相不来，偏偏在我私人狎乐的时候，丞相总三番五次地来打扰我，莫非是丞相藐视我，还是想故意捉弄我？"赵高乘机对秦二世说："这可太危险啦！当初我们在沙丘的密谋，丞相是参加了的。如今陛下做了皇帝，而丞相的地位却没有提高，看来他的意思是想割地为王。有些事您不问我，我也不敢说。丞相的长子李由是三川郡守，楚地的盗贼陈胜等都是丞相老家邻县的人，所以楚地的盗贼可以到处公行，当他们路过三川的时候，郡守李由只是守城，不肯出击。我听说他和盗贼还有书信来往，由于没有确实的证据，所以没敢告诉您。现在丞相在宫外掌理国政，权势实际比您大。"秦二世听着有道理,想逮捕李斯,又怕问题不确实,于是就派人去调查三川郡守李由与盗贼相通的情况。李斯很快地知道了这个消息。

当时,秦二世住在甘泉离宫,正在观赏杂技表演,李斯不能面见,便上书向秦二世告发赵高的短处。秦二世向来信任赵高,他怕李斯把他杀掉,于是就暗中将这件事告诉了他。赵高说:"现在他所怕的就是我,如果我一死,他马上就会干田常他们所干的那种事情。"于是秦二世下令说:"把李斯交给郎中令查办!"

秦二世让赵高审李斯,给李斯定罪。赵高逼迫李斯承认与他的儿子李由共同谋反,把李斯的宗族、宾客都下了狱。赵高审问李斯,将李斯拷打了一千多板子,李斯受不住了,只好含冤招认。李斯之所以忍辱不自杀,就因为他认为自己有才干、有功劳,又确实没有谋反之心,希望能通过上书自陈,使秦二世醒悟过来而赦免他。于是李斯就在狱中上书。书信到了赵高手里,赵高立刻派人把它扔掉了,不送给秦二世。他说:"囚犯有什么资格上书!"

赵高随即又派了十来伙自己的门客,让他们假装成秦二世派来的御史、谒者、侍中等官员,陆续不断地来审讯李斯。如果李斯按实情回答,他们就让人狠狠地拷打。后来秦二世真的派人来查问了,李斯误以为又是那伙人,反倒不敢说别的,只有屈服认罪了。赵高把对李斯的判决上报秦二世,秦二世感谢地说:"要不是有赵先生,我差点受了丞相的骗。"当秦二世派去调查李由的使者到达三川郡时,李由已被项梁所杀。使者回到京城时,李斯已经下狱,于是赵高就编造了一整套李由造反的材料。

秦二世二年七月,赵高先让李斯受过了各种酷刑,最后推到咸阳的街市腰斩。当李斯和他的中子一起被押解出狱的时候,李斯对他的儿子说:"这时候我要是想和你牵着黄狗一起上蔡东门去猎狡兔,还办得到吗?"于是父子二人相对痛哭,最后李斯和他的三族都被赵高杀光了。

评

《李斯列传》记述了秦始皇的丞相李斯由战国末期楚国的一个布衣,入秦后协助秦始皇消灭六国,统一天下,官居宰相,富贵之极,到秦始皇死后,李斯在赵高的胁迫下,卖身投靠,杀扶苏、立胡亥,倒行逆施,使得民变蜂起,秦国政权覆亡,到最后李斯亦被赵高杀害的全过程。塑造了一个极端自私的灵魂,为了改变自己穷困的地位而亟起奋斗,获得成功;又为了保官保命而出卖灵魂、为虎作伥,以致害了国家同时也害了自己身家性命的可悲可鄙的艺术形象。这给世人提供了触目惊心的历史教训,告诉人们,一个掌权者他的私心有多大,那他在关键时刻给国家民族造成的祸害就会有多大。孔子说过:"鄙夫可与事君也哉?其未得之也,患得之;既得之,患失之。苟患失之,无所不至矣。"(《论语·阳货》)这话简直就像是指李斯而言。李斯有的是聪明与才干,后来也有的是权力,他完全可以粉碎赵高、胡亥的阴谋集团;他是害怕扶苏上台对他不利,所以才上了赵高的贼船,与赵高沆瀣一气,以至于毁掉一切的。秦国政权的覆灭与李斯自己的惨死,不是覆灭、惨死于敌方的强大,而是覆灭惨死于李斯私心的极端膨胀。赵高是我国古代历史上第一个被精心描写的阴谋家,赵高与李斯这两个性格极端对立而又极具典型意义的形象,永远像镜子一样千秋万代地提醒人们要时刻警惕这些祸国殃民的野心家。我们这里选取了《佐秦一统》《卖身投靠》《临死悲鸣》三段,基本还是《李斯列传》原有的框架,只是删去了其中的大段说辞与李斯的文章。至于李斯死后的赵高被诛与秦朝的灭亡,读者可以参看《秦始皇本纪》中的《始皇之死》,此处亦从略。

淮阴侯列传
韩信拜将

　　淮阴侯韩信者,淮阴人也①。始为布衣时,贫无行,不得推择为吏,又不能治生商贾,常从人寄食饮,人多厌之者。常数从其下乡南昌亭长寄食②,数月,亭长妻患之,乃晨炊蓐食。食时信往,不为具食。信亦知其意,怒,竟绝去。

　　信钓于城下,诸母漂,有一母见信饥,饭信,竟漂数十日。信喜,谓漂母曰:"吾必有以重报母。"母怒曰:"大丈夫不能自食(sì),吾哀王孙而进食,岂望报乎③!"

　　淮阴屠中少年有侮信者,曰:"若虽长大,好带刀剑,中情怯耳。"众辱之曰:"信能死,刺我;不能死,出我袴下。"于是信孰视之,俯出袴下,蒲伏。一市人皆笑信,以为怯。

　　及项梁渡淮,信杖剑从之,居戏(huī)下④,无所知名。项梁败,又属项羽,羽以为郎中⑤。数以策干项羽,羽不用。汉王之入蜀,信亡楚归汉,未得知名。为连敖⑥,坐法当斩,其辈十三人皆已斩,次至信,信乃仰视,适见滕公⑦,曰:"上不欲就天下乎?何为斩壮士!"滕公奇其言,壮其貌,释而不斩。与语,大说之。言于上,上拜以为治粟都尉⑧,上未之奇也。

　　信数与萧何语,何奇之。至南郑⑨,诸将行道亡者数十人。信度何等已数言上，上不我用，即亡。何闻信亡，不及以闻，自追之。人有言上曰："丞相何亡。"上大怒，如失左右手。居一二日，何来谒上，上且怒且喜，骂何曰："若亡，何也？"何曰："臣不敢亡也，臣追亡者。"上曰："若所追者谁何？"曰："韩信也。"上复骂曰："诸将亡者以十数，公无所追；追信，诈也。"何曰："诸将易得耳，至如信者，国士无双。王必欲长王汉中，无所事信；必欲争天下，非信无所与计事者。顾王策安所决耳。"王曰："吾亦欲东耳，安能郁郁久居此乎？"何曰："王计必欲东，能用信，信即留；不能用，信终亡耳。"王曰："吾为公以为将。"何曰："虽为将，信必不留。"王曰："以为大将。"何曰："幸甚。"于是王欲召信拜之。何曰："王素慢无礼，今拜大将如呼小儿耳，此乃信所以去也。王必欲拜之，择良日，斋戒，设坛场，具礼，乃可耳。"王许之。诸将皆喜，人人各自以为得大将。至拜大将，乃韩信也，一军皆惊。

信拜礼毕，上坐。王曰："丞相数言将军，将军何以教寡人计策？"信谢，因问王曰："今东乡争权天下，岂非项王邪？"汉王曰："然。"曰："大王自料勇悍仁强孰与项王？"汉王默然良久，曰："不如也。"信再拜贺曰："惟信亦为大王不如也。然臣尝事之，请言项王之为人也。项王喑噁叱咤（yīn wù chì zhà），千人皆废，然不能任属贤将，此特匹夫之勇耳。项王见人恭敬慈爱，言语呕呕，人有疾病，涕泣分食饮；至使人有功当封爵者，印刓（wán）敝，忍不能予，此所谓妇人之仁也。项王虽霸天下而臣诸侯，不居关中而都彭城⑩。有背义帝之约⑪，而以亲爱王，诸侯不平。诸侯之见项王迁逐义帝置江南，亦皆归逐其主而自王善地⑫。项王所过无不残灭者，天下多怨，百姓不亲附，特劫于威强耳。名虽为霸，实失天下心，故曰其强易弱。今大王诚能反其道，任天下武勇，何所不诛！以天下城邑封功臣，何所不服！以义兵从思东归之士，何所不散！且三秦王为秦将[13]，将秦子弟数岁矣，所杀亡不可胜计；又欺其众降诸侯，至新安，项王诈坑秦降卒二十余万，唯独邯、欣、翳得脱，秦父兄怨此三人，痛入骨髓。今楚强以威王此三人，秦民莫爱也。大王之入武关[14]，秋毫无所害，除秦苛法，与秦民约，法三章耳[15]，秦民无不欲得大王王秦者。于诸侯之约，大王当王关中，关中民咸知之。大王失职入汉中，秦民无不恨者。今大王举而东，三秦可传檄而定也。"于是汉王大喜，自以为得信晚。遂听信计，部署诸将所击。

注

① **淮阴**：秦县名，在今江苏淮阴市北。

② **下乡南昌亭长**：下乡，乡名，属淮阴县。南昌亭长，南昌亭是下乡的一个亭名，秦时十里一亭，设亭长一人，负责维持所属村落秩序，并接待过往官员。

③ **王孙**：犹言公子、少爷，是对年轻人的称呼。

④ **项梁渡淮**：事在秦二世二年（前208年），项梁、项羽叔侄于秦二世元年九月起兵于吴（今江苏苏州市），次年二月率兵渡江、淮西进。

戏下：即麾下，部下。戏，同"麾"。

⑤ **郎中**：侍从人员。

⑥ **连敖**：管仓库粮饷的小官。

⑦ **滕公**：即夏侯婴，原为沛县小吏，后随刘邦起事，曾因功被封为滕公。滕，秦县名，在今山东滕州市西南。

⑧ **治粟都尉**：管理军中粮饷的中级军官。

⑨ **南郑**：秦汉邑名，时为刘邦都城，在今陕西汉中市。

⑩ **关中**：今陕西中部地区，因其地处函谷关以西，故称关中。**彭城**：即

今江苏徐州市,当时为项羽都城。

⑪ **背义帝之约**:义帝,楚怀王熊心,为项梁所立。义帝在分遣项羽北上救赵和刘邦西进时曾约定:"先入关者王之。"后来刘邦先入关,项羽分封时,只封刘邦为汉王,据巴、蜀、汉中之地,故称背义帝之约。

⑫ **迁逐义帝置江南**:项羽分封诸侯后,自称西楚霸王,尊楚怀王为"义帝",使之迁居郴(今湖南郴州市),中途又令黥布等将他杀害。**皆归逐其主而自王善地**:项羽所封诸侯如临菑王田都、济北王田安、燕王臧荼、殷王司马卬等,纷纷赴所封之地,而斥逐故王于他处。

⑬ **三秦王为秦将**:项羽将关中地一分为三,分封给秦朝三位降将:章邯为雍王,都废丘;董翳为翟王,都高奴;司马欣为塞王,都栎阳。

⑭ **武关**:在今陕西丹凤县东南,是河南西部通往陕西东南部的交通要道。

⑮ **法三章**:即杀人者死,伤人及盗抵罪。

译

淮阴侯韩信是淮阴人。当初还是平民的时候,生活贫穷,名声不好,既不能被推选当官吏,又不能靠做买卖维持生活,经常到别人家去混点吃的,很多人都厌烦他。他曾到下乡的南昌亭亭长家里找饭吃,一连去了几个月,亭长的妻子为此很心烦,于是改在每天早晨大家还在床上就把饭吃完了。等到正常的吃饭时间韩信来了,就不再给他做饭吃。韩信也明白是什么意思,很生气,以后就不再去了。

韩信在城外钓鱼,河边上有许多妇女在漂丝绵,一位老妇见韩信饥饿,就给韩信一些吃的,一连几十天,天天如此。韩信很高兴,对老妇说:"日后我一定要重重地报答你。"老妇生气地说:"男子汉连自己都养活不了,我是可怜先生你才给你饭吃,难道指望你报答吗!"

淮阴县市场上有个卖肉的年轻人侮辱韩信说:"别看你高高大大,佩带刀剑,其实你是个胆小鬼。"于是当众侮辱韩信说:"你要是不怕死,就拿刀捅了我;你要是怕死,就从我裤裆底下钻过去。"韩信盯着他看了半天,最终还是从他胯下爬了过去。满街看热闹的人都笑话韩信,认为他怯懦。

等到项梁的兵马来到淮北时,韩信仗剑投在了项梁的部下,但默默无闻。后来项梁兵败身死,韩信又跟了项羽,项羽只让他当了个郎中。他曾多次给项羽献计,项羽不用。后来刘邦被封为汉王率领部下入蜀时,韩信遂离开项羽投奔了刘邦,但也仍是无所知名,只当了个管理粮草的连敖。后来因事犯法被判死刑,和他同案的十三个人都已被杀,往下就要轮到韩信了,韩信一抬头,正好看见滕公夏侯婴,韩信说:"汉王不是想要打天下吗?为什么要杀壮士?"夏侯婴听着很惊奇,又见他长相非凡,于是就把他放了。夏侯婴与韩信一交谈,心里很高兴,于是就把他介绍给了刘邦,刘邦任命他为治粟都尉,但仍未发现他有什么特别出众的地方。

韩信曾多次与萧何谈话,萧何对他很赏识。刘邦在向南郑进发的路上,有几十个将领逃亡了。到达南郑后,韩信心想萧何等人已经多次推荐自己,而刘邦总是不肯重用,于是他也跑了。萧何听说韩信跑了,来不及报告刘邦,立刻亲自追去。这时有人禀报刘邦说:"丞相萧何跑了。"刘邦一听勃然大怒,立刻觉得如同失去了左右手。过了一两天,萧何回来拜见刘邦,刘邦又气又喜,骂萧何说:"你为什么跑?"萧何说:"我没有跑,我是去追逃跑的人。"刘邦说:"你追的是谁?"萧何说:"韩信。"刘邦又骂道:"逃跑的将军有几十个,你都没追,现在说去追韩信,骗人!"萧何说:"别的将军都容易得到。至于韩信,这才是独一无二的。

您要是一辈子安心在这里当汉王,那您就用不着韩信;您要是想出去夺天下,除了韩信没人能跟您共谋大事。关键看您怎么打算了。"刘邦说:"我当然想夺取东方,怎么能一辈子窝在这儿呢?"萧何说:"您既然要夺取东方,那么您能重用韩信,韩信就会留下来;您不能重用,他早晚还是要跑的。"刘邦说:"看在你的面子上,我就让他做将军。"萧何说:"即便让人家做将军,人家也还是要走。"刘邦说:"我让他做大将。"萧何说:"那太好了。"于是刘邦立即就想让人去把韩信找来任命他为大将。萧何说:"您一向待人傲慢无礼,现在任命大将就像招呼个小孩子似的,这正是韩信要离开您的原因。您要是真想任命他,就选个好日子,沐浴斋戒,修筑坛台,举行隆重的仪式,那样才行。"刘邦同意。将领们都暗自高兴,个个都认为这回任命的大将一定是自己。等到正式任命时,被请上台的原来是韩信,全军都大吃一惊。

封拜韩信的仪式结束后,韩信被请到上座。刘邦说:"萧丞相多次提起您,根据当前局势,您认为我该怎么办?"韩信客气了一番,向刘邦说:"大王向东出兵争夺天下的对手不是项羽吗?"刘邦说:"是的。"韩信说:"大王估计您的勇猛、仁德以及您军队的强盛,能比得过项羽吗?"刘邦沉默了半天,说:"比不上他。"韩信起身向刘邦拜了两拜,说:"我也觉得您比不上他。可是我曾经做过他的部下,我可以来说说项羽的为人。项羽发怒时大吼一声,可以把成千上万的人吓得瘫在地上,可是他不能任用有才干的人,这样他就不过是一种匹夫之勇。项羽待人恭敬有礼,仁爱慈祥,说起话来和和气气,谁有了病,他能含着眼泪给人送吃送喝;可是等到人家立了功,该封官颁奖了,他却吝啬得把个印拿在手里团来弄去,直到把印的棱角都磨圆了也舍不得发出去。这样,他那所谓的'仁爱'也就成了一种妇人的仁慈。项羽虽然成了霸主,诸侯都对他称臣，可是他不建都在关中，而建都在彭城。他还违背了当初义帝宣布的谁先入关谁当关中王的规定，把他的亲信都封了王，因此各路诸侯都对他不满。诸侯们一看项羽把义帝赶到江南去了，于是也都纷纷赶走了自己过去的国君而占据着好地独自称王了。还有，项羽军队所到之处，杀人放火，留不下一个完整的地方，天下人为此怨声载道，老百姓谁也不亲近他，现在只不过是屈服于他的暂时强大罢了。所以说项羽现在虽然名义上是个霸主，实际上他已经丧尽人心，他的强盛很容易变弱。现在您如果能反其道而行之：只要是勇敢善战的人，您就大胆任用，那还有什么敌人不能被打败！打下城邑，您就把它封给有功之臣，那还有什么人会不亲近您！您再调集义兵跟着您那些誓死打回老家去的军队一起东进，那还有什么样的敌人不能被打垮！现在被项羽封立在关中的三个诸侯王章邯、司马欣和董翳，当初都是秦朝的将领，他们统率关中的子弟好几年了，为他们战死的和下落不明的不计其数，后来又欺骗这些士兵投降了项羽，结果走到新安时，项羽竟把这二十多万降兵全都活埋了，就留下了章邯、司马欣、董翳这三个人。现在秦地的父老们对这三个人恨之入骨。项羽靠着他的武力，硬把这三人封在关中，其实关中百姓没有一个人喜欢他们。而大王您当初进入武关后，秋毫无犯，废除了秦朝的酷法，给关中百姓们定的法律只有三条，关中百姓没有一个不乐意让您在关中称王的。按照诸侯们的事先约定，您也应该在关中称王，这一点关中的百姓们也都知道。后来您被项羽剥夺权力，挤到汉中，关中百姓没有一个不对此愤慨不平。现在如果您举兵东下，三秦地区只要发一个通告就可以回到您手中。"刘邦听了大喜，感到自己今天认识韩信实在是太晚了。于是就按照韩信的谋划，给各位将领们部署了各自进攻的目标。

淮阴侯列传
破魏破代灭赵平齐

八月，汉王举兵东出陈仓①，定三秦。汉二年，出关，收魏、河南，韩、殷王皆降②。合齐、赵共击楚③。四月，至彭城，汉兵败散而还④。信复收兵与汉王会荥阳，复击破楚京、索之间⑤，以故楚兵卒不能西。

汉之败却彭城，塞王欣、翟王翳亡汉降楚，齐、赵亦反汉与楚和。六月，魏王豹谒归视亲疾，至国，即绝河关反汉⑥，与楚约和。汉王使郦生说豹⑦，不下。其八月，以信为左丞相，击魏。魏王盛兵蒲坂，塞临晋⑧。信乃益为疑兵，陈船欲度临晋，而伏兵从夏阳以木罂缶渡军⑨，袭安邑⑩。魏王豹惊，引兵迎信，信遂虏豹，定魏为河东郡。汉王遣张耳与信俱，引兵东北击赵、代⑪。后九月，破代兵，禽夏说阏与（yù yǔ）⑫。信之下魏破代，汉辄使人收其精兵，诣荥阳以距楚。

信与张耳以兵数万，欲东下井陉（xíng）击赵⑬。赵王、成安君陈馀闻汉且袭之也⑭，聚兵井陉口，号称二十万。广武君李左车说成安君曰："闻汉将韩信涉西河，虏魏王，禽夏说，新喋（dié）血阏与；今乃辅以张耳，议欲下赵，此乘胜而去国远斗，其锋不可当。臣闻千里馈（kuì）粮，士有饥色；樵苏后爨（cuàn），师不宿饱。今井陉之道，车不得方轨，骑不得成列，行数百里，其势粮食必在其后。愿足下假臣奇兵三万人，从间道绝其辎重；足下深沟高垒，坚营勿与战。彼前不得斗，退不得还，吾奇兵绝其后，使野无所掠，不至十日，而两将之头可致于戏下。愿君留意臣之计；否，必为二子所禽矣。"成安君，儒者也，常称义兵不用诈谋奇计，曰："吾闻兵法：'十则围之，倍则战。'今韩信兵号数万，其实不过数千，能千里而袭我，亦已罢（pí）极。今如此避而不击，后有大者，何以加之！则诸侯谓吾怯，而轻来伐我。"不听广武君策，广武君策不用。

韩信使人间视，知其不用，还报，则大喜，乃敢引兵遂下。未至井陉口三十里，止舍。夜半传发，选轻骑二千人，人持一赤帜，从间道萆（bì）山而望赵军⑮。诫曰："赵见我走，必空壁逐我，若疾入赵壁，拔赵帜，立汉赤帜。"令其裨（pí）将传飧（sūn）⑯，曰："今日破赵会食！"诸将皆莫信，详应曰⑰："诺。"谓军吏曰："赵已先据便地为壁，且彼未见吾大将旗鼓，未肯击前行，恐吾至阻险而还。"信乃使万人先行，出，背水陈。赵军望见而大笑。平旦，信建大将之旗鼓，鼓行出井陉口，赵开壁击之，大战良久。于是信、张耳详弃鼓旗，走水上军。水上军开入之，复疾战。赵果空壁争汉鼓旗，逐韩信、张耳。韩信、张耳已入水上军，军皆殊死战，不可败。信所出奇兵二千骑，共候赵空壁逐利，则驰入赵壁，皆拔赵旗，立汉赤帜二千。赵军已不胜，不能得信等，欲还归壁，壁皆汉赤帜，而大惊，以为汉皆已得赵王将矣。兵遂乱，遁走，赵将虽斩之，不能禁也。于是汉兵夹击，大破虏赵军，斩成安君泜（zhī）水上⑱，禽赵王歇。

信引兵东，未渡平原⑲，闻汉王使郦食其（yì jī）已说下齐，韩信欲止。范阳辩士蒯通说信曰⑳："将军受诏击齐，而汉独发间使下齐，宁有诏止将军乎？何以得毋行也！且郦生一士，伏轼掉三寸之舌，下齐七十余城；将军将数万众，岁余乃下赵五十余城，为将数岁，反不如一竖儒之功乎？"于是信然之，从其计，遂渡河。齐已听郦生，即留纵酒，罢备汉守御。信因袭齐历下军㉑，遂至临菑㉒。齐王田广以郦生卖己，乃亨之，而走高密㉓，使使之楚请救。韩信已定临菑，遂东追广至高密西。楚亦使龙且将㉔，号称二十万，救齐。

齐王广、龙且并军与信战，未合。人或说龙且曰："汉兵远斗穷战，其锋不可当；齐、楚自居其地战，兵易败散。不如深壁，令齐王使其信臣招所亡城，亡城闻其王在，楚来救，必反汉。汉兵二千里客居，齐城皆反之，其势无所得食，可无战而降也。"龙且曰："吾平生知韩信为人，易与耳。且夫救齐不战而降之，吾何功？今战而胜之，齐之半可得，何为止！"遂战，与信夹潍水陈㉕。韩信乃夜令人为万余囊，满盛沙，壅水上流，引军半渡，击龙且。详不胜，还走。龙且果喜曰："固知信怯也。"遂追信渡水。信使人决壅囊，水大至，龙且军大半不得渡。即急击，杀龙且。龙且水东军散走，齐王广亡去。信遂追北至城阳㉖，皆虏楚卒。

汉四年，遂皆降平齐。使人言汉王曰："齐伪诈多变，反覆之国也，南边楚，不为假王以镇之，其势不定，愿为假王便。"当是时，楚方急围汉王于荥阳，韩信使者至，发书，汉王大怒，骂曰："吾困于此，旦暮望若来佐我，乃欲自立为王！"张良、陈平蹑汉王足，因附耳语曰："汉方不利，宁能禁信之王乎？不如因而立，善遇之，使自为守。不然，变生。"汉王亦悟，因复骂曰："大丈夫定诸侯，即为真王耳，何以假为！"乃遣张良往立信为齐王，征其兵击楚。

① 陈仓：秦县名，县治在今陕西宝鸡市东。
② 魏、河南：魏王豹，都安邑。河南王申阳，都洛阳。**韩、殷王**：韩王

郑昌，都阳翟。殷王司马卬，都朝歌。以上四王，皆项羽所封。

③ **齐、赵**：齐王田荣，都临菑。赵王歇，都襄国。以上两国皆自立为王。

④ **汉兵败散而还**：汉二年四月，刘邦趁项羽东击田荣之机，率各路诸侯共五十六万人攻入项羽国都彭城。项羽率三万骑星夜驰还，大败刘邦于彭城西。

⑤ **荥阳**：秦县名，在今河南荥阳市东北。**京、索**：谓京县、索亭。京县在今河南荥阳市东南，索亭在今荥阳市区内。

⑥ **河关**：即蒲津关，也叫临晋关，在今陕西大荔东的黄河西岸。

⑦ **郦生**：郦食其（yì jī），刘邦的谋士，有辩才。

⑧ **蒲坂**：渡口名，在山西永济市城西的黄河东岸，与临晋关隔河相对。

⑨ **夏阳**：秦县名，县治在今陕西韩城市西南。

⑩ **安邑**：当时魏王豹的都城，在今山西夏县西北。

⑪ **张耳**：刘邦起事前的旧交，反秦初，张耳与陈馀在河北立赵王歇为王。钜鹿之战后，两人产生矛盾，陈馀留在河北，张耳随项羽入关，被封为常山王。张耳到河北上任被陈馀赶走，遂投奔了刘邦。**赵、代**：赵王歇与代王陈馀，时陈馀尚在赵国，为赵王歇之相。陈馀派夏说为代相，守代地，代都在今河北蔚县东北。

⑫ **阏与**：古邑名，在今山西和顺县西北。

⑬ **井陉**：即井陉口，太行山的险隘之一，在今河北井陉县西北，是山西与河北之间的交通要道。

⑭ **成安君**：陈馀的封号。

⑮ **萆山**：萆，同"蔽"，依山自覆蔽。

⑯ **裨将**：副将。**传飧**：传令用一些简单的饭食。飧，小食。

⑰ **详**：通"佯"。

⑱ **泜水**：即今槐河。源出河北赞皇县西南，东流经元氏县南至宁晋县南，折而南入滏阳河。

⑲ **平原**：秦县名，也是当时的黄河渡口名，在今山东平原县西南。

⑳ **蒯通**：本名"彻"，避汉武帝刘彻讳，汉人改为"通"。范阳（今河北定兴县）人，善辩，为纵横家一流人物，为韩信谋士。

㉑ **历下**：古邑名，即今山东省济南市西。时历下守军将领为华无伤、田解。

㉒ **临菑**：当时齐王田广的国都，即今山东临淄。韩信攻临菑在汉四年（前203年）四月。

㉓ **高密**：秦县名，在今山东高密市西南。

㉔ **楚亦使龙且将**：此次救齐楚军主将为项它，龙且应是裨将。

㉕ **潍水**：源于山东五莲县西南，北流经诸城市、高密市入莱州湾。

㉖ **城阳**：汉郡名，郡治即今山东莒县。

译

汉高祖元年八月，刘邦从陈仓小路东出，很快地收复了三秦。汉高祖二年，刘邦又东出函谷关，收服了魏国与河南国，韩王郑昌、殷王司马卬都投降了刘邦。刘邦又联合了齐、赵两国一同攻击项羽。四月，刘邦打进了项羽的首都彭城，后来又被项羽打败，溃散而归。这时韩信收集了一部分军队与刘邦会师于荥阳，在京县和索亭之间给了楚军一个迎头痛击，遏止了楚军继续西进的势头。

刘邦在彭城失败后，关中的塞王司马欣和翟王董翳又背叛刘邦投降了项羽，齐、赵两国也反水与项羽联合。六月，魏王豹请假回河东探亲，一到魏国，立即封锁了黄河渡口蒲津关，宣布反汉，与项羽联合。刘邦派谋士郦食其前去说服,魏豹不听。八月,刘邦派韩信以左丞相的虚衔率军讨伐魏豹。魏豹把重兵集结在蒲坂,堵住了临晋关。韩信就在临晋一带布置疑兵,摆开船只,做出准备从临晋强渡的样子,而暗中派兵北上夏阳,让士兵们抱着木板木桶之类的东西渡过了黄河,南下猛袭魏豹的重镇安邑。魏豹闻讯大惊,仓促回兵迎敌,结果被韩信俘获,韩信接着平定了魏国,在魏地设立了河东郡。这时刘邦又派了张耳来协同韩信向东北进军攻打赵国和代国。闰九月,韩信军打败了代国的军队,并在阏与活捉了代国丞相夏说。而每当韩信攻下魏国、打败代国的时候,刘邦总是立刻派人来调走韩信的精兵,把他们带到荥阳去抵抗项羽。

接着韩信与张耳又率领着几万人,准备东出井陉口进攻赵国。赵王赵歇和成安君陈馀听说韩信要来打他,于是就把赵国的军队集结在井陉口,号称二十万。这时赵国的谋士广武君李左车对陈馀说:"听说韩信前已偷渡西河,俘虏了魏豹,活捉了代相夏说,在阏与血战大捷,现又在张耳的协助下,准备攻我赵国,这是一种远离本土乘胜前进的势头,其锋芒锐不可当。但俗话说,靠远道送粮食,士兵就会挨饿;该做饭了才去打柴,就永远也吃不饱。这井陉小道,窄得两辆车不能并行,人马都不能排成行列,韩信的军队走上几百里,他的粮饷一定在后面。请您拨给我三万人,我抄小路去截断他们的粮道;您在正面只管加固工事,坚守营地不要与他们开战。叫他们往前求战不得,往后又退不回去,因为有我的奇兵把他们挡住了,他们军中无粮,在旷野上找不到任何吃的,不出十天,韩信和张耳的人头就可以送到您的面前。希望您能认真考虑我的建议。不然,我们就要被他们两个所擒了。"陈馀是个书生,总说仁义之师不用诈骗手段,他听了李左车的话,说:"兵法上讲,如果兵力超过敌人十倍,就可以包围他们,如果超过敌人一倍,就可以同他们决战。现在韩信的军队号称几万，其实不过几千人，而且又是千里跋涉前来打我，他们已经是疲惫不堪了。面对这样的敌人如果还避而不打，以后再来了更强的敌人，我们还能打吗！再说这回如果我们不打，那各地的诸侯们都会说我们怯懦无能，就会谁都来欺负我们了。"于是他不考虑李左车的作战方案。

这时韩信派人到陈馀身边刺探，当他们了解到李左车的计策没被采用，回来向韩信一报告，韩信大喜，这才敢率军长驱而下。当他们走到离井陉口还有三十里时，传令停下来休息。到了半夜时分，命令全军准备出发。他挑选了两千名轻骑兵，让他们每人手持一面红旗，从小道上山，隐蔽起来监视赵军。韩信叮嘱他们说："赵军见到我军败退，一定会倾巢而出地追我们，你们就趁机奔入赵营，拔掉赵军的旗帜，插上汉军的红旗。"随后又让他的副将传令全军吃点简单的饭食，并告诉全军："等今天打败赵军后再吃早饭！"将领们都不相信，敷衍着说："好吧。"韩信对身边的军吏说："赵军已抢占有利地势修筑了营垒，他们在没有见到我们大将的仪仗旗号之前，是不会攻击我们的先头部队的，怕我们先头部队一受阻，后续部队就会撤回去。"于是韩信派一万人先出了井陉口，而且过河后列了个背水阵。赵军一看哈哈大笑。到太阳露头时，韩信的大将旗号也在鼓声中出了井陉口。赵军于是打开营门，两军会战开始。双方先是打了一段时间，后来韩信、张耳就假装失败扔下了许多战鼓、军旗，退向河边的军队。河边的军队闪开路让岸上的士兵退进来，又继续与赵军激战。这时赵军一见汉军败了，果然倾巢而出争抢汉军的旗鼓，想要捉拿韩信、张耳。韩信、张耳的军队退到了河边后，回师与赵军死战，赵军再也无法前进一步了。这时韩信事先派出的那两千轻骑兵早已在山上等候，他们看到赵军倾巢而出抢夺战利品时，就立即奔入赵军营垒，拔掉了赵军的旗帜，插上了汉军的两千面红旗。等赵军打了半天不能取胜，想要回营时，一看自己营垒上都是汉军的红旗，大惊失色，以为汉军已经抓获了赵王以及他们所有的将领了，顿时大乱，兵士们四散奔逃，即使有赵将督战，想要杀人拦阻，也无济于事了。于是汉军内外夹击，大破赵军，陈馀败逃，被杀死在泜水上，赵王歇被活捉。

　　韩信领兵东进，还没有到达平原县的黄河渡口，听说刘邦已经派郦食其劝降了齐国，韩信准备停止前进。这时范阳辩士蒯通劝韩信说："您是奉汉王的命令来攻打齐国的，尽管汉王后来又派了说客去齐国劝降，但他下命令让您停止进兵了吗？您怎么能停止前进呢！再说让郦食其一个小说客，坐着车子摇着三寸不烂之舌，轻而易举地就获取了齐国七十多个城池，而将军您率领着几万人马，苦战了一年多才不过拿下赵国的五十几个城池，难道当了几年的大将，功劳反倒不如一个卑贱的小书生吗？"韩信听着有理，就听从他的建议，挥师渡过了黄河。当时齐国已经接受了郦食其的劝降，正留着郦食其大摆宴席，完全解除了对汉军的防卫。结果被韩信突然袭击了驻扎在历下的军队，接着韩信长驱直入，打到了齐国的国都临菑。齐王田广以为是受了郦食其的骗，于是就把郦食其煮了，而后东逃高密，同时派人去向项羽求救。韩信占领了临菑，随即又率军东追田广，追到高密城西。这时项羽已经派龙且率领军队，号称二十万人，前来救齐。

　　齐王田广和楚国龙且的军队会合，准备与韩信开战，战斗尚未开始。有人对龙且说："汉军是远离本土来和我们作战的，我们不宜和他们正面硬碰。我们齐国楚国的军队，是在本土作战，士兵容易开小差。不如深沟高垒，坚壁不战，让齐王田广派他的亲信到被汉兵占领的地方去广为招纳，那些沦陷的城池听说齐王还活着，而且楚军又来援助了，一定会起来反击汉军。汉军远离本土两千里,身在异乡,齐国的各地都反他们,他们势必连吃的东西都找不到,这样不用打仗就可以收拾他们了。"龙且说:"我早就知道韩信怯懦,容易对付。而且我是奉命来救齐国的,连一仗都没打,就让敌人投降了,我还有什么功劳呢?现在我要是打败了韩信,就可以得到半个齐国,我怎么能不打呢!"于是出战,与韩信夹潍水布好了阵势。韩信令人连夜做了一万多条大口袋,装满沙土,堵住潍水的上游,然后率军渡潍水,刚过去一半,前军就和龙且打了起来,两军对战了一会儿,韩信军假装失败,纷纷后退。龙且一见大喜,说:"我早就知道韩信是软骨头。"于是挥师过河追击韩信。这时韩信派人在上游扒开了堵水的沙袋,河水汹涌而下。龙且的大部分军队尚未渡过潍水,韩信立刻回兵反击,过了河的楚军全部被歼,龙且也被杀死,而截在潍水东岸的楚军也一哄而散。齐王田广逃跑了。韩信追击败军直到城阳,把剩下的楚军全部俘获。

汉高祖四年,齐国所有的地方都已经被韩信占领。韩信派人向刘邦请示说:"齐国是诡诈多变、反复无常的国家,而且南面又紧挨着楚国,如果不立一个临时的齐王来镇守它,局势就难以稳定。希望能让我暂时代理齐王。"这个时候,项羽正把刘邦围困在荥阳,韩信的使者来到荥阳后,刘邦一看韩信的来信,勃然大怒,骂道:"我被困在这儿,日夜盼着你来帮我,想不到你倒要自己称王!"张良、陈平暗中踩刘邦的脚,又凑到他耳边悄声说:"我们现在正处于不利的境地,怎么能禁止韩信称王呢?不如趁势立他为王,好好对待他,让他守好齐国。不然就要出乱子。"刘邦这时也醒悟过来,于是又接茬儿骂道:"大丈夫打下了一个国家,该称王就正式称王,还要临时代理干什么!"于是派张良前往齐国立韩信为齐王,同时又把韩信的全部人马调去击楚。

淮阴侯列传
吕后杀韩信

　　信至国①,召所从食漂母,赐千金。及下乡南昌亭长,赐百钱,曰:"公,小人也,为德不卒。"召辱己之少年令出胯下者以为楚中尉②。告诸将相曰:"此壮士也。方辱我时,我宁不能杀之邪?杀之无名,故忍而就于此。"

　　项王亡将钟离眛(mò)家在伊庐③,素与信善。项王死后,亡归信。汉王怨眛,闻其在楚,诏楚捕眛。信初之国,行县邑,陈兵出入。汉六年,人有上书告楚王信反。高帝以陈平计④,天子巡狩会诸侯。南方有云梦,发使告诸侯会陈⑤:"吾将游云梦。"实欲袭信,信弗知。高祖且至楚,信欲发兵反,自度无罪;欲谒上,恐见禽。人或说信曰:"斩眛谒上,上必喜,无患。"信见眛计事,眛曰:"汉所以不击取楚,以眛在公所。若欲捕我以自媚于汉,吾今日死,公亦随手亡矣。"乃骂信曰:"公非长者!"卒自刭。信持其首,谒高祖于陈。上令武士缚信,载后车。信曰:"果若人言,'狡兔死,良狗亨;高鸟尽,良弓藏;敌国破,谋臣亡⑥'。天下已定,我固当亨!"上曰:"人告公反。"遂械系信。至雒阳⑦,赦信罪,以为淮阴侯。

　　信知汉王畏恶其能,常称病不朝从。信由此日夜怨望,居常鞅鞅,羞与绛、灌等列⑧。信尝过樊将军哙(kuài)⑨,哙跪拜送迎,言称臣,曰："大王乃肯临臣！"信出门，笑曰："生乃与哙等为伍！"上常从容与信言诸将能不，各有差。上问曰："如我能将几何？"信曰："陛下不过能将十万。"上曰："于君何如？"曰："臣多多而益善耳。"上笑曰："多多益善，何为为我禽⑩？"信曰："陛下不能将兵，而善将将，此乃信之所以为陛下禽也。且陛下所谓天授，非人力也。"

陈豨（xī）拜为巨鹿守⑪，辞于淮阴侯。淮阴侯挈（qiè）其手，辟左右，与之步于庭，仰天叹曰："子可与言乎？欲与子有言也。"豨曰："唯将军令之。"淮阴侯曰："公之所居，天下精兵处也；而公，陛下之信幸臣也。人言公之畔，陛下必不信；再至，陛下乃疑矣；三至，必怒而自将。吾为公从中起，天下可图也。"陈豨素知其能也，信之，曰："谨奉教！"汉十年，陈豨果反。上自将而往，信病不从。阴使人至豨所，曰："弟举兵⑫，吾从此助公。"信乃谋与家臣夜诈诏赦诸官徒奴⑬，欲发以袭吕后、太子。部署已定，待豨报。其舍人得罪于信，信囚，欲杀之。舍人弟上变⑭，告信欲反状于吕后。吕后欲召，恐其党不就。乃与萧相国谋，诈令人从上所来，言豨已得死，列侯群臣皆贺。相国绐（dài）信曰："虽疾，强入贺。"信入，吕后使武士缚信，斩之长乐钟室⑮。信方斩，曰："吾悔不用蒯通之计，乃为儿女子所诈，岂非天哉！"遂夷信三族⑯。

高祖已从豨军来，至，见信死，且喜且怜之，问："信死亦何言？"吕后曰："信言恨不用蒯通计。"高祖曰："是齐辩士也。"乃诏齐捕蒯通。蒯通至，上曰："若教淮阴侯反乎⑰？"对曰："然，臣固教之。竖子不用臣之策，故令自夷于此。如彼竖子用臣之计，陛下安得而夷之乎！"上怒曰："亨之。"通曰："嗟乎，冤哉亨也！"上曰："若教韩信反，何冤？"对曰："秦之纲绝而维弛⑱，山东大扰，异姓并起，英俊乌集。

375

秦失其鹿⑲，天下共逐之，于是高材疾足者先得焉。跖之狗吠尧⑳，尧非不仁，狗因吠非其主。当是时，臣唯独知韩信，非知陛下也。且天下锐精持锋欲为陛下所为者甚众，顾力不能耳，又可尽亨之邪？"高帝曰："置之。"乃释通之罪。

注

① **信至国**：韩信以齐王的身份佐刘邦灭项羽后，被刘邦夺去兵权，改封为楚王，国都下邳，在今江苏睢宁县西北。

② **中尉**：汉初诸侯国掌管治安的官员。

③ **钟离眛**：项羽手下悍将，曾多次追迫刘邦，楚灭后为刘邦所通缉。

④ **汉六年**：公元前201年，韩信为楚王的第二年。**陈平**：刘邦的谋士，下文刘邦假托游云梦而擒韩信的计策即陈平所献。

⑤ **云梦**：即云梦泽，指古时湖北西南部、湖南西北部长江两岸的一大片湖泽地区。**陈**：秦郡名，郡治在今河南淮阳县，当时是韩信楚国西部边境。

⑥ **狡兔死，良狗亨；高鸟尽，良弓藏；敌国破，谋臣亡**：盖当时俗语，又见于《越王勾践世家》。亨，通"烹"。

⑦ **雒阳**：在今河南洛阳市东北，刘邦当时的国都在此。

⑧ **绛、灌**：绛，绛侯周勃；灌，颍阴侯灌婴。两人都曾是刘邦派在韩信手下的将领。

⑨ **樊将军哙**：樊哙，刘邦手下猛将，狗屠出身，是吕后的妹夫。

⑩ **禽**：通"擒"，捉拿。

⑪ **陈豨**：刘邦部将，于汉七年受命以代相监赵、代边兵。**钜鹿**：郡名，在今河北平乡县西南。按：陈豨未尝任钜鹿守，此处说法有误。

⑫ **弟举兵**：弟，但，尽管。

⑬ **诸官徒奴**：首都长安诸官府所关押的罪犯。

⑭ **上变**：也称"变事"，告发谋反的上书。

⑮ **长乐钟室**：长乐宫中的悬钟之室。

⑯ **三族**：指父族、母族、妻族。

⑰ **若**：你。

⑱ **纲绝而维弛**：法度紊乱，政权崩溃。纲，网上大绳。维，系车盖的绳。引申为维持国家体统的法度。

⑲ **秦失其鹿**：鹿，"禄"的谐音，喻指国家政权。

⑳ **跖之狗吠尧**：跖，据说是春秋时的大盗，后世用以喻恶人。尧，传说中的上古贤明帝王。

译

韩信到楚国后，派人把当年曾给他饭吃的洗衣老妇找来，给了她千金重赏。也把下乡的南昌亭长找来，赏给了他一百钱，对他说："你是个小人，做好事不能做到底。"又把当年曾经侮辱他的那个青年找来，让他做了维持国都治安的中尉。韩信对左右的将领们说："这人是个好汉。当初他侮辱我的时候，我难道不能杀了他吗？问题是杀了他也不能为自己带来好名声，我之所以忍着，就是为了成就今天的事业。"

项羽部将钟离昧老家在伊庐，一贯与韩信交情不错。项羽死后，钟离昧逃到了韩信这里。刘邦恨钟离昧，听说他在韩信处，就命令韩信逮捕他。韩信刚到楚国不久，到属县视察时，总要带着军队警卫。汉高祖六年，有人上书告韩信要造反。刘邦听取了陈平的计策，以到南方视察云梦泽为名，让各国的诸侯都到陈郡会合。他嘴里说："我去视察云梦。"实际上是要借机袭捕韩信,韩信不知道。等到刘邦快要来到楚国的边界了,韩信才怀疑,想发兵抵抗,但想到自己没有任何罪过;想去见刘邦,但又怕被刘邦抓起来。这时有人劝韩信说:"可以杀了钟离昧,去见皇上,皇上必然高兴,您也就没事了。"韩信找钟离昧谈此事。钟离昧说:"刘邦之所以不敢打楚国,就是因为我在你这儿。如果你抓了我去讨好刘邦,那么我今天死,你明天也就该跟着死。"于是骂韩信说:"你真不是个有德性的人!"说罢自刎而死。韩信带着钟离昧的人头,到陈郡进见刘邦。刘邦立即命令武士逮捕了韩信,把他装在了自己后面的车上。韩信说:"果真像人们所说的:'兔子一死,猎狗就要被煮了;飞鸟打完,良弓就该收起来了;敌人一被消灭,功臣就该被杀了。'现在天下已经太平,我也就到了该死的时候了!"刘邦说:"有人告你要造反。"于是给韩信戴上刑具。等回到洛阳后,刘邦又把韩信放了,把他降为淮阴侯。

韩信知道刘邦对自己的才能既怕又恨,因此常常借口生病不去朝见,也不随同他出行,心中充满怨恨,常常闷闷不乐。他觉得让自己与周勃、灌婴等同在一个级别,是一种羞耻。韩信曾经去过一次樊哙家,樊哙对韩信非常尊重,接送时行跪拜礼,说话时自己称臣,一见便说:"大王您竟然光临臣舍。"韩信从他家出来后,仰天笑道:"想不到我这辈子竟与樊哙这种人落到了一块!"有一次刘邦与韩信闲聊开国将领们各自能统率多少人马,刘邦问:"像我,能统率多少人马呢?"韩信说:"您最多能统率十万。"刘邦问:"那么你呢?"韩信说:"我是越多越好。"刘邦笑着说:"既然你是越多越好,为什么还被我活捉呢?"韩信说:"陛下不善于带兵,却善于驾驭将领,这就是我被您活捉的原因。而且您的胜利,是老天爷安排的,不是人力所能改变的。"

陈豨被任命为钜鹿郡守，来向韩信辞行。韩信屏退左右的随从，拉着他的手，在院子里散步，仰天长叹道："你能让我放心吗？我有些话想和你谈。"陈豨说："我绝对听您的吩咐。"韩信说："你将要去驻守的地方聚集着国家最精锐的部队；而你，又是皇帝的亲信。要是有人告你造反，第一次皇帝是决不会相信的；但如果再告第二次，皇帝就会起疑心了；再告第三次，皇帝肯定会发怒，并会亲自率兵去打你。到那时，我在京城起兵，做你的内应，那时天下就可以成为我们的了。"陈豨一向知道韩信的才能，相信他的话，于是说："一定照你的话办！"汉高祖十年，陈豨真的造反了。刘邦亲自率兵前去讨伐，韩信借口生病没有跟着去，而暗中派人给陈豨送信说："尽管放心干，我从里边帮你。"于是韩信与家臣们谋划要在夜里假传圣旨，释放在各个官邸里的奴隶、罪犯，准备把他们武装起来，率领他们袭击吕后和皇太子。一切都部署好了，单等陈豨的消息。这时韩信家的一个门客因为犯罪被关了起来，韩信想杀他。门客的弟弟写密信向吕后告发了韩信造反的计划。吕后想召韩信进宫，又怕他的党羽劝阻，不让他来，就和萧何商量，派人假装是从刘邦那儿来，诈称陈豨已被俘获斩首了，让列侯百官们都入朝祝贺。萧何亲自来骗韩信说："即便有病，也要硬撑着进宫一趟。"韩信一进长乐宫，吕后立刻命令武士把他捆了起来，在一间悬挂钟磬的屋子里把他给杀了。韩信临死前说："真后悔当初没有听蒯通的劝告，今天竟被个臭婆娘所骗，这不是天意吗！"接着吕后又把韩信父亲的亲戚、母亲的亲戚、妻子的亲戚三大族通通抓起来杀光了。

不久，刘邦从讨伐陈豨的前线回来，见韩信死了，又高兴又有点儿可惜，他问吕后说："韩信临死前说过什么话没有？"吕后说："他说只恨当初没听蒯通的劝告。"刘邦说："这人是齐国有名的说客。"于是下令齐国逮捕蒯通。蒯通被押到京城，刘邦问他："是你教韩信造反吗？"蒯通说："是的，我是教过他。可是那小子不听我的话，结果自取灭亡了。如果他听了我的话，你们还能把他满门抄斩吗！"刘邦大怒说："把他给我煮了。"蒯通说："嘿！我被煮才冤枉哩！"刘邦说："你挑唆韩信造反，冤枉什么？"蒯通说："秦朝残暴无道，政权解体，整个中原都乱了，不管姓甚名谁，凡是有本事的，大家一起都干起来了，这皇帝的位子就好比一只鹿，鹿从秦朝那里跑走了，大家一齐追，谁有本事，谁的腿快追上了，这只鹿就属于谁。盗跖的狗冲着尧叫，并不是因为尧为人不好，是因为狗只忠于它的主人。那时我只知道有韩信，还不知道有陛下您。况且当时手持兵器像您一样想当皇帝的人有的是，只不过没有成功罢了，你能把他们都煮了吗？"刘邦说："放了他。"于是蒯通被赦免了。

评

《淮阴侯列传》记述了我国古代杰出军事家韩信早年的困辱经历，与其投归刘邦后被拜为大将，得展奇才，为刘邦破魏、破代、破赵、收燕、平齐，最后大破项羽于垓下等所建立的累累功勋；以及刘邦对韩信疑忌的逐步加深，自连续夺军、夺齐王、夺楚王，直至袭捕、灭族的全过程。司马迁同情韩信，这篇作品的倾向与《黥布列传》《魏豹彭越列传》大体相同，表现了司马迁对刘邦、吕后残杀功臣的不满情绪。我们这里选了《韩信拜将》《破魏破代灭赵平齐》《吕后杀韩信》三段，前两段突出表现了韩信作为军事家的卓越才干。明代茅坤曾称说："予览观古兵家者流，当以韩信为最，破魏以木罂，破赵以立汉赤帜，破齐以囊沙，彼皆从天而下，而未尝与敌人血战者。予故曰：古今来，太史公,文仙也;李白,诗仙也;屈原,辞赋仙也;刘、阮,酒仙也;而韩信,兵仙也,然哉。"(《史记抄》)说得很精彩。而《吕后杀韩信》一段主要写了刘邦、吕后的阴险残忍,这当然不错;但司马迁由于同情韩信,故而作品中明显地对韩信有所回护。韩信也许从主观上不想反刘邦,但韩信裂土称王的思想是一贯的,破齐后他的称齐王是"先斩后奏";固陵之役由于韩信等不听招呼,致使刘邦又遭失败,使项羽之灭推迟了两个月,刘邦之杀韩信是必不可免的。

郦生陆贾列传

陆贾说赵他归汉

陆贾者,楚人也。以客从高祖定天下,名为有口辩士,居左右,常使诸侯。

及高祖时,中国初定,尉他平南越①,因王之,高祖使陆贾赐尉他印为南越王。陆生至,尉他魋(zhuī)结箕倨见陆生②。陆生因进说他曰:"足下中国人,亲戚昆弟坟墓在真定③。今足下反天性,弃冠带,欲以区区之越与天子抗衡为敌国,祸且及身矣。且夫秦失其政,诸侯豪杰并起,唯汉王先入关,据咸阳④。项羽倍约,自立为西楚霸王⑤,诸侯皆属,可谓至强。然汉王起巴蜀,鞭笞(chī)天下,劫略诸侯,遂诛项羽灭之。五年之间,海内平定,此非人力,天之所建也。天子闻君王王南越,不助天下诛暴逆,将相欲移兵而诛王,天子怜百姓新劳苦,故且休之,遣臣授君王印,剖符通使⑥。君王宜郊迎,北面称臣,乃欲以新造未集之越,屈(jué)强于此⑦。汉诚闻之,掘烧王先人冢,夷灭宗族,使一偏将将十万众临越,则越杀王降汉,如反覆手耳。"

于是尉他乃蹶然起坐,谢陆生曰:"居蛮夷中久,殊失礼义。"因问陆生曰:"我孰与萧何、曹参、韩信贤⑧?"陆生曰:"王似贤。"复曰:"我孰与皇帝贤?"陆生曰:"皇帝起丰沛⑨,讨暴秦,诛强楚,为天下兴利除害,继五帝三王之业⑩,统理中国。中国之人以亿计,地方万里,居天下之膏腴，人众车舆⑪，万物殷富，政由一家，自天地剖泮未始有也⑫。今王众不过数十万，皆蛮夷，崎岖山海间，譬若汉一郡，王何乃比于汉！"尉他大笑曰："吾不起中国，故王此。使我居中国，何渠不若汉？"乃大说陆生，留与饮数月。曰："越中无足与语，至生来，令我日闻所不闻。"赐陆生橐（tuó）中装直千金，他送亦千金。陆生卒拜尉他为南越王，令称臣奉汉约。归报，高祖大悦，拜贾为太中大夫⑬。

注

① **高祖时**：刘邦为帝时（前202—前195年）。**尉他**：又作"尉佗"。本姓赵，尉是官名。赵他在秦时为南海郡（治番禺，今广州市）的龙川（今广东龙川县西南）县令。秦二世时，中原战乱，赵他遂起兵据有岭南诸郡，自称南越王，事见《南越列传》。

② **魋结**：挽发于顶，状如锥。魋，通"锥"。**箕踞**：伸直两腿而坐，状如箕。这在古代是一种很不礼貌的坐姿，这里是写赵他被当地风俗所同化。

③ **真定**：汉县名，治所在今河北正定县南。

④ **汉王先入关**：事在汉元年（前206年）十月，刘邦奉楚怀王命率兵自河南武关攻入咸阳。十二月，项羽从河北经函谷关至咸阳，比刘邦晚了两个月。

⑤ **项羽倍约**：楚怀王在分派项羽救赵和刘邦西进时曾约定：先入关者为关中王。项羽分封时，却将巴蜀、汉中之地封给刘邦，让刘邦当汉王，而将关中之地封给了秦朝的三个降将，所以说项羽"背约"。倍，通"背"。

⑥ **剖符**：古代封官拜爵，将符节一剖两开，封者和被封者各持一半。这

里就是封官拜爵的意思。

⑦ **屈强**：顽固不听从。屈，通"倔"。

⑧ **萧何**：沛县人，秦时为县吏，与刘邦交厚，后随刘邦起事，辅佐刘邦平定天下，官至相国。事见《萧相国世家》。**曹参**：刘邦故友，随刘邦起事，攻城野战，功勋卓著，后继萧何为相国。**韩信**：淮阴人，先投项梁、项羽，后归汉，为刘邦大将，曾因功封齐王、楚王，后被刘邦削去王爵，贬为淮阴侯，最后被杀。事见《淮阴侯列传》。

⑨ **丰沛**：沛是秦县名，即今江苏省沛县。丰是沛县的一个乡邑名，汉代将其提升为县，即今江苏丰县。刘邦是沛县丰邑人。

⑩ **五帝三王**：五帝，传说中的远古帝王，即黄帝、颛顼、帝喾、唐尧、虞舜。三王，夏禹、商汤、周代文王、武王。

⑪ **人众车舆**：舆，众多。

⑫ **剖泮**：泮，通"判"，分开。

⑬ **太中大夫**：官名，帝王的侍从人员，掌议论。

译

陆贾是楚国人，曾以宾客的身份跟随刘邦平定天下，以善于论辩闻名，他跟在刘邦身边，常出使其他诸侯。

刘邦开始做皇帝时，国内刚刚稳定，尉他当时征服了南越，在那里称王。于是刘邦派陆贾去南越赐给尉他大印，封他为南越王。陆贾到了南越，尉他梳着锥形发髻，叉着两腿坐着接见陆贾。陆贾上前对尉他说："您本是中国人，父母兄弟以及祖先的坟墓都在真定。现在您违反自己的本性，抛弃了戴帽系带的文明装束，还想凭借着小小的越地与大汉天子相对抗，我看您的灾祸就要临头了。秦朝政治无道，许多诸侯豪杰都起来反它，而只有汉王能首先进入关中，占据咸阳。后来项羽违背盟约，自立为西楚霸王，让诸侯们都归属他，可以说是强大到了顶点。可是汉王从巴蜀起兵，控制天下，降服诸侯，讨伐并消灭项羽，只用了五年时间，就平定了全国，这不是人的力量，而是上天的安排。皇上听说您在南越称了王，知道您不想协助汉室安定天下，于是汉朝的宰相将军们都想出兵讨伐您，但是皇上体谅到百姓刚刚经历过战乱，想让百姓们能够休养生息，所以才派我授予您南越王的大印，与你剖符为证，永世通好。您本该出城迎接汉使，面向北方称臣才是，可是您却想仗着你这么个还未稳固的南越称霸一方。这事儿如果真的让汉朝知道，那就先挖掘焚毁了您祖先的坟墓，再灭绝您整个的赵氏家族，而后派一员偏将率领十万军队来到你们国家，到那时，你部下的人杀了您投降汉朝，那还不是易如反掌吗！"

尉他听到这里猛地跪直了身子，向陆贾致歉说："我在蛮夷之地住得时间太长了，实在多有失礼。"说罢又问陆贾："我与萧何、曹参、韩信他们相比，谁的能耐大？"陆贾说："您好像比他们强。"尉他又问："我和你们皇帝比，谁的能耐大？"陆贾说："皇帝从沛县丰邑起兵，讨伐了残暴的秦朝，又灭了强大的项羽，为天下的百姓兴利除害，而后继承着五帝三王的事业统治了全国。大汉王朝的人口数以亿计，领土方圆万里，土地肥沃，人多车众，物产丰富，政令统一，这是自开天辟地以来从未有过的。而您的人口不过几十万，又都是些野蛮人，占据着山海间一小块崎岖不平的地方，就像是汉朝的一个郡，您怎么能和汉家皇帝相比呢！"尉他大笑道："我没在中国起兵，所以才在这里当了王。假如我当初在中国起事，怎见得我就不如你们皇帝？"于是尉他非常喜欢陆贾，留他住了几个月，每日与他饮酒畅谈。尉他说："南越国中没什么可以谈得来的人,直到先生您来了,才让我每天都能听到新鲜事。"于是他给陆贾的口袋里装了价值千金的珠宝,其他礼物的价值也大体与此类似。而陆贾则封尉他为南越王,让他对汉朝称臣,遵守汉朝的法规。陆贾回朝汇报后,刘邦非常高兴,任命陆贾为太中大夫。

郦生陆贾列传
陆贾说刘邦重《诗》《书》

　　陆生时时前说称《诗》《书》①。高帝骂之曰:"乃公居马上而得之,安事《诗》《书》!"陆生曰:"居马上得之,宁可以马上治之乎?且汤、武逆取而以顺守之②,文武并用,长久之术也。昔者吴王夫差、智伯③,极武而亡;秦任刑法不变,卒灭赵氏④。乡使秦已并天下,行仁义,法先圣,陛下安得而有之?"高帝不怿(yì)而有惭色,乃谓陆生曰:"试为我著秦所以失天下,吾所以得之者何,及古成败之国。"陆生乃粗述存亡之征,凡著十二篇。每奏一篇,高帝未尝不称善,左右呼万岁,号其书曰《新语》⑤。

注

① **《诗》《书》**:均为儒家的经典。《诗》即《诗经》,中国最早的诗歌总集。《书》即《尚书》,是后人收集整理乃至加工编写的尧、舜、夏、商、周时代的一些文献资料汇编。
② **汤、武**:商汤、周武王。商汤是商代开国君主,以武力灭夏桀而建商朝。周武王是周朝的开国君王,以武力灭商纣而建周朝。
③ **夫差**:春秋末期的吴国国王,曾为父报仇,打败越王勾践。后依仗吴国的强大屡次北伐中原,被越王勾践所灭。**智伯**:春秋末期的晋国

六卿之一,先灭掉了范氏、中行氏两家,又恃强伐赵氏,被赵、韩、魏三家联合所灭。参见《赵世家》。

④ **秦任刑法不变**:秦自孝公用商鞅变法,一直到灭亡都崇尚法治。**赵氏**:指秦王朝,秦的祖先造父曾封于赵城,为赵民,故史公行文有此说法,亦见于《秦本纪》,其实并不合理。

⑤ **《新语》**:陆贾撰,原作已失传。现存的《新语》为后人所伪作。

译

陆贾向刘邦进言时,常常引用《诗》《书》中的话。刘邦骂他道:"你老子是在马上夺得的天下,要《诗》《书》干什么?"陆贾说:"您马上得天下,难道您能在马上治理天下吗?商汤、周武王虽是用武力夺得天下,但治理天下却是依靠顺应民心的仁义之道,只有文武并用,才是使国家长治久安的良策。当初吴王夫差、智伯就是因为过度用兵而导致了灭亡;秦朝也是由于只重严刑苛法而不知变革,终于绝了后代。假如当初秦朝统一天下后,施行仁政,效法先圣之道,陛下您还能取得天下吗?"刘邦心里不高兴,脸上流露出惭愧之色,他对陆贾说:"你给我写本书,谈谈秦朝为什么会失天下,我为什么能得天下,以及历代各国成败的经验与教训。"于是陆贾就概括地论述了历代国家存亡的原因,共写了十二篇。每写完一篇就进呈给刘邦看,刘邦每看过一篇没有不叫好的,左右群臣也跟着山呼万岁,陆贾的这部书被称为《新语》。

评

《郦生陆贾列传》是刘邦的开国谋士与外事活动家郦食其(yì jī)、陆贾二人的合传。这里只选取了陆贾的《陆贾说赵他归汉》与《陆贾说刘邦重〈诗〉〈书〉》两个故事。赵他的祖籍在今河北省石家庄附近,秦朝时在广东做县令。秦末中原大乱时,赵他趁机征服了岭南诸郡,自立为"南越王",建都番禺(今广州市),真也称得上是一位大英雄。刘邦统一中原后,派陆贾出使南越,劝赵他归服汉朝。陆贾到南越后,对赵他有拉,有哄,有利诱,有威吓,经过一套有理、有力、有节的劝说,终于使赵他满心喜悦地归服了汉朝,这也真可以称得上是一项极为光辉的壮举。作品对赵他性格的描写极其生动细致,读者可以将此文与《南越列传》参照阅读。

刘邦出身下层,打败项羽统一全国后,治国的方针大计究竟应该如何定,他心中是没数的。而陆贾是知识分子,熟读儒家的经典,懂得历史,知道秦朝是怎么灭亡的。于是他便在刘邦面前时时地称说《诗》《书》,以儒家的理论慢慢影响刘邦。不是说有儒家理论就一定能搞好国家,但可以说,完全不要儒家理论是一定搞不好国家的。日后汉武帝之所以要"罢黜百家,独尊儒术",也正是看中了儒家思想有其取悦民心、巩固封建秩序的重要作用。而陆贾在这方面,甚至连萧何、张良也有所不及。

刘敬叔孙通列传

叔孙通定朝仪

叔孙通者,薛人也[①]。秦时以文学征,待诏博士。数岁,陈胜起山东,使者以闻,二世召博士诸儒生问曰:"楚戍卒攻蕲(qí)入陈[②],于公如何?"博士诸生三十余人前曰:"人臣无将,将即反,罪死无赦。愿陛下急发兵击之。"二世怒,作色。叔孙通前曰:"诸生言皆非也。夫天下合为一家,毁郡县城,铄其兵,示天下不复用。且明主在其上,法令具于下,使人人奉职,四方辐辏(còu),安敢有反者?此特群盗鼠窃狗盗耳,何足置之齿牙间!郡守尉今捕论,何足忧!"二世喜曰:"善"。尽问诸生,诸生或言反,或言盗。于是二世令御史案诸生言反者下吏,非所宜言。诸言盗者皆罢之。乃赐叔孙通帛二十匹,衣一袭,拜为博士。叔孙通已出宫,反舍[③],诸生曰:"先生何言之谀也?"通曰:"公不知也,我几不脱于虎口!"乃亡去,之薛,薛已降楚矣。及项梁之薛,叔孙通从之。败于定陶[④],从怀王。怀王为义帝,徙长沙[⑤],叔孙通留事项王。汉二年,汉王从五诸侯入彭城[⑥],叔孙通降汉王。汉王败而西,因竟从汉。

叔孙通儒服,汉王憎之。乃变其服,服短衣,楚制,汉王喜。

叔孙通之降汉,从儒生弟子百余人,然通无所言进,专言诸故群盗壮士进之。弟子皆窃骂曰:"事先生数岁,幸得从降汉,今不能进臣等,专言大猾,何也?"叔孙通闻之,乃谓曰:"汉王方蒙矢石争天下,诸生宁能斗乎?故先言斩将搴(qiān)旗之士。诸生且待我,我不忘矣。"汉王拜叔孙通为博士,号稷嗣君。

汉五年,已并天下,诸侯共尊汉王为皇帝于定陶⑦,叔孙通就其仪号。高帝悉去秦苛仪法,为简易。群臣饮酒争功,醉或妄呼,拔剑击柱,高帝患之。叔孙通知上益厌之也,说上曰:"夫儒者难与进取,可与守成。臣愿征鲁诸生,与臣弟子共起朝仪。"高帝曰:"得无难乎?"叔孙通曰:"五帝异乐,三王不同礼⑧。礼者,因时世人情为之节文者也。故夏、殷、周之礼所因损益可知者,谓不相复也。臣愿颇采古礼与秦仪杂就之。"上曰:"可试为之,令易知,度吾所能行为之。"

于是叔孙通使征鲁诸生三十馀人。鲁有两生不肯行,曰:"公所事者且十主,皆面谀以得亲贵。今天下初定,死者未葬,伤者未起,又欲起礼乐。礼乐所由起,积德百年而后可兴也。吾不忍为公所为。公所为不合古,吾不行。公往矣,无污我!"叔孙通笑曰:"若真鄙儒也,不知时变。"

遂与所征三十人西,及上左右为学者与其弟子百馀人为绵蕞(zuì)野外⑨。习之月馀,叔孙通曰:"上可试观。"上既观,使行礼,曰:"吾能为此。"乃令群臣习肄,会十月。

汉七年,长乐宫成,诸侯群臣皆朝十月⑩。仪:先平明,谒者治礼⑪,引以次入殿门,廷中陈车骑步卒卫宫,设兵张旗志。传言"趋"⑫。殿下郎中侠陛⑬,陛数百人。功臣列侯诸将军军吏以次陈西方,东乡⑭;文官丞相以下陈东方,西乡。大行设九宾,胪传⑮。于是皇帝辇出房,百官执职传警,引诸侯王以下至吏六百石以次奉贺。自诸侯王以下莫不振恐肃敬。至礼毕,复置法酒⑯。诸侍坐殿上皆伏抑首,以尊卑次起上寿。觞九行，谒者言"罢酒"。御史执法举不如仪者辄引去。竟朝置酒，无敢讙哗失礼者。于是高帝曰："吾乃今日知为皇帝之贵也。"乃拜叔孙通为太常⑰，赐金五百斤。

叔孙通因进曰："诸弟子儒生随臣久矣，与臣共为仪，愿陛下官之。"高帝悉以为郎。叔孙通出，皆以五百斤金赐诸生。诸生乃皆喜曰："叔孙生诚圣人也，知当世之要务。"

注

① 薛：秦县名，县治在今山东滕州市南。

② 蕲：秦县名，在今安徽宿州市南。**陈**：秦郡名，郡治陈县（今河南淮阳县）。

③ 反：通"返"。

④ 败于定陶：指项梁在定陶被秦将章邯破杀，事在秦二世二年（前208年）九月。定陶，秦县名，在今山东定陶县西。

⑤ 徙长沙：汉元年（前206年），项羽尊怀王为义帝，将其迁于长沙以南的郴县，又令黥布伙同长沙王吴芮将其杀死于途中。

⑥ 汉二年：前205年。**彭城**：即今江苏徐州市，当时为项羽的都城。

⑦ 汉五年：前202年。**尊汉王为皇帝**：事在汉五年二月。

⑧ 五帝：传说中的远古帝王，即黄帝、颛顼、帝喾、唐尧、虞舜。三王：夏禹、商汤、周代文王、武王。

⑨ 绵蕝：引绳为"绵"，束茅以表位为"蕝"，这里用以形容叔孙通等人制定、演习朝会礼仪时的情景。

⑩ 朝十月：汉初沿用秦历，以十月为岁首。"朝十月"即令各封国的王侯于岁首进京朝拜皇帝。

⑪**谒者**：官名，为帝王主管收发传达，举行典礼时任司仪。

⑫**传言"趋"**：当传呼某人上殿时，某人就小步趋进。趋，小步疾行，这是臣子在君父跟前走路的一种特定礼节姿势。按：三字在此处割裂上下文，疑当在下文"大行设九宾，胪传"句下。

⑬**郎中**：帝王的侍卫人员。**侠**：通"夹"。

⑭**乡**：通"向"。

⑮**大行**：官名，大行人，掌管宾客朝觐之事，又叫鸿胪。**九宾**：同"九傧"。**胪传**：吆唱传话。

⑯**法酒**：有严格礼仪的酒宴。

⑰**太常**：九卿之一，掌祭祀礼仪。

译

　　叔孙通是薛县人。秦朝时因熟悉文献而被召进朝廷，做了候补博士以备顾问。几年后，陈胜在东方造反，有使者从东方来向朝廷报告消息，秦二世召集身边的博士和儒生们问："楚地派去守边的士兵半路造反攻下蕲县，又攻入了陈郡，你们说该怎么办？"三十多个博士儒生们都一齐说："做臣子的绝不能兴兵聚众，兴兵聚众那就是造反，对于造反的人绝不能宽恕，请陛下火速发兵前往剿灭。"秦二世急了，脸色通红。这时叔孙通走过去说："他们刚才说的都是谬论。如今天下归为一统，各郡各县的城池都已铲平，民间所有的兵器都已销掉，这就早已向天下人宣布用不着这些东西。当今又上有英明的皇帝，下有完备的法令，派出去的官吏都忠于职守，四面八方都像辐条向着轴心一样地向着朝廷，在这种情况下，哪里还有什么人敢'造反'呢！那些人不过是一群偷鸡摸狗的盗贼，哪里值得一提呢！各地的郡守郡尉们很快地就可以把他们逮捕问罪了，有什么可担心的！"秦二世转怒为喜，说："好。"然后又挨个问那些儒生，有的人说是"造反"，有的人说是"盗贼"。于是秦二世让御史把那些认为是"造反"的人都抓起来，投进了监狱，认为这种话不是他们所该讲的。而那些说是"盗贼"的人则一律无事，都被放回。与此同时赐给了叔孙通二十匹丝绸、一套新衣服，并把他提升为博士。叔孙通出了宫门，回到住所后，那些儒生都问他："你怎么那么能拍马屁啊？"叔孙通说："你们不了解，我差一点儿就掉进虎口出不来了。"说罢就逃走了。等他回到了薛县，薛县已投降了楚地的起义军。后来项梁来到了薛县，叔孙通就跟上了项梁。等项梁在定陶失败身死后，叔孙通就又投奔了楚怀王。等到楚怀王被尊为"义帝"迁往长沙后，叔孙通就又留下来侍候了项羽。待至汉高祖二年，刘邦率领着各路诸侯攻入彭城后，叔孙通摇身一变就又投靠了刘邦。待至刘邦被项羽打败西逃时，叔孙通也跟着刘邦一道西去了。

叔孙通本来是穿着一套儒生的服装，刘邦看着很讨厌；于是叔孙通立刻就变了一种样子，改穿短衣服，一副楚人的打扮，刘邦看着很高兴。

当叔孙通投靠刘邦的时候，跟着他一道前来的弟子们有一百多人，但是叔孙通一个也不向刘邦推荐，而是专门给刘邦推荐了一些旧日的土匪强盗。他的弟子们都在背后骂他说："跟了他这么多年，今天跟着他又投靠了刘邦，可是他不推荐咱们，而专门去推荐那些大坏蛋，真不知道这是什么道理！"叔孙通听说后，就对他们说："汉王现在正冒着枪林箭雨打天下，你们能去打仗吗？所以我现在只有先给他推荐那些能够冲锋陷阵、斩将拔旗的勇士。你们要等一等，我是不会忘了你们的。"这时刘邦也让叔孙通当博士，赐号为稷嗣君。

汉高祖五年，刘邦统一天下，诸侯们在定陶尊立刘邦当了皇帝，于是刘邦责成叔孙通制定一套仪式和名号。当初刘邦刚灭秦时废除了秦朝的繁文缛节，什么事都希望简便易行。于是大臣们便酗酒争功，狂呼乱叫，甚至于拔剑击柱，刘邦对此很讨厌。叔孙通看透了刘邦的心理，就劝刘邦说："儒生们虽然不能帮着你攻城占地，但他们却可以帮着你来守天下。请你让我去找一些鲁地的儒生，让他们来和我的弟子们一道给您制定一套朝廷上使用的礼仪。"刘邦说："会不会太复杂呢？"叔孙通说："五帝用的音乐各不相同，三王用的礼仪也不一致。礼是根据着不同时代的人情世态所制定的一套规矩准绳。孔子所说的'夏朝、商朝、周朝的礼仪各有什么增损，我是知道的'，就是指各朝的礼仪不一样。我可以参照古代的礼法，吸收秦朝的一部分东西，来给您制定一套符合今天使用的制度。"刘邦说："您可以试着办，要注意简便易学，要考虑我能够做到。"

于是叔孙通就到曲阜一带找了三十多个儒生。其中有两个人拒绝参加，他们说："您所侍奉过的主子差不多有十个了，你都是靠着拍马屁博得你主子的宠爱。现在天下才刚刚安定，死的还没有埋葬，伤的还没有恢复，你就又闹着制定什么礼乐。礼乐制度的建立那是行善积德百年以后才能考虑的事情。我们没法去干你今天要干的那些事儿。您的行为不合于古人，我们不去，您自己去吧，别玷污了我们！"叔孙通笑道："你们可真是些榆木脑袋，根本不懂时代的变化。"

叔孙通就带着他所找的三十个人回了长安。他把他们和刘邦身旁旧有的书生以及自己的弟子们合在一起，共一百多人，在野外拉起绳子，立上草人，前后演习了一个多月。而后叔孙通去对刘邦说："您可以去看看了。"刘邦去到那里看着他们演习了一遍,放心地说:"这个我能做到。"于是下令叫群臣排练、演习,准备在明年的岁首十月会见诸侯时正式使用。

汉高祖七年,长乐宫建成了,各地的诸侯和朝廷里的大臣都来参加十月的朝会。当时的仪式是这样的:天亮之前,首先是谒者执行礼仪,他领着诸侯与大臣们按次序进入殿门,院子里排列着保卫宫廷的骑兵和步兵,陈列着各种兵器,插着各种旗帜。当传呼某人上殿时,这个人就要小步迅速趋进。殿下的郎中们都站在台阶的两旁,每层台阶上都站着几百人。功臣、列侯、将军以及其他军官们都依次站在西边,面朝东;丞相以下的各文官都依次站在东边,面朝西。大行人设立了九个傧相,专门负责上下传呼。最后皇帝的车子从后宫出来了,他贴身的人员拿着旗子,传话叫大家注意;然后领着诸侯王以下直到六百石的官吏们依次向皇帝朝贺。从诸侯王以下,所有的人都诚惶诚恐,肃然起敬。群臣行礼过后,又按着严格的礼法摆出酒宴。那些有资格陪刘邦坐在大殿上头的人们也都叩伏在席上,他们一个个按着爵位的高低依次起身给刘邦祝酒。等到酒过九巡,谒者传出命令说:"停止。"哪一个人稍有不合礼法,负责纠察的御史立即把他们拉出去。整个朝会从始至终,没有一个人敢喧哗失礼。这时刘邦高兴地说:"今天我才真正体会到了做皇帝的尊贵。"于是立即提升叔孙通做了太常,赐给他黄金五百斤。

而叔孙通则趁机对刘邦说:"我的那些弟子已经跟我好多年了,是他们和我一块儿制定的这套礼仪,请陛下也能给他们一些官做。"刘邦一听,立即任命那些人都当了郎官。叔孙通出宫后,把刘邦赏给他的那五百斤黄金都分给了那些儒生。儒生们都高兴地说:"叔孙通可真是个圣人,他能把握住形势的需要。"

评

  《刘敬叔孙通列传》是汉初一个撞大运的幸运儿和一个看风使舵者的合传。刘敬本名"娄敬",由于进言建都关中正合时机而使得刘邦高兴,被赐姓刘,真是"力田不如逢年",来得早不如来得巧。叔孙通是一条变色龙,其"贡献"就是不失时机地为刘邦制定了一套上朝的礼仪,使刘邦的王朝有了章法,也真正让刘邦体会到了做皇帝的乐趣。按理说,"制礼作乐"本来也是一个王朝开始时的大事,关键在于叔孙通这个办事的人物是个小丑,故而司马迁也就把这件本来庄严的事情用一种滑稽的笔调写了出来,这就是我们这里所选的《叔孙通定朝仪》。

  在刘邦打天下的过程中,他身边有两个读过孔孟之书的人,一个是陆贾,这个人虽念过儒书,但有纵横家的特点;另一个是叔孙通,这是个专门窥测形势、看风使舵的家伙,司马迁给他用的词叫"希世"。这两人一庄一谐,一个说"马上取天下,宁可马上治之乎?"一个说"儒者难与进取,可与守成",都是劝说刘邦相机采用一些儒家的东西,将其补充到统治法术中去,这倒是不该以人废言的。陆贾的事情参见《郦生陆贾列传》。

扁鹊仓公列传

神医扁鹊

　　扁鹊者，勃海郡郑人也，姓秦氏，名越人，少时为舍长①。舍客长桑君过②，扁鹊独奇之，常谨遇之。长桑君亦知扁鹊非常人也。出入十余年，乃呼扁鹊私坐，闲与语曰："我有禁方③，年老，欲传与公，公毋泄！"扁鹊曰："敬诺。"乃出其怀中药予扁鹊："饮是以上池之水，三十日当知物矣④。"乃悉取其禁方书尽与扁鹊。忽然不见，殆非人也。

　　扁鹊以其言饮药三十日，视见垣一方人。以此视病，尽见五脏症结，特以诊脉为名耳。为医，或在齐，或在赵⑤。在赵者名扁鹊。

　　扁鹊过虢（guó）⑥。虢太子死，扁鹊至虢宫门下，问中庶子喜方者曰："太子何病，国中治穰（ráng）过于众事⑦？"中庶子曰："太子病血气不时，交错而不得泄，暴发于外，则为中害。精神不能止邪气，邪气畜积而不得泄，是以阳缓而阴急，故暴蹶而死。"扁鹊曰："其死何如时？"曰："鸡鸣至今。"曰："收乎？"曰："未也，其死未能半日也。""言臣齐勃海秦越人也，家在于郑，未尝得望精光侍谒（yè）于前也。闻太子不幸而死，臣能生之。"中庶子曰："先生得无诞之乎？何以言太子可生也！臣闻上古之时，医有俞跗（fū），治病不以汤液醴洒，镵（chán）石、挢（jiǎo）引、案扤（wù）、毒熨⑧，一拨见病之应，因五脏之输，乃割皮解肌，诀脉结筋，搦（nuò）髓脑，揲（shé）

荒爪幕，湔浣（jiān huàn）肠胃，漱涤五脏，练精易形[9]。先生之方能若是，则太子可生也；不能若是而欲生之，曾不可以告咳婴之儿！"终日，扁鹊仰天叹曰："夫子之为方也，若以管窥天，以郄（xì）视文；越人之为方也，不待切脉、望色、听声、写形[10]，言病之所在。闻病之阳，论得其阴；闻病之阴，论得其阳。病应见于大表，不出千里，决者至众，不可曲止也。子以吾言为不诚，试入诊太子，当闻其耳鸣而鼻张，循其两股以至于阴，当尚温也。"中庶子闻扁鹊言，目眩然而不瞚（shùn），舌挢然而不下，乃以扁鹊言入报虢君。

虢君闻之，大惊，出见扁鹊于中阙[11]，曰："窃闻高义之日久矣，然未尝得拜谒于前也。先生过小国，幸而举之，偏国寡臣幸甚[12]！有先生则活，无先生则弃捐填沟壑，长终而不得反。"言未卒，因嘘唏服（bì）臆，魂精泄横，流涕长潸（shān），忽忽承睫（jié）[13]，悲不能自止，容貌变更。扁鹊曰："若太子病，所谓'尸蹶'者也。夫以阳入阴中，动胃缠（chán）缘，中经维络，别下于三焦膀胱[14]，是以阳脉下遂，阴脉上争，会气闭而不通[15]，阴上而阳内行，下内鼓而不起，上外绝而不为使，上有绝阳之络，下有破阴之纽，破阴绝阳，色废脉乱，故形静如死状。太子未死也。夫以阳入阴支兰藏（zàng）者生[16]，以阴入阳支兰藏者死。凡此数事，皆五藏蹶中之时暴作也。良工取之，拙者疑殆。"

扁鹊乃使弟子子阳厉针砥石，以取（外）三阳五会[17]。有间（jiàn），太子苏。乃使子豹为五分之熨，以八减之齐（jì）和煮之[18]，以更熨两胁下。太子起坐。更适阴阳，但服汤二旬而复故。故天下尽以扁鹊为能生死人。扁鹊曰："越人非能生死人也，此自当生者，越人能使之起耳。"

扁鹊过齐，齐桓侯客之[19]。入朝见，曰："君有疾在腠（còu）理，不治将深。"桓侯曰："寡人无疾。"扁鹊出，桓侯谓左右曰："医之好利也，欲以不疾者为功。"后五日，扁鹊复见，曰："君有疾在血脉，不治恐深。"桓侯曰："寡人无疾。"扁鹊出，桓侯不悦。后五日，扁鹊复见，曰："君有疾在肠胃间，不治将深。"桓侯不应。扁鹊出，桓侯不悦。后五日，扁鹊复见，望见桓侯而退走。桓侯使人问其故，扁鹊曰："疾之居腠理也，汤熨之所及也；在血脉，针石之所及也；其在肠胃，酒醪之所及也；其在骨髓，虽司命无奈之何[20]。今在骨髓，臣是以无请也。"后五日，桓侯体病[21]，使人召扁鹊，扁鹊已逃去。桓侯遂死。

使圣人预知微，能使良医得早从事，则疾可已，身可活也。人之所病，病疾多；而医之所病，病道少。故病有六不治：骄恣不论于理，一不治也；轻身重财，二不治也；衣食不能适，三不治也；阴阳并，藏气不定，四不治也；形羸不能服药，五不治也；信巫不信医，六不治也。有此一者，则重难治也。

扁鹊名闻天下。过邯郸，闻贵妇人，即为带下医[22]；过雒阳，闻周人爱老人，即为耳目痹医；来入咸阳，闻秦人爱小儿，即为小儿医：随俗为变。秦太医令李醯（xī）自知伎不如扁鹊也[23]，使人刺杀之。至今天下言脉者，由扁鹊也。

注

① **扁鹊**：相传是黄帝时代的神医，于是后代以"扁鹊"尊称医术高明的人。本文以"扁鹊"相称的秦越人为战国时期人。**勃海郡郑人**：汉代的勃海郡约当今之河北省沧州地区，沧州地区古今皆无"郑"县。《集解》《索隐》皆以为应作"鄚"，盖因形近而致误也。今沧州地区之任丘县北有"鄚州"，其地至今犹有"药王坟""药王庙"云。**舍长**：客馆的管理人员。

② **长桑君**：姓"长桑"的一位先生。

③ **禁方**：秘方。

④ **上池之水**：即指雨水。上池，天上的池沼。**物**：古代用以称神秘的精灵。

⑤ **齐**：诸侯国名，约当今之山东省一带，国都临淄。**赵**：诸侯国名，约当今之河北省中部、南部一带地区，国都邯郸。

⑥ **虢**：西周时有三个虢国，一个在今河南荥阳东北，春秋初期被郑国所灭；一个在今陕西宝鸡东，春秋初期被秦所灭；一个在今河南三门峡东南，春秋中期被晋国所灭，战国时代根本没有虢国，史公所云盖亦传说而已。

⑦ **中庶子**：太子的属官。**治穰**：向鬼神祈祷。穰，通"禳"。

⑧ **醴洒**：以酒调药冲洗患处。**镵石**：石针，用于针灸。**挢引**：即导引，一种体育疗法。**案扤**：按摩。**毒熨**：以药敷于患处。

⑨ **诀脉**：疏导血脉。**揲荒爪幕**："爪"字衍，"揲荒幕"即疏理膏肓的膈膜。**练精**：修炼精气。**易形**：改变形体。

⑩ **写形**：审察病人的情态。写，审视。

⑪ **中阙**：宫门的双阙之间。

⑫ **偏国寡臣**：谦称自己之太子。

⑬ **服臆**：同"腷臆"，气息哽咽。**睫**：同"睫"，睫毛。

⑭ **动胃缠缘**：胃部受病，似被缠绕。**中经维络**：指人的大小经络受到侵害。**三焦膀胱**：中医所谓"六腑"中的两个部位名。中医所称的六腑为胆、胃、小肠、大肠、三焦、膀胱。

⑮ **会气**：指中医所说的脏、腑、筋、髓、血、骨、脉、气八个精气汇聚之点。

⑯ **支兰藏**："脉络"的异称。

⑰ **三阳五会**：即"百会穴"，位于头顶。

⑱ **五分之熨**：指以药外敷，使其气进入人体五分之深。**八减之齐**：只用普通剂量的十分之八。

⑲ **齐桓侯**：战国初期田姓齐国的诸侯，名午，齐威王之父，前374—前357年在位。

⑳ **司命**：掌管人寿命的神，《楚辞九歌》有"大司命""少司命"。

㉑ **体病**：病，痛。

㉒ **带下医**：治疗妇科疾病的医生。带脉环绕人腰，妇科疾病多在带脉以下，故云。

㉓ **太医令**：为帝王看病的医生。

译

　　扁鹊是勃海的郑州人，姓秦，名越人。少年时为人家管理客馆。有个叫作长桑君的客人住到客馆里，只有扁鹊认为他与众不同，待他很恭谨。长桑君也知道扁鹊不是个平庸之辈。长桑君在客馆出出入入，住了十多年，后来他把扁鹊叫到他房间里，悄悄对他说："我有许多秘方，我岁数大了，想把它传给你，你可千万别说出去。"扁鹊说："我一定照办。"于是长桑君从怀里取出一包药递给扁鹊说："用未落地的雨水或露水送饮此药，连用三十天你就可以看得见鬼怪了。"接着长桑君便把他所有的秘方书都取出来交给了扁鹊。随后，忽然不见了，看来长桑君不是个凡人。

　　这以后扁鹊便依他的话吃了三十天药，果然能隔墙瞧见那边的人了。扁鹊凭着这种本事给人看病，能把病人五脏中的病症都看得清清楚楚，诊脉只是个名义而已。扁鹊行医,有时在齐国,有时在赵国。在赵国时被称为扁鹊。

扁鹊行医路过虢国。刚好虢国的太子死了,扁鹊来到虢国宫门前,向一个懂得医术的中庶子打听道:"太子得的是什么病?怎么全国都在祈祷,把别的事都搁置起来了呢?"中庶子说:"太子的病是由于血气与时节不相适应,结果阴阳之气交错而不能通畅地运行,气血郁结不通,突然发作,就使内脏受了伤害。他体内的正气不能压住邪气,以致使邪气蓄积得不到发散,结果阴盛阳衰,暴病而死。"扁鹊说:"他死了多久了?"中庶子说:"从鸡鸣到现在。"扁鹊问:"尸体收殓入棺了吗?"中庶子说:"还没有,他死了还不到半天呢。"扁鹊说:"你进去禀报,就说我是齐国勃海地方的秦越人,家在鄚州。过去我未能有幸拜见你们君主,为你们君主效力。现在听说你们太子不幸去世,我能让他死而复生。"中庶子说:"先生不是说胡话吧?你凭什么说太子可以死而复生呢?我听说在上古时代,有个医生叫俞跗,他治病不用汤剂、药酒,不用针灸石砭,不用按摩贴膏药,而是一眼就可以知道病症在哪儿,然后按照五脏的穴道,施行割皮和剖割肌肉之术,使壅塞的脉络畅通,使扭结的筋腱舒展,还要揉捏脑髓,按拿胸腹膜,清肠胃,洗五脏,培养精气,改换形体。先生您的医术如能和他的一样,那么太子就还有可能复生;如果你做不到这些,你想让太子复生,那就连三岁小孩也不会相信您的话。"两人谈了一整天,最后扁鹊仰天长叹道:"先生您所知道的医术,就像是用管子看天空,像透过缝隙看花纹。而我的医术则不然,我不必非给病人切脉、观气、听声、看形,才能知道病灶在哪儿,我可以由表知里、由里知表。一个人的内脏中有什么疾病都必然会有相应的外部症状,这方圆千里之内,诊断病症的方法很多,不能只认一个道理。如果你不信我的话，就请你进宫，试着给太子诊断一下，你会听到他还在耳鸣，会看见他的鼻孔还在发胀，他的两腿直到阴部都还是温热的。"

中庶子听了扁鹊这番话，目瞪口呆，久久说不出话来。于是他把扁鹊的话通报给了虢国国君。虢国国君听后也大吃一惊，赶紧迎到中门以外，对扁鹊说："我早就听说过您的大名，只是没有机会去拜见。现在先生路过我们这小小的国家，如你能救活太子，那我这个小国的君臣可真是太幸运了。有了先生您他才能活，没有先生您他就只有死路一条，永不能复生了。"话还没说完，虢国国君已经抽咽起来，他精神恍惚、涕泪交流，睫毛上挂满泪珠，悲伤不能自已，连容貌都变了。扁鹊说："太子这种病，就是通常所说的'假死'。是由于阳气下降入阴，搅扰胃部，经脉受损害，络脉被阻塞，分别下沉于三焦、膀胱，因此阳脉下坠，阴脉上升，阴阳两气交会之处堵塞，阴气继续上升而阳气只好向里走，于是阳气只能在身体的下部和内部鼓动而不能升起，阳气郁结于下内，与上外隔绝，不能引导阴气，这样，上有隔绝阳气的脉络，下有破坏阴气的筋纽，阴气破坏，阳气断绝，使人的脸色都变了，脉气全乱了套，因此身体静静地躺着，就像死了一样。其实太子并没有死。由于阳入阴而阻隔了脏气的可以活，由于阴入阳而阻隔脏气的则必死。凡此种种情况，都是五脏失调之时暴发而成的。高明的医生能把握病因进行调理，医术不高的人就只能疑惑不解了。"

于是扁鹊让弟子子阳把铁针石针一齐磨好，把它们从太子的三阳五会上扎了下去。过了一会儿，太子就苏醒过来了。于是扁鹊又让弟子子豹把剂量减半的熨药和八减方的药剂和煮在一起，交替地熨敷太子的两胁下面。过了一会儿太子能坐起来了，扁鹊又进一步调理他体内交错的阴阳之气，只服了二十天汤药，太子就全然康复了。于是天下人都以为扁鹊有起死回生之术。扁鹊说："我并非能使人起死回生，只是能使这些本来就没死的人站立起来而已。"

扁鹊经过齐国时，齐桓侯接待了他。扁鹊入朝时，对桓侯说："大王皮肤和肌肉之间有病，如果不及时治疗，病就会往身体内部发展。"桓侯说："我没病。"扁鹊出来后，桓侯对左右的人说："医生贪财好利，把没病的人说成病人，好为自己赚钱。"五天以后，扁鹊又见到了齐桓侯，说："大王的病已经进入血脉了，如不及时医治，恐怕还要往深里发展。"桓侯说："我没病。"扁鹊出来后，桓侯心里很不高兴。又过了五天，扁鹊又去见桓侯，说："大王的病已到了肠胃之间，如再不治，还会加深。"桓侯不搭理他。扁鹊出去之后，桓侯更不高兴。又过了五天，扁鹊又去见齐桓侯，这回他只远远地一看就赶紧往回跑。桓侯派人问他为什么跑。扁鹊说："皮肤里的病，用汤剂、熨药就可以治好；血脉里的病，用铁针石针就可以扎好；肠胃里的病，用酒药可以治好；可是骨髓中的病即使是掌管寿命的神仙也没有办法医治了。如今大王的病已深入骨髓，所以我没同大王讲话就退下来了。"又过了五天，桓侯发病了，派人去请扁鹊，扁鹊早已逃离了齐国。于是齐桓侯就病死了。

一个智能高的人假如能及早察觉疾病的苗头，能请良医及早治疗，那么病就可以好，性命也可以保住。病人所苦的是疾病的种类太多，医生所苦的是治病的药方太少。此外还有六种病没法治：骄傲放纵不讲道理，是第一种；轻性命重财物，是第二种；衣着饮食调节不当，是第三种；阴阳相混，五脏失去正常功能，是第四种；身体太弱不能承受药物，是第五种；信巫士不信医生，是第六种。人只要有这其中的一条，那么他的病就没法治。

扁鹊名闻天下。他经过邯郸的时候，听说那儿尊重妇女，他就注意研究妇科疾病；经过洛阳的时候，听说当地爱戴老人，他就注意研究耳聋眼花和风湿症；他到了咸阳，听说秦人爱护儿童，就注意研究小儿科，随着各地风俗变化而变化。秦国的太医令李醯知道自己的医术不如扁鹊，就派人把扁鹊刺杀了。到如今天下研究切脉学问的医生，还是以扁鹊为祖师。

评

《扁鹊仓公列传》是战国时秦越人和汉代淳于意两位医生的合传，这里只选了秦越人行医的两个故事。"扁鹊"是远古传说中的一位神医，因为秦越人医术高明，所以人们便也呼秦越人为"扁鹊"，而真名字倒不被人所注意了。秦越人为虢太子看病的故事用了许多医学名词，讲了很多医学道理，表现了司马迁对于医生这一行业的熟悉；秦越人警告齐桓侯有病一节，故事生动而道理深刻，形象地告诉了人们有病必须早治。文章最后司马迁又总结了六种耽误病情使人得不到有效治疗的严重情况，表现了司马迁卓越的唯物思想。秦越人一生治病救人，都是做的好事，但最后却被一个有势力的庸医害死了，这就是司马迁在《史记》中多次慨叹的"女无美恶，入宫见嫉；士无贤不肖，入朝见妒"。"妒嫉"使多少美好的事业毁于垂成，使多少聪明才智之士死于非命，人类自身什么时候才能消除"妒嫉"这种可恶的"剧毒"呢！

李将军列传

飞将军李广

李将军广者，陇西成纪人也①。其先曰李信②，秦时为将，逐得燕太子丹者也。故槐里③，徙成纪。广家世世受射。孝文帝十四年，匈奴大入萧关，而广以良家子从军击胡④，用善骑射，杀首虏多，为汉中郎⑤。广从弟李蔡亦为郎，皆为武骑常侍，秩八百石⑥。尝从行，有所冲陷折关及格猛兽，而文帝曰："惜乎，子不遇时！如令子当高帝时，万户侯岂足道哉！"

及孝景初立，广为陇西都尉，徙为骑郎将⑦。吴楚军时，广为骁骑都尉，从太尉亚夫击吴楚军，取旗，显功名昌邑下⑧。以梁王授广将军印⑨，还，赏不行。徙为上谷太守，匈奴日以合战，典属国公孙昆邪为上泣曰⑩："李广才气，天下无双，自负其能，数与虏敌战，恐亡之。"于是乃徙为上郡太守⑪。

匈奴大入上郡，天子使中贵人从广勒习兵击匈奴。中贵人将骑数十纵，见匈奴三人，与战。三人还射，伤中贵人，杀其骑且尽。中贵人走广。广曰："是必射雕者也。"广乃遂从百骑往驰三人。三人亡马步行，行数十里。广令其骑张左右翼，而广身自射彼三人者，杀其二人，生得一人，果匈奴射雕者也。已缚之上马，望匈奴有数千骑，见广，以为诱骑，皆惊，上山陈⑫。广之百骑皆大恐，欲驰还走。广曰："吾去大军数十里，今如此以百骑走，匈奴追射我立尽。今我留，匈奴必以我为大军之诱，必不敢击我。"广令诸骑曰："前！"前未到匈奴陈二里所，止，令曰："皆下马解鞍！"其骑曰："虏多且近，即有急，奈何？"广曰："彼虏以我为走，今皆解鞍以示不走，用坚其意。"于是胡骑遂不敢击。有白马将出护其兵[13]，李广上马与十馀骑奔射杀胡白马将，而复还至其骑中，解鞍，令士皆纵马卧。是时会暮，胡兵终怪之，不敢击。夜半时，胡兵亦以为汉有伏军于旁欲夜取之，胡皆引兵而去。平旦，李广乃归其大军。大军不知广所之，故弗从。

其后四岁，广以卫尉为将军，出雁门击匈奴[14]。匈奴兵多，破败广军，生得广。单于素闻广贤，令曰："得李广必生致之。"胡骑得广，广时伤病，置广两马间，络而盛卧广。行十馀里，广详死，睨其旁有一胡儿骑善马，广暂腾而上胡儿马[15]，因推堕儿，取其弓，鞭马南驰数十里，复得其馀军，因引而入塞。匈奴捕者骑数百追之，广行取胡儿弓，射杀追骑，以故得脱。于是至汉，汉下广吏。吏当广所失亡多[16]，为虏所生得，当斩，赎为庶人。

居无何，匈奴入杀辽西太守，败韩将军，韩将军后徙右北平，于是天子乃召拜广为右北平太守[17]。

广居右北平，匈奴闻之，号曰"汉之飞将军"，避之，数岁不敢入右北平。

广出猎，见草中石，以为虎而射之，中石没镞。视之，石也，因复更射之，终不能复入石矣。广所居郡闻有虎，尝自射之。及居右北平射虎，虎腾伤广，广亦竟射杀之。

广廉，得赏赐辄分其麾下，饮食与士共之。终广之身，为二千石四十馀年[18]，家无馀财，终不言家产事。广为人长，猿臂，其善射亦天性也,虽其子孙他人学者,莫能及广。广讷口少言,与人居则画地为军陈,射阔狭以饮[19]。专以射为戏,竟死。广之将兵,乏绝之处,见水,士卒不尽饮,广不近水。士卒不尽食,广不尝食。宽缓不苛,士以此爱乐为用。其射,见敌急,非在数十步之内,度不中不发,发即应弦而倒。用此,其将兵数困辱,其射猛兽亦为所伤云。

后二岁,广以郎中令将四千骑出右北平,博望侯张骞将万骑与广俱[20],异道。行可数百里,匈奴左贤王将四万骑围广[21],广军士皆恐,广乃使其子敢往驰之。敢独与数十骑驰,直贯胡骑,出其左右而还,告广曰:"胡虏易与耳。"军士乃安。广为圜陈外向,胡急击之,矢下如雨。汉兵死者过半,汉矢且尽。广乃令士持满毋发,而广身自以大黄射其裨将,杀数人,胡虏益解[22]。会日暮,吏士皆无人色,而广意气自如,益治军。军中自是服其勇也。

后二岁,大将军、骠骑将军大出击匈奴[23],广数自请行。天子以为老,弗许;良久乃许之,以为前将军。是岁,元狩四年也[24]。

广既从大将军青击匈奴,既出塞,青捕虏知单于所居,乃自以精兵走之,而令广并于右将军军[25],出东道。东道少回远,而大军行水草少,其势不屯行。广自请曰:"臣部为前将军,今大将军乃徙令臣出东道,且臣结发而与匈奴战[26],今乃一得当单于,臣愿居前,先死单于。"大将军青亦阴受上诫,以为李广老,数奇[27],毋令当单于,恐不得所欲。而是时公孙敖新失侯,为中将军从大将军[28],大将军亦欲使敖与俱当单于,故徙前将军广。广时知之,固自辞于大将军。大将军不听,令长史封书与广之幕府,曰:"急诣部[29],如书。"广不谢大将军而起行,意甚愠怒而就部,引兵与右将军食其合军出东道。军亡导,或失道[30],后大将军。大将军与单于接战,单于遁走,弗能得而还[31]。南绝幕[32],遇前将军、右将军。广已见大将军，还入军。大将军使长史持糒醪遗广㉝，因问广、食其失道状，青欲上书报天子军曲折。广未对，大将军使长史急责广之幕府对簿。广曰："诸校尉无罪㉞，乃我自失道。吾今自上簿。"

至莫府，广谓其麾下曰："广结发与匈奴大小七十馀战，今幸从大将军出接单于兵，而大将军又徙广部行回远，而又迷失道，岂非天哉！且广年六十馀矣，终不能复对刀笔之吏。"遂引刀自刭。广军士大夫一军皆哭。百姓闻之，知与不知，无老壮，皆为垂涕。

注

① **陇西**：汉郡名，郡治狄道，即今甘肃临洮县。**成纪**：汉县名，在今甘肃秦安县北，当时属陇西郡。

② **李信**：始皇时代的将军，事迹参见《白起王翦列传》。

③ **槐里**：汉县名，在今陕西兴平市东南。

④ **孝文帝十四年**：前166年。孝文帝，名恒，刘邦之子，前179—前157年在位。**萧关**：在今宁夏固原县南。**良家子**：清白人家的子弟，以区别罪犯之从军者。

⑤ **首虏**：斩敌之首与俘虏敌人。**中郎**：与"郎""郎中"皆为帝王的侍从，上属郎中令。

⑥ **秩八百石**：秩，官阶。八百石，略当于县令的级别。石，重量单位，一石重一百二十斤。"八百石""二千石"皆表示级别，不指俸禄的数量。

⑦ **陇西都尉**：陇西郡的军事长官。**骑郎将**：皇帝的侍从武官名，秩比千石。

⑧ **吴楚军时**：吴楚七国举兵叛乱时，事在景帝三年（前154年）。过程

参见《袁盎晁错列传》。**亚夫**：周亚夫，绛侯周勃之子，平定吴楚七国之乱的军事领袖，时官居太尉，国家的最高军事长官，事迹详见《绛侯周勃世家》。**昌邑**：当时梁国的大县，在今山东巨野县南。

⑨ **梁王**：梁孝王刘武，汉景帝的胞弟，因受其母宠爱，对景帝构成威胁，兄弟之间矛盾尖锐。但梁国在此次抗击吴楚叛军西进中，作用巨大。

⑩ **上谷**：汉郡名，郡治沮阳，在今河北省怀来县东南。**典属国**：主管外事关系的朝官。**公孙昆邪**：姓公孙，名昆邪。

⑪ **上郡**：汉郡名，郡治肤施，在今陕西榆林市东南。

⑫ **上山陈**：陈，通"阵"，列阵。

⑬ **护其兵**：护，指维持秩序、整理行列等。

⑭ **其后四岁**：指武帝元光六年（前129年）。**卫尉**：九卿之一，护卫宫廷的军事长官。时李广为未央宫（皇帝所居）卫尉，程不识为长乐宫（太后所居）卫尉。**雁门**：关塞名，在今山西代县西北。

⑮ **详死**：装死。详，通"佯"。**暂腾**：突然跳起。

⑯ **吏当广所失亡多**：当，判处，判定。

⑰ **居无何**：没过多久，即武帝元朔元年（前128年）。**辽西**：汉郡名，郡治在今辽宁省义县西。**韩将军**：韩安国。**韩将军后徙右北平，于是天子乃召拜广为右北平太守**：按：一郡同时不能有两个太守，参照《韩长孺列传》知"韩将军后徙右北平"下，应增一"死"字，盖韩长孺徙右北平后呕血死，而后李广始赴右北平也。右北平，汉郡名，郡治平刚，在今内蒙古宁城县西南。

⑱ **二千石**：指郡守一级。李广还当过卫尉、郎中令，秩"真二千石"，比"二千石"级别还高。

⑲ **射阔狭**：即比赛谁射得准。阔狭，指实际着箭点与预期着箭点之间的

距离大小。

⑳ **后二岁**：文有删节，此指武帝元狩二年（前121年）。**郎中令**：九卿之一，统领皇帝侍从，并主管宫内警卫的官员。**张骞**：大探险家，曾多次出使西域，功封博望侯，详见《大宛列传》。

㉑ **左贤王**：匈奴东部地区的头领，受匈奴单于调遣。

㉒ **大黄**：一种可以连发的黄色大弓。**裨将**：副将。**胡虏益解**：解，通"懈"，松劲，泄气。

㉓ **大将军**：官名，国家最高的军事长官，此指卫青。**骠骑将军**：仅次于"大将军"的超级军事长官，此指霍去病。卫青、霍去病的事迹详见《卫将军骠骑列传》。

㉔ **元狩四年**：前119年。

㉕ **右将军**：赵食其（yì jī）。

㉖ **结发**：指男子二十岁，古代男孩至二十岁始束发戴冠。

㉗ **数奇**：运气不好。奇，单数，不成双，不逢时。

㉘ **公孙敖**：卫青的朋友，曾救过卫青的命。**新失侯**：在此前不久的作战中因败军失掉侯爵。**中将军**：按：公孙敖此行实以"校尉"从军，此作"中将军"，盖误。

㉙ **长史**：诸史之长，当时在大将军与丞相手下设此职，地位崇重，秩二千石。**广之幕府**：意即李广的军部。幕府，篷帐。**急诣部**：诣，赴，前去。

㉚ **亡导**：没有向导。**或失道**：或，通"惑"，迷路。

㉛ **大将军与单于接战**：按：卫青此战虽未俘获单于，但打得非常精彩，详见《卫将军骠骑列传》。

㉜ **南绝幕**：跨过大漠南归。绝，横度，横穿。幕，通"漠"，大沙漠。

㉝ **糗醪**：酒饭。糗，干饭；醪，浓酒。
㉞ **校尉**：将军属下的中级军官。将军手下设若干部，部的长官称校尉。

译

　　李广将军是陇西郡成纪县人，他的祖先李信是秦国的名将，曾经活捉了燕太子丹。李广家的原籍是槐里县，后来迁到了成纪，射箭是李广家世代相传的绝技。孝文帝十四年，匈奴大规模地入侵萧关，这时李广以良家子的身份参军，抗击匈奴。由于他善于骑马射箭，杀的敌人多，因此被调到文帝身边任中郎。当时李广的堂弟李蔡也为郎，兄弟二人都跟着汉文帝当武骑常侍，官阶是八百石。有一次，李广跟随文帝外出，在冲锋陷阵和与猛兽格斗中表现出了无比的勇敢。文帝称赞李广说："真可惜啊！你生得不是时候！如果你生在高皇帝打江山的年代，封个万户侯又何足挂齿呢！"

　　等到景帝即位后，李广先任陇西都尉，接着被召进京城做了皇帝的骑郎将。后来吴楚七国叛乱时，李广以骁骑都尉的身份跟着太尉周亚夫往讨叛军。李广夺得了敌军的战旗，在昌邑大显威名。只因为梁孝王赠给李广一颗将军印，回京后没能再受到封赏。后来李广被调任上谷太守，匈奴军队每天和他打仗。典属国公孙昆邪流着眼泪向景帝请求说："李广本领天下无双，他自恃武艺高强，天天和敌军交战，我真怕损失了这员名将。"于是景帝就把李广调为上郡太守。

　　这时匈奴人正大举进攻上郡，而皇帝偏偏又在这时派了一名宠信的宦官到上郡来跟着李广学习军事。有一次这个宦官带领着几十名骑兵在田野上纵马奔驰，突然遇到了三个匈奴人，便打了起来。结果这个宦官被匈奴人射伤，他带的几十名骑兵几乎全被匈奴人射死了。宦官逃回到李广处，李广说："一定是匈奴的射雕手。"他立即带了百数名骑兵去追赶这三个人。三个人把自己的马丢了，只好步行，这时已经走出了几十里。李广命令部下做出了从左右两侧包抄的架势，自己拿弓箭射他们，结果射死了两个，活捉了一个，一审问，果然是匈奴的射雕人。他们刚把俘虏绑在马上，突然望见远处来了几千名匈奴骑兵。这些骑兵发现李广，以为是汉军派出来引他们去上钩的，心里很吃惊，于是慌忙冲上山头布好阵势。李广的这百十人吓坏了，都想赶紧往回跑。李广说："这里离我们的大部队有几十里，我们这百十人如果往回跑，匈奴人追上来一阵乱箭就都把我们射死了。如果我们留下来不走，匈奴人必然以为我们是大部队派出来引他们去上钩的，他们一定不敢打我们。"于是李广命令这百十人："前进！"一直走到离匈奴人只有二里的地方停下来，接着又下令："全体下马，把鞍子解下来！"有人说："敌人这么多，离我们又这么近，我们再下马解鞍，如果敌人进攻我们，我们怎么办？"李广说："敌人原以为我们会跑，现在我们偏要给他来个下马解鞍表明不跑，以此来强化他们的错误判断。"这样一来，匈奴人果然没敢进攻李广。后来敌人那边有个骑白马的将领出来整理阵容，这时李广突然上马带着十来个人飞奔过去将他射死了，然后又退回来解下马鞍子，并命令士兵们把马放开，都躺在地上休息。这时天色渐晚，匈奴人始终觉得这伙人可疑，没敢出击。到了半夜，匈奴人更怀疑附近可能埋伏着大批汉军，打算乘夜晚偷袭他们，于是赶紧撤走了。第二天清晨，李广才回到大营。李广的大部队因为不知道李广昨晚去了何处，只好在原地待命。

这以后的第四年，李广以未央宫卫尉的身份为将军，率兵出雁门关讨伐匈奴。不料遇到了匈奴的大军，结果汉军被击败，李广也被俘虏了。匈奴单于早就知道李广的才干，因此下过命令："如果遇到李广一定要抓活的。"匈奴捉到李广，李广当时正害着病，于是匈奴人就在两匹马之间拴了一个网床，让李广躺在上边。李广躺着一直装死不动，等到走出了十几里的时候，他斜着眼偷偷瞧见他身边有个匈奴少年骑着一匹好马，于是他就突然一跃而起，跳到了这个匈奴少年的马上，夺过他的弓箭，把他推下马，然后快马加鞭一口气向南跑了几十里，找到了自己的残部，领着他们返回了关内。当时有几百个匈奴骑兵在后面追赶李广，李广就用他夺来的那张弓回身射死了追上来的匈奴人，终于得以脱身。李广回来后，朝廷把他交给军法处审判，军法处判定李广损失士卒众多，又自身被俘，应当斩首，但允许李广出钱赎罪，成了普通百姓。

没过多久，匈奴人进犯辽西，杀了辽西郡的太守，打败了韩安国的守军。朝廷将韩安国调任右北平太守，韩安国懊恼地呕血而死，于是武帝又任命李广为右北平太守。

李广任右北平太守的时候，匈奴人都知道他的名字。他们敬畏地称李广为汉朝的"飞将军"，一连几年躲避他，不敢进犯右北平。

有一次李广外出射猎，误将草丛中的一块巨石看成了老虎，他拔箭就射，整个箭头都射到里头去了，近前一看，才知道是石头。李广自己也觉得奇怪，待要开弓再射，却再也射不进去了。李广在各郡任太守时，只要听说哪里有老虎，总是亲自去射。后来在右北平射虎时，被老虎跳起来咬伤了，但最后李广还是射死了这只老虎。

李广为人廉洁，每次得到朝廷的赏赐总是全都分给他的部下，有好东西也都是和士兵们一起吃喝。他一辈子当了四十多年的二千石，到头来家中没攒下一点钱财，而他自己也从来不提家产的事。李广个子很高，胳膊也长，他那套射箭的绝技也确实是出于天性，别的人即使是他的子孙学射箭，都没有一个能赶上他。他言语迟钝，平常很少说话，和别人在一起时总喜欢画地为阵，比赛谁射箭射得准，输了的罚酒，一直到死都是这个习惯。他一生带兵东奔西走，每遇到缺水乏粮的时候，只要士兵还没有喝上水他就决不喝水，只要士兵们还没有吃到东西他就决不吃。他待人宽厚和气，因此大家都乐于为他效力。他射箭有个习惯，每逢遇到敌人，不等到相距只有几十步，能够百发百中的时候他决不射出；一旦开弓，敌人肯定是应弦而倒。但也正因为这个，他也不止一次地被敌人搞得很狼狈，射猛兽的时候也有时被猛兽所伤。

又过了两年，李广又以郎中令的身份率领四千骑兵从右北平出发讨伐匈奴，这时博望侯张骞也率领着一万多人同时出征，两军各走一条路。李广的部队进入了匈奴几百里后，突然被匈奴左贤王率领的四万骑兵包围了。这时，李广的部下都十分恐慌，而李广却镇定自如，他派他的儿子李敢先去冲击一下敌人。李敢带领着几十名骑兵在敌阵中从腹到背，从左到右，穿了个大十字，而后回来了，向李广报告说："这些匈奴人容易对付！"看到了这种情景，军心才稳定下来。于是李广把自己的四千人排成一个圆阵，以对付四面围上来的敌人。匈奴人对李广的军队发起猛攻，一时间箭如雨下。四千人已牺牲一多半，而自己的箭也快要射光了。于是李广命令士兵们搭上箭，拉开弓，但不要射出，他自己则用一种大黄弩，一连射死了匈奴的几个偏将，其余的人吓得纷纷后退。这时天已经黑了下来，李广的部下个个面无人色，唯独李广仍是那么意气风发，镇定自如，他把队伍又重新进行了部署。通过这一次，人们对于李广的勇敢胆略可真算是服了。

又过了两年，大将军卫青、骠骑将军霍去病率领大军大规模出击匈奴，李广请求参战，武帝认为他老了，开始时不答应。后来因为李广总是请求，武帝才答应了，派他做了前将军。这一年，是汉武帝元狩四年。

李广跟着卫青到达塞北后，他们从捕获的俘虏口中得知了匈奴单于住在什么地方，于是卫青就想自己率着精锐部队直扑匈奴单于。他命令李广带着他的部下合并到右将军赵食其的东路上去。东路本来就有些绕远，而卫青的主力部队所走的中路水草少，路上势必昼夜兼程，不能停留。于是李广请求说："我是前将军，您现在却让我并入东路。我从二十来岁起就和匈奴打仗，今天好不容易才碰上匈奴单于，我愿意打头阵，愿为捕捉单于而战死。"可是早在出发之前汉武帝就嘱咐过卫青，他说李广一来年岁大，二来这个人运气不好，不要让他和单于对阵，否则恐怕就实现不了我们的愿望了。这时也正好卫青的好友公孙敖刚刚丢掉了侯爵，他这次也跟着卫青以中将军的身份出征了，卫青正想让公孙敖和他一道直扑单于，也好给公孙敖创造个重新封侯的机会，所以他打定主意调走李广。这一切，李广心里都清楚，但他还是一再向卫青请求。卫青不听，后来他干脆派他的长史直接把命令送到了李广的军部，并催促李广说："请你马上按照命令到右将军军部报到！"李广非常气愤，他没向卫青告辞，就满腔怒气地回到了自己的军部，率领部队合到赵食其的右路军去了。结果右路军没有向导，半道上迷了路，没能按时到达前线。卫青的中路军在漠北与单于发生激战，单于独自逃跑了，卫青遂未能实现捕获单于的计划。当卫青率领大军回师向南越过沙漠之后，才遇到了李广和赵食其。李广见到卫青后，什么话也没说就回到了自己的军部。卫青派他的长史把干饭和浓酒送给李广，并向李广和赵食其询问军队迷路的情况，说是自己要向皇帝上报这次出兵不利的原委。李广没有说话。于是卫青就让他的长史急切地责问李广的部下，逼着他们回答问题。李广说："我的部下都没有过错，军队迷路是我的责任，我自己给上头写报告。"

李广回到自己军部，对部下说："我从二十岁到现在与匈奴打了大小七十余仗，这次好不容易跟着大将军出来碰上匈奴单于，谁想到大将军又偏偏把我调到了一条绕远的路上，而我们自己又偏偏迷了路，这不是天意吗！我已经是六十多岁的人了，无论如何我也不能再去与那些刀笔吏们过话。"于是他拔出战刀自刎而死。李广部下的官兵们都为自己的将军痛哭，百姓们听到这个消息后，不论认识的还是不认识的，不论男女老幼都为这位名将落下了眼泪。

评

　　《李将军列传》写了汉代名将李广在文帝、景帝、武帝三朝所遭逢的种种不遇，直至最后被迫自杀的凄惨情景，对李广这位为官清廉，爱护士卒，技艺高超，且又勇于作战的理想人物的悲惨结局表现了深深的感慨，对武帝朝的用人制度以及对卫青、霍去病等军事权贵都表现了某种愤慨与不平。我们这里选了《飞将军李广》一节，可以从中看出司马迁对这个理想人物的热爱之情，也可以使人感到司马迁对这位被传颂为"飞将军"的名将的描写的确生动传神。但我们也应该有点客观性，司马迁同情李广是可以的，但如果我们也跟着一起贬低卫青、霍去病，则未必恰当，请参看《卫将军骠骑列传》。

匈奴列传

冒顿壮大匈奴

单于有太子名冒顿（mò dú），后有所爱阏氏（yān zhī），生少子[1]。而单于欲废冒顿而立少子，乃使冒顿质於月氏（ròu zhī）[2]。冒顿既质於月氏，而头曼急击月氏。月氏欲杀冒顿，冒顿盗其善马，骑之亡归。头曼以为壮，令将万骑。冒顿乃作为鸣镝，习勒其骑射[3]。令曰："鸣镝所射而不悉射者，斩之。"行猎鸟兽，有不射鸣镝所射者，辄斩之。已而冒顿以鸣镝自射其善马，左右或不敢射者，冒顿立斩不射善马者。居顷之，复以鸣镝自射其爱妻，左右或颇恐，不敢射，冒顿又复斩之。居顷之，冒顿出猎，以鸣镝射单于善马，左右皆射之，於是冒顿知其左右皆可用。从其父单于头曼猎，以鸣镝射头曼，其左右亦皆随鸣镝而射杀单于头曼，遂尽诛其后母与弟及大臣不听从者。冒顿自立为单于。

冒顿既立，是时东胡强盛[4]，闻冒顿杀父自立，乃使使谓冒顿，欲得头曼时有千里马。冒顿问群臣，群臣皆曰："千里马，匈奴宝马也，勿与。"冒顿曰："奈何与人邻国而爱一马乎？"遂与之千里马。居顷之，东胡以为冒顿畏之，乃使使谓冒顿，欲得单于一阏氏。冒顿复问左右，左右皆怒曰："东胡无道，乃求阏氏！请击之。"冒顿曰："奈何与人邻国而爱一女子乎？"遂取所爱阏氏予东胡。东胡王愈益骄，西侵。与匈奴间，中有弃地，莫居，千馀里，各居其边为瓯脱[5]。东胡使使谓冒顿曰："匈奴所与我界瓯脱外弃地，匈奴非能至也，吾欲有之。"冒顿问群臣，群臣或曰："此弃地，予之亦可，勿予亦可。"於是冒顿大怒曰："地者，国之本也，奈何予之！"诸言予之者，皆斩之。冒顿上马，令国中有后者斩，遂东袭击东胡。东胡初轻冒顿，不为备。及冒顿以兵至，击，大破灭东胡王，而虏其民人及畜产。既归，西击走月氏，南并楼烦、白羊河南王⑥，悉复收秦所使蒙恬所夺匈奴地者与汉关故河南塞，至朝那、肤施，遂侵燕、代⑦。是时汉兵与项羽相距，中国罢於兵革，以故冒顿得自强，控弦之士三十馀万⑧。

后北服浑庾、屈射、丁零、鬲昆、薪犁之国⑨，於是匈奴贵人大臣皆服，以冒顿单于为贤。

注

① **单于**：汉时匈奴最高首领的称号。**阏氏**：汉时匈奴单于、诸王嫔妃的统称。

② **月氏**：西北地区的少数民族，原住在今甘肃祁连山一带。

③ **鸣镝**：一种带响的箭。**习勒**：训练约束。

④ **东胡**：东北地区的少数民族，原游牧于今内蒙古东北部和与之邻近的吉林西部地区。

⑤ **瓯脱**：哨卡、岗棚。

⑥ **楼烦**：少数民族名，原来居住在今内蒙古之东胜、杭锦旗一带地区。
白羊：少数民族名，原来居住在今内蒙古之乌拉特前旗西南、磴口以东地区。

⑦ **朝那、肤施**：均为汉县名。朝那在今宁夏固原东南，肤施在今陕西榆林东南。**燕、代**：燕是汉代诸侯国名，国都即今北京市。代是汉郡名，

郡治在今河北省蔚县东北。

⑧ **控弦之士**：拉弓射箭的战士。控弦，拉开弓弦射箭。

⑨ **浑庾**：古国名，在黑龙江上游的石勒喀河西北。**屈射**：古代小国名，当时居住在今俄罗斯贝加尔湖以东。**丁零**：古代民族名，当时活动在今贝加尔湖以西地区。**鬲昆**：古代民族名，当时生活在今俄罗斯叶尼塞河、鄂毕河上游一带。**薪犁**：古代民族名，大约活动在鬲昆族的西侧。

译

头曼单于的太子叫冒顿，后来新宠爱的阏氏生了个小儿子，头曼又想废掉冒顿立小儿子为太子，于是就让冒顿到月氏国做人质。冒顿到月氏后，头曼便急攻月氏，月氏要杀冒顿，冒顿就偷了月氏一匹好马，骑着逃回匈奴。事后头曼认为冒顿很英勇，就让他统领一万名骑兵。冒顿做了一种响箭，来训练他的部下骑马射箭。他下令说："我的响箭射到哪里，你们的箭也要跟着射到哪里，否则就要杀头。"冒顿一边走一边用响箭射鸟兽，骑士们谁不跟着射，就立刻将其杀掉。接着冒顿又用响箭射自己的好马，有的骑士不敢射，冒顿又立刻将其杀掉。过了一些时候，冒顿又用响箭射他的妻子，有的骑士害怕，不敢射，冒顿又将其杀死。停了一段时间，冒顿外出打猎，用响箭射单于的好马，骑士们也都跟着他射。冒顿知道他的骑士们可以派用场了。有一天，冒顿跟父亲头曼单于一起打猎时，他用响箭射向头曼，骑士们也都跟着射，于是杀了头曼单于，并把他的继母、弟弟以及所有不听话的大臣全杀了，自立为单于。

冒顿当了单于后，东胡在当时势力很大，听说冒顿杀父自立，就派使者对冒顿说，他们想要头曼当年骑的千里马。冒顿征求大臣的意见，大臣都说：“千里马是匈奴的宝马，不能给。”冒顿说：“和人家是邻国，怎能吝惜一匹马呢？”于是就把那匹千里马给了东胡。停了不久，东胡王认为冒顿怕他，又派使者找冒顿说想得到冒顿的王后。冒顿问身边的大臣，大臣们都很气愤，说：“东胡王无理之极，竟敢垂涎我们的王后，请下令打它。”冒顿说：“和人家是邻国，怎能吝惜一个女人呢？”于是把自己宠爱的王后送给了东胡。此后，东胡王更加骄横，不断向西侵扰。东胡和匈奴中间原有一片荒地，无人居住，大约有一千多里，两国都在靠近自己的一边建哨所。东胡派使者对冒顿说：“两国之间的荒芜区，你们到达不了那里，应该归我们所有。”冒顿问各位大臣，有人说："那本来就是一块荒地，给也行，不给也行。"冒顿发火说：“领土是国家的根本，怎能随便给人呢？”那些主张给东胡的大臣，都被杀了。于是冒顿上马，号令全国臣民出发，迟到者一律处死，突然对东胡发起攻击。东胡起初轻视冒顿，没有防备，所以冒顿突然率兵打来，遂一举消灭了东胡王，并获得了东胡的全部臣民与畜产。回国后，冒顿又向西赶跑了月氏，向南吞并了在黄河以南称王的楼烦与白羊二族。把先前秦将蒙恬夺去的领土全都收复，与汉朝在黄河以南设立的据点对峙，并向南打到朝那、肤施，向东南进击燕国、代郡。当时刘邦正与项羽相持，中原地区困于战乱，于是冒顿趁机强大起来，拥有精壮骑兵三十多万。

后来，冒顿又向北征服了浑庾、屈射、丁零、鬲昆、薪犁等国，匈奴的王公大臣都很佩服他，都称道冒顿的贤能。

评

《匈奴列传》是战国后期于今内蒙古、蒙古国一带发展强大起来，于西汉初期对汉帝国构成主要边患的北方匈奴民族的发展史。司马迁将远古以来历代北方的游牧民族如猃狁、戎、狄、义渠、楼烦等通通说成是匈奴族，对此人们很早就有异议，我们不拟置论；但司马迁依据战国以来的传说将匈奴始祖说成是黄帝子孙的观点与气度却是令人敬佩的，这很有利于我们今天这个多民族友好大家庭的团结与巩固。匈奴族在其长期发展过程中的最重要的人物是冒顿，在他手下，散漫无统属的许多匈奴部落第一次统一起来，形成了强大的力量，征服了周边的其他民族，并进而南下，在汉帝国建国初期的七十多年间一直成为北部诸郡的严重威胁，使刘邦、吕后、文帝、景帝等不得不屡屡向匈奴进贡，订立和亲条约。冒顿无疑是匈奴最伟大的民族英雄，而司马迁对这位北方英雄的描写也极为生动精彩，他勇敢、机智，有气魄、有谋略，同时又具有一种原始的野性与剽悍，是《史记》中极富个性的人物之一。我们这里选了《冒顿壮大匈奴》一节。

卫将军骠骑列传

卫青大破匈奴

大将军卫青者,平阳人也①。其父郑季,为吏,给事平阳侯家,与侯妾卫媪(ǎo)通②,生青。青同母兄卫长子,而姊卫子夫自平阳公主家得幸天子③,故冒姓为卫氏。字仲卿。青为侯家人,少时归其父,其父使牧羊。先母之子皆奴畜之④,不以为兄弟数。青尝从入至甘泉居室⑤,有一钳徒相青曰:"贵人也,官至封侯。"青笑曰:"人奴之生,得毋笞(chī)骂即足矣,安得封侯事乎!"

青壮,为侯家骑(jì),从平阳主。建元二年春⑥,青姊子夫得入宫幸上。皇后,堂邑大长公主女也⑦,无子,妒。大长公主闻卫子夫幸,有身,妒之,乃使人捕青。青时给事建章⑧,未知名。大长公主执囚青,欲杀之,其友骑郎公孙敖与壮士往篡取之⑨,以故得不死。子夫为夫人,青为大中大夫⑩。

元光五年,青为车骑将军,击匈奴,出上谷⑪。青至茏城,斩首虏数百⑫。

元朔元年春,卫夫人有男⑬,立为皇后。其秋,青为车骑将军,出雁门⑭,三万骑击匈奴,斩首虏数千人。明年,匈奴入杀辽西太守,虏略渔阳二千馀人,败韩将军军⑮。汉令将军李息击之,出代⑯;令车骑将军青出云中以西至高阙⑰。遂略河南地,至于陇西⑱,捕首虏数千,畜数十万,走白羊、楼烦王,遂以河南地为朔方郡⑲。以三千八百户封青为长平侯。

其明年,元朔之五年春,汉令车骑将军青将三万骑,出高阙;卫尉苏建为游击将军,左内史李沮(zǔ)为强弩将军,太仆公孙贺为骑将军,代相李蔡为轻车将军,皆领属车骑将军,俱出朔方⑳;大行李息、岸头侯张次公为将军,出右北平㉑:咸击匈奴。匈奴右贤王当卫青等兵㉒,以为汉兵不能至此,饮醉。汉兵夜至,围右贤王。右贤王惊,夜逃,独与其爱妾一人、壮骑数百驰,溃围北去。汉轻骑校尉郭成等逐数百里,不及,得右贤裨(pí)王十馀人㉓,众男女万五千馀人,畜数千百万,於是引兵而还。至塞,天子使使者持大将军印,即军中拜车骑将军青为大将军,诸将皆以兵属大将军,大将军立号而归㉔。

天子与诸将议曰:"翕(xī)侯赵信为单于画计,常以为汉兵不能度幕轻留㉕,今大发士卒,其势必得所欲。"是岁元狩四年也㉖。

元狩四年春,上令大将军青、骠骑(piào jì)将军去病将各五万骑,步兵转者踵军数十万㉗,而敢力战深入之士皆属骠骑。骠骑始为出定襄,当单于(chán yú)㉘。捕虏言单于东,乃更令骠骑出代郡,令大将军出定襄。郎中令为前将军,太仆为左将军,主爵赵食其(yì jī)为右将军,平阳侯襄为后将军㉙,皆属大将军。兵即度幕㉚,人马凡五万骑,与骠骑等咸击匈奴单于。赵信为单于谋曰:"汉兵既度幕,人马罢㉛,匈奴可坐收虏耳。"乃悉远北其辎重㉜,皆以精兵待幕北。而适值大将军军出塞千馀里,见单于兵陈而待㉝,於是大将军令武刚车自环为营㉞,而纵五千骑往当匈奴。匈奴亦纵可万骑。会日且入,大风起,沙砾击面,两军不相见,汉益纵左右翼绕单于。单于视汉兵多,而士马尚强,战而匈奴不利。薄莫,单于遂乘六骡,壮骑可数百,直冒汉围西北驰去㉟。时已昏，汉匈奴相纷挐（rú），杀伤大当㊱。汉军左校捕虏言单于未昏而去，汉军因发轻骑夜追之，大将军军因随其后。匈奴兵亦散走。迟明，行二百餘里，不得单于，颇捕斩首虏万餘级，遂至窴（tián）颜山赵信城㊲，得匈奴积粟食军。军留一日而还，悉烧其城餘粟以归。

是时匈奴众失单于十餘日，右谷蠡王闻之，自立为单于。单于后得其众，右王乃去单于之号。

注

① **大将军**：国家的最高军事长官，其地位与丞相略相等。**平阳**：汉县名，县治在今山西临汾西南。

② **给事**：给其做事，犹今之所谓"服务"。**平阳侯**：始封者为刘邦的开国功臣曹参，此时袭封为侯者是曹参的曾孙曹时（也称曹寿）。**侯妾**：侯家的婢妾，女奴。

③ **卫子夫**：武帝的第二位皇后。**平阳公主**：武帝的胞姊，原封为阳信公主，因嫁到平阳侯家，故也称之为"平阳公主"。卫子夫原为平阳公主家的歌女，因武帝来平阳公主家，卫子夫由侍候武帝更衣而得幸，后来成为皇后。

④ **先母**：指郑季之嫡妻，此时已死。

⑤ **甘泉居室**：甘泉，秦、汉时代的离宫名，在今陕西淳化西北；居室，也称"保宫"，关押犯人之所在。

⑥ **建元二年**：前139年。建元，汉武帝的第一个年号。

⑦ **堂邑大长公主**：名嫖，汉武帝之姑，嫁与陈氏，其封地在堂邑。凡皇帝之女称"公主"，皇帝之姊妹称"长公主"，皇帝之姑称"大长公主"。

⑧ **建章**：汉宫名，在当时长安城西南的皇家猎场上林苑中。

⑨ **骑郎**：皇帝的骑兵侍从。**篡取**：劫夺。

⑩ **夫人**：妃嫔的统称。**大中大夫**：皇帝的侍从官，掌议论。

⑪ **元光五年**：前130年。元光，汉武帝的第二个年号。**上谷**：汉郡名，郡治沮阳，在今河北怀来东南。

⑫ **茏城**：也作"龙城"，匈奴的大本营，在今蒙古国鄂尔浑河西侧的和硕柴达木湖附近。**斩首虏**：后文又有"斩捕首虏"，较此明晰，即斩敌之首与俘获敌人。

⑬ **元朔元年**：前128年。元朔，汉武帝的第三个年号。**卫夫人有男**：即后来一度当过太子的刘据。

⑭ **车骑将军**：地位仅在大将军、骠骑将军之下。**雁门**：汉郡名，郡治善无，在今山西右玉县西。

⑮ **明年**：元朔二年，前127年。**辽西**：汉郡名，郡治阳乐，在今辽宁义县西南。**虏略**：指劫掠人口物资。**渔阳**：汉郡名，郡治在今北京密云西南。**韩将军**：指韩安国，当时任渔阳太守。

⑯ **代**：汉郡名，郡治代县，在今河北蔚县东北。

⑰ **云中**：汉郡名，郡治在今内蒙古呼和浩特西南。**高阙**：古要塞名，在今内蒙古杭锦后旗东北。

⑱ **河南地**：即今内蒙古临河、东胜一带的河套地区，因其地处黄河之南，故称。**陇西**：汉郡名，郡治狄道，即今甘肃临洮。

⑲ **白羊、楼烦王**：都是匈奴的别支，当时占据今内蒙古临河市、杭锦旗一带。**朔方郡**：郡治在今内蒙古乌拉特前旗东南。

⑳ **元朔之五年**：前124年。**卫尉**：守卫皇宫的武官。**左内史**：首都长安东部地区的行政长官。**太仆**：给皇帝赶车并为之管理车马的官员。**代**

相：代国之相。汉朝的代郡有时设为诸侯国，诸侯国的行政长官即相。

㉑ 大行：即大行令，也称典客，主管少数民族事务。右北平：汉郡名，郡治平刚，在今内蒙古宁城西南。

㉒ 右贤王：匈奴单于手下两个最大头领之一，主管匈奴西部地区的事务。当：正对着。

㉓ 右贤裨王：右贤王手下的小王。

㉔ 立号：建立"大将军"的威仪、名号。

㉕ 翕侯赵信：原是匈奴人，因降汉被封为翕侯。后来在元朔六年北伐匈奴的过程中因兵败又叛归匈奴。度幕：横跨大漠。幕，同"漠"。

㉖ 元狩四年：前119年。元狩，汉武帝的第四个年号。

㉗ 骠骑将军去病：霍去病，卫青的外甥。骠骑将军，地位仅次于大将军。转者：运送粮草给养的人。踵军：犹今所谓后续部队。踵，接续。

㉘ 定襄：汉郡名，郡治成乐，在今内蒙古和林格尔县西北。单于：匈奴人最高君长。

㉙ 郎中令：指李广。太仆：指公孙贺。主爵赵食其：主爵，主爵都尉的简称，掌管列侯的封爵事宜。平阳侯襄：曹襄，曹参的后代。

㉚ 即：同"既"，已。

㉛ 罢：同"疲"。

㉜ 辎重：指军队的粮草及各种生活用品。

㉝ 陈而待：陈，通"阵"，列阵。

㉞ 武刚车：一种既可用于进攻，也可用于防守的战车。

㉟ 薄莫：傍晚。薄，迫，临近。莫，通"暮"。冒：冲破。

㊱ 纷挐：相互混杂。杀伤大当：双方的损失大体相当。

㊲ 迟明：到天亮时。迟，及，至。寘颜山：约即今蒙古国的杭爱山。

译

  大将军卫青是河东郡平阳县人。他的父亲郑季是个小吏，曾在平阳侯家做事，与平阳侯家的婢妾卫媪私通，生了卫青。卫青的同母异父哥哥叫卫长子，姐姐叫卫子夫，卫子夫是在平阳侯家接待武帝从而进宫受宠的，他们都冒充姓卫。卫青字仲卿。卫青生在平阳侯家，少年时就让他去找生父郑季了，郑季让他放羊。郑季妻子所生的几个儿子都不把卫青当作兄弟。而卫青曾经跟人去过甘泉宫的监狱，那里的一个脖子上套着铁枷的囚徒给他相面说："你是个贵人，将来要被封侯。"卫青笑道："我是一个奴婢生的孩子，不挨打受骂就够好的了，哪里会有封侯那一说呢？"

  卫青长大后，又去平阳侯家当骑士，侍候平阳公主。建元二年春天，卫青的姐姐卫子夫被选进皇宫受到了武帝的宠幸。当时的皇后是堂邑大长公主的女儿，不能给武帝生儿子，为人又很嫉妒。大长公主听说卫子夫得幸，而且怀了孕，心生嫉恨，就派人去捉卫青。当时卫青在建章宫当差，还未有名气。大长公主把他捉起来，准备杀他。其时卫青的朋友公孙敖给汉武帝当骑兵侍从，他带着几个勇士去把卫青抢了出来，使卫青得以不死。由于卫子夫当了嫔妃，于是卫青被封为大中大夫。

  元光五年，卫青被任命为车骑将军，率兵从上谷郡北出讨伐匈奴。卫青打到龙城，斩获并俘虏了几百个匈奴人。

  元朔元年春天，卫子夫因生了儿子被立为皇后。这年秋天，卫青作为车骑将军又从雁门郡出发，率领三万骑兵进击匈奴，又斩获并俘虏了几千人。第二年，匈奴入侵辽西，杀了辽西太守并虏去了渔阳郡的二千多人，打败了韩安国的军队。于是汉朝就命李息率军从代郡出发，向北讨伐匈奴；命车骑将军卫青从云中郡出发西行直趋高阙。卫青先攻占了黄河以南的土地，接着向西一直打到陇西，斩首并俘获了几千名匈奴人，夺得了几十万头牲畜，赶走了白羊王和楼烦王。此后，朝廷把黄河以南这一地区划作朔方郡。卫青因功被封为长平侯，食邑三千八百户。

元朔五年春，朝廷又让车骑将军卫青率领骑兵三万从高阙出发；命卫尉苏建为游击将军，左内史李沮为强弩将军，太仆公孙贺为骑将军，代相李蔡为轻骑将军，都归车骑将军卫青统一节制，从朔方出发；又命令大行令李息、岸头侯张次公为将军，从右北平出发，同时进击匈奴。结果卫青等人的这支队伍正遇上匈奴右贤王的部队，右贤王本以为汉兵打不到这里，这天喝得酩酊大醉。汉朝大军趁夜袭来，包围了右贤王。右贤王大惊，只带了他的一个爱妾和几百名精壮骑兵，冲破包围向北逃去。汉军的轻骑校尉郭成等人追了几百里，没有追上，抓获了右贤王部下的小王十几人、众男女一万五千，牲畜几乎上百万。卫青率部大胜而回，当行至边境的时候，武帝派使者拿着"大将军"的印信就在军中拜卫青为大将军，让各路将领及其所统率的部队通通归他指挥。于是卫青在建立起"大将军"的名号与威仪之后班师回京。

武帝与将领们商量说："翕侯赵信这个叛徒为单于谋划，以为汉军不可能越过沙漠去袭击他们，尤其不敢在那里停留。如果我们派大军突然前往，估计一定能将单于捕获。"这年正是元狩四年。

元狩四年春，武帝命大将军卫青、骠骑将军霍去病各率五万骑兵，又派运送军需物资的部队和后续步兵几十万人再度往击匈奴。他们将那些勇猛善战、敢冲敢打的将士都划到霍去病的属下，初时是想让霍去病从定襄出发，直攻匈奴单于。后来从捕获的俘虏口中得知单于在东部，于是改令霍去病从代郡出发，而令卫青从定襄出发。当时郎中令李广为前将军，太仆公孙贺为左将军，主爵都尉赵食其为右将军，平阳侯曹襄为后将军，都归大将军卫青指挥。部队越过沙漠后，汉军共有五万人。卫青与霍去病都在寻找匈奴单于决战。这时叛徒赵信给单于出主意说："汉军越过沙漠后必定人困马乏，匈奴军队简直可以不战而胜。"于是他们就把粮草辎重都运送到遥远的北方，而把全部精锐部队摆在沙漠以北等待汉军。结果正碰上了远离国境千余里的卫青的部队。卫青见到单于已经在那里列阵等待，于是下令把武刚车排在四周作为防御工事，而派出五千骑兵去冲击匈奴军阵。匈奴也派了将近一万骑兵冲了过来。这时太阳将落，又刮起大风。沙石打在人脸上，双方都互相看不见。于是汉军出动左右两翼向前包围单于。单于见汉军人多且战斗力强，自料打下去对己不利，于是就趁着天黑，乘着一辆六匹骡子拉的车，带着几百精壮骑兵，径直冲破汉军的包围，向西北方向逃去。这时天已黑下来，汉军和匈奴军搀杂在一起，双方的伤亡大体相当。汉军左校捕获的俘虏说，单于还没等天黑就跑了。于是卫青就派出轻骑兵去追赶单于，自己率领大军跟在后面。匈奴的部队纷纷四散逃走。到黎明时分，追出二百多里，没有追到单于，只是斩首或俘获匈奴一万多人。这时汉军已经到了窴颜山下的赵信城，在那里缴获了匈奴贮存的大批粮食，使汉军有了吃的。汉军在那里休息了一天便往回返，行前把赵信城和剩下的粮食一把火全烧了。

当时匈奴举国上下十多天都找不到单于的下落，于是右谷蠡王听说后便自立为单于。后来单于又与他的部众相会合，右谷蠡王才又去掉了单于称号。

卫将军骠骑列传
霍去病筑冢象祁连

　　大将军姊子霍去病年十八，幸，为天子侍中①。善骑射，再从大将军，受诏与壮士，为剽姚校尉②。与轻勇骑八百直弃大军数百里赴利，斩捕首虏过当。於是天子曰："剽姚校尉去病斩首虏二千二十八级，及相国、当户，斩单于大父行（háng）籍若侯产，生捕季父罗姑比，再冠军，以千六百户封去病为冠军侯③。"

　　冠军侯去病既侯三岁，元狩二年春④，以冠军侯去病为骠骑（piào jì）将军，将万骑出陇西，有功。天子曰："骠骑将军率戎士逾乌盭（lì），讨遬濮，涉狐奴⑤，历五王国，辎重人众慑慴（shè zhé）者弗取，冀获单于子。转战六日，过焉支山千有馀里⑥，合短兵，杀折兰王，斩卢胡王，诛全甲⑦，执浑邪王子及相国、都尉⑧，首虏八千馀级，收休屠祭天金人⑨，益封去病二千户。"

　　其夏，骠骑将军出北地，已遂深入，与合骑侯失道⑩，不相得。骠骑将军逾居延至祁连山⑪，捕首虏甚多。天子曰："骠骑将军逾居延，遂过小月氏（ròu zhī），攻祁连山，得酋涂王⑫，以众降者二千五百人，斩首虏三万二百级，获五王，五王母，单于阏氏（yān zhī）、王子五十九人，相国、将军、当户、都尉六十三人⑬，师大率（shuài）减什三，益封去病五千户。"诸宿将所将士马兵亦不如骠骑⑭，骠骑所将常选，然亦敢深入，常与壮骑先其大军，军亦有天幸，未尝困绝也。然而诸宿将常坐留落不遇。由此骠骑日以亲贵，比大将军。

其秋，单于怒浑邪王居西方数为汉所破，亡数万人，以骠骑之兵也。单于怒，欲召诛浑邪王。浑邪王与休屠王等谋欲降汉，使人先要（yāo）边⑮。是时大行李息将城河上，得浑邪王使，即驰传（zhuàn）以闻⑯。天子闻之，於是恐其以诈降而袭边，乃令骠骑将军将兵往迎之。骠骑既渡河，与浑邪王众相望。浑邪王裨将见汉军而多欲不降者，颇遁去。骠骑乃驰入与浑邪王相见，斩其欲亡者八千人，遂独遣浑邪王乘传先诣行在所⑰，尽将其众渡河，降者数万，号称十万。

居顷之，乃分徙降者边五郡故塞外，而皆在河南，因其故俗，为属国⑱。

元狩四年，骠骑将军亦将五万骑，车重与大将军军等，而无裨（pí）将⑲。悉以李敢等为大校⑳，当裨将，出代、右北平千馀里，直左方兵，所斩捕功已多大将军。军既还，天子曰："骠骑将军去病率师，躬将所获荤粥（xūn yù）之士，约轻赍，绝大幕，涉获章渠，以诛比车耆㉑，转击左大将，斩获旗鼓，历涉离侯，济弓闾，获屯头王、韩王等三人㉒，将军、相国、当户、都尉八十三人，封狼居胥山，禅於姑衍，登临翰海㉓。执卤获丑七万有四百四十三级㉔，师率减什三，取食於敌，逴（chuō）行殊远而粮不绝，以五千八百户益封骠骑将军。"

骠骑将军为人少言不泄，有气敢任。天子尝欲教之孙吴兵法㉕，对曰："顾方略何如耳，不至学古兵法。"天子为治第，令骠骑视之，对曰："匈奴未灭，无以家为也。"由此上益重爱之。然少而侍中，贵，不省（xǐng）士㉖。其从军，天子为遣太官赍数十乘㉗，既还，重车馀弃粱肉，而士有饥者。其在塞外，卒乏粮，或不能自振，而骠骑尚穿域蹋鞠㉘。

事多此类。

　　骠骑将军自四年军后三年，元狩六年而卒[29]。天子悼之，发属国玄甲军，陈自长安至茂陵，为冢象祁连山[30]。

注

① **霍去病**：卫青之姊卫少儿嫁与陈掌前与霍仲孺私通所生的儿子。**侍中**：官名，帝王身边的侍从人员。

② **剽姚校尉**：官名，取劲疾武猛之义，地位在将军之下。

③ **相国、当户**：都是匈奴人的官名。**大父行**：祖父一辈的人。**籍若侯产**：籍若是侯名，其人名产。**季父**：匈奴单于的叔父。**冠军侯**：封地冠军，在今河南邓县西北。

④ **元狩二年**：前121年。元狩，武帝的第四个年号。

⑤ **乌盭**：山名，也叫媪围，在今甘肃皋兰附近。**遫濮**：匈奴部落名，当时活动在乌盭山北。**狐奴**：水名，在今兰州市西北，流经永登城西。

⑥ **焉支山**：在今甘肃山丹县东南。

⑦ **折兰、卢胡**：皆匈奴部落名。**诛全甲**：谓凡披挂整齐而又坚决抵抗者则必诛灭之。

⑧ **浑邪王**：匈奴西部地区的部落之王名。

⑨ **休屠祭天金人**：休屠王祭天用的金制神像。休屠，匈奴西部地区的部落名。

⑩ **北地**：汉郡名，郡治马岭，在今甘肃庆阳西北。**合骑侯**：公孙敖。

⑪ **居延**：沼泽名，在今内蒙古西部额济纳旗东。**祁连山**：在今甘肃走廊南侧与青海交界处，主峰在酒泉市东南。

⑫ **小月氏**：西方的少数民族名，当时活动在祁连山地区。**酋涂王**：匈奴

西部地区的部落头领。

⑬ **阏氏**：汉时匈奴单于、诸王之妻的统称。

⑭ **宿将**：老将，如李广等人。

⑮ **要边**：要，拦截，这里指寻找。

⑯ **驰传**：传，驿车。

⑰ **行在**：皇帝外出临时所在的地方。

⑱ **五郡**：指陇西、北地、上郡、朔方、云中。**故塞**：老边界。**属国**：外族归附的群居部落，因保持其原有编制，仍按其旧俗生活，故称"属国"。

⑲ **元狩四年**：前119年。**无裨将**：不设副将，以突出霍去病在军中的威权。

⑳ **李敢**：李广之子。**大校**：诸校尉中的位尊者。

㉑ **荤粥**：同"猃狁"，匈奴的别称。**约轻赍**：即今所谓"轻装"。**章渠**：单于之近臣。**比车耆**：匈奴王名。

㉒ **离侯**：匈奴中的山名。**弓闾**：匈奴中的水名。**屯头王、韩王**：皆匈奴王名。

㉓ **封**：在山头筑台祭天。**狼居胥山**：在今蒙古国乌兰巴托东。**禅**：在山下拓场祭地。**姑衍**：山名，在今蒙古国乌兰巴托东南，离狼居胥山不远。**瀚海**：大漠的别称。

㉔ **执卤获丑**：卤，同"虏"；丑，群，类。

㉕ **孙吴兵法**：孙指孙武或孙膑，吴指吴起。

㉖ **不省士**：目中无人。省，视。

㉗ **太官**：管理皇家厨房的官员。

㉘ **穿域蹋鞠**：穿域，开辟场地；蹋鞠，古代的踢球游戏，也有用作军中

㉙ **元狩六年**：前 117 年。

㉚ **属国玄甲军**：即前所述聚居在北方沿边五郡境外的归附于汉朝的匈奴人的铁甲军。玄甲，黑甲，铁甲。**茂陵**：武帝为自己预造的陵墓，在今西安市西北，咸阳市西。

译

大将军卫青的姐姐卫少儿的儿子霍去病十八岁，在武帝身边做侍中，很受武帝的宠幸。霍去病能骑善射，曾两次跟随大将军出征，大将军按照武帝的诏命，授与这位壮士剽姚校尉之职。霍去病率领着八百名轻骑兵敢死队离开大军数百里去奔袭匈奴，杀敌和捕获的俘虏超过了自己损失的人数。于是武帝说："剽姚校尉霍去病斩杀和俘虏的敌人共二千零二十八人，其中有匈奴的相国、当户等官员，还杀死了单于的叔祖父籍若侯产，活捉了单于的叔父罗姑比，两次都勇冠全军，特封霍去病为冠军侯，食邑一千六百户。"

冠军侯霍去病被封以后的第三年，也就是元狩二年春天，武帝任霍去病为骠骑将军，率领着一万骑兵从陇西出发进击匈奴，立了战功。武帝说："骠骑将军率领部队越过乌盭山，讨伐了遬濮国，跨过了狐奴河，前后经过了五个王国，对这些地方的财物辎重和被大军吓得不知所措的人，他一般没有去收缴抓捕，他一心希望能够抓获单于的儿子。先后转战了六天，越过了焉支山一千多里，与敌人短兵相接，杀了折兰王，又斩了卢胡王，诛灭了敢于坚决抵抗的人，活捉了浑邪王的儿子及其相国、都尉，斩杀和俘虏了八千余人，缴获了休屠王祭天用的金人，特此加封霍去病二千户。"

这年夏天，霍去病从北地郡出发深入匈奴腹地后，与合骑侯公孙敖失去了联系，只有霍去病越过了居延泽直达祁连山，俘虏了许多人。武帝说："骠骑将军越过居延泽，穿过小月氏，进攻祁连山，抓获了酋涂王，集体投降的有二千五百人，斩获三万零二百人，抓获五个小王、五个王后，还有单于的皇后和五十九个王子，抓获相国、将军、当户、都尉等官员六十三人。而自己的兵力只损失了十分之三。因此加封霍去病五千户。"当时其他各位老将所率领的部队，从兵员马匹乃至兵器都不如霍去病精锐，霍去病所率领的都是精兵，而且霍去病也的确敢于孤军深入，他本人常常带着一批壮士冲锋在前，不过说来他的确也很幸运，从来没有陷入过困境。而其他各位老将则常常不是贻误了军期，就是遇不到敌军。因此霍去病一天比一天受宠，很快地其地位就和卫青差不多了。

这年秋天，单于对统领西部的浑邪王多次被霍去病击破以致损失了几万人十分恼怒，单于打算将浑邪王召来杀掉。浑邪王得知后与休屠王等人密谋投降汉朝，他们先派人到边塞找汉兵联络。这时大行李息正率领部队在黄河边上筑城，见到浑邪王派来的使者后，立即派人乘驿车进京报告汉武帝。武帝听说后，担心他们是用诈降的办法来进行偷袭，于是就命令霍去病率领部队前去迎接。霍去病渡过黄河，与浑邪王率领的部队相隔不远时，浑邪王的偏将们一见汉军，有些人又变卦不想投降而逃跑了。这时霍去病立即催马驰入匈奴军中与浑邪王相见，杀了八千想逃跑的人。他让浑邪王单独乘坐驿车先去武帝出巡的地方拜见武帝，自己率领着浑邪王带来的全部人马南渡黄河而还，投降的总共有几万人，号称十万。

过了不久，就把投降的匈奴人分别安置到沿边五个郡的边境之外，都在黄河以南，让他们保留着原来的风俗习惯，作为汉朝的属国。

元狩四年，骠骑将军霍去病也率领着五万骑兵，车辆辎重和大将军的部队一样，而没有副将。霍去病就把李敢等大校当作副将使用，他们从代郡、右北平出发，深入匈奴千余里后，遇到了匈奴左翼的部队，战斗中杀死和俘虏的敌人比卫青的多。部队回来后，武帝说："骠骑将军霍去病统领三军，并指挥着从前俘获的荤粥勇士，轻装前进，穿越大沙漠，涉水破获了单于的近臣章渠，讨伐了比车耆，转而攻击匈奴左翼的大将，缴获了战旗和军鼓，翻过离侯山，渡过了弓闾河，俘虏了屯头王、韩王等三人，俘虏匈奴将军、相国、当户、都尉等八十三人。在狼居胥山祭天，在姑衍山祭地，并登高山以眺望空旷无人的北方大沙漠。骠骑将军共计斩杀和俘虏了匈奴七万零四百四十三人，自己减员只有十分之三，他们能从敌人手里夺取军粮，因而行军到了极远的地方而能粮草不断，特加封骠骑将军五千八百户。"

霍去病不爱讲话，性情内向，但果敢而有胆气。武帝曾打算教他孙吴兵法，霍去病说："关键在于临时制宜，没必要学古代兵法。"武帝为他修建了府第，让他去看，霍去病说："匈奴还没有消灭，不能先经营自己的小窝。"这使得武帝对他越发喜欢了。但由于霍去病从小就在宫廷中为官，地位高贵，所以从不关心下层人。他出兵时，武帝专门派遣了宫廷管理伙食的人员为他拉着几十辆车的食品，等到回来的时候，许多没吃完的东西都已经放坏了。与此同时士兵中却有不少人挨饿。他们在塞外的时候，由于缺粮，有些人都饿得爬不起来了，而霍去病本人还依然开场子踢球。类似的事情很多。

霍去病是在元狩四年讨伐匈奴以后的第三年，也就是元狩六年去世的。武帝很伤心，他调集了浑邪王率众来降时分置的五个边郡属国的铁甲军，列队从长安一直排到茂陵，仿照着祁连山的外形给他修筑了陵墓。

评

　　卫青、霍去病是汉武帝时代的两位最杰出的将领，在解除汉帝国来自北部的威胁，并将匈奴势力根本削弱方面，立下了巨大的功勋。卫青比较仁厚，霍去病年轻有为，都是理应受到赞扬的人物。但由于司马迁对汉武帝的武力征伐持否定态度，而且卫青、霍去病又都是汉武帝的亲戚，因此司马迁也就连带着对这两位将领没有好感，这是不太公平的。

　　卫青出身于社会下层，历经磨难，后来官至大将军，位极人臣，但对于其他地位低于他的在朝文武都相当谦和；汲黯自称他是卫青的"揖客"，与之"亢礼"，而卫青"遇黯过于平生"；苏建作战失败，卫青原可以将其斩首，但他将其带回朝廷，免去一死；李广失期自杀，其子李敢怪罪卫青，曾殴伤卫青，但卫青不做计较，反而为之掩盖。淮南王对汉廷不满，志欲叛逆，而他们所视为障碍的就是汲黯与卫青两个人。

酷吏列传
郅都不避权贵

郅(zhì)都者,杨人也,以郎事孝文帝①。孝景时,都为中郎将②,敢直谏,面折大臣于朝。尝从入上林,贾姬如厕,野彘卒入厕③。上目都,都不行。上欲自持兵救贾姬,都伏上前曰:"亡一姬复一姬进,天下所少宁贾姬等乎?陛下纵自轻,奈宗庙太后何!"上还,彘亦去。太后闻之,赐都金百斤,由此重郅都。

济南瞷(xián)氏宗人三百馀家,豪猾,二千石(shí)莫能制,于是景帝乃拜都为济南太守④。至则族灭瞷氏首恶,馀皆股栗。居岁馀,郡中不拾遗。旁十馀郡守畏都如大府⑤。

都为人勇,有气力,公廉,不发私书,问遗(wèi)无所受,请寄无所听⑥。常自称曰:"已倍亲而仕⑦,身固当奉职死节官下,终不顾妻子矣。"

郅都迁为中尉,丞相条侯至贵倨也⑧,而都揖丞相。是时民朴,畏罪自重,而都独先严酷,致行法不避贵戚,列侯宗室见都,侧目而视,号曰"苍鹰"。

临江王征诣(yì)中尉府对簿⑨,临江王欲得刀笔为书谢上,而都禁吏不予。魏其侯使人以间与临江王。临江王既为书谢上,因自杀。窦太后闻之⑩,怒,以危法中都,都免归家。孝景帝乃使使持节拜都为雁门太守，而便道之官，得以便宜从事⑪。匈奴素闻郅都节，居边，为引兵去，竟郅都死不近雁门⑫。匈奴至为偶人象郅都，令骑驰射，莫能中，见惮（dàn）如此。匈奴患之。窦太后乃竟中都以汉法。景帝曰："都忠臣。"欲释之。窦太后曰："临江王独非忠臣邪？"于是遂斩郅都。

注

① **杨**：汉县名，县治在今山西洪洞县东北。**郎**：皇帝的侍从官员，秩六百石。**孝文帝**：名恒，刘邦之子，前179—前157年在位。

② **孝景**：名启，文帝之子，前156—前141年在位。**中郎将**：皇帝的侍从武官，秩千石，其属下即"郎""中郎""骑郎"等。

③ **上林**：即上林苑，秦汉时代的皇家猎场，在当时的长安西南，有数县之大。**贾姬**：姬，此处是妃嫔的泛称。**卒**：同"猝"，突然。

④ **二千石**：官阶名，汉代的郡守及诸侯国相等都属这一级。**济南**：汉郡名，郡治东平陵，在今山东章丘市西北。

⑤ **大府**：指丞相、太尉、御史大夫的官府。

⑥ **问遗**：送东西，指送礼。**请寄**：指托人说情。

⑦ **倍**：通"背"，远离。

⑧ **中尉**：汉代首都的治安长官。**丞相条侯**：指周亚夫，刘邦功臣周勃之子，被封为条侯，时任丞相。

⑨ **临江王**：景帝子刘荣，栗姬所生，曾为太子，后因谗谤被废，贬为临江王，国都即今湖北荆州之江陵。**诣中尉府对簿**：刘荣被废后，继续受谗谤，遂被调回京城到中尉府受审。

⑩ **窦太后**：文帝的皇后，景帝及梁孝王之生母。

⑪ **雁门**：汉郡名，郡治在今山西右玉县东南。**以便宜从事**：帝王给予外

派大臣的特殊权力,对某些事情的处置可以不必事先请示。

⑫ **匈奴**：战国后期以来活动于今内蒙古、蒙古国一带的游牧民族名。

译

郅都是河东郡杨县人,曾以郎官的身份服侍过孝文帝。孝景帝在位时,郅都做了中郎将,他敢于直言劝谏,能在朝廷上当面驳斥一些大臣的意见。有一次他随从景帝到上林苑,景帝的贾姬上厕所时,一只野猪突然也窜了进去。景帝使眼色让郅都去救贾姬,郅都不去。景帝抄起兵器想自己去救,郅都就跪在景帝面前拦阻说:"失去一个女人,可以再找一个,难道天下缺少这种人吗?您却不同。即使您不珍惜自己,如果万一出点事,那怎向整个国家、向您母亲太后交待呢?"于是景帝便停住了,而野猪后来也自己离去了。太后听说这件事,赏给了郅都一百斤铜,郅都从此受到了重视。

济南郡的瞷氏是个有三百余家的大族,强横奸猾,前几任的郡太守都对他们无法管制,于是景帝就任命郅都去做了济南太守。郅都一到任就把瞷氏的一些首恶通通灭了族,其余的人个个吓得心惊肉跳。仅仅一年多,郡中就变得路不拾遗了,附近十几个郡的太守都像敬畏上级长官一样敬畏郅都。

郅都为人勇敢,有魄力,公正廉明,谁给他私下写信他都不拆看,谁送东西他也不要,不接受任何人说情。他经常自勉说:"我既然离开父母出来做官,那就应该奉公守节以身殉职,无论如何不能再顾及妻子儿女。"

后来郅都做了掌管京城治安的中尉。那时朝廷里地位最高待人最傲慢的是丞相条侯周亚夫,可是郅都见了他仅仅是作个揖而已。当时民风朴实，人人自重，都害怕犯罪，而郅都却率先实行严刑酷法，他执法不避权贵，使得那些诸侯王公和皇家宗室都怕得斜着眼看他，给他起了个绰号叫"苍鹰"。

当景帝的儿子临江王刘荣被征到中尉府受审时，刘荣想要刀笔给皇上写信说明情况，郅都不让府吏给他。魏其侯窦婴派人暗中给了临江王。临江王送出书信后就自杀了。窦太后听说此事非常生气，找了一个别的借口说郅都犯了大法，将其罢职为民。而景帝则派了一个使者持着旌节去郅都家任他为雁门太守，让他从家中直接走便道赴任，并授予他遇事可以随机处置的特权。匈奴人早就听说过郅都的为人，郅都一到任后，匈奴便自动地把军队撤走了，直到郅都死都没有再靠近雁门。匈奴曾用木头刻了一个郅都像，叫骑兵们练习射箭，结果没有一个人能射中，郅都居然能使人怕到这种地步。匈奴把他看作心腹之患。窦太后后来又援引了法律陷害郅都。景帝说："郅都是忠臣。"想宽释他。窦太后说："他是忠臣，难道临江王就不是忠臣吗？"结果郅都就这样被斩了。

酷吏列传

杜周枉法徇上

杜周者，南阳杜衍人①。义纵为南阳守，以为爪牙，举为廷尉史②。事张汤，汤数言其无害，至御史③。使案边失亡，所论杀甚众。奏事中上意，任用，与减宣相编，更为中丞十馀岁④。

其治与宣相放⑤，然重迟，外宽，内深次骨。宣为左内史⑥，周为廷尉，其治大放张汤而善候伺。上所欲挤者，因而陷之；上所欲释者，久系待问而微见其冤状。客有让周曰："君为天子决平，不循三尺法⑦，专以人主意指为狱。狱者固如是乎？"周曰："三尺安出哉？前主所是著为律，后主所是疏为令。当时为是，何古之法乎！"

至周为廷尉，诏狱亦益多矣⑧。二千石系者新故相因，不减百馀人。郡吏大府举之廷尉，一岁至千馀章。章大者连逮证案数百，小者数十人；远者数千，近者数百里。会狱，吏因责如章告劾，不服，以笞（chī）掠定之。于是闻有逮皆亡匿。狱久者至更数赦十有馀岁而相告言，大抵尽诋以不道以上⑨。廷尉及中都官诏狱逮至六七万人⑩，吏所增加十万馀人。

周中废，后为执金吾⑪，逐盗，捕治桑弘羊、卫皇后昆弟子刻深，天子以为尽力无私，迁为御史大夫⑫。家两子，夹河为守⑬。其治暴酷皆甚于王温舒等矣。杜周初征为廷史，有一马，且不全；及身久任事，至三公列，子孙尊官，家訾累数巨万矣⑭。

注

① **南阳杜衍**：南阳郡的杜衍县，在今河南南阳市西南。
② **义纵**：司马迁笔下武帝时的"酷吏"之一，执法不避权贵，后以军功封岸头侯。**廷尉史**：廷尉手下的文书小吏。廷尉，国家的最高司法官。
③ **张汤**：司马迁笔下武帝时的最大"酷吏"，以谄事汉武帝官至御史大夫，后遭谗谤被武帝所杀。**无害**：指说话、起草文件都让人挑不出毛病。**御史**：御史大夫的属下，主管监察。
④ **减宣**：司马迁笔下武帝时的酷吏。**相编**：意即交替充任。**中丞**：即御史中丞，御史大夫的副手。
⑤ **相放**：放，通"仿"。
⑥ **左内史**：后亦称"左冯翊"，首都西部地区的行政长官。
⑦ **三尺法**：指法律条文，秦代时期的法律条文通常写在三尺长的竹简上。
⑧ **诏狱**：皇帝交下来的须要审判的案件。也指关押皇帝交办的犯人的监狱。
⑨ **不道**：即"大逆不道"的省语。
⑩ **中都官诏狱**：除专门监狱外，其他首都官府所临时设立的关押钦办犯人的场所。
⑪ **执金吾**：即上文郅都曾任的"中尉"，后改称"执金吾"，维护首都治安的长官。
⑫ **桑弘羊**：武帝时的经济名臣，官至御史大夫。**卫皇后**：名子夫，卫青之姊。其子太子刘据因愤怒武帝派人到他的住处抄家，而杀死来使；武帝派丞相率兵逮捕，刘据遂举兵相抗，兵败自杀，卫皇后亦因而

自杀,此即所谓"巫蛊之祸"。**御史大夫**:国家的最高监察官,位同副丞相,为"三公"之一。

⑬ **两子**:指杜延寿、杜延考。**夹河为守**:一个任河内(郡治怀县)太守,一个任河南(郡治雒阳)太守,两郡隔河相对。

⑭ **家訾**:家产。訾,通"资"。**巨万**:即今所谓"亿",单位指铜钱。

译

杜周是南阳郡杜衍县人。义纵做南阳太守的时候,把他当作心腹爪牙。后来被推荐做了廷尉史,在张汤手下效力,张汤多次向武帝称赞他能干,于是被提拔为御史。武帝派他去处置边境郡县在敌人进攻下损失兵力与物资财产的问题,被他判罪杀掉的人很多。回报时符合武帝的心意,因而受到信用,他和减宣交叉轮流着做了十几年御史中丞。

杜周办事与减宣相仿,但较为持重,表面上宽厚,内心里苛刻到了极点。减宣做左内史的时候,杜周做廷尉,办事手段学习张汤,而且善于猜测迎合武帝的心意。武帝想排挤谁,他就编造罪名陷害谁;武帝想宽释谁,他就故意关着谁等候武帝问及,并寻机略微透露一些此人被冤的情况。有人责问杜周说:"你替天子断案,不以法律为根据,而专门看着皇上的脸色行事,能够这样断案吗?"杜周说:"法律是怎么定出来的?前代皇帝定出来的就是法律;当今皇帝点头的就是命令,当时怎么说就怎么对,何必非得遵行古法呢!"

等到杜周做廷尉的时候,奉旨审理的案件就越发多了。二千石一级的大官被下狱的一茬压一茬,人数上百。各郡国与宰相衙门送交廷尉审理的案件,一年多达一千多件。大的案件要牵连逮捕几百人,小的也有几十人;远的从几千里以外押解进京,近的也有几百里。一到审判的时候,法官就逼着犯人按照被告发的罪名承认,如果不服,就通过严刑拷打直到承认为止。因此谁要是一听到被抓就立刻逃亡了。有的案子中间都经过几次大赦,前后拖了十几年还在揭发举报,大多数最后都定成大逆不道而向上呈报。廷尉和中都官两处的监狱里关押的犯人多达六七万,两处的衙役竟增加了十万多人。

杜周后来曾中途被罢官,后来当了执金吾,负责追捕盗贼。在逮捕审理桑弘羊与卫皇后的兄弟子侄时,由于执法严酷,被武帝认为是尽心尽职,没有私心,因而提升为御史大夫。杜周有两个儿子,分别任河南与河内两郡的太守,其办事的暴虐严酷都比王温舒还要厉害。杜周开始被调任廷尉史的时候,只有一匹马,连鞍辔都不齐全;后来由于长期为官,位至三公,子孙也做了高官,这时他的家产可以多达几万万。

评

酷吏意即执法严酷的官吏,并不一定就是贪官、坏官,如作品所写的郅都就是一个很好的例子。《酷吏列传》一共写了十一个人,即郅都、宁成、周阳由、赵禹、张汤、义纵、王温舒、尹齐、杨仆、减宣、杜周是也。这些人的具体情况各不相同,而相同之处即执法严酷。武帝时期之所以出现这样一批酷吏,是顺应武帝的政治需要,为打击地方豪强、削弱诸侯割据以及为保证其对外用兵、经济改革等一系列活动服务的。从维护中央集权的角度说,对于这些人原不应一概否定;但由于司马迁自己曾深受酷吏之害,所以每逢提起酷吏也就往往带有一种愤怒之意了。

执法严酷并不是缺点,只要公平就行。许多酷吏之所以令人痛恨,就是因为他们徇私枉法,再就是贪赃受贿。郅都为人刚正,甚至连匈奴人也对之敬畏,这是好的;但在对待临江王的问题上就显得过于逢迎汉景帝，像是助纣为虐了。杜周和提拔他的恩官张汤一样，都是枉法徇私，一切看着汉武帝的脸色办。张汤的做法是：如果这个人是皇帝想要严办的，他就派一个严厉狠毒的法官来审判；如果这个人是皇帝想要从宽发落的，他就派一个慈和厚道的法官来审判。杜周的做法是：凡是皇帝想要铲除的，他就顺着形势陷害他；凡是皇帝想要释放的，他就故意找出一些这个人的"冤情"让皇帝知道。二人如出一辙。所不同的是，张汤尽管枉法徇上，但他为官清廉，死后"有棺无椁，载以牛车"；而杜周则不仅是枉法徇上，而且贪赃受贿，他几任法官做下来，就由原来的穷困不堪变成家资若干亿了。这样的社会毒瘤什么时候才能铲除呢？

大宛列传
张骞通西域

张骞（qiān），汉中人，建元中为郎①。是时天子问匈奴降者，皆言匈奴破月氏（ròu zhī）王，以其头为饮器②，月氏遁逃，而常怨仇匈奴，无与共击之。汉方欲事灭胡，闻此言，因欲通使。道必更（gēng）匈奴中，乃募能使者。骞以郎应募，使月氏，与堂邑氏胡奴甘父俱出陇西③。经匈奴，匈奴得之，传（zhuàn）诣单于（chán yú）④。单于留之，曰："月氏在吾北，汉何以得往使？吾欲使越⑤，汉肯听我乎？"留骞十馀岁，与妻，有子，然骞持汉节不失⑥。

居匈奴中，益宽，骞因与其属亡乡月氏，西走数十日，至大宛⑦。大宛闻汉之饶财，欲通不得，见骞，喜，问曰："若欲何之？"骞曰："为汉使月氏，而为匈奴所闭道。今亡，唯王使人导送我。诚得至，反汉，汉之赂遗王财物不可胜言。"大宛以为然，遣骞，为发导绎，抵康居⑧，康居传致大月氏。大月氏王已为胡所杀，立其太子为王。既臣大夏而居⑨，地肥饶，少寇，志安乐。又自以远汉，殊无报胡之心。骞从月氏至大夏，竟不能得月氏要领。

留岁馀，还，并南山，欲从羌中归⑩，复为匈奴所得。留岁馀，单于死，左谷蠡王攻其太子自立⑪，国内乱，骞与胡妻及堂邑父俱亡归汉。汉拜骞为太中大夫，堂邑父为奉使君⑫。

骞为人强力，宽大信人，蛮夷爱之。堂邑父故胡人，善射，穷急射禽兽给食。初，骞行时百馀人，去十三岁，唯二人得还。

骞身所至大宛、大月氏、大夏、康居，而传闻其旁大国五六，具为天子言之。

骞以校尉从大将军击匈奴，知水草处，军得以不乏，乃封骞为博望侯，是岁元朔六年也[13]。其明年，骞为卫尉，与李将军俱出右北平击匈奴[14]。匈奴围李将军，军失亡多；而骞后期，当斩，赎为庶人。

是后天子数问骞大夏之属。骞既失侯，因言曰："臣居匈奴中，闻乌孙王号昆莫[15]，昆莫之父，匈奴西边小国也。匈奴攻杀其父，而昆莫生弃于野。乌嗛肉蜚其上，狼往乳之。单于怪以为神[16]，而收长之。及壮，使将兵，数有功，单于复以其父之民予昆莫，令长守于西域。昆莫收养其民，攻旁小邑，控弦数万，习攻战。单于死，昆莫乃率其众远徙，中立，不肯朝会匈奴。匈奴遣奇兵击，不胜，以为神而远之，因羁属之[17]，不大攻。今单于新困于汉，而故浑邪地空无人[18]。蛮夷俗贪汉财物，今诚以此时而厚币赂乌孙，招以益东，居故浑邪之地，与汉结昆弟[19]，其势宜听，听则是断匈奴右臂也。既连乌孙，自其西大夏之属皆可招来而为外臣。"天子以为然，拜骞为中郎将，将三百人，马各二匹，牛羊以万数，赍（jī）金币帛直数千巨万[20]，多持节副使，道可使，使遗之他旁国。

骞既至乌孙，乌孙王昆莫见汉使如单于礼[21]，骞大惭，知蛮夷贪，乃曰："天子致赐，王不拜则还赐。"昆莫起拜赐，其他如故。骞谕使指曰："乌孙能东居浑邪地，则汉遣翁主为昆莫夫人[22]。"乌孙国分，王老，而远汉，未知其大小，素服属匈奴日久矣，且又近之，其大臣皆畏胡，不欲移徙，王不能专制。骞不得其要领。

骞因分遣副使使大宛、康居、大月氏、大夏、安息、身毒、于阗、扜弥及诸旁国㉓。乌孙发导译送骞还，骞与乌孙遣使数十人，马数十匹报谢，因令窥汉，知其广大。

骞还到，拜为大行，列于九卿。岁馀，卒㉔。

乌孙使既见汉人众富厚，归报其国，其国乃益重汉。其后岁馀，骞所遣使通大夏之属者皆颇与其人俱来，于是西北国始通于汉矣。然张骞凿空，其后使往者皆称博望侯，以为质于外国，外国由此信之㉕。

注

① **汉中**：汉郡名，郡治西城，在今陕西安康西北。按：张骞的故乡即今陕西城固县。**建元**：汉武帝的第一个年号（前140—前135年）。**郎**：皇帝的侍从人员。

② **匈奴**：古族名，其主要活动地区约在今内蒙古与蒙古国境内。**月氏**：古族名，最初活动在今甘肃祁连山一带，后被匈奴攻击，大部西迁至今阿富汗北部的喷赤河流域。在当时的大宛西南。**饮器**：饮酒、饮水之具。一说尿壶。

③ **堂邑**：汉县名。**甘父**：人名。**俱出陇西**：事在建元三年（前138年）。陇西，汉郡名，郡治狄道，即今甘肃临洮。

④ **传诣单于**：传，驿车。单于，匈奴君长的称号。按：此时匈奴的单于名军臣，前161—前126年在位。

⑤ **越**：南方的国名，其地约当今之广东、广西及越南北部一带，国都番禺，即今广州市。

⑥ **汉节**：汉使者以为凭证的信物。节，此指旌节。

⑦ **大宛**：古西域国名，在今中亚费尔干纳盆地，首都贵山城，今称卡

桑寨。

⑧ **康居**：古西域国名，其地约在今巴尔喀什湖和咸海之间，南及今阿姆河北。国都卑阗，或说即今塔什干。

⑨ **大夏**：古西域国名，在当时的月氏以南，约当今阿富汗北部。国都蓝氏城，今称巴里黑。

⑩ **并南山**：并，傍，沿着。南山，指今新疆塔里木盆地南侧的昆仑山，再东行即阿尔金山，再东行就是甘肃南侧的祁连山。**羌中**：羌人居住的地区，约当今之青海东部一带。

⑪ **单于死**：指军臣单于死，事在武帝元朔三年（前126年）。**左谷蠡王**：匈奴东部地区的头领，位在左贤王之下，此人是军臣单于之弟，名唤伊稚斜，前126—前114年为单于。

⑫ **太中大夫**：皇帝的侍从官员，掌议论。**奉使君**：封号名，不掌实事。

⑬ **大将军**：国家的最高军事长官名，此指卫青。**元朔六年**：前123年。

⑭ **其明年**：当作"后二年"，即元狩二年（前121年）。**卫尉**：主管统兵护卫宫廷。**李将军**：即李广。**右北平**：汉郡名，郡治平刚，今辽宁凌源西南。

⑮ **乌孙**：古族名，约在今我国新疆西北部和与之邻近的哈萨克斯坦、吉尔吉斯斯坦一带。

⑯ **嗛**：衔在口中。**蜚**：通"飞"。**单于怪以为神**：此指冒顿单于（前209—前174年在位）时事。

⑰ **羁属**：松散性的归属。

⑱ **今单于**：指伊稚斜（前126—前114年在位）。**浑邪**：匈奴西部地区的部落名，元狩二年（前121年）其王率部众降汉。

⑲ **厚币**：厚礼。币，礼品。**昆弟**：兄弟。

⑳ **中郎将**：皇帝的卫队长，上属郎中令。**巨万**：即"亿"。

㉑ **如单于礼**：与匈奴单于接见汉朝使者的礼数相同。据《匈奴列传》，"匈奴法，汉使非去节而以墨黥面者不得入穹庐"。

㉒ **翁主**：诸侯家的女儿。旧说皇帝的女儿出嫁，由公爵为之主婚，故谓之"公主"；诸侯的女儿出嫁，则由父亲为之主婚，故谓之"翁主"。

㉓ **安息**：古国名，约当今之伊朗一带。**身毒**：古国名，约当今之印度一带。**于窴**：当时的西域国名，在今新疆和田一带。**扜弥**：当时的西域国名，在今新疆和田县东。

㉔ **大行**：即大行令，也称典客，朝官名，主管少数民族事务。**岁馀，卒**：张骞于元鼎二年为大行令，三年（前114年）卒。

㉕ **凿空**：凿孔，即今所谓"开辟通道"。**质**：信，凭证。

译

张骞是汉中人，在汉武帝建元年间为郎官。有一次汉武帝向匈奴投降过来的人询问事情，那些人说起匈奴曾经打败过月氏人，把月氏王的人头骨做了酒器。月氏人逃亡到了他乡，对匈奴非常怨恨，但找不到和他们一起反击匈奴的同盟者。而汉朝这时正准备消灭匈奴人，所以武帝一听此言，立刻就想派人去同月氏人联络。但是从汉朝的国土到月氏其间必须经过匈奴境内，于是武帝就公开招募能出使月氏的人。这时张骞就以郎官的身份应募，他和堂邑氏家的一个名叫甘父的匈奴奴隶一起由陇西出发了。在他们中途经过匈奴时，被匈奴人俘获押送到了单于那里。单于把他们扣留了下来，说："月氏在我们的北方，汉朝怎么能派人到那里去呢？如果我们要派人去越国，汉朝人能答应吗？"就这样把张骞一扣十多年。在这十来年里，他们让张骞娶了妻室，生了孩子，但是张骞却一直保存着汉朝的符节没有丢失。

　　后来在那里住的时间一长，匈奴人对他们的看管也就逐渐放松了，于是张骞就乘机带着他的部下一起向着月氏的方向逃去。他们向西走了几十天到达了大宛。大宛王早就听说汉朝物产丰富，想要通使而无法做到，这回见到了张骞，喜出望外。他们问张骞说："你们是想去什么地方呢？"张骞说："我是受汉朝派遣前往月氏，而中途被匈奴所拦阻，今天逃到了这里，希望你能派人送我去。如果我能到达月氏，再回到汉朝，那么汉朝肯定会送给你数不清的东西。"大宛人觉得有理，就给他配了向导和翻译打发张骞上路了。他们先到了康居，康居人又转送他们到了大月氏。当时大月氏的人们因为国王已经被匈奴所杀，就立了他的儿子为王。后来他们又征服了大夏而在那里住了下来。那里的土地肥沃，物产富饶，也不会受到什么人的侵扰，因而在那里过得很愉快。再加上他们觉得离着汉朝又那么远，所以根本没有什么对匈奴报仇雪恨的意思。张骞又从月氏到过大夏，但最后也没有弄准月氏人的真正想法。

　　张骞在月氏住了一年多，准备回国了，这次他是沿着南面的大山往东走，想通过羌人住的地方回长安，不料半道上又被匈奴人捉住被拘留了一年多。后来老单于死了，左谷蠡王打跑了单于的太子而自己做了单于，匈奴发生了混乱，于是张骞就趁机带着他在匈奴娶的妻子和他去时所带的那个堂邑氏家的胡奴一同逃回汉朝。汉朝封张骞为太中大夫，封那个堂邑氏家的胡奴为奉使君。

　　张骞为人坚毅果敢，待人宽厚讲究信用，那些蛮夷都很喜欢他。而那个堂邑家的胡奴本来就是个匈奴人，很会射箭，路上当他们没有吃的东西时就射鸟兽充饥。张骞开始出去的时候带着一百多人，等到过了十三年，只有他和胡奴甘父两个人活着回来了。

张骞亲自到的地方有大宛、大月氏、大夏、康居，他听说那里附近还有五六个大国，他把这些一一地向汉武帝作了汇报。

后来张骞以校尉的身份跟随大将军卫青讨伐匈奴，因为他熟悉哪里有水草，所以军队的给养没发生困难，回来被封为博望侯。这一年是汉武帝元朔六年。第二年，张骞又以卫尉的身份，和李广一道出右北平讨伐匈奴。结果李广的军队被匈奴包围了，损失惨重；而张骞则因为没能按期到达该杀头，自己花钱赎成了平民。

后来汉武帝又多次向张骞询问大夏诸国的情况。这时张骞正失掉了侯爵，于是便说道："我在匈奴的时候，听说乌孙的国王名叫昆莫，而昆莫的父亲，是匈奴西边的这个小国的君主，匈奴人进攻乌孙把昆莫的父亲杀了。昆莫一出生就被扔在荒郊野地里，这时有许多乌鸦衔着肉在他的上空盘旋，有母狼去给他喂奶。匈奴单于感到很神奇，于是就把他收养了起来。等到昆莫长大后，单于派他去领兵打仗，他又多次地立了功，于是单于就把昆莫父亲的那些老部下还给了昆莫，让他带着去长期守卫匈奴的西部边陲。昆莫把乌孙的民众召集起来后，领着他们攻击附近的小部落，渐渐地有了士兵几万人，昆莫又进一步训练他们作战的本领。等到匈奴单于一死，昆莫就率领着他的军民远远地向西方转移，并在各国之间保持中立，不再向匈奴朝拜。在此期间匈奴也曾派遣奇兵袭击过他们，但未能取胜，于是匈奴也就觉得他们神奇而不再逼近他们了，只是名义上管辖着他们，而不再对他们大动干戈。到了现在，匈奴单于刚被汉朝打败，而过去浑邪王的属地又空无人烟。蛮夷们总是贪图汉朝财物的，现在如果能趁着这个时机用厚礼去拉拢乌孙，让他们向东移动住到浑邪王过去居住的地方上来，让他们与汉朝结为兄弟之好，从现在的形势看来他们是会听从我们的，如果他们和我们结成联盟那就等于斩断了匈奴的右臂。而且我们一旦联合了乌孙,那么乌孙以西的大夏等国就都可以招引来做我们的外臣。"汉武帝认为说得有道理,于是就封张骞为中郎将,让他率领着三百人,每人两匹马,还有牛羊几万只,还带着价值几千亿的金银布帛,还派了好多手持旄节的副使,准备着在半道上随时可以派遣他们去别的国家。

张骞到达乌孙后,乌孙王昆莫接见汉朝使者同接见单于的使者礼节一样,张骞觉得像是受到了莫大的耻辱。他知道蛮夷贪爱汉朝的财物,就说:"天子送礼物给你,你要不叩头拜谢就请把东西退回。"于是昆莫王才起身叩头接受了礼物,但其他的礼节还是照他们的原样。这时张骞就向昆莫表达这次出使的意图说:"乌孙如果能够东移迁到浑邪王的旧地上去住,那么汉朝将遣送刘家诸侯王的女儿做昆莫王的夫人。"但是由于乌孙国家分裂,国王又老,再加上他们离着汉朝又远,也不知道汉朝究竟有多大,相反地他们长期以来是服属于匈奴的,他们离着匈奴又近,所以他们的大臣们都害怕匈奴,不想东迁,昆莫王自己不能独断专行,所以张骞白说了半天也得不到一个明确的答复。

这时张骞就派他的副使们分别出使大宛、康居、大月氏、大夏、安息、身毒、于阗、扜弥以及附近的其他国家,而后乌孙就派向导和翻译送张骞回汉朝了。张骞带着乌孙所派的使者几十个人、好马几十匹一起回到了长安向朝廷报谢,乌孙派这么多使者的目的是让他们察看汉朝的虚实,看看汉帝国到底有多大。

张骞回到朝廷后,被封为大行,爵位同于九卿。又过了一年多,张骞去世了。

乌孙使者亲眼看到了汉朝的人口众多物产丰富后,回去报告了国王,从此乌孙开始重视汉朝。在这以后的一年多里,张骞派到大夏等国去的那些副使们也都带着所去国家的使臣相继回到了汉朝，从此西北方的各个国家开始与汉朝互通往来了。因为这条路是张骞首先打开的，所以往后凡是到那些国家去的使者都自称是博望侯，用他的名声来取得外国的信任，而外国人也的确因此而相信这些汉朝的使者。

评

《大宛列传》是《史记》中有关西域问题的唯一作品，其上半部分写了张骞通西域的活动，下半部分写了李广利的伐大宛。由于司马迁对汉武帝的"征伐四夷"持反对态度，所以他在本文中对张骞和李广利都不是赞扬的，尤其对李广利简直是口诛笔伐，是《史记》中批评武帝政治最尖锐的篇章之一。

张骞是我国古代第一个有名的大探险家，他不仅有吃苦耐劳、坚韧不拔的意志，而且有感人的民族气节。他被匈奴扣留前后十多年，"持汉节不失"，与苏武的情况相同。而两千年来苏武名震天下，小说、戏曲传颂不绝，而张骞则几乎掩抑无闻，这实在是不公平的。而这种不公平状况的出现，在很大程度上即起源于司马迁对张骞的冷漠。张骞被匈奴扣留十多年，一旦逃出，不是逃回汉朝，而是立即奔向西域诸国，去继续完成他的使命，这样的使臣自古以来有几个？由于张骞的两次出使，正式建立了汉王朝与西域诸国的外交联系，张骞的副手们曾远达伊朗、伊拉克，并间接与当时的罗马帝国互通声闻。从此，东西方的陆路交通更加畅通，更加为世人所注意，这就是今天人们通常所说的"丝绸之路"。从今天的观点看来，如果说苏武的崇高主要是在民族气节，其影响主要还是在国内的话，那么张骞的伟大，就不仅是在气节上，而其贡献之卓越、影响之深远，也就远远不能局限在一个国家的范围之内了。

游侠列传
郭解无辜被族

　　郭解,轵(zhǐ)人也①,字翁伯,善相人者许负外孙也②。解父以任侠,孝文时诛死。解为人短小精悍,不饮酒。少时阴贼,慨不快意,身所杀甚众。以躯借交报仇,藏命作奸剽攻不休,及铸钱掘冢,固不可胜数。适有天幸,窘急常得脱,若遇赦。及解年长,更折节为俭,以德报怨,厚施而薄望。然其自喜为侠益甚。既已振人之命,不矜其功,其阴贼著于心,卒发于睚眦(yá zì)如故云。而少年慕其行,亦辄为报仇,不使知也。解姊子负解之势,与人饮,使之嚼③。非其任,强必灌之。人怒,拔刀刺杀解姊子,亡去。解姊怒曰:"以翁伯之义,人杀吾子,贼不得。"弃其尸于道,弗葬,欲以辱解。解使人微知贼处。贼窘自归,具以实告解。解曰:"公杀之固当,吾儿不直。"遂去其贼,罪其姊子,乃收而葬之。诸公闻之,皆多解之义,益附焉。

　　解出入,人皆避之。有一人独箕倨视之,解遣人问其名姓。客欲杀之,解曰:"居邑屋至不见敬,是吾德不修也,彼何罪!"乃阴属尉史曰④:"是人,吾所急也,至践更时脱之。"每至践更,数过,吏弗求。怪之,问其故,乃解使脱之。箕踞者乃肉袒谢罪。少年闻之,愈益慕解之行。

　　雒阳人有相仇者,邑中贤豪居间者以十数,终不听。客乃见郭解。

解夜见仇家，仇家曲听解。解乃谓仇家曰："吾闻雒阳诸公在此间，多不听者。今子幸而听解，解奈何乃从他县夺人邑中贤大夫权乎！"乃夜去，不使人知，曰："且无用，待我去，令雒阳豪居其间，乃听之。"

解执恭敬，不敢乘车入其县廷。之旁郡国，为人请求事，事可出，出之；不可者，各厌其意⑤，然后乃敢尝酒食。诸公以故严重之，争为用。邑中少年及旁近县贤豪，夜半过门常十馀车，请得解客舍养之。

及徙豪富茂陵也⑥，解家贫，不中訾⑦，吏恐，不敢不徙。卫将军为言⑧"郭解家贫不中徙"。上曰："布衣权至使将军为言，此其家不贫。"解家遂徙。诸公送者出千馀万。轵人杨季主子为县掾（yuàn）⑨，举徙解。解兄子断杨掾头。由此杨氏与郭氏为仇。

解入关，关中贤豪知与不知，闻其声，争交欢解。解为人短小，不饮酒，出未尝有骑。已又杀杨季主。杨季主家上书，人又杀之阙下⑩。上闻，乃下吏捕解。解亡，置其母家室夏阳⑪，身至临晋⑫。临晋籍少公素不知解，解冒，因求出关。籍少公已出解，解转入太原⑬，所过辄告主人家。吏逐之，迹至籍少公。少公自杀，口绝。久之，乃得解。穷治所犯，为解所杀，皆在赦前。轵有儒生侍使者坐，客誉郭解，生曰："郭解专以奸犯公法，何谓贤！"解客闻，杀此生，断其舌。吏以此责解，解实不知杀者。杀者亦竟绝，莫知为谁。吏奏解无罪。御史大夫公孙弘议曰⑭："解布衣为任侠行权，以睚眦杀人，解虽弗知，此罪甚于解杀之。当大逆无道。"遂族郭解翁伯。

注

① **轵**：汉县名，县治在今河南省济源市南。

② **许负**：善相人者。其相人事见于《绛侯周勃世家》《外戚世家》。

③ **嚼**：同"釂"，犹今之所谓"干杯"。
④ **属**：同"嘱"，嘱托。**尉史**：县尉手下的小吏，主管征发徭役等事。
⑤ **厌**：同"餍"，饱，满足。
⑥ **茂陵**：汉武帝的陵墓，在今陕西省兴平市东北。当时地属槐里县（后改为茂陵县）。建元二年（前139年），因建茂陵，曾迁各地富豪入居之。元朔二年（前127年），又迁郡国富豪于茂陵，郭解之迁即在此时。
⑦ **不中訾**：家财够不上搬迁的规定数目。按：当时规定家资三百万以上者迁茂陵。訾，通"赀"。
⑧ **卫将军**：即卫青，以伐匈奴功封大将军，事迹见《卫将军骠骑列传》。
⑨ **县掾**：县令手下的曹吏。掾，各种曹吏的统称。
⑩ **阙下**：指宫门前。古代的王宫正门外，建有双阙，故云。
⑪ **夏阳**：汉县名，县治在今陕西省韩城市西南。
⑫ **临晋**：汉县名，县治在今陕西省大荔东。
⑬ **太原**：汉郡名，郡治晋阳，在今山西省太原市西南。
⑭ **御史大夫**：主管监察弹劾的最高长官，秦、汉时为三公之一。**公孙弘**：是个以读《公羊春秋》出名，在汉武帝尊儒中位居丞相的人物，事迹详见《平津侯主父列传》。

译

郭解是轵县人，字翁伯，是当时著名相士许负的外孙。郭解的父亲因为任侠，在孝文帝时被处死。郭解为人身材短小，精明勇健，不喝酒。他少年时残忍狠毒，稍不如意就动手杀人，被他杀掉的人很多。他不惜豁出命去为朋友报仇，窝藏亡命之徒，犯法抢劫，以及私造钱币，挖掘坟墓等,难以指说。但他运气好,每次碰到危难,总是能够逃脱,不然就是遇上朝廷大赦。到郭解长大成人时,一下子变成了一个谨慎守法的人。他用恩德回报别人的仇怨,给别人的多而希望取得的少,但他行侠尚义的本性却更加突出了,他救完了人家的命,从不夸耀自己的功劳。他把残忍深藏在心底,说不定什么时候会因一点小事而突然爆发起来。许多年轻人仰慕他的行为,也常常为他报仇,而又不让郭解本人知道。郭解姐姐的儿子倚仗郭解的势力,与人饮酒,劝人干杯。人家喝不了,他非灌人家不可,逼得人急了,动手将其杀死,而后逃走了。郭解的姐姐生气地对郭解说:"凭你这么大的名气,有人杀了我的儿子,凶手竟然抓不到?"于是把儿子的尸体扔在道上,不埋葬,想让郭解难堪。郭解暗中派人探听到了凶手的去向。凶手没有办法了,只好来向郭解自首,他如实地说明了真相。郭解说:"你杀得对,是我们的孩子没有道理。"于是放走了凶手,而归罪于自己的外甥,把他的尸体收起来埋葬了。大家听说这件事后,都称赞郭解的义气,而归附他的人就更多了。

郭解每次出门,人们都给他让路,唯有一个人傲慢地叉着腿坐在那里看着郭解。郭解叫人去问那人的姓名,门下的人想要杀他,郭解说:"同住在一个县城而不受人敬重,是我的德行没有修好,他有什么罪!"于是暗中告诉县尉手下的小吏说:"那个人是我所关心的,等轮到该他出徭役时请免掉他。"因此那个人好几次该去服徭役了,县吏都不找他。他很奇怪,去问是什么缘故,这才知道是郭解说情免了他的徭役。于是这个人就光着背来向郭解请罪。当地的青年们听说这件事,对郭解的行为就更加仰慕了。

雒阳有两个人彼此结了仇,当地的贤豪十几个人都来给他们调和过,但始终没能解决。于是有人就去请郭解。郭解夜间去找这两家仇人,两个仇家看郭解的面子勉强接受了调停。郭解对这两个仇家说:"我听说雒阳的许多贤豪都给你们调解过,你们都没有听;现在你们听从我的调停和解了,我怎么能侵夺人家本县贤豪的调停权利呢?"于是连夜离开了雒阳,不愿意让别人知道此事,临走时还说:"你们暂时先别听我的话,等我走后,当雒阳的贤豪们再来调解时,那时你们再照办。"

郭解为人谦敬,从来不敢坐着车子进县衙。到其他郡国为人办事时,事情可以解决的,就尽量解决好;不能解决的,也都设法让人们得到一定程度的满意,然后他才吃得下饭。大家因此更加尊重他,争着为他效力。本城的少年以及其他邻县的贤豪,一夜之间往往就有十来拨人赶着车子到郭解家去接一些被掩护的人回去供养。

等到汉武帝下令强迫各地的富翁往茂陵搬迁时,郭解家里贫穷,财产的数目够不上搬迁的标准,可是因为下面办事的官吏害怕上面怪罪,不敢不让他搬迁。这时大将军卫青替郭解求情说:"郭解家里贫苦,不够搬迁条件。"皇帝说:"一个平民居然能使将军替他说情,说明这个人家绝不穷。"于是郭解就被勒令搬迁了。郭解上路时有成千上万的人来送他。轵县人杨季主的儿子在县里为吏,是他提出让郭解搬迁的。于是郭解哥哥的儿子就砍了这个县吏的头,从此杨家与郭家结了仇。

郭解搬迁入关后,关中的贤豪无论认识的还是不认识的,都凭着郭解的名声争先恐后地来和郭解交朋友,郭解为人矮小,不喝酒,出门也没有随从的车马。后来又有人杀了杨季主,杨季主家里的人上书告郭解。又有人把上告郭解的人杀死在皇宫大门外。皇帝知道后,下令逮捕郭解,郭解逃跑了。他把他的母亲和其他家属安置在了夏阳,自己逃到了临晋。把守临晋的籍少公平时不认识郭解,今天贸然来投,请求出关,籍少公就仗义地放走了他。郭解辗转到了太原,所过之处,他都把自己的去向告诉给招待过他的人家。官吏一路上追查郭解,待至追查到籍少公这里,籍少公自杀了,线索从此断绝。很久以后,官府才抓到了郭解。他们四处调查郭解的罪行,结果发现郭解杀人的事都发生在大赦以前。这时轵县有一个儒生,陪着前来访查郭解罪行的使者谈话,座中有人称赞郭解是好人,这个儒生说:"郭解专门作奸犯科,怎么能说是好人!"郭解的门客听说此事后,很快地又杀了这个儒生,而且割去了他的舌头。法吏们向郭解追问此事,但郭解实在不知道杀人者是谁。而杀人者也从此销声匿迹,根本查不出是谁了。法官们只好宣布郭解无罪。这时御史大夫公孙弘说:"郭解作为一个平民百姓,居然敢充好汉使威权,因为一点小事杀人。这一次他虽然不知道,但其罪过比他自己杀人还要重,应该判他个大逆不道。"郭解于是被满门抄斩了。

评

《游侠列传》是司马迁为汉初以来社会上存在过的"布衣之侠"所立的类传,其中所写的人物有朱家、王仲、王公、剧孟、郭解等。与"布衣之侠"相对的是"贵族之侠",司马迁用以指孟尝君、平原君、信陵君等人。二者相比,司马迁认为"平民之侠"的行为品质尤为可贵。司马迁之所以歌颂游侠,表现了他对汉代法制的痛恨与绝望,本文与《伯夷列传》都是对现实社会批判最尖锐、抒发愤世之情最强烈的篇章。我们这里选了《郭解无辜被族》一段。

郭解是司马迁最敬佩、也是《游侠列传》中结局最悲惨的人物。他少年时以侠义自命,犯法杀人在所不惜;后来洗手不干,已经过去多年,但由于上至朝廷下至地方小吏都对之极端敌视,故先强制搬迁,后又强加罪名无辜地将其灭了族,这是极其冤枉的。郭解的被族灭是汉武帝与丞相公孙弘共同定的案，而司马迁则硬是敢冒天下之大不韪地为郭解鸣不平，为之歌功颂德、树碑立传。这种公然与当朝皇帝对着干的勇气既前无古人，也后无来者，《游侠列传》无疑是《史记》中批判性、战斗性最强的篇章。

滑稽列传
淳于髡巧谏齐威王

淳于髡者，齐之赘婿也^①。长不满七尺，滑稽多辩，数使诸侯，未尝屈辱。齐威王之时^②，喜隐，好为淫乐长夜之饮，沉湎不治，委政卿大夫，百官荒乱，诸侯并侵，国且危亡，在于旦暮，左右莫敢谏。淳于髡说之以隐曰："国中有大鸟，止王之庭，三年不蜚又不鸣^③，王知此鸟何也？"王曰："此鸟不飞则已，一飞冲天；不鸣则已，一鸣惊人。"于是乃朝诸县令长七十二人，赏一人，诛一人，奋兵而出。诸侯振惊^④，皆还齐侵地。威行三十六年。语在《田完世家》中。

威王八年^⑤，楚大发兵加齐。齐王使淳于髡之赵请救兵，赍金百斤，车马十驷。淳于髡仰天大笑，冠缨索绝。王曰："先生少之乎？"髡曰："何敢！"王曰："笑，岂有说乎？"髡曰："今者臣从东方来，见道傍有禳（rǎng）田者，操一豚（tún）蹄，酒一盂，祝曰：'瓯窭（lóu）满篝，污邪满车，五谷蕃熟，穰穰满家。'臣见其所持者狭而所欲者奢，故笑之。"于是齐威王乃益赍黄金千镒^⑥，白璧十双，车马百驷（sì）。髡辞而行，至赵，赵王与之精兵十万，革车千乘。楚闻之，夜引兵而去。

威王大说，置酒后宫，召髡赐之酒，问曰："先生能饮几何而醉？"对曰："臣饮一斗亦醉，一石亦醉。"威王曰："先生饮一斗而醉，恶能饮一石哉！其说可得闻乎？"髡曰："赐酒大王之前，执法在傍，御史在后⑦，髡恐惧俯伏而饮，不过一斗径醉矣。若亲有严客，髡帣（juàn）韝（gōu）鞠䠊（jì）⑧，侍酒于前，时赐馀沥，奉觞上寿，数起，饮不过二斗径醉矣。若朋友交游，久不相见，卒然相睹⑨，欢然道故，私情相语，饮可五六斗径醉矣。若乃州闾之会，男女杂坐，行酒稽留，六博投壶，相引为曹，握手无罚，目眙（shì）不禁，前有堕珥（ěr），后有遗簪，髡窃乐此，饮可八斗而醉二参⑩。日暮酒阑，合尊促坐，男女同席，履舄（xì）交错，杯盘狼藉，堂上烛灭，主人留髡而送客，罗襦（rú）襟解，微闻芗泽⑪，当此之时，髡心最欢，能饮一石。故曰酒极则乱，乐极则悲，万事尽然。言不可极，极之而衰。"以讽谏焉。齐王曰："善。"乃罢长夜之饮，以髡为诸侯主客。宗室置酒，髡尝在侧⑫。

注

① **赘婿**：因家贫或其他原因将男孩子送到女家为婿。

② **齐威王**：姓田，名因齐，前356—前320年在位，是战国时期最有作为的国君之一。

③ **蜚**：通"飞"。

④ **振**：通"震"。

⑤ **威王八年**：前349年。

⑥ **镒**：重量单位，二十四两（或说二十两）为一镒。

⑦ **执法、御史**：这里均指监酒行令的人员，非朝廷官员。

⑧ **䠊**：同"跽"，挺身直跪。

⑨ **卒**：通"猝"，突然。

⑩ **参**：同"三"。

⑪ **芗泽**：香泽。芗，通"香"。

⑫尝：通"常"。

译

　　淳于髡是齐国的一个倒插门的女婿，身高不到七尺，滑稽幽默，很有口才，多次出使诸侯国，从没给国家丢过脸。齐威王喜欢听隐语，爱好整夜饮酒淫乐，把国家政事都交给卿大夫去管，结果百官胡作非为，各诸侯国都趁机来打它，国家的危亡就在眼前了，可是齐王左右的人都不敢解劝。这时淳于髡就用隐语对齐威王说："有一只大鸟，落在国王的院子里，已经三年了，不飞也不叫，大王知道这只鸟是怎么回事吗？"齐威王说："这只鸟不飞便罢，一飞冲天；不鸣便罢，一鸣惊人。"说完之后，立刻召集齐国境内各县的县令、县长七十二人都来开会，会上奖励了一个人，杀掉了一个人，接着发兵出战，各个国家都很震惊，赶快把侵占去的土地还给了齐国。从此齐威王称霸三十六年，详情记在《田完世家》中。

　　齐威王八年，楚国派大军攻打齐国。齐王派淳于髡去赵国请求援兵，让他带着黄金百斤、马车十辆做礼物。淳于髡一看，哈哈大笑，以至于笑得把帽带都挣断了。齐王说："先生是嫌礼物少吗？"淳于髡说："怎敢嫌少！"齐王说："那你为什么笑呢？"淳于髡说："刚才我从东面来时，看见路边有个农民在那里祭田神。他左手拿着一只猪蹄，右手举着一杯酒，祝祷说：'请保佑我高坡的收成满筐量，坑洼的收成用车装；五谷丰登，粮食满仓。'我看他拿出来的祭品虽然不多，但想要的东西却蛮不少的哩！所以我笑他。"齐威王于是给他增添为黄金千镒、白璧十对、车马百辆。淳于髡辞别威王，到了赵国。赵王为淳于髡派出了精兵十万、战车千辆。楚军听到这个消息，当夜就撤兵回去了。

齐威王很高兴，在后宫摆了酒宴，请淳于髡喝酒。齐王问他："先生能喝多少酒才醉？"淳于髡回答说："我喝一斗也醉，喝一石也醉。"齐王说："先生喝一斗就醉了，怎么能喝一石呢？其中的道理能说出来听听吗？"淳于髡说："比如让我在大王面前喝酒，执法的官吏在旁边盯着，负责纠察的御史在背后看着，我一个人战战兢兢地跪在地上喝，这样不用一斗就醉了。再比如家里的长辈来了客人，让我卷着袖子，打拱作揖地在筵前侍候，我不时地给客人敬酒，客人也不时地赏给我点酒吃，这样，用不到二斗我也就醉了。如果老朋友许久不见，突然相遇，高兴地讲讲过去的事情，好好地说说心里话，这样大概就能喝到五六斗。如果是乡里间聚会，男男女女坐在一起，又完全没有时间限制，酒席上又有六博、投壶等各种游戏，大家可以自己找对手，拉拉扯扯没关系，眉目传情也可以，以至于身前有女人掉下的耳环，背后有男人遗落的簪子，我喜欢这种场面。在这种情况下，我喝上八斗也顶多不过有二三分醉。如果再碰上天色已晚，酒席将散，大家把剩余的酒菜合并在一张桌子上，男男女女挤坐在四周。鞋子混杂，杯盘散乱。再如果堂上的蜡烛已经烧完，主人又出去送客了，而单单留下我，这时女人的上衣已经解开，我能够隐约地闻到她们肌肤的香气，这个时候，我的心中最乐，能够喝一石。所以说，酒喝多了就会出乱子，欢乐到极点就会转为悲哀。一切都是如此。什么事情都不能过分，过分了就会垮台。"淳于髡是想借着说酒来劝谏齐威王。齐威王说："讲得好！"于是立刻改掉了彻夜纵酒的习惯，让淳于髡负责接待各国来往的使节。从此以后齐国不论哪家贵族摆宴，淳于髡都在一旁加以节制监督。

滑稽列传
西门豹治邺

魏文侯时①,西门豹为邺令②。豹往到邺,会长老③,问之民所疾苦。长老曰:"苦为河伯娶妇④,以故贫。"豹问其故,对曰:"邺三老、廷掾(yuàn)常岁赋敛百姓⑤,收取其钱得数百万,用其二三十万为河伯娶妇,与祝巫共分其馀钱持归⑥。当其时,巫行视小家女好者,云'是当为河伯妇',即娉取⑦。洗沐之;为治新缯(zēng)绮(qǐ)縠(hú)衣,闲居斋戒;为治斋宫河上,张缇(tí)绛帷,女居其中。为具牛酒饮食,十馀日。共粉饰之,如嫁女床席,令女居其上,浮之河中。始浮,行数十里乃没。其人家有好女者,恐大巫祝为河伯取之⑧,以故多持女远逃亡。以故城中益空无人,又困贫,所从来久远矣。民人俗语曰'即不为河伯娶妇,水来漂没,溺其人民'云。"西门豹曰:"至为河伯娶妇时,愿三老、巫祝、父老送女河上,幸来告语之,吾亦往送女。"皆曰:"诺。"

至其时,西门豹往会之河上。三老、官属、豪长者、里父老皆会⑨,以人民往观之者三二千人。其巫,老女子也,已年七十。从弟子女十人所⑩,皆衣缯单衣,立大巫后。西门豹曰:"呼河伯妇来,视其好丑。"即将女出帷中,来至前。豹视之,顾谓三老、巫祝、父老曰:"是女子不好,烦大巫妪为入报河伯,得更求好女,后日送之。"即使吏卒共抱大巫妪投之河中。有顷，曰："巫妪何久也？弟子趣之⑪！"复以弟子一人投河中。有顷，曰："弟子何久也？复使一人趣之！"复投一弟子河中。凡投三弟子。西门豹曰："巫妪弟子是女子也，不能白事，烦三老为入白之。"复投三老河中。西门豹簪（zān）笔磬（qìng）折⑫，向河立待良久。长老、吏傍观者皆惊恐。西门豹顾曰："巫妪、三老不来还，奈之何？"欲复使廷掾与豪长者一人入趣之。皆叩头，叩头且破，额血流地，色如死灰。西门豹曰："诺，且留待之须臾。"须臾，豹曰："廷掾起矣，状河伯留客之久，若皆罢去归矣。"邺吏民大惊恐，从是以后，不敢复言为河伯娶妇。

西门豹即发民凿十二渠，引河水灌民田，田皆溉。当其时，民治渠少烦苦⑬，不欲也。豹曰："民可以乐成，不可与虑始⑭。今父老子弟虽患苦我，然百岁后期令父老子孙思我言。"至今皆得水利，民人以给足富。十二渠经绝驰道⑮，到汉之立，而长吏以为十二渠桥绝驰道⑯，相比近，不可。欲合渠水，且至驰道合三渠为一桥。邺民人父老不肯听长吏，以为西门君所为也，贤君之法式不可更也。长吏终听置之。故西门豹为邺令，名闻天下，泽流后世，无绝已时，几可谓非贤大夫哉！

注

① **魏文侯**：名斯，战国初期魏国的国君，前445—前396年在位。

② **邺**：魏国的县名，在今河北省临漳县西南。

③ **长老**：地方上年高、有势力、有影响的人。

④ **河伯**：河神。

⑤ **三老**：掌管教化的乡官。**廷掾**：县令的属吏。

⑥ **祝巫**：专门以召鬼降神为职业的人。

⑦ **娉**：通"聘"，定婚。**取**：通"娶"。

⑧ **大巫祝**：众巫的头目，即下文的"老女子"。

⑨ **豪长者**：即后世的所谓"豪绅"，当地有势力的人物。**里父老**：乡里有名望的老人。

⑩ **弟子女**：即女弟子。

⑪ **趣**：通"促"，催促。

⑫ **簪笔磬折**：簪笔，古代行礼的一种冠饰，把一支形状似笔的簪子插在冠前。磬折，意即弯腰。磬，一种玉或石制的打击乐器，其形弯曲。

⑬ **少**：通"稍"，略微。

⑭ **民可以乐成，不可与虑始**：语出《商君书·更法》。以，意通"与"。

⑮ **驰道**：天子车驾所走的大道。

⑯ **长吏**：地位较高的吏员。《汉书·景帝纪》："吏六百石以上皆长吏也。"

译

　　魏文侯在位的时候，西门豹出任邺县的县令。西门豹一到任，就召集长老询问百姓有哪些疾苦。长老说："百姓苦于为河神娶媳妇，被折腾得很穷。"西门豹问具体情况如何，长老回答说："邺县的三老、廷掾每年不断向百姓征收赋税，收上来的钱财有几百万，他们用其中的二三十万给河神娶媳妇，剩下的就同女巫私分了。每到该给河神娶妻的时候，女巫出去寻找一个穷人家长得好的女孩子，就说：'这个应给河神做媳妇。'于是留下聘金，将人强行带走。她们为女孩子洗身沐浴，置办新衣服，让她单独居住斋戒。这时，事先已在河边修建一个斋戒的房屋，挂着红色的帷帐，让那女孩住在里面。还要为她准备可供十几天用的酒食饭菜。送亲那天，她们给女孩梳妆打扮，做一个像是结婚

471

用的床席，让女孩坐在上面，放入水中，让她顺水漂去。开始还浮在水面，过一会儿就沉下去不见了。打有这事以来，那些有漂亮女儿的人家害怕被女巫选中，都纷纷带着女儿逃到远方。所以邺县城里人烟越来越少，剩下的人也越来越穷，这种事情流传至今已经很久了。民间传说：'如果不给河神娶媳妇，河神就要发水把这里的田园百姓一齐淹没。'"西门豹听后说："到了给河神娶媳妇那天，希望三老、女巫和父老乡亲都到河边送新娘，到时请告诉我，我也要去给新娘送行。"大家都答应说："好。"

　　到了送亲那天，西门豹来到河边。三老、廷掾、豪绅以及乡里的老人都到齐了，普通百姓前去观看的更有两三千人。主持送亲的女巫是个老妇人，年纪已经七十多了。有十来个女徒弟跟着她，都穿着绸制单衣，站在女巫身后。西门豹说："请河神的媳妇过来，让我看看长得行不行。"于是有人扶着新娘走出帷帐，来到西门豹跟前。西门豹打量了一下，回头对三老、女巫和廷掾说："这个女孩不好看，麻烦巫师去告诉河神，让我们另挑个好看的后天给他送去。"说罢就让两个官兵把老巫婆抬起来扔到了河里。等了一会儿，西门豹说："老巫师为啥去了这么长时间还不回来？派个徒弟去催催！"于是又把一个女徒弟扔到了河里。又等了一会儿，西门豹说："这个徒弟怎么也老不回来？再派一个去催催！"又把一个女徒弟扔到河里。前后共有三个女徒弟被扔进河里。西门豹说："看来巫婆和徒弟都是女人，不会禀报事情，麻烦三老帮我们去说说。"于是又把三老扔到河里。西门豹把一支笔样的簪子插在帽上弯腰鞠躬地对着河水站了很久。这时那些站在西门豹旁边的长老、廷掾都吓坏了。西门豹转过身来对大家说："巫师、三老们都不回来，这怎么办？"又打算让廷掾和一个豪绅去催促，两个人都吓得面如死灰，跪在地上磕头，以至于磕破了脑袋血流到地上。西门豹说："好吧，那就再待一会儿。"又过一段时间，才对他们说："都起来吧，看样子河神是要留客人多待一会儿，你们都回去吧！"这可把邺县的官吏和百姓都吓坏了，从此谁也不敢再提为河神娶媳妇的事情。

随后，西门豹便征调民工开凿了十二条渠，引漳河水灌溉农田，当地的田地都得到了灌溉。在动工修渠的时候，曾有些人怕烦怕苦不愿干。西门豹说："百姓们只能事后跟他们一道享福，没法事先和他们商量怎么办。现在乡亲们虽然埋怨我给他们添苦添乱，但百年之后，他们的子孙会记着我今天说过的话。"直到今天，当地还享受着灌溉的好处，百姓们因此而家家富足。西门豹修的这十二条渠正好横穿后来所修的驰道。汉朝建国后，有些官员认为这十二条渠的桥梁割截驰道，而且挨得太近，不太合适，就想把渠道归并，快到驰道时，合三渠共修一桥。邺县的父老们不同意，他们认为这些渠都是西门豹当年修建的，贤人的模式不能改变。官员们只好听从他们的意见，放弃了改建的计划。西门豹虽然只是一个小小的县令，但他的名声传遍天下，他的恩泽流传后代，无止无休，这难道不是一位好长官吗？

评

《滑稽列传》是司马迁为帝王身边的俳优所立的类传。俳优是古代侍候在帝王身边，闲暇时插科打诨，专门给帝王开心解闷的人，有些是侏儒，有些是赘婿，都是为人所不齿的奴才之辈。但司马迁却认为这些人尽管身份低贱，但其中有些人却很有正义感，甚至直言敢谏，而这些又往往是那些名公巨卿们所不敢做，或做不来的。因此这篇作品突出地表现了司马迁强烈的民主思想，反映了他尊重小人物、为下层人树碑立传的进步历史观。本篇所写的人物有战国时齐国的淳于髡、春秋时楚国的优孟与秦朝的优旃。我们这里只选了《淳于髡谏齐威王》这篇最负盛名的故事。

《滑稽列传》的篇后附有褚少孙的一段续写文字,又补叙了几个以"滑稽"见称的人物,他们是汉武帝时期的郭舍人、东方朔、东郭先生等,最后写的是战国初期魏文侯时代的杰出地方官西门豹,内容即家喻户晓的"河伯娶妇"的故事。褚少孙所补写的其他几个人的确有"滑稽"成分,但大多思想庸俗,不值一讲;而西门豹事迹应与吴起并称,或者入《循吏列传》。褚少孙只根据西门豹打击邪恶势力所采取的手段有些"滑稽"遂将其列入《滑稽列传》,实在大不相合。但由于历代相沿如此,所以我们只好仍在这里选出。

货殖列传
司马迁言利

《周书》曰①:"农不出则乏其食,工不出则乏其事,商不出则三宝绝②,虞不出则财匮少。"财匮少而山泽不辟矣。此四者,民所衣食之原也。原大则饶,原小则鲜(xiǎn)。上则富国,下则富家。贫富之道,莫之夺予,而巧者有馀,拙者不足。故太公望封于营丘③,地潟(xì)卤,人民寡,于是太公劝其女功,极技巧,通鱼盐,则人物归之,襁(qiǎng)至而辐凑。故齐冠带衣履天下,海岱之间敛袂而往朝焉。其后齐中衰,管子修之④,设轻重九府,则桓公以霸,九合诸侯,一匡天下;而管氏亦有三归⑤,位在陪臣⑥,富于列国之君。是以齐富强至于威、宣也⑦。

故曰:"仓廪实而知礼节,衣食足而知荣辱。"礼生于有而废于无。故君子富,好行其德;小人富,以适其力。渊深而鱼生之,山深而兽往之,人富而仁义附焉。富者得势益彰,失势则客无所之,以而不乐,夷狄益甚。谚曰:"千金之子,不死于市。"此非空言也。故曰:"天下熙熙,皆为利来;天下壤壤,皆为利往。"夫千乘(shèng)之王,万家之侯,百室之君,尚犹患贫,而况匹夫编户之民乎!

注

① **《周书》**：指《逸周书》，共七十篇，记周朝上起文王、武王，下至灵王、景王时事。大抵成于春秋后期，战国人又有附益。

② **三宝**：即指农所出之"食"，工所成之"事"，虞所出之"财"（材料、货物），这三者都要靠商贾来使之流通交换。

③ **太公望**：即姜太公吕望，周武王的开国元勋，被封于齐，事见《齐太公世家》。**营丘**：后改称临淄，齐国的国都，在今山东省淄博市的临淄区。

④ **管子**：即管仲，齐桓公（前685—前643年在位）的相，事见《管晏列传》。

⑤ **三归**：众说不一，一说指娶三房家室，一说指三处供游赏的华丽高台，一说指齐国税收的三分之一。此处当指最后一义。

⑥ **陪臣**：指诸侯国的大夫，以其对周天子自称"陪臣"，故云。

⑦ **威**：齐威王，姓田，名因齐，前356—前320年在位，是战国时期有作为的国君之一。**宣**：指齐宣王，名辟强，威王之子，前319—前301年在位。

译

《周书》说："农夫不干活人们就没有吃的，工匠不干活人们就没有用的，商人不活动东西就无法流通，山林湖海不开发社会上的物资就要短少。"物资短少而许多事情就无法进行了。从事这四种行业的人，都是人们生活必需品的制造者。这些行业发展得好社会就富裕，发展得不好社会就贫困。它上可以富国，下可以富家。人间的贫富，并不是谁想怎么就怎么的，而是聪明善于经营的就富，笨拙不善于经营的就穷。姜太公当年被封在营丘，那里土地贫瘠，多盐碱，居民又少，姜太公到来之后就鼓励妇女们纺织刺绣，提高工艺，发展捕鱼制盐，因而吸引得各方的人都携儿带女地前去投奔他。齐国制造的鞋帽远销于大中华全国各地，东海泰山之间的许多小国都毕恭毕敬地去朝拜它。后来齐国一度衰落了，待至管仲执政，又重新修明国政，发展各种金融事业，辅佐齐桓公成了春秋时的霸主。齐国在当时曾多次召集诸侯会盟，又一度平定了周国的内乱；而管仲个人的家庭也获得了重大的经济利益，以至于他虽然是个大夫，但实际上比其他国家的一个诸侯还要阔气。齐国也才一直强大到战国时代的齐威王、齐宣王。

所以有人说："仓库里东西多，人们才懂得礼节；吃饱穿暖后，人们才会知道什么叫耻辱。"礼节须人富了才能讲究，穷困了就什么都无从谈起。好人富了就会做好事，坏人富了就会逞凶。水越深的地方鱼越多，山越深的地方兽越多，人要富了就会有仁义之名。富有的人有了势力，名声就会越来越大；失去了权势的人，门前来客也就不多了。中原地区如此，夷狄更是这个样子。俗话说："家有千金的人，绝不会被处死在街头上。"这是有根据的。所以说："天下人纷纷扰扰，一切活动都是为了利。"具有千辆战车的国王，具有万户领地的诸侯，具有百家领地的封君，还都害怕受穷，更何况是一般的平头百姓呢。

货殖列传
白圭经商

白圭，周人也①。当魏文侯时②，李克务尽地力③，而白圭乐观时变，故人弃我取，人取我与。夫岁孰取谷，予之丝漆；茧出取帛絮，与之食。太阴在卯④，穰；明岁衰恶。至午，旱；明岁美。至酉，穰；明岁衰恶。至子，大旱；明岁美，有水。至卯，积著率岁倍。欲长钱，取下谷；长石斗，取上种。能薄饮食，忍嗜欲，节衣服，与用事僮仆同苦乐，趋时若猛兽挚鸟之发⑤。故曰："吾治生产，犹伊尹、吕尚之谋⑥，孙吴用兵⑦，商鞅行法是也⑧。是故其智不足与权变，勇不足以决断，仁不能以取予，强不能有所守，虽欲学吾术，终不告之矣。"盖天下言治生祖白圭。白圭其有所试矣，能试有所长，非苟而已也。

注

① **周**：指周天子的王畿所在。战国时周都洛邑，在今河南省洛阳市。
② **魏文侯**：名斯，战国初期的魏国国君，前445—前396年在位。
③ **李克**：应作"李悝（kuī）"，文侯时魏国的经济名臣。
④ **太阴**：这里指岁星（木星）。岁星十二年绕行一周天，回到原来位置，于是我国古代天文学就把这十二年一周的岁星轨道分成了十二段，分别用子、丑、寅、卯等十二地支表示出来。太阴在卯，即卯

年（兔年）。

⑤ **挚**：通"鸷"，猛禽。

⑥ **伊尹**：名挚，商朝开国功臣，事见《殷本纪》。**吕尚**：即姜尚，周朝的开国功臣，事见《齐太公世家》。

⑦ **孙吴**：孙武、吴起，皆我国古代著名军事家，事见《孙子吴起列传》。

⑧ **商鞅**：战国时秦国的变法人物，使秦国逐渐强大，事见《商君列传》。

译

白圭是周国人。魏文侯时代，李克提倡发展农业充分利用土地条件，而白圭则是注意观测时机，人家不要的东西他大量购入，人家抢着买的东西他大量抛出。丰收的年头他买进谷物，卖出丝、漆；而蚕丝上市的季节他就大量收购蚕丝，而抛出粮食。岁星运行到卯时，五谷丰登，第二年必定有灾荒；岁星运行到午时，天气干旱，第二年一定丰收；岁星运行到酉时，年景丰收，第二年一定有灾；岁星运行到子时，天下大旱，第二年一定风调雨顺，雨水多。岁星运行到卯时，如果囤积货物一年之间利润必能翻一番。要是想赚钱，囤积谷物他就囤积下等的；要是想提高产量，他买种子就要买上等的。他能节衣缩食，隐忍嗜欲，与自己家的奴仆同甘苦。当他发现赚钱的时机一到，就会像苍鹰猛虎一样地立即扑上去。所以，他说："我做买卖，就像伊尹、姜太公一样有计谋，就如孙武、吴起用兵一样善于决断，还能像商鞅执法一样说到做到。因此有些人其智慧不能随机应变，其勇敢不能当机立断，其仁爱不能合适地决定取舍，其刚强不能坚持原则，这种人即使想跟着我学，我也不会教给他。"天下人凡是做买卖的都以白圭为祖师爷。白圭是经过实践检验的，是在实践中表现了他的才干，绝不是一般地说说而已。

评

　　《货殖列传》是司马迁专门给历代工商业者所立的类传，写了先秦的范蠡、子赣、白圭、乌氏倮、寡妇清，和汉代的卓氏、程郑、孔氏、邴氏、刀闲等，表现了司马迁重视工商业在国计民生中的重要地位，和这些工商业者在发展国家经济、便利人民生活方面所起的重要作用。汉代是打击私人工商业，是将工商业者列为二等罪犯的，而司马迁却反潮流地为他们树碑立传，大力表彰他们的才干与功勋，其思想见解之卓越前无古人。

　　司马迁在本文中探讨了工商业发展的历史，分析了工商业与农业的关系，指出了这些行业的缺一不可，批评了秦汉时代统治者限制、打击私人工商业的种种错误政策，是《史记》中最具有理论色彩的少数篇章之一，也是古代历史家将经济问题专门写入历史著作的开始。我们这里选了《司马迁言利》与《白圭经商》两段，前者表现了司马迁对经济利益驱动人的活动、推动社会发展所起作用的认识，也有揭露、斥责统治阶级假清高的意义；后者表现了白圭经商的具体情形，说明真要做一个能发大财、能对社会有影响的工商业者是不容易的，这是对几千年来鄙视工商业者的传统观念的否定。

太史公自序
司马迁小传

迁生龙门①,耕牧河山之阳②。年十岁则诵古文③。二十而南游江、淮,上会稽,探禹穴④,窥九疑⑤,浮于沅、湘⑥。北涉汶、泗⑦,讲业齐、鲁之都,观孔子之遗风,乡射邹、峄⑧,厄困鄱、薛、彭城⑨,过梁、楚以归⑩。于是迁仕为郎中⑪,奉使西征巴、蜀以南⑫,南略邛(qióng)、笮(zuò)、昆明⑬,还报命。

是岁天子始建汉家之封,而太史公留滞周南⑭,不得与从事,故发愤且卒。而子迁适使反,见父于河洛之间。太史公执迁手而泣曰:"余先周室之太史也。自上世尝显功名于虞夏,典天官事。后世中衰,绝于予乎?汝复为太史,则续吾祖矣。今天子接千岁之统,封泰山,而余不得从行,是命也夫!命也夫!余死,汝必为太史;为太史,无忘吾所欲论著矣。且夫孝始于事亲,中于事君,终于立身。扬名于后世,以显父母,此孝之大者。夫天下称诵周公,言其能论歌文、武之德,宣周、邵之风⑮,达太王、王季之思虑⑯,爰及公刘⑰,以尊后稷也⑱。幽、厉之后⑲,王道缺,礼乐衰,孔子修旧起废,论《诗》《书》,作《春秋》,则学者至今则之。自获麟以来四百有余岁⑳,而诸侯相兼,史记放绝。今汉兴,海内一统,明主贤君忠臣死义之士,余为太史而弗论载,废天下之史文,余甚惧焉,汝其念哉!"迁俯首流涕曰:"小子不敏,请悉论先人所次旧闻，弗敢阙。"

卒三岁而迁为太史令[21]，紬（chōu）史记石室金匮之书[22]。五年而当太初元年[23]，十一月甲子朔旦冬至，天历始改，建于明堂，诸神受纪。

太史公曰："先人有言：'自周公卒五百岁而有孔子。孔子卒后至于今五百岁，有能绍明世，正《易传》，继《春秋》，本《诗》《书》《礼》《乐》之际'？意在斯乎！意在斯乎！小子何敢让焉。"

于是论次其文。七年而太史公遭李陵之祸[24]，幽于缧绁（léi xiè）乃喟然而叹曰："是余之罪也夫！是余之罪也夫！身毁不用矣。"退而深惟曰："夫《诗》《书》隐约者，欲遂其志之思也。昔西伯拘羑里[25]，演《周易》；孔子厄陈蔡[26]，作《春秋》；屈原放逐，著《离骚》；左丘失明，厥有《国语》[27]；孙子膑脚[28]，而论兵法；不韦迁蜀，世传《吕览》[29]；韩非囚秦，《说难》《孤愤》[30]；《诗》三百篇，大抵贤圣发愤之所为作也。此人皆意有所郁结，不得通其道也，故述往事，思来者。"于是卒述陶唐以来[31]，至于麟止，自黄帝始。

注

① 龙门：山名，在今陕西省韩城市东北，相传即禹治水时所凿之龙门。

② 河山之阳：此处指龙门山的南面，黄河拐弯处的北面。

③ 古文：指用战国时期通行于东方六国的文字所写的古书。

④ 禹穴：在今浙江省绍兴市南的会稽山上，相传禹曾巡守至此，会诸侯计功，故称此山曰"会稽"。山上有孔，称曰"禹穴"。

⑤ 九疑：山名，在今湖南省宁远县南。据说其山九峰皆相似，故曰"九疑"。

⑥ 沅、湘：二水名，在湖南省境内，流入洞庭湖。

⑦ **汶、泗**：二水名，古汶水在山东境内，流经今莱芜北、泰安南，至梁山南入济水；古泗水流经今山东省泗水、曲阜，南入江苏，经徐州，东南入淮水。

⑧ **乡射**：古代的一种礼仪活动，有练武和选贤两种目的。**邹**：汉县名，县治在今山东省邹城市东南。**峄**：峄山，在今邹城市东南。邹峄是孟子的故乡。

⑨ **鄱**：同"蕃"，汉县名，县治即今山东省滕州市。春秋时邾国的都城。**薛**：汉县名，县治在今山东滕州市南。战国时是齐国孟尝君的封地。**彭城**：今江苏省徐州市。楚汉战争时项羽的国都。

⑩ **梁**：汉代诸侯国名，国都睢阳（今河南商丘南）。

⑪ **郎中**：皇帝的侍从人员，属郎中令。

⑫ **西征巴、蜀以南**：事在武帝元鼎六年（前111年）。此年武帝平定西南夷、新设五个郡，故司马迁有此行。巴，汉郡名，郡治江州（今重庆市江北）。蜀，汉郡名，郡治成都（今四川成都市）。

⑬ **邛**：邛都，在今四川省西昌东南。**笮**：笮都，在今四川省汉源东北。**昆明**：古地区名，在今云南省昆明市西，当时属于归汉的滇王，后设为益州郡，郡治在今云南省晋宁东北。

⑭ **周南**：周成王时，周公、召公分陕而治，陕以东称周南。此实指洛阳。

⑮ **周**：周公。**邵**：同"召"，指召公姬奭。

⑯ **太王**：即古公亶父，周文王的爷爷，后被追尊为太王。**王季**：名季历，周文王的父亲，后被追尊为王季。

⑰ **公刘**：周族的远世祖先，由于他倡导发展农业，周族自此兴盛。

⑱ **后稷**：周朝传说中的始祖，据说他是最早进行农业种植的人。

⑲ **幽**：周幽王，名宫涅，前781—前771年在位。**厉**：周厉王，名胡，

前878—前842年在位。厉王、幽王都是西周因荒淫暴虐而导致国亡身死的帝王。

⑳ **获麟**：指鲁哀公十四年（前481年）西狩获麟事，孔子写《春秋》就止于这一年。

㉑ **迁为太史令**：是年为武帝元封三年，前108年。

㉒ **紬**：同"抽"，读书而思其事绪。

㉓ **太初元年**：前104年。"太初"是武帝的年号。

㉔ **七年**：指武帝天汉三年（前98年）。**遭李陵之祸**：指天汉二年（前99年）李陵征匈奴兵败被俘，司马迁因议论李陵事而于天汉三年受宫刑事。

㉕ **西伯**：即周文王，商朝末年为西方霸主。**羑里**：古邑名，在今河南省汤阴县北。西伯曾被殷纣王囚禁于此。

㉖ **陈蔡**：春秋时两个国家名，陈的国都在今河南淮阳，蔡的国都在今河南上蔡西南。哀公四年，孔子受楚国聘请，欲由蔡赴楚。陈蔡的大夫害怕孔子向楚讲述陈蔡虚实，于是发兵把孔子包围在陈蔡之间，孔子差点被饿死，后被楚国救走。

㉗ **左丘失明**：即左丘明，通常认为他是一个盲人，《国语》的作者。

㉘ **孙子**：即孙膑，事见《孙子吴起列传》。

㉙ **不韦**：吕不韦，曾任秦国丞相，后被流逐于蜀，自杀。**《吕览》**：即《吕氏春秋》，是吕不韦为相时召集其门客集体编写的一部书。

㉚ **韩非**：战国末期韩国的公子，曾受学于荀子，是法家的集大成者。后入秦，被李斯害死。**《说难》《孤愤》**：都是《韩非子》中的篇目名。

㉛ **陶唐**：指尧。

译

司马迁出生在龙门,曾在龙门山南过了一段耕田和放牧的生活。十岁时开始学习古文。二十岁开始南下游历,先后曾到过江淮一带,还上过会稽山,探访过禹穴;又到九疑山,瞻仰过舜的坟墓,而后乘船到过沅水和湘水;接着又北上到了汶水、泗水,在齐鲁的旧都临淄、曲阜游过学,领略了孔子的遗风,还到邹县、峄山参加过乡射活动;后来路经鄱县、薛县、彭城时,遇到了一些麻烦,吃过一些苦头,最后经过梁国、楚国回到了家乡。回来后不久就出仕做了郎中,后来又奉命出使去了巴、蜀以南,到过邛都、笮都,以及昆明国,然后才返回来。

就在这一年,汉武帝第一次去泰山举行祭祀天地的封禅大典,而父亲司马谈因为有病走到洛阳时只好留下来,不能跟着去参加了,因此他很遗憾生气。正好这时儿子司马迁从云南出使回来,父子俩在洛阳见了面。司马谈拉着儿子的手流着眼泪说:"我们的祖先曾经是周朝的太史。再早的先人在虞舜夏禹的时代就曾有过显赫的功名,主管过天文。后来半道上衰落了,难道在我们这里就让它断了吗?如果今后你能够再当上太史令,那就继承了我们祖先的事业了。当今皇帝上接千年来已经断绝的大典,到泰山去祭天,可我却偏偏不能跟着去,这不是命吗,这不是命吗!我死后,你一定会做太史令;你要是做了太史令,千万不要忘记我想写的那部著作。孝道的最浅层次是侍奉父母,中间层次是侍奉国君,最高层次是建立功名。使自己名扬后世,连父母也跟着光荣,这才是最大的孝道。人们为什么赞扬周公呢?就因为他能够歌颂文王、武王的功德,使自己和召公的风教普行于天下,他发挥了太王、王季的思想,并向上一直追溯到公刘,推尊到他们的始祖后稷。自从幽王、厉王以来,王道不昌，礼崩乐坏，多亏后来孔子整理了旧时的文献，振兴了已被时人废弃的礼乐，他讲述了《诗》《书》，撰写了《春秋》，直到今天，学者们还把它视为行为的准则。从鲁哀公获麟孔子搁笔以来，到今天又有四百多年了，由于各国的兼并战乱，当时的历史书都已散失断绝。当今汉朝建立，国家统一，明主贤君、忠臣义士的事迹很多，我们身为史官，不能把他们都写下来，以至于造成历史文献的荒废，那是很可怕的，你一定要好好注意这件事。"司马迁低着头，流着眼泪说："我虽然不聪明，但我一定要把您已经收集整理的资料写成著作，决不能让它有半点缺失。"

司马谈去世三年后，司马迁果然做了太史令，于是他就开始阅读国家图书馆里所收藏的那些图书档案。又过了五年，也就是太初元年，这一年的十一月初一即甲子日凌晨冬至，国家颁布了新历法，在明堂里举行了典礼，各地的诸侯们都一体遵照实行。

司马迁说："我父亲曾说过：'周公死后五百年，出了孔子，孔子死后到现在又有五百年了，有谁能继承并发扬古代圣人的事业，能正确地理解《易传》，能接续着孔子的《春秋》，依据着《诗》《书》《礼》《乐》的本质意义，来写一部新的著作呢？'说不定这个人就在眼前吧！就在眼前吧！我怎么能推让呢？"

于是司马迁就开始编排史料，进行评论，写成文章。写到第七年，由于李陵问题，司马迁遭了罪，被下在了牢狱里。于是他伤心地说："这是我的罪过吗？这是我的罪过吗？我的身体已经遭到了毁伤，恐怕再也干不成什么事情了！"可是转而一想，又说："《诗》《书》之所以写得含蓄，不就是为了得以表达作者的思想吗？当初周文王被囚禁在羑里时，趁机推演了《周易》；孔子在陈国、蔡国倒霉了，开始发愤写《春秋》；

屈原由于被流放，写了《离骚》；左丘氏由于失明，写了《国语》；孙膑断了双腿，写了《兵法》；吕不韦流放巴蜀，世上传诵《吕览》；韩非在秦国下狱，写出《说难》《孤愤》；《诗经》三百篇，大部分也都是圣贤们发愤写出来的。这些人都是因为有抱负，而又得不到施展，所以才通过写书来叙述往事，寄希望于后来的知音。"于是就叙述了上起唐尧，下至汉武帝获麟为止的漫长历史，而第一篇则是从黄帝开始的。

评

《太史公自序》是《史记》的最后一篇，内容分两部分：前一部分是司马迁的自传，司马迁追述了他遥远的家族历史与这个家族中几个做过杰出贡献并对自己有影响的人物；接着司马迁叙述了自己的生平经历，叙述了自己为什么要写《史记》，以及受宫刑后的内心痛苦、忍辱发愤等，表明了自己的生死观与价值观。后一部分是介绍《史记》全书的规模、体例，以及《史记》每一篇的写作宗旨。我们这里选取了其前一部分里的自传文字，标名为《司马迁小传》。